# 青年海外協力隊は何をもたらしたか

## 開発協力とグローバル人材育成50年の成果

岡部 恭宜［編著］

ミネルヴァ書房

# はじめに

本書は，青年海外協力隊に関心を持つ様々な人々の好奇心や探求心が重なり合うことで生まれた。発端は，2011年に国際協力機構（JICA）の JICA 研究所が開始した「青年海外協力隊の学際的研究」プロジェクトに遡る。

このプロジェクトの始まりにはいくつかの契機があった。1つは，編者である私（岡部）が JICA 研究所の研究員であった2010年秋の頃，新たな研究案件を探していたことである。当時は援助機関の研究所だからこそできる研究案件に取り組みたいと考えていた。所内では開発や援助に関する様々な研究が行われていたが，その一方で，誰も青年海外協力隊（以下，協力隊）のことは研究しておらず，それに気がついた私はすぐにこのテーマに飛びついた。

そこまでは良かったのだが，研究方法を検討する段になって，私は無謀にも，隊員報告書を全て読めば何か画期的なことが論じられるのではないかと考えてしまった。隊員報告書とは，任期中の隊員が定期的に自らの活動状況を JICA に報告するものだが，しかし，実際に報告書を読み始めて気がついた。いや，読み始める前に気づくべきだった。隊員の派遣実績は当時すでに3万7000人に達しており，その数の報告書を読み終えるには，毎日50部読んだとしても，それだけで2年を超える計算になる。一人では研究できない。そう気づいた私は，研究所内の関心のありそうな同僚に声をかけ，共同研究を呼びかけた。すると同僚たちからも，協力隊の研究をしたいとちょうど思っていたとか，元隊員として関心があるとか，面白そうだという嬉しい反応が寄せられた。こうして初期の研究チームに参集したのは，山田浩司，佐藤峰，上山美香（以上は本書執筆者），布施香奈，下越志延，そして私の6名であった（敬称略。以下同じ）。

学問的背景の異なるこれらの同僚が自発的に集まった時点で，このプロジェクトは学際性を帯びていた。これが2つ目の契機である。当然，研究アプローチは人によって異なる。隊員報告書完全読破はもはや目標ではなくなった。代わって我々チームの共通課題となったのが，隊員への意識調査を実施し，得られた量的および質的なデータを分析することである。我々は何度も会議を重ね，質問項目の内容，検証すべき仮説，アンケートの実施方法などを検討し，最初の意識調査を2011年7月に派遣前の隊員（2011年2次隊）を対象に実施するに至った（因みに，この最初の意識調査はJICA大阪で実施された。通常，隊員〔正確には隊員候補者〕は福島県の二本松訓練所と長野県の駒ヶ根訓練所に分かれて派遣前の訓練に従事するが，当時は東日本大震災の影響で二本松訓練所が使えず，代わりにJICA大阪の施設内で訓練が行われていた）。以後，全隊次の隊員と協力隊事務局からの理解と協力を得て，意識調査を進めていった。また，時系列データを入手するため，2年間の活動の後帰国した隊員や，派遣されて1年ほどが経過した活動中の隊員に対する意識調査も開始した。こうして得られたデータは，これまでに類を見ない貴重なデータであると我々は自負しており，本書のいくつかの章で活用されている。

また，意識調査の設計を議論していた頃，JICA内部でも，幹部を含め，協力隊事業のインパクトを測定できないかという実務的な関心がちらほら表明されていたようである。そして，偶然ではあるが，数年後の2015年には協力隊創設50周年を迎えることになっていた。こうした環境も研究プロジェクトの立ち上げを後押しする契機となった。今振り返ると，協力隊研究を開始したのは必然的な流れがあったのかもしれない。

以上の経緯を経て，2011年末に正式に始まった「青年海外協力隊の学際的研究」プロジェクトは，JICA青年海外協力隊事務局の職員やJICA外部の研究者を招いて研究チームの厚みを増したほか，研究所の他の人員も巻き込んで体制を整えていった。人事異動のために研究チームの入れ替わりやメンバーの増減はあったが，プロジェクト自体は2015年度末まで継続した。この期間に研究チームに参加したのは，本書の執筆者および既に紹介した人たちのほかに，鈴木智香子，内海悠二，海老原由佳，冨田晃正，根本努，山下俊恵，美濃羽亜希子，谷口翠，小林竜也の各氏である。そして同じ期間に，雑賀葉子，笠原久美子，相川明子，坂巻絵吏子の各氏がプロジェクトの運営に，吉田美由紀，安達洋子，渡部智子，髙島ももの各氏が支援業務にそれぞれ携わった。これらの人々による協力なくして本書は生まれなかった。深甚なる感謝の気持ちを表したい。

さて，研究成果の一部は，JICA研究所のウェブサイトで英文ワーキングペーパーとして順次刊行されているが，協力隊事業は国民参加型の政府開発援助（ODA）であることから，研究成果は日本国内にも積極的に還元されるべきだと思われた。そこで生まれたのが本書である。

各章およびコラムの執筆陣は，基本的にこの研究プロジェクトの参加者である。ただし，細野昭雄は終盤にプロジェクトに参加した。細野は，協力隊は開発協力の成果をきちんと残せる事業であるという考えを繰り返し述べており，その議論に刺激されて，第4章の執筆を依頼した次第である。また，終章の共著者である三次啓都は研究メンバーではなかったが，当時は協力隊事務局審議役という事務局長に次ぐ地位にあり，協力隊の現在の課題や今後の展望を論じる上で欠かせないと考え，共同執筆を依頼した。さらに，コラム執筆者の人選の際にも協力を得た。

そして，コラム執筆者のうち，金子洋三，土橋喜人，黒木豪，市川彰，辻康子は，研究プロジェクトには参加しなかったが，元隊員としての経験や協力隊事務局での実務経験を有しており，各章が拾いきれなかった協力隊事業の様々な側面について論じてもらった。また，金子からは，研究プロジェクト当時の青年海外協力協会（JOCA）会長として，調査上の様々な支援や協力も得ることができた。

本書が出版された経緯は以上述べたとおりであるが，研究の始まりから出版に至るまでの間に，実に多くの人々から協力や応援を頂いた。なによりも意識調査への回答やインタビューに応じて下さった全ての元隊員の方々にお礼申し上げる。

次にJICAをはじめとする関係機関の方々である。以下，お名前だけを言及するにとどめるが，心より謝意を表する。JICA研究所の関係者として，恒川惠市，加藤宏，畝伊智朗，北野尚宏，萱島信子，三輪修己（故人），小中鉄雄，武徹，鈴木薫，田中啓生，内田淳，山田実，安達一郎，島田剛，村上博信，山口尚孝，下田恭美，大貫真友子，長光大慈，そしてJICA図書館を含む研究所の皆さん。青年海外協力隊事務局を始めとするJICAの関係者として，伊藤隆文，武下悌治，高野剛，小川登志夫，松島正明，仁田知樹，北野一人，前田英男，菊地智徳，勝又晋，中村浩孝，大和田由起子，小路克雄，小原学，水野右孝，田中聡美，筒井慎之助，そして同事務局の皆さん。

また，JICA研究所外の研究者として，内海成治，白川千尋，Hiromi Taniguchiの各氏から助言を頂いた。嚴泰奉と瓜谷峻輔の両氏は校正作業を手伝ってくれた。この他にも，多くの方々にお世話になったが，紙幅の関係でここに書き切れないことをお詫びしたい。

最後に，編者として1つ反省しておかなければならない。当初，本書の刊行時期は協力隊50周年に当たる2015年内に予定されていた。しかし，編集・管理に万全を尽くすべく心掛けつつも刊行は大幅に遅れる結果となった。それにもかかわらず，最後までご協力いただいた全ての執筆者に，衷心よりお詫びとお礼を申し上げる。

本書が，青年海外協力隊に関心を持つ人々にとって少しでも参考になれば幸いである。

**［付記］** なお，本書の内容は，各執筆者が所属するいかなる組織の見解も表すものではない。

2018年２月

岡部恭宜

# 青年海外協力隊は何をもたらしたか

——開発協力とグローバル人材育成50年の成果——

## 目　次

はじめに

序　章　青年海外協力隊の学際的研究……………………岡部恭宜…1
1　青年海外協力隊の成果を分析する……………………1
2　国際ボランティアとしての協力隊……………………3
3　開発協力と人材育成を分析する視点…………………7
4　各章の概要…………………………………………13

## 第Ⅰ部　歴史と制度・組織

第1章　青年海外協力隊の50年……………………岡部恭宜…21
——起源と発展——
1　青年海外協力隊の起源と発展……………………21
2　協力隊の歴史を問う意義と分析視座……………22
3　協力隊創設の国際的要因：対米関係，冷戦……24
4　協力隊創設の国内的要因…………………………27
5　協力隊事業の持続的発展…………………………32
6　歴史に由来する協力隊の発展……………………33
**コラム1**　協力隊の多面的な活動①
：「障害と開発」分野の協力隊員…土橋喜人……34

第2章　ボランティア事業における現地事務所の役割……山田浩司…38
1　ボランティア調整員はなぜ配置されているのか……38
2　調整員制度と現地事務所の役割の変遷……………40
3　ボランティア活動を持続的な成果に導く条件……44
4　現地事務所全体としての協力隊支援………………48
5　2016年以降の持続可能な開発への取組みに向けて……55

第3章　青年海外協力隊短期派遣と「グローバル人材育成」
……………………………………………………………………藤掛洋子…62
1　青年海外協力隊を知るために……………………………………………62
2　「グローバル人材育成」と青年海外協力隊…………………………………62
3　短期派遣／ボランティアに関する先行研究………………………………68
4　調査方法とインタビュー対象者について…………………………………70
5　聞き取り調査から見えてきたもの…………………………………………70
6　課題と提言：短期ボランティア制度の発展のために………………………77
7　グローバル社会に生きる「グローカル人材育成」を目指して……83
**コラム2**　協力隊の多面的な活動②
：ブラジル野球の現状と展望…黒木　豪……84

**第Ⅱ部　隊員は何をしたか——開発協力の担い手**

第4章　青年海外協力隊とキャパシティ・ディベロップメント
……………………………………………………………………細野昭雄…91
1　キャパシティ・ディベロップメントを目指す技術協力……………91
2　CDのプロセス…………………………………………………………92
3　「算数大好きプロジェクト」と「考える教育」への貢献……………94
4　「ジャパン・ブルー」と「マヤ・ブルー」の出会い
：藍の文化の復興への貢献………………………………………… 100
5　チャルチュアパ遺跡の発掘・保存と考古学の発展，マヤ文化
観光への貢献…………………………………………………………… 105
6　3つの事例に見るCDと協力隊の役割……………………………… 109
7　協力隊ならではのCDへの貢献：結語にかえて…………………… 113
**コラム3**　エルサルバドル考古学における学術的貢献…市川　彰……114

第5章　「心」にはたらきかけた隊員たち……………………上田直子…118
——バングラデシュの予防接種，ホンジュラスのシャーガス病対策から考える——
1　隊員は何を変えたか……………………………………………………118
2　ソーシャル・キャピタルとセンチメント……………………………118
3　バングラデシュの予防接種事業：信頼と規範………………………121
コラム4　ベデを追って…上田直子……129
4　シャーガス病対策：応答性……………………………………………130
5　人々の「心」にはたらきかける………………………………………136
コラム5　天然痘撲滅計画と協力隊…金子洋三……138

第6章　青年海外協力隊隊員の役割と可能性…馬場卓也・下田旭美…144
——バングラデシュ国初等教育分野における活動事例——
1　国際教育協力の課題……………………………………………………144
2　バングラデシュにおける初等教育の現状と課題……………………145
3　調査の目的と方法………………………………………………………148
4　調査結果Ⅰ：協力隊員が有する知識の特徴…………………………151
5　調査結果Ⅱ：PTIにおける事例研究…………………………………154
6　考察とまとめ：協力隊員による教育改善への貢献可能性…………167
コラム6　シリアにおけるパレスチナ難民キャンプへの教育支援…辻　康子……169

**第Ⅲ部　隊員について知る——人材育成の成果**

第7章　協力隊員の類型化…………須田一哉・白鳥佐紀子・岡部恭宜…175
——参加動機から見る隊員像——
1　協力隊員の人物像………………………………………………………175
2　ボランティアの類型化研究……………………………………………176
3　協力隊員の６つの類型…………………………………………………179
4　６つの類型の解説と考察………………………………………………186
5　類型化の有用性と今後の分析への課題………………………………190

**コラム7**　現地に溶け込むために何をしたか：テキスト分析から見る異文化交流…須田一哉……191

第8章　落胆と「成果」……関根久雄…195
――太平洋島嶼の地域性と青年海外協力隊――
1　「見えない」成果へのアプローチ……195
2　レント・産業・サブシステンス：太平洋島嶼の「豊かさ」……198
3　太平洋島嶼地域と協力隊……202
4　「豊かさ」への戸惑いと協力隊員の成長……207
5　太平洋島嶼という地域性から見た成果……210

第9章　「めげずに頑張り続ける力」はどこから来るのか……佐藤　峰・上山美香…215
――パネルデータおよびインタビューによる分析――
1　「グローバル人材」の前提としての「めげずに頑張り続ける力」…215
2　分析枠組みおよび分析対象……216
3　活動状況と活動目標達成への努力から見る「めげずに頑張り続ける力」……220
4　「めげずに頑張り続ける力」をサポートし，「グローバル人材」として育成するために……230
**コラム8**　「失敗から学ぶ」から学ぶ…佐藤　峰・上山美香……232

**第Ⅳ部　国際比較**

第10章　アジアの国際ボランティア事業……岡部恭宜…239
――欧米との比較研究――
1　アジアと欧米の国際ボランティア事業の比較……239
2　比較の枠組みと欧米の国際ボランティア事業……241
3　アジアの国際ボランティア事業……247
4　「アジア型」の登場か，「欧米型」への収斂か……257

第**11**章　政府系ボランティアのパイオニア・
米国平和部隊の非政治性……………………………河内久実子…263
——ラテンアメリカ地域の事例を中心に——

1　政府系ボランティアのパイオニア……………………………263
2　ピースコーの誕生と非政治性…………………………………264
3　ピースコーのラテンアメリカにおける展開…………………267
4　ピースコーの苦悩：ラテンアメリカの事例から……………273
5　ラテンアメリカにおけるピースコーの半世紀の活動から
見えること…………………………………………………………277

第**12**章　英国VSOとJICAボランティア事業…………松本節子…281

1　進化を続ける組織…………………………………………………281
2　VSOの沿革とその発展…………………………………………282
3　VSOの今日………………………………………………………289
4　JICAボランティア事業がVSOから学べること……………294
5　ボランティア派遣事業の行方……………………………………297

**コラム9**　英国の国際市民サービス（ICS）プログラム
…松本節子……299

終　章　国際ボランティアとしての
青年海外協力隊…………………………岡部恭宜・三次啓都…303
——成果，提言，展望——

1　青年海外協力隊に対する評価……………………………………303
2　協力隊の成果………………………………………………………304
3　協力隊事業に関する課題と提言…………………………………308
4　協力隊事業の今後の方向性………………………………………313
5　開発協力とグローバル人材育成のあいだ………………………319

索　　引……323

# 序　章
# 青年海外協力隊の学際的研究

岡部恭宜

## 1　青年海外協力隊の成果を分析する

2015年，青年海外協力隊は創設50周年を迎えた。政府が実施する，この国際ボランティア事業は，1965年の誕生以来，国内では「協力隊」と呼ばれて親しまれてきた。「海外援助」や「開発協力」と聞いて真っ先にこれを思い浮かべる人も多い。海外では，英語名の Japan Overseas Cooperation Volunteers の略語である，JOCV が広く知られており，2016年には，アジア地域で社会貢献などに顕著な功績をあげた個人や団体に対して贈られるラモン・マグサイサイ賞を受賞するなど，これまで途上国を中心に高い評価を得てきた。

しかし，こうした高い知名度や評価がある一方で，青年海外協力隊（以下，協力隊）の具体的な成果を学術的に分析し，実証した研究は，管見の限り少ない。従来，数多の協力隊に関する文献が刊行されてきたが，その多くは帰国隊員の体験談，ジャーナリストによる論考，協力隊事業の報告書・記録，歴史であった[(1)]。学術書の場合，そのテーマは国際ボランティア活動の意義，隊員の活動内容や問題点，現地住民との交流，異文化への適応，精神的な葛藤，帰国後の日本社会への貢献など多岐にわたるが，総じて理論的，実証的であるというよりも，現象を記録ないし叙述するものが多かった[(2)]。

本書は，協力隊の事業目的に焦点を当て，その成果を分析する研究書である。ここに収められた12の章は，協力隊が実質的な実りのある事業であることを，理論，事例，統計データ，一次資料を用いて実証しようとしている。

本書が採用するアプローチは学際的である。すなわち，各章の執筆者はそれぞれ人文・社会科学の異なるレンズを用いて，協力隊の様々な成果について問題設定を行い，何が起こったのかを説明ないしは解釈し，何が効果的だったのかを特定し，理解しようとしている。学際的アプローチを採用する理由は，協力隊の事業目的が多様であること，さらに国際ボランティアの研究方法がまだ確立していないことから，１つの学問のみに依拠していては協力隊の多面的な成果を見逃してしまうおそれがあるためである。我々が依拠する学問は，歴史学，人類学，心理学，社会学，政治学，教育学，経営学，経済学など多岐にわたる。従って，分析方法は定性，定量を問わないし，分析対象も個々の隊員の活動だけでなく，協力隊の制度や政策，さらには他国で実施されている国際ボランティア事業に及んでいる。

さて，事業目的に焦点を当てると述べたが，そもそも協力隊には，1965年の発足当初から３つの事業目的があり，それはこの50年間ほとんど変わっていない。３つの目的とは，①開発途上国の経済・社会の発展，復興への寄与，②友好親善・相互理解の深化，③国際的視野の涵養とボランティア経験の社会還元である[(3)]。要するに，「隊員」である日本人ボランティアを海外に派遣し，技術協力を中心とした開発協力に従事してもらうと同時に，それによって国際交流を深め，国際的視野の涵養に代表される隊員の人材育成を行い，さらにその経験を日本国内に持ち帰って還元してもらうという，多様な目的を持つ事業である。

３つの目的の中でも，とくに本書が重要と考えるのは，①の開発協力と③の人材育成である。本書の書名を「青年海外協力隊は何をもたらしたか――開発協力とグローバル人材育成50年の成果」とした所以もここにある[(4)]。なぜこの２つの目的を重視するのかは次の理由による。まず，開発協力と人材育成は，隊員が活動したからといって必ずしも成果が上がるような目的ではなく，複数の要因が絡み合ってはじめて達成されうると考えられるため，それらの要因の探求は研究価値があるからである。友好親善・相互理解は，協力隊の活動の中ではそうした要因の１つであって，実際の開発協力や隊員の人材育成という目的達成のための前提条件であると考えられる。その意味で，友好親善・相互理解は開発協力と人材育成の分析の中に含まれていると言えるだろう[(5)]。

序章に当たる本章では，まず協力隊の概要を紹介した後，それが国際ボランティア事業であることを改めて確認する。次に開発協力と人材育成という２つの事業目的に関する従来の研究を整理しつつ，制度，歴史，他国の事業例を含め，協力隊の成果を分析するために必要な視点を検討する。最後に，各章の簡単な紹介を行うことで，読者の便宜に供したい。

## 2　国際ボランティアとしての協力隊

本書は，協力隊を国際ボランティアととらえているが，中にはボランティアではないという声もある。その理由として，隊員が一定の金銭的手当を受け取っていることや，隊員がNGOではなく政府によって派遣されていることがあげられる。[(6)]協力隊がボランティアであるかどうかを考察するためには，ボランティアとは何か，という定義の問題を検討しなければならない。さらに，「国際」ボランティアが単に海外で行うボランティアと同義であるのか，それとも何か異なる要素が含まれるのか，という問題も考えたい。

最初に，協力隊事業の概要を確認しておこう。協力隊は日本政府の国際ボランティア事業であるとされ，事業目的は前節で述べたとおりである。創設当時は外務省の所管の下，海外技術協力事業団（OTCA）が派遣業務を担当していたが，その後，実施機関は1974年に設立された国際協力事業団（JICA）に引き継がれ，2008年に統合された現在の独立行政法人国際協力機構（同じくJICA）に至っている。JICA内では，青年海外協力隊事務局（以下，協力隊事務局）が業務を担当している。

政府の事業であるものの，隊員は応募のあった国民の中から選考され，一定の訓練を経て派遣されることから，協力隊は国民参加型のODA事業とされている。[(7)]実際，多くの国民がこの事業に参加しており，2017年９月30日現在，派遣中の隊員は1920人，これまでに累計４万3116人（男性２万3081人，女性２万35人）の青年が世界88カ国に派遣された実績がある。創設から2016年度までの派遣者数は**図序-1**のとおり推移しており，2010-2012年度の落ち込みはあるものの，長期的には増加傾向にある。隊員への応募資格は20歳から39歳までの日本国籍を持つ人であり，派遣期間は原則２年間であるが，１カ月から参加できる短期ボランティア制度もある。活動分野は計画・行政，公共・公益事業，農林水産，鉱工業，エネルギー，商業・観光，人的資源（教育，文化，スポーツなど），保健・医療，社会福祉など多岐にわたっている。

### （1）　協力隊はボランティアなのか

さて，協力隊は果たしてボランティアと呼べるのだろうか。はじめにボランテ

**図序-1**　青年海外協力隊の年度別派遣者数の推移（2017年３月31日現在）

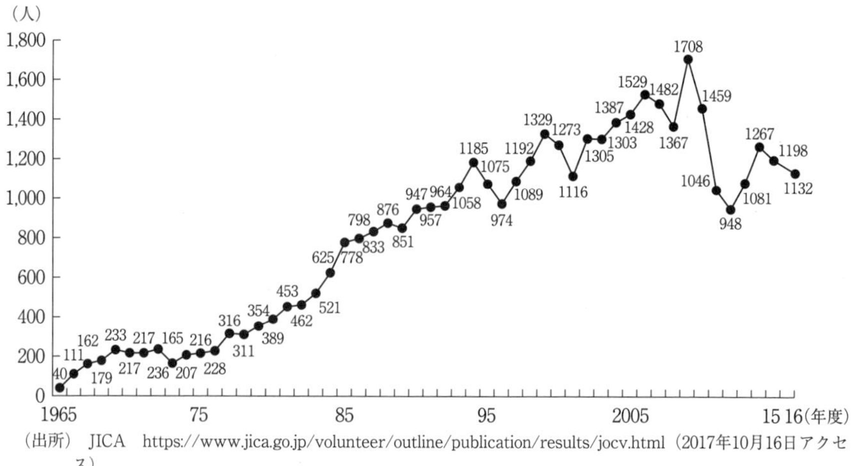


（出所）JICA　https://www.jica.go.jp/volunteer/outline/publication/results/jocv.html（2017年10月16日アクセス）

ィアの定義を検討しよう。代表的なボランティア研究者の一人，内海成治は個人のボランティアの基本的条件（定義上の要件）として，自発性，無償性，公共性の３つを指摘している。

自発性とは，自分の意思で行うということであり，人や状況から押しつけられたり，命じられたりしていないことを意味する。無償性は，経済的な報酬を目的にしないということで，非営利性とも言われている。そして公共性は，他者や社会に何らかの意味で役に立つということを指すという（内海，2011，5-8頁）[(8)]。この定義は広く受け入れられていると思われ，国連ボランティア計画（UNV）の白書である『世界のボランティア現状報告』でも，ボランティアリズム（volunteerism）とは「自由な意思による，一般的な公共善のための，金銭的報酬が主な動機ではない」活動であると定義づけられている（UNV, 2015, p. xiv）。

それでは，この定義に照らして協力隊はボランティアと呼べるのだろうか。まず，公共性については，途上国の不特定の人々の生活向上や経済・社会開発のために活動する点で，協力隊が要件を満たすことは論を俟たない。

次に，協力隊は自発性の要件も満たしている。何よりもJICA自体が，「JICAボランティアの活動は，自発的参加の精神に基づき行われます」という立場である[(9)]。元隊員でジャーナリストの吉岡逸夫（1998，13頁）は「自発的に参加したという精神こそがボランティアがボランティアである所以だ」と述べ，協力隊のボランティア性を肯定する。内海（2011，13-14頁）も同様の理解を示している。こうした理解は首肯できるものであるが，自ら参加するという面は通常の雇用契約でも見られるものであるため，それだけで自発性の要件を満たすとは言えないのではないか。むしろ本書は協力隊の活動自体にも自発性の要件を見出している。すなわち，隊員は基本的に，JICA の指揮命令系統の下で活動するのではなく，自らの意思で活動を企画し，取り組み，実行している。その活動内容は事前に赴任先から取り付けた要請に基づいてはいるものの，具体的にどのようにその要請に応えるかは隊員次第なのである。最近は JICA が隊員に対して，着任時に活動内容について赴任先と合意を交わすよう求めており，制度面でも活動上の自発性が発揮できるようになっている。

最後の無償性は，協力隊に欠けていると度々指摘される要件である。確かに，隊員は渡航費や現地生活費のほか，帰国後の社会復帰に役立てるための国内手当などを受け取っている。JICA はこれらの支給の理由として，「受入国での活動をよりスムーズで効果的なものにするため」と述べ，現地生活費は給料や報酬ではないと説明している[10]。本書の考えでは，現地生活費と国内手当を合わせた金額は決して少なくはないが，国内の給与水準よりも低いこと[11]，活動のための生活費は給与と見なすことはできないことから，手当の支給をもって無償性に反するとまでは言えないだろう[12]。

以上のように，協力隊は政府の事業であり，手当の支給も行われているが，それでもボランティアの３つの要件をほぼ満たすことが確認できた。

### （2）　国際ボランティアのコストとコミットメント

ところで，協力隊がボランティアの要件を満たすとしても，海外で活動を行っていることは，そのボランティア性に何か別の要素や意味合いを与えるのだろうか。言い換えれば，協力隊のような国際ボランティアには何か特有の性質があるのだろうか。

そもそも国際ボランティアとは何か。ある教科書によれば，「国際ボランティア活動とは，国際的な関係性において行われるボランティア活動」である。この定義には，海外での活動だけでなく，外国人居住者を対象にした国内での活動や，海外ボランティアに対する国内からの支援活動も含まれている（山田・内海，2014，18頁）。便宜上これを広義の国際ボランティアと呼ぼう。これに対し，海外の地での活動は，狭義の国際ボランティアと呼ぶことができる。海外の研究者も，ボランティア活動とは「組織化された社会への従事と貢献の期間を指し，公的または民間の組織により後援され，社会によって価値あるものと認知されているが，参加者への金銭的な報酬は最小限であるもの」であると定義づけた上で，それが海外で実践される場合を国際ボランティア活動と呼んでいる（Sherraden et al., 2006, p. 165）。まさに協力隊の活動は，この狭義の定義に該当するので，本書はこちらを採用する。

しかし，「海外での活動」という要件は，単に地理的な条件を加味しただけでなく，ボランティアを構成する3つの要件に対して異なる意味合いを与える。このことを説明するために，まずは国内であれ海外であれ，一般的なボランティア活動というものに不可避的に伴う個人のコストとコミットメントについて，3要件に沿って考えてみよう。

まず無償性は，同じ時間を労働などの有償の活動に用いていれば，それに見合った報酬や給与を得られたであろうという意味で，ボランティア活動が機会コストを内包していることを示唆している。また，ボランティア活動を終えて就職しようとする場合，企業がボランティア期間を経歴として積極的に評価してくれない場合には，新たに労働市場に参入するコストは上昇するだろう[13]。

そして自発性および公共性から見えてくるのは，金子郁容が指摘した，ボランティア活動に伴う「自発性のパラドックス」である。つまり，他者の問題の解決に寄与するために自発的にとった行動の結果，かえって「なぜもっと行動できないのか」という意識に苛まれたり，社会の相互依存性を背景に「問題の責任の一端は自分にもあるのではないか」という一種の「つらさ」を感じたりする，そんなパラドックスである。金子は，ボランティアとはあえてこの「つらい」状況に身を置き，「自らをバルネラブルにする」ことだと論じている（金子，1992，103-113頁）。そうだとすれば，ボランティア活動への参加には，この「つらさ」を引き受ける決意表明という意味で，一種のコミットメントが求められると言えよう[14]。

以上のコストとコミットメントの不可避性は，狭義の国際ボランティアの場合に一層強まると考えられる。一方では，海外に渡航しての生活，しかも海外ゆえの活動期間の長期化によって，無償性に伴う機会コストや帰国後の労働市場への参入コストは自国内の場合よりも相対的に高くなるだろう。他方，異なる文化や習俗の中でのボランティア活動の遂行は自国内よりも困難を伴うだけでなく，途上国の人々が抱える貧困，疾病，環境悪化の深刻さを現地で目の当たりにするため，自発性に由来する「つらさ」はますます強くなるだろう。

このように，協力隊のような狭義の国際ボランティアへの参加は，通常の国内ボランティアよりも高いコストと強いコミットメントが求められている。言うなれば協力隊は，よりボランティア性が強い活動であると評価できるかもしれない。以上を踏まえ，次節では２つの事業目的，すなわち開発協力と人材育成を研究するための視点を検討しよう。

## 3　開発協力と人材育成を分析する視点

本書は，開発協力と人材育成における協力隊の成果を分析するため，ミクロ，マクロ，比較という３つの視点を導入する。

ミクロの視点は，隊員の活動を分析対象とするもので，隊員だけでなく住民や職場の同僚など現地の人々の認識，思考，感情，行動，その相互作用を観察し，それらがもたらす結果を分析するアプローチである。これに対して，マクロの視点は，協力隊事業に関する制度や組織，歴史の問題に接近するもので，具体的には，協力隊事業の所管官庁である外務省と実施機関であるJICA，両組織の行動を規定するルールや規範，その歴史を分析するものである。そして比較の視点とは，同じ国際ボランティア事業を行っている欧米やアジア諸国の例を参照し，協力隊との類似性や相違性を発見しようとする視点である。

本節では，ミクロの視点として開発協力と人材育成をそれぞれ論じた後，隊員の活動に影響を及ぼすマクロの視点を取り上げ，最後に比較の視点に言及する。

### （1）　開発協力

開発協力は，協力隊事業の中核となる事業目的であり，この考え方は法的にも旧国際協力事業団法から現行の国際協力機構法にまで引き継がれている。国際協力機構法は第13条第１項第４号において，「開発途上地域の住民を対象として当該開発途上地域の経済及び社会の開発又は復興に協力することを目的とするもの」を「国民等の協力活動」として規定し，ここに協力隊をはじめとするボランティア事業を含めている。

開発協力における成果は，これまで隊員の活動に関する逸話によって語られてきたと言ってもよいだろう。実際，JICA のウェブサイトや隊員向けの月刊誌『クロスロード』[15]のほか，書籍や新聞記事の中に成功事例を見出すことができる。

他方，JICA は協力隊（広くは JICA ボランティア）事業の評価報告書を発行しているが（例えば，国際協力機構，2012），協力隊が国民参加型 ODA という特徴を有することから，他の開発援助事業とは異なる視点から評価を行っている。すなわち，ODA 事業で一般的に使用される評価の 5 項目（妥当性，有効性，効率性，インパクト，自立発展性）とは別に，どの程度協力隊事業の 3 つの目的が達成されているかを評価の基準としているのである。実際，この評価報告書には，そうした視点に基づいて隊員の任国でアンケート調査を行った結果，隊員の活動のお陰で配属先スタッフの技術・能力が向上したという回答や，隊員の仕事への姿勢や取り組み方がスタッフの行動に好影響を与えているといった回答が得られたほか，任国政府の援助受入窓口機関の満足度も高かったと書かれている。

しかし，これらの文献は有益な情報を提供してくれる一方で，その評価方法は必ずしも充分なものではなかった。事業評価としては，成功例を模範や教訓として語るだけではなく，成功の原因と結果の関係を理論的，実証的に分析する必要があるだろう。また，アンケート調査に基づく評価は，隊員が現地の人々の行動を変えうることを明らかにしたが，隊員の行動や姿勢，さらには外部の原因が，どのように作用して現地の変化を生んだのかというプロセスの問題にまでは踏み込んでいない。

ところで，現地の変化とは，開発面での協力隊の成果を考慮する上で核となる要素だが，これを評価する方法については，「インパクト評価」という手法が参考になるかもしれない。これは，「事業が対象社会にもたらした変化（インパクト）を精緻に測定する評価手法」であり，実際に JICA が自らの援助事業の評価に用いているものである。これによれば，事業の効果は事業以外の要因にも影響を受けると考えられるため，事業のインパクトを正確に測定するためには，事業が実施された状況と，仮に事業が実施されていなかった場合の状況とを比較すればよい[16]。この手法を協力隊事業の評価に適用する場合には，充分な数の隊員活動の事例を，成功例と失敗例を問わず無作為に選び出し，隊員活動の効果に影響しうる複数の要因を統計分析によって比較することになる。

これに対して，本書は，インパクト分析の有効性を否定するものではないものの，そもそもこうした手法は協力隊による開発の効果を必ずしも適切に評価できるわけではないと考えている。第１に，「事業が対象社会にもたらした変化」と一口に言っても，協力隊の場合，事業と変化の関係は一方向の因果関係ではないだろう。協力隊の「事業」とは個々の隊員の活動に該当するが，隊員は現地住民と生活をともにしながら相互作用の中で活動を行うため，彼らの活動は何らかの変化を住民に及ぼすと同時に，今度は住民の側からも，日々の生活や活動を通じて隊員の活動に変化をもたらすからである。多くの隊員が口にする「教えるつもりが教えられた」「現地で活動して価値観が変わった」という経験は，こうした双方向の因果関係の一例を表している。

第２に，隊員の活動が原因となって社会の変化という結果をもたらすとしても，その原因と結果の間には，現地住民が存在することを忘れてはならない。住民の能力，問題意識，意欲があって初めて隊員の活動は変化をもたらしうるのである。その意味で隊員の活動はむしろ媒介変数である。また，隊員の活動が効果を発揮するためには，例えば現地のキーパーソンの存在やJICAの技術協力プロジェクトによる支援のほか，初期条件（隊員の活動以前から行われている類似の支援など）といった要因も重要になる。要するに，複数の原因が連鎖して機能することで初めて結果をもたらすのであり，この場合，連鎖のプロセスを分析しなければ，なぜその結果が生じたのかを理解することはできないだろう[17]。

そこで本書第Ⅱ部は，協力隊の活動において双方向の因果関係や連鎖的な因果関係が存在することを念頭に置いた上で，定性的でプロセスを重視した，いわば動的な分析アプローチを採用して開発協力の効果を分析する。

### （2） 人材育成

人材育成は，３つある事業目的の中の「国際的視野の涵養とボランティア経験の社会還元」，とくに前半の「国際的視野の涵養」に該当する。人材育成といっても，協力隊が20代，30代の「青年」を対象とした事業であることから，従来は「青年育成」と呼ばれてきており，本書も２つの言葉を同様の意味で用いる。

なお，本書は人材育成の研究に重きを置くため，後者の「ボランティア経験の社会還元」は取り上げないが，人材育成の方を優先する理論的な理由もある。すなわち，帰国後の社会還元とは，協力隊活動を通じた国際的視野の涵養，つまり人材育成の結果として期待される成果だと考えられるからである。人類学の池田光穂（1998，109-111頁）は，帰国したボランティアが地域社会や国際交流で活躍していることについて，海外でのボランティア活動の経験は自国社会にも影響として跳ね返ってくると述べ，それを「ブーメラン効果」と呼んだ。従って，本書がまずは人材育成の研究を優先するとしても差し支えはないだろう[18]。

さて，人材育成については，協力隊の開発協力としての評価が難しい一方で，これを協力隊の最も重要な目的であると考える人は少なくない。この考え方の系譜は，1965年の創設当時，協力隊に青年育成の性格を持たせようと主張した青年団体や自民党の若手議員まで遡ることができよう（第1章参照）。その後もこのような見方は脈々と続いている。

例えば，青年海外協力隊事務局長を務めた後，在ペルー大使などを歴任した青木盛久は，協力隊事業は「開発途上国に対する経済社会協力としては大した成果を挙げていないかも知れないが，開発途上国との協力としては大変な成果を収めている」と述べ，「青年海外協力隊の真価は，隊員自身である。これだけのすばらしい日本人を生み出したことは，日本の，自らに対してだけでなく，世界に対する大貢献である」と強調している（青木，1998，252-253頁）。

人類学者の中根千枝（1978）は，隊員が「社会人として，人間として日本にいたのではとてもできなかったような成長をした（傍点原文のママ）ことに高い評価をしたいと思う」と述べる（168頁）。さらに，協力隊参加によって人となり，考え方が広く深くなることは日本社会に必要なものであり，「たとえ協力隊の仕事が相手国にとって，なんらのプラスにならなかったとしても，日本側にとってこれは大きな価値を持つものである」とまで言っている（170頁）。前述の池田（1998；2011）も，国際ボランティアとは，活動の最中だけでなくその前後の時期も含めて，「学び」の経験であり，さらにその「学び」は彼らが帰国すると社会貢献として出身国に還元されると述べ，その意味で協力隊の事業目的に青年育成が含まれていることは正鵠を得ていると論じた。

人材育成を重視する系譜は，最近の日本社会におけるグローバル人材育成の要請（第3章，第9章参照）に連なっている。実際に近年は，協力隊事業によってグローバル人材を育成することが可能であるという主張が散見されるようになった。例えば2012年，当時の野田佳彦総理大臣は帰国隊員の報告会において，「皆さんのようなグローバル人材を育成し，企業や社会の中で活躍できる環境整備に力を尽くしていきたい」と発言している[19]。

以上の考察や主張は，一種の期待が込められつつも，論者の長年の観察および自身の経験に基づくものであり，実際，少なくない数の隊員が日本や国際社会に貢献できる人材となって帰国していることに，おそらく疑う余地はない。しかし，隊員はどのようにして現地での「学び」から異文化適応や問題解決の能力を高めているのかという問題は，彼らへの期待とは別に，学問的に分析される必要がある。また，個々の隊員の属性，現地社会の諸条件，JICA 事務所の支援のあり方が，人材育成にどのように影響を及ぼすのかという点も，実証的に論じられるべきである。

因みに，JICA は人材育成の効果を調査してきている。例えば，前述の JICA の評価報告（国際協力機構，2012）は，隊員へのヒアリングの結果として，2年間の任期中にコミュニケーション能力や主体性・実行力などが高まったことを明らかにし，協力隊への参加がグローバル人材に求められる資質を向上させる効果があると指摘した。ただし，いかなる条件の時に青年育成の効果が生じるのか，どのようなプロセスや経験を経れば特定の能力が高まるのか，という問題には踏み込んでいない。また，各隊員の応募動機や属性の違いにかかわらず，十把一絡げに同じ「グローバル人材」として評価することは適当なのか，といった疑問も湧く。

以上を踏まえ，本書第Ⅲ部は，独自に実施した隊員への意識調査に基づく定量的データやインタビューによる定性的データを用いて，人類学や心理学の観点から青年育成に対する効果を分析している。

### （3） 制度・組織，歴史

開発協力と人材育成という成果は当然ながら隊員の活動を通して達成されるものであるが，制度や組織はその活動を活性化し，時には制約する。本書はこれらの影響についても検討すると同時に，その形成の歴史も射程に入れたい。

ここでの制度とは，協力隊事業を規定する公式，非公式の規範やルールであり，国際協力機構法をはじめ，所管官庁である外務省の通達，JICA 内部の諸規則，事業運営上の慣行などを含む。そして組織とは主に外務省と JICA であるが，JICA の中でも具体的には青年海外協力隊事務局および隊員の任国に存在する現地事務所を指している。

制度が協力隊事業に及ぼす影響は様々である。そもそも2つの事業目的を規定するものは協力隊に関する法令や外務省の通達であるし，隊員活動の様々な調整を行う調整員を配置したり，隊員の応募要件，採用基準，派遣前訓練を定めたりしているのも様々な規則である。そして，組織も多様な影響を及ぼす。一方では，外務省が決定する外交政策や国際協力の方針は，日本政府の開発協力政策における協力隊の位置づけ（例えばソフトパワーとしての協力隊）を規定するし，他方で，JICA の協力隊事務局や現地事務所は実際の事業運営の中で多くの意志決定を行い，隊員の活動を様々な形や程度で支援する。さらに，これらの制度や組織が形成され，協力隊事業に関与するようになったことは，歴史的な背景と経緯を抜きには語れない。

こうした制度や組織のあり方を論じてきたのは，JICA 関連の調査報告や提言書であったが（例えば，国際協力事業団，2002；東京大学，2009；JICA, 2016），学術書も度々その改善や変更を提案してきた（例えば，内海・中村，2011；中根，1978）。また，協力隊の歴史については，JICA および協力隊設立に関わった当事者などが貴重な記録を残している（末次，1964；伴，1978；国際協力事業団，1985；国際協力事業団，2001；国際協力機構，2004；国際協力機構，2015；杉下，2016）。しかし，これらの先行研究の傾向として，制度・組織の改善のための提言は多い一方で，その前提となるべき，制度や組織が協力隊活動に及ぼす影響の分析は少なかったのではないか。歴史については，出来事の記述が中心で，協力隊の歴史の持つ意義や現在の活動に与える影響はほとんど論じられてこなかったのではないだろうか。

これに対して本書の第Ⅰ部は，主に JICA 現地事務所，調整員制度，短期派遣制度に焦点を当てて，その影響を論じるとともに，協力隊創設の歴史を辿っている。

### （4） 国際比較

協力隊を比較の枠の中に置いてみることは，欧米やアジアの国々の事業との間にある類似性や相違性を発見し，それによって協力隊の特徴を相対化して理解することに繋がるだろう。また比較を通して，他国の事業から学べる点も浮き彫りになるだろう。

しかし，従来の研究は，欧米を中心とした他国の国際ボランティア事業や活動の紹介にとどまっており，明示的かつ体系的な協力隊との比較分析はほとんど行われてこなかった（内海・中村，2011；山田，2014；栗木，1997）。その一方，欧米の研究者は国際比較への関心はあるものの，彼らには日本をはじめアジア諸国の事例があまり知られていないため，依然として欧米諸国の事業が分析の中心になっている（Sherraden, et al., 2006）。

本書の第Ⅳ部は，欧米とアジアの比較分析を行うとともに，先輩格である米国と英国の事業を取り上げ，協力隊と比較することから示唆を得ようとしている。

## 4　各章の概要

本書は次のように構成される。第Ⅰ部はマクロ（歴史，制度・組織），第Ⅱ部はミクロのうち開発協力，第Ⅲ部はミクロの人材育成，そして第Ⅳ部は国際比較をそれぞれ扱う。ただし，この構成は各章の主要な視点であると考えられるものを中心になされたものであり，実際には複数の視点が各章に取り入れられている。以下では，読者が関心に応じて読み進められるよう，各章の概要を記しておこう。

第Ⅰ部「歴史と制度・組織」は３つの章から成っている。第１章「青年海外協力隊の50年――起源と発展」（岡部恭宜）は，1965年に協力隊が設立されたのはなぜか，開発協力と青年育成など多様な目的を掲げたのはなぜか，という歴史の問題を政治学の視点から分析する。第２章「ボランティア事業における現地事務所の役割」（山田浩司）は，協力隊が開発協力の成果を上げるための条件として，JICA の現地事務所と調整員の役割に焦点を当てている。そして，第３章「青年海外協力隊短期派遣と『グローバル人材育成』」（藤掛洋子）は，短期派遣制度が開発協力やグローバル人材育成にどのように貢献できるのか，考察している。

第Ⅱ部「隊員は何をしたか――開発協力の担い手」は，開発協力の成果に対してミクロの視点からアプローチする論文を収めている。第４章「青年海外協力隊とキャパシティ・ディベロップメント」（細野昭雄）は，技術協力として協力隊活動をとらえた上で，中米の３つの事例から協力隊の開発への貢献を論じている。他方，隊員の活動をソーシャル・キャピタルの形成として把握するのが，第５章「『心』にはたらきかけた隊員たち――バングラデシュの予防接種，ホンジュラスのシャーガス病対策から考える」（上田直子）である。また，第６章「青年海外協力隊隊員の役割と可能性――バングラデシュ国初等教育分野における活動事例」（馬場卓也・下田旭美）は，協力隊が現地の教員と協働して教育の向上に貢献してきたことについて，「授業研究」を素材に検討している。

第Ⅲ部「隊員について知る――人材育成の成果」には，同じくミクロの視点からの論考が寄せられている。第７章「協力隊員の類型化――参加動機から見る隊員像」（須田一哉・白鳥佐紀子・岡部恭宜）は，隊員の人物像を探るため，意識調査のデータを統計的に解析して，隊員の６つの類型を提示している。第８章「落胆と『成果』――太平洋島嶼の地域性と青年海外協力隊」（関根久雄）は，隊員が現地住民の意欲の乏しさに直面し，いったんは落胆するが，その後，地域社会や文化の個別事情を内面化することで人間的に成長していく過程を描く。対照的に，落胆しても成果を上げようと努力し続ける隊員に着目し，その要因を探るのが，第９章「『めげずに頑張り続ける力』はどこから来るのか――パネルデータおよびインタビューによる分析」（佐藤峰・上山美香）である。

第Ⅳ部「国際比較」は，アジアと欧米の国際ボランティア事業を取り上げている。第10章「アジアの国際ボランティア事業――欧米との比較研究」（岡部恭宜）は，韓国，タイ，中国，ASEAN の事業を紹介し，そこに日本の協力隊を加えて，いわば「アジア型」の事業の特徴を抽出しようとしている。他方，「欧米型」の代表のひとつが米国平和部隊であるが，第11章「政府系ボランティアのパイオニア・米国平和部隊の非政治性――ラテンアメリカ地域の事例を中心に」（河内久実子）は，平和部隊が常に自国の対外関係の影響に晒されてきたことを論じている。そして，第12章「英国 VSO と JICA ボランティア事業」（松本節子）は，「欧米型」の先駆けである VSO について，NGO による事業，貧困削減に特化した事業目的，ボランティアの多様な国籍という特徴を明らかにしている。

終章「国際ボランティアとしての青年海外協力隊――成果，提言，展望」（岡部恭宜・三次啓都）は，各章の議論を踏まえて協力隊事業の成果を確認するとともに，提言や課題を整理し，今後を展望している。

最後に，本書に収められた９本のコラムは，12の章で扱えなかった協力隊の様々な側面を取り上げている。そのうち６本は各章のテーマに関連したものだが，残る３本は，障害と開発，野球の指導と普及，難民問題という独自のテーマを論じている。読者は，協力隊事業が広範な分野に及び，多くのグローバルな課題に取り組んでいることを改めて理解されるであろう。

**注**

(1) 体験談やジャーナリストの論考として例えば，石橋，1997；久保田，2005；栗木，2001；清水，2011；前田，1967；吉岡，1998があり，事業の報告書・記録や歴史については，国際協力事業団，1985；国際協力事業団，2001；国際協力機構，2004；国際協力機構，2015；末次，1964；杉下，2016がある。ただし，学術書でないことは文献の価値を決して損ねるものではなく，深い考察や参考になる提言をしている文献も少なくない。本書の考察はこれらの文献に多くを負っている。

(2) 単行本では例えば，内海・中村，2011；大阪大学，2009；東京大学，2009；中根，1978がある。単行本のほかにも多くの学術論文が刊行されているが，紙幅の関係上，ここではいちいち取り上げない。

(3) 国際協力機構（JICA）(https://www.jica.go.jp/volunteer/outline/　2016年11月15日アクセス)

これらの目的が発足当初に掲げられた経緯については，本書第１章を参照。

(4) なお，①と③の目的を，専門性の重視か個人の能力向上かという形でとらえた中村安秀（2011，43-44頁）は，協力隊の「機軸が揺れ動いているように見える」と述べ，JICA ボランティア事業として２つの間で「どのようにバランスを取るのかという戦略を早急に定める必要があろう」と指摘した。本書は，両方とも重要な事業目的であるとの前提の下，分析を行っていく。

(5) だからといって，友好親善・相互理解自体に研究価値がないわけではなく，それはむしろ重要な研究テーマである。例えば，人類学者の中根千枝はすでに1978年の著作の中で，異文化間の相互理解を進めるに当たり，隊員が日本的な社会通念の支配から逃れられないという困難を抱えていると論じている（中根，1978)。しかし，本書は様々な制約からこのテーマを扱うことはできなかった。今後の課題としたい。

(6) 例えば，川喜田二郎は，文化人類学の立場から現地のニーズに応える海外協力のあり方を論じた著書の中で，協力隊の活動に敬意を表しつつも，「それもやはり日本政府の傘のもとにある。傘から自由になった，ほんとうに自立的なボランティア活動が，もっともっと必要ではないか」(1974，226頁）と述べている。

(7) 国民参加型 ODA 事業として，JICA は協力隊のほかにも，シニア海外ボランティア，日系社会青年ボランティア，日系社会シニア・ボランティアの派遣を行っており，現在はこれら４つをまとめて「JICA ボランティア」と呼んでいる。残念ながら，本書ではこれらの事業を取り上げることはできなかった。

(8) さらに内海は，ボランティアの「理想的な条件」として，創造性，相互性，先駆性，継続性，専門性を挙げている（内海，2011，8-9頁)。しかし，これらは定義の要件というよりも，ボランティア活動の特徴や効果を高めるための望ましい条件を指していると理解できよう。

(9) JICA（https://www.jica.go.jp/volunteer/application/seinen/support_system/treatment/index.html　2016年11月１日アクセス）

(10) 出典は注(9)に同じ。なお，このウェブサイトによれば，現地生活費の金額は，派遣先の国ごとに定められるが，月に300～760米ドル程度であり，国内手当は，雇用保険の受給状況によって異なるものの，月に6万5000円～8万5000円である。仮に1米ドル＝100円として，現地生活費と国内手当を単純に合計すると，隊員が毎月受け取る金額は9万5000円～16万1000円となる。

(11) 2012年の初任給は大学卒で19万9600円，高校卒で15万7900円である（厚生労働省 http://www.mhlw.go.jp/toukei/itiran/roudou/chingin/kouzou/12/01.html 2016年11月13日アクセス）。この金額は注(10)で計算した隊員の受領金額よりも総じて高いし，一般的に国内の給与水準は勤労年数に応じて増加するため，その差はより広がると言えよう。

(12) 内海（2011，13-14頁）も同じ趣旨を述べている。ただし，教員や企業社員の現職派遣（有給休職の身分での派遣）の場合，無償性の程度は低下するかもしれない。

(13) このように考えると，JICA が隊員に現地生活費や国内手当を支給するのは，狭義の国際ボランティアに付随するコストへの支援として一定の合理性があると言えるだろう。

(14) 金子は，ボランティアがあえて自らをバルネラブルにする理由は，問題を自分から切り離さないことで，意外な展開や魅力ある関係性が得られるという楽しさを経験的に知っているからだという（金子，1992，112頁）。

(15) JICA ボランティアのウェブサイトの URL は次の通り。https://www.jica.go.jp/volunteer/ 2016年12月10日アクセス。

『クロスロード』は，1978年までは『若い力』という誌名で発行されていた。現在の編集・発行は，国際協力機構・青年海外協力隊事務局が行っている（編集業務は一般社団法人協力隊を育てる会が請け負っている）。

(16) JICA（http://www.jica.go.jp/activities/evaluation/impact.html 2016年4月15日アクセス）

(17) Lopez Franco and Shahrokh, 2015も，国際ボランティア活動に特有の効果は，住民，行政担当者，企業や NGO スタッフ，ボランティアなど現地の開発に携わる人々からの学習や彼らとの協調を通して，文脈（context）や過程（process）を通じて発現すると論じている。

(18) もちろん，この社会還元も重要な研究課題である。とりわけ震災からの復興や地方活性化という日本国内の喫緊の課題に対して，隊員経験者がどのように取り組むことができるのかという点で，これまで以上にその研究の意義は高まっている。また最近は帰国隊員の役割として，社会還元よりも積極的な意味合いの強い「社会貢献」に注目が集まりつつある。この点は終章で再び触れたい。

(19) JICA（http://www.jica.go.jp/topics/news/2012/20120619_03.html 2016年5月1日アクセス）

また，企業や団体向けの JICA のパンフレット『グローバル戦略に活かす青年海外協力隊』（2014年8月）は，隊員経験者を明確にグローバル人材として位置づけている（JICA https://www.jica.go.jp/volunteer/outline/publication/pamphlet/pdf/GlobalStrategy.pdf 2016年12月26日アクセス）

**引用参考文献**

青木盛久，1998,「吉岡逸夫と青年海外協力隊」吉岡逸夫『青年海外協力隊（ボランティア）の正体』三省堂，249-253頁。

池田光穂，1998,「保健活動——制度的海外ボランティアの過去・現在・未来」川田順造ほか編『(岩波講座 開発と文化７）人類の未来と開発』岩波書店，107-114頁。

————，2011,「国際ボランティアと学び」内海成治・中村安秀編『国際ボランティア論——世界の人びとと出会い，学ぶ』ナカニシヤ出版，26-40頁。

石橋慶子，1997,『青年海外協力隊の虚像——天下りの温床』健友館。

内海成治・中村安秀，2011,『国際ボランティア論——世界の人びとと出会い，学ぶ』ナカニシヤ出版。

内海成治，2011,「ボランティア論から見た国際ボランティア」内海成治・中村安秀編『国際ボランティア論——世界の人びとと出会い，学ぶ』ナカニシヤ出版，3-25頁。

大阪大学（大阪大学大学院人間科学研究科国際協力論講座），2009,『日本社会の問題解決における海外ボランティアの有効性の検証』青年海外協力協会（JOCA）受託調査研究報告書（2007年-2009年）。

金子郁容，1992,『ボランティア——もうひとつの情報社会』岩波書店。

川喜田二郎，1974,『海外協力の哲学——ヒマラヤでの実践から』中央公論社。

久保田賢一，2005,『ライフワークとしての国際ボランティア』明石書店。

栗木千恵子，1997,『ケネディの遺産——平和部隊の真実』中央公論社。

————，2001,『地球市民をめざして』中央公論新社。

国際協力事業団・青年海外協力隊事務局，1985,『青年海外協力隊の歩みと現状——その20年』国際協力事業団青年海外協力隊事務局。

————，2001,『青年海外協力隊20世紀の軌跡——1965-2000』国際協力事業団青年海外協力隊事務局。

————，2002,『21世紀のJICAボランティア事業のあり方—LIVE TOGETHER, ADVANCE TOGETHER—報告書』９月，国際協力事業団・青年海外協力隊事務局。

国際協力機構・青年海外協力隊事務局，2004,『青年海外協力隊誕生から成熟へ——40年の歴史に学ぶ協力隊のあり方』協力隊を育てる会。

————，2012,「第二期中期計画期間におけるJICAボランティア事業の成果」10月。(https://www.jica.go.jp//outline/publication/report/pdf/outline_01.pdf　2016年12月７日アクセス)

国際協力機構，2015,『持続する情熱——青年海外協力隊50年の軌跡』万葉舎。

清水正，2011,『青年海外協力隊がつくる日本——選考試験，現地活動，帰国後の進路』創成社。

末次一郎，1964,『未開と貧困への挑戦——前進する日本青年平和部隊』毎日新聞社。

杉下恒夫，2016,『青年海外協力隊の軌跡と展望——世界を翔ける日本青年の素顔』万葉舎。

東京大学（東京大学大学院総合文化研究科「人間の安全保障」プログラム），2009,『国際協力における海外ボランティアの有効性の検証』青年海外協力協会（JOCA）受託調査研究報告書（2007年-2009年）。
中村安秀，2011，「青年海外協力隊をめぐって」内海成治・中村安秀編『国際ボランティア論——世界の人びとと出会い，学ぶ』ナカニシヤ出版，42-60頁。
中根千枝，1978，『日本人の可能性と限界』講談社。
伴正一，1978，『ボランティア・スピリット』講談社。
前田利郎，1967，『ニッポン平和部隊』毎日新聞社。
山田恒夫編，2014，『国際ボランティアの世紀』放送大学教育振興会。
山田恒夫・内海成治，2014，「国際ボランティア学とは」山田恒夫編『国際ボランティアの世紀』放送大学教育振興会，11-27頁。
吉岡逸夫，1998，『青年海外協力隊（ボランティア）の正体』三省堂。
JICA（JICA ボランティア事業の方向性に係る懇談会），2016，「提言：これからの JICA ボランティア——青年海外協力隊から始まる50年を顧みて」3月。(http://www.jica.go.jp/volunteer/outline/publication/report/pdf/suggestion.pdf　2016年7月29日アクセス)
Lopez Franco, E., Shahrokh, T., 2015, "The changing tides of volunteering in development: Discourse, knowledge and practice," *IDS Bulletin*, 46(5), September: pp. 17-28.
Sherraden, M. S., Stringham, J., Costanzo Sow, S., McBride, A. M., 2006, "The forms and structure of international voluntary service," *Voluntas: International Journal of Voluntary and Nonprofit Organizations*. 17(2), pp. 163-180.
UNV (United Nations Volunteers programme), 2015, *State of the World's Volunteerism Report: Transforming Governance*, UNV.

# 第Ⅰ部

# 歴史と制度・組織

# 第1章
# 青年海外協力隊の50年
## ――起源と発展――

岡部恭宜

## 1　青年海外協力隊の起源と発展

本章は青年海外協力隊（以下，協力隊）の起源，すなわち発足とその後の発展の歴史を分析するものである[(1)]。まず，改めて協力隊事業の概要を確認しておこう。協力隊は，1965年に発足した日本政府による国民参加型の国際ボランティア事業であり，これまでに4万3000人以上の青年を世界各国に派遣してきた。事業の主な目的は，開発途上国の経済社会発展への寄与，相互理解の深化，青年育成である（序章参照）。

こうした概要は興味深い事実を含んでいる。第1に，戦後わずか20年という，政治，経済，社会の面で必ずしも安定していない時期に，日本が国民参加の海外ボランティア事業を始めることができたのは特筆に値しよう。第2は，事業の目的として，途上国への開発協力だけでなく，それとは性質を異にする青年育成も射程に入れていることである。そして第3に，50年の間に4万人以上の日本人青年が開発途上国でボランティア活動に従事してきたことは，事業の強い持続性と高い成果を示唆している。

これらの事実から3つの問いが浮かび上がる。①なぜ日本政府は国際ボランティア事業を始めたのか。②なぜ協力隊事業は，技術協力，友好親善，青年育成という多様な目的を有するようになったのか。③なぜ事業は長期にわたり発展し，多様な目的もまた継続したのか。本章は，これらの問いに答えるため，政府の動機と協力隊創設に至る政治過程，そして制度の持続性のメカニズムを分析していく。

以下，次節では3つの問いの意義と分析の視点を述べる。第3節と第4節では協力隊創設の政治過程を論じ，第5節ではその発展の要因を探る。第6節は結論である。

## 2　協力隊の歴史を問う意義と分析視座

最初に3つの問いの意義を詳しく論じておきたい。第1は，なぜ日本政府は協力隊事業を始めたのかという問いである。このテーマが興味深いのは，1960年代前半の日本が，そのような事業を開始できる環境にはなかったと考えられるからである。経済面では高度経済成長の一方で，人々の間に経済格差が広がり始め，貧困は深刻であった（橋本，2010，25頁）。さらに，1965年当時の日本の国民1人当たり実質国内総生産額（GDP）は5934ドルであったが，この額は米国の1万3419ドルの半分以下，アルゼンチンの6371ドルよりも低かったのである（Maddison, 2001）。

政治に目を転じると，当時，国会では自由民主党が過半数を占め，その半数程度の議席を社会党が有していたが，社会党は非武装中立路線を掲げ，自民党の日米安保体制を攻撃するなど，両党の対立は激しかった。国内社会では1960年に安保闘争が激化し，冷戦下のアジアではインドシナにおける中国共産党の脅威が高まっていた。

この環境の下，なぜ政府は，海外ボランティア事業を開始したのだろうか。米国のケネディ大統領が平和部隊（Peace Corps）を創設したのは1961年であったが，そのわずか4年後に日本が類似の事業に着手したことは，当時の国力の差から見ても興味深い事実であろう。また，民間の青年団体（日本健青会）の指導者として協力隊設立に尽力した末次一郎によれば，当時の国内では「キリスト教のアメリカでは出来ても，日本の青年にはボランティア活動は無理」という認識が大勢であったという（国際協力事業団，1985，17頁）。

第2の問いは，協力隊が3つの多様な目的を有するようになった理由である。このうち事業発足時にとくに重視されていたのは開発協力と青年育成であるので，本章はこれらに焦点を当てて論じていく。この2つの目的は本来異なる方向性と内容を持つものであり，それらの併存は奇妙に見える。開発協力は海外志向で専門性に基づいているが，青年育成は日本人向け，つまり国内志向であり，教育的なものだからである。目的の多様性という協力隊の特徴は，他国との比較によって，より明確になる。米国平和部隊は長年，青年育成や国際交流を志向してきたし，1958年創設の英国 VSO は1970年代からは開発協力の面を重視しているからである（第11章，第12章を参照）。

第3の問いは，事業の持続的な発展の要因である。上述のように，日本人青年の海外ボランティア活動に対して当時の社会は冷めた反応を示したし，後述するように，外務省は青年育成を目的とすることに否定的であった。それにもかかわらず，なぜ協力隊はその後も継続し，目的も変わらずに拡大していったのか。平和部隊の場合，ニクソン大統領によって敵視され，予算削減の憂き目に遭い，廃止される可能性すらあった。海外ボランティア事業の継続性は必ずしも保証されてはいないのである。

以上の問いを検討するに当たり，協力隊の創設に関する先行研究を概観しておこう。まず，実施機関の国際協力機構（JICA）やその関係機関が既にいくつかの報告書を刊行しており，それらは青年団体の指導者や自由民主党の若手代議士の役割を強調している（国際協力事業団，1985，2001；国際協力機構，2004）。他方でそれらの報告書は，戦後の農村の二男三男問題を除いて，国際環境や社会情勢への言及は少ない。次に学術研究としては，藤本・須崎（2004），伊藤（2005），杉下（2016）がある。それらは自由民主党および青年団体の思想や，農村青年対策の一環として組織化された産業開発青年隊との連続性に焦点を当てている。ただし，問題点としては，米国の役割や都市の青年問題への目配りが弱いこと，事業の所管庁となった外務省の立場が検討されておらず，政策決定過程が明らかになっていないことを指摘できる。

これらの先行研究を踏まえ，本章は国際的要因と国内的要因を総合的に検討する分析視座を導入したい。最初に，対米関係や冷戦および国内の青年問題に焦点を当てる。そして，それらの要因では説明できない残りの問題について，今度は青年団体や自民党，外務省などの役割を射程に入れて，協力隊創設の政治過程を分析する。

他方，協力隊の持続的発展については，同事業に従事する組織間の関係のあり方が重要である。ある構想を具現化した組織が他の組織や制度との間で補完性を持ち，関連する組織との間に密なネットワークを有する場合，その構想は定着しやすいと考えられる（Drezner, 2000）。本章は，この議論を参考にして協力隊の持続性を説明する。

## 3　協力隊創設の国際的要因：対米関係，冷戦

はじめに，協力隊創設に至るまでの政府内の動きを概観しておく。政府が明確に創設の意思を表明したのは，1964年1月21日の池田勇人首相の施政方針演説であった。

> 「政府は，…（中略）…技術を身につけた青少年が，東南アジア等の新興国へおもむき，相手国の青少年と，生活と労働をともにしつつ，互いに理解を深めることを重要と考え，その準備を進めておるのであります。[(2)]」

こうして1964（昭和39）年度予算に調査費が計上され，5月に自民党，外務省，海外技術協力事業団（OTCA. 後の国際協力事業団，現在の国際協力機構〔JICA〕），民間青年団体などから成る合同調査団が派遣される。調査団の帰国後，3つの実施計画案が検討された結果，外務省が管轄し，OTCA に業務委託する方式が決定された。1965年1月25日には，佐藤栄作首相も施政方針演説で協力隊の派遣準備を進めている旨発言し，4月20日，「日本青年海外協力隊」として事業が発足したのである。その後12月，初代の隊員として5人の青年がラオスに派遣されたのを皮切りに，翌1966年1月にカンボジア（4人）とマレーシア（5人），2月にフィリピン（12人），3月にはケニア（3人）へと続々と赴任していった。最終的に，初年度の1965年度には，総勢40人（1次隊26人，2次隊14人）の隊員が派遣された。

さて，政府が協力隊の派遣を計画し，実施するに至った要因は何だったのか。本節で考察するのは対米関係と東アジアにおける冷戦構造である。最初に60年安保の影響から見ていこう。新安保条約改定への反対運動は，主に社会党，共産党，労働組合，学生（全学連）によって担われた。反対デモは大きな高まりを見せ，当時の岸信介政権は治安を維持できない懸念から，予定されていたアイゼンハワー米大統領の訪日中止を申し出るほどであった。こうした事態は2つの面で日本の国際的信用を低下させた。まず，法治国家，民主国家としての未熟さを印象づけた。そして冷戦の最中，日本が中立化さらには共産化してしまうのではないかという懸念を自由主義陣営諸国に抱かせた（鈴木，2008，92頁）。1960年7月に岸

の後を継いだ池田政権にとって，この国際的信用の回復は最重要の課題となったのである。

そのためには，まず対米関係の修復が急務であった。1961年1月に発足したケネディ政権も，日本が中立化するかもしれないという悪夢は払拭しきれていなかったからである（吉次，2009，24-25，32-35頁）。6月，池田は訪米してケネディと会談するが，その目的は日米関係を修復し，日本が自由主義陣営の一員であることを誇示することにあった。この方針は池田の「大国」意識にも重なっていた。そのために池田は，対中国関係に関する自らの見解を開陳するとともに，アジアのリーダーとして，かつ自由主義陣営の有力な一員として，東南アジアの経済開発に協力する意欲を表明した（吉次，2009，36-37，42-43頁）。

池田の東南アジア協力への熱意は，協力隊の派遣が同地域を中心に始められたことに関連しているように見える。例えば，彼は訪米中にケネディの義弟，シュライバー（Sargent Shriver）平和部隊長官と会い，1961年3月の大統領令で創設されたばかりの平和部隊について説明を受けた。そのとき池田は，米国の東南アジアへの援助はあまり効果が上がっていないが，その1つの要因は「東洋人の心理状態を理解していないことにある」と直言し，「日本は東洋の国として，米国に欠けているこの要素を補うことができるので，東南アジアにおける平和部隊のようなプロジェクトに対して，喜んで米国に協力したい」と提言した。そして，パキスタンや東南アジアでの支援を通じて，平和部隊の構想を支持できればよいと発言した。(3)

要するに，池田は，自由主義陣営からの信頼回復のために東南アジアへの開発協力に意欲を示したが，その意欲は平和部隊との協力可能性にまで及んでいたのである。そして，日米会談直後の1961年8～9月，自民党の竹下登青年局長や宇野宗佑青年部長が，台湾，タイ，インド，パキスタン，セイロンなどに約3週間の視察に赴き，日本版平和部隊の構想について調査を行った（国際協力事業団，1985，42頁）。ただし，宇野の回想によれば，この時の構想は「池田総理に強く進言したが…（中略）…なかなかみのらなかった」という（海外技術協力事業団，1965，25頁）。池田は米国平和部隊には協力しても，日本自らが同様の事業に着手することまでは念頭になかったようである。

米国はその後，諸外国に対して平和部隊と同様の事業の実施を促すようになった。その意図は，開発途上国における中級労働力（いわゆる熟練労働力）の育成にあった。具体的には1962年10月，平和部隊事務局がプエルトリコで「中級労働力に関する国際会議」を開催したのである（末次，1964a，157-158頁；Godwin et al., 1963, pp. xv-xvi）。その議題の１つとして，中級労働力不足を緩和するために先進諸国がなしうるボランティア派遣が取り上げられ，各国の代表からは，その必要性を支持するとの発言もあった（Godwin et al., 1963, pp. xi-xvi）。

会議には日本から小坂善太郎前外務大臣や竹下議員らが参加したが，小坂が約束したのは，「青年技術者（junior expert）」の派遣の検討であった。そのための予算は1963，64年度に手当てされ，OTCA がカンボジア，タイなどアジア５カ国に14人を派遣した（国際協力事業団，1985，41頁；Godwin et al., 1963, pp. 125-126）。しかし，健青会の末次によれば，この政府の対応は従来のコロンボ計画（技術協力）と米国の平和部隊（国際ボランティア事業）との中間的なものであり，米国に促されて計画した「中途はんぱ」なものであった（末次，1964a，157-158頁）。政府の計画した案は，ボランティア派遣や青年育成の性格よりも技術者派遣に重きが置かれていたからである。

池田・シュライバー会談の経緯やプエルトリコ会議での米国の要請があったにもかかわらず，当時の日本政府の構想が「中途はんぱ」な内容にとどまった理由は何か。それは，国際ボランティア活動という構想に対して外務省が消極的だったからである。再び末次の言葉を借りれば，外務省は「青年技術者」構想において，「平和部隊のように徹底したボランティア活動は日本の青年には無理だろうとして，ある程度の報酬を与えようと」したのである（末次，1988，260頁）。ただし，これは必ずしも日本だけの考えではなかった。プエルトリコ会議では，英国やカナダの代表団からも，途上国に必要なのはボランティアよりも専門家や技術者であるとの発言があった（Godwin et al., 1963, pp. 118-120）。そのため外務省は，青年対策を１つの柱とする日本版平和部隊のような構想を排除し，従来の技術協力の延長で青年技術者の派遣を検討しようとしたと考えられる。なお，このボランティアか専門家かという方針の対立は，協力隊の創設が具体化する時期に再び浮上する。

以上，国際的要因について検討したが，それだけでは，協力隊がボランティア派遣や青年育成の性格を持つようになった理由は説明できない。そこで次に，国内的要因に視点を移していこう。

## 4　協力隊創設の国内的要因

本節で取り組む問題は，第1に，協力隊の性格が外務省の技術者派遣の案を超えて青年育成の要素を持つようになった理由であり，第2に，平和部隊に類似した計画の動きが日本で独自に登場した経緯である。結論を先取りすれば，日本独自の動きがあったからこそ，青年育成の性格を持つ協力隊が発足したのである。

### （1）　農村と都市の青年問題

協力隊関連の文献でしばしば指摘されるのは，農村の青年問題である。1950年代は農家の二男三男の就職難が大きな社会問題となっており，この対策として政府は，建設省の管轄で産業開発青年隊を，農水省の管轄で農村建設青年隊をそれぞれ各地に設立するとともに，海外移住事業も進めていた。しかし，高度経済成長の進展によって就職問題が解消していくと，1950年代半ば以降，それらの青年隊は活動の意義を失っていく。

これに対して，各青年隊や建設省，農水省は，組織のあり方を二男三男問題から切り離し，新たな路線に変更しようとしていた。その路線とは，海外での技術協力であり，農村の後継者対策や農村青年の共産党からの保護である。そして，その1つとして青年団体が打ち出したのが，「日本版平和部隊」であった。各地の産業開発青年隊の全国組織として1953年に結成された，日本産業開発青年協会（産青協）は，その構想を青年運動の一環として進めていった（伊藤，2005，65-71頁）。

ところで，青年問題は農村だけの話ではなかった。二男三男問題が解消されるにつれて，次第に都市の青年問題が社会の関心を集めていた。1960年は，6月に安保闘争がピークを迎え，10月には浅沼稲次郎社会党委員長の刺殺事件など右翼青年による政治テロがあった。青少年による一般犯罪の増加についても，年々懸念が高まっていた。

これらの問題は国会で頻繁に取り上げられ[(4)]，池田首相も関心を強めていく。1962年3月の参議院予算委員会で池田は，青少年犯罪に関して，「夢と希望を持つようにすることが，そういういろいろな犯罪をなくする一番の方法」と答弁した[(5)]。さらに8月の施政方針演説で，「青少年の育成については，徳性を涵養し，祖国を愛する心情を養い，時代の進運に必要な知識と技術とを身につけ，わが国の繁栄と世界平和の増進に寄与し得る，よりりっぱな日本人をつくり上げることを眼目とする」と述べている。[(6)]

以上のように農村と都市の青年問題は，日本で平和部隊と同様の構想が独自に存在していたことや，協力隊の性格が青年育成の面を備えるようになったことを，一定程度説明してくれる。しかし，青年団体の構想が実現されるには政党や官庁が政策の議題として取り上げる必要がある。次に，それらの主体の役割を分析していこう。

### （2）　青年団体，自民党，外務省による政策決定

本項は，平和部隊に類似した構想が日本に存在していた点と，協力隊の性格に青年育成の要素が含まれた点について，青年団体，自民党，そして外務省による政策決定過程を検討する。

まず，日本独自の構想とは，1960年前後から青年団体が構想していた計画であり，その指導者が末次一郎と寒河江善秋であった。2人は協力隊の生みの親として語られている（国際協力事業団，1985）。

一方の末次は，陸軍中野学校二俣分校の1期生であったが，戦後は1949年に「日本健青会」を設立し，日本の再興のための青年教育，戦後の引き揚げ者支援，戦犯釈放運動に会長として取り組んだ（末次，1964b，74-75頁）。末次はそれを通じて岸元首相や瀬島龍三など自民党や財界との繋がりを築いていった（藤本・須崎，2004，3-4頁）。1950年代後半には様々な民間団体がアジア諸国との間で青年の交流を行っていたが，健青会も「日本の将来はアジアと共にある」との信条から（末次，1964b，76頁），1957年より農業研修等の交流を進めていた（末次，1964a，153-156頁）。そして1960年には，青年海外派遣計画についての見解を表明した。[(7)]因みに，こうした経緯があったためか，末次は，「かねて類似の計画をしきりに考えていただけに，ケネディ計画が発表されたときは，まさにしてやられたという感じであった」と述べている（末次，1964a，157頁）。

他方の寒河江は，戦後社会の価値観の激変に衝撃を受け，青年の主体性の向上を目指して山形県を起点に青年運動に取り組んでおり（矢口，2011，81-86頁），1955年には日本青年団協議会（日青協）副会長および前出の産青協の常務理事に就任した。日青協は，当時最大の青年団体であり，末次の健青会も産青協もとも

に日青協に属していた（藤本・須崎，2004，5頁；国際協力機構，2004，13-14頁）。しかし，前項で述べたとおり，産青協が傘下に置く産業開発青年隊は次第に実質的意義を失っており，これに対して，寒河江は同青年隊のあり方を青年運動へと方向転換しようとしていた（小川，1988，63-64，69-70，74頁）

このように1950年代終わり頃，末次と寒河江は別々に，しかし青年の育成や教育という共通の目的をもって，日本人青年の海外派遣を構想していた。ただし，それが具体化しはじめたのは，ケネディが平和部隊の設立を提唱した1960～61年以降である。このことは，ケネディの構想が強い影響を与えたことを示しているが，刺激を受けたのは青年団体だけではなかった。自民党でも「日本平和部隊」の検討が始まったのである。最初に，同党の動きから論じていこう。

自民党内では，ケネディ構想が発表された2カ月後の1960年12月，上記の青年団体の動きに影響を受けた若手議員の竹下登，宇野宗佑，坂田道太が，「青少年に海外雄飛の夢を与え，善隣友好の実をあげようとの考え」を議論していた（国際協力事業団，1985，42頁）。そして，ケネディの平和部隊構想に飛びついた，もう1人の議員が海部俊樹であった。彼は1961年，日本でも平和部隊を作りたいと考え，健青会などの民間青年団体とも知恵を出し合っていたと当時を回想する（国際協力機構，2004，17-20頁）。海部の積極的な働きかけにより，同年4月に自民党青年部から「日本平和部隊構想」が出され，政調特別委員会で検討が進められる（伊藤，2005，70頁）。さらに8月，竹下と宇野がアジア諸国の視察を行うが，この時の構想が実を結ばなかったことは前節で論じたとおりである。

次に青年団体であるが，まず産青協は，寒河江の指示により，「ピース・グループ日本版」（ママ）の計画に着手する。1962年には「海外協力産業開発青年隊」運動に関する関係機関の懇談会を開催したほか，来日したロバート・ケネディの講演会も行った（小川，1988，69-71頁）。健青会は同年春，「日本青年奉仕隊（計画）推進協議会」を組織し，末次が事務局長，寒河江がそれを補佐する体制の下，青年団体指導者，産業開発青年協会関係者，大学教員らがそれに参加した（末次，1988，260頁）。この協議会のメンバーは，10月のプエルトリコ会議の後の政府の対応が「中途はんぱ」であったことから（前節参照），それが今後の本格的な取組みをするための障害になるおそれがあると考えた。そこで，派遣先の国の予備調査や平和部隊の現地視察が必要だとして，1963年3月，末次が3カ月半の海外調査に赴くことになった（末次，1964a，158頁；国際協力事業団，1985，17頁）。

7月に末次が海外視察から帰国すると，政府や自民党を含む関係方面の「歯車は急速に動きはじめた」（末次，1964a，158頁）。8月，視察結果に基づき，健青会は「『日本海外青年協力隊』（仮称）に関する要綱」を発表する。同月，自民党青年局および日本青年奉仕隊推進協議会もまた同様の要綱を発表した（末次，1964a，159頁；国際協力事業団，1985，346頁）。これら3案は，青年の自発的な意思に基づく新興諸国への積極的奉仕活動を目指す点で同じであったが，実施機関をOTCAとするか総理府の下の財団法人とするかで相違があった（国際協力事業団，1985，43頁）。この時は，自民党政務調査会が3つの案を討議資料としてまとめるにとどまったが，実施機関の問題は後の検討においても争点となる。

ところで，自民党はかつて1961年に竹下や宇野が提案した構想には目を向けなかったにもかかわらず，なぜ1963年には積極的になったのだろうか。青年団体や若手議員からの働きかけの影響もあったのだろうが，重要なのは1963年11月の総選挙である。政務調査会は選挙対策上の観点からこの構想を強く打ち出すことを決定したとされる（末次，1963，73頁）。これは，ケネディが大統領選挙戦の最中に平和部隊構想を打ち出したことを彷彿とさせる。選挙に勝利した池田首相は，翌1964年1月の施政方針演説で協力隊構想を表明した。

こうして創設する方針は決まったものの，その中身については議論すべき点が多かった。そこで2月，政務調査会に「日本青年海外奉仕隊に関する特別委員会」が設置され，党内で従来この構想に関わっていた坂田議員が委員長に就いた。そして5～6月には，自民党，外務省，OTCA，青年団体などから成る合同調査団がアジアやアフリカに派遣された。調査団の対象国は，第1班がインドネシア，フィリピン，第2班がタイ，マレーシア，第3班がセイロン，パキスタン，インド，第4班がエチオピア，ケニア，ナイジェリアであり，第1班と第4班の団長は宇野と海部がそれぞれ務めたほか，末次や寒河江も調査団に参加した。

合同調査団の帰国後，3つの方面から計画案が立案された。当時の動向をまとめた末次の論説（1964c，87頁）から概要を記しておこう。第1の外務省案は，若い青年技術者を派遣するという方針であり，プエルトリコ会議での対応とほぼ同じである。技術協力の延長との理解から，実施体制は外務省を主管，OTCAを実施機関としていた。第2は，健青会を中心とする日本青年奉仕隊推進協議会の案であるが，技術者よりも，青年を派遣して現地の民衆と生活をともにしながら奉仕活動を行わせるという計画であった。その民間的性格から，新たな財団法人を設立して実施機関とし，外務省と総理府の共管にすることを主張していた。第3は総理府案であるが，末次は「内容は民間案に近いようである」としか触れていない。

そして，自民党政務調査会の「特別委員会」が3つの案を検討した結果，末次の期待に反して，外務省案を受け入れることになった。同省の文書「奉仕隊問題処理方針」は(8)，先の合同調査の結果，低開発国が希望しているのは技術者派遣による開発協力であって，「国内青少年対策がそのまま外国に延長されるが如きは絶対排すべき」であり，「現行の青少年技術者計画を拡充，整備して海外技術協力事業団に実施せしめる方が適当かつ実際的であり」「特別の新団体を創設する要はない」と記している。これに対して「特別委員会」は外務省案に反対はしなかったが，「本件は技術協力と国内青少年対策との両面の性格を有するもの」であり，「啓発，募集，選考，訓練等については新法人を創設」して，「青少年対策的色彩」を打ち出したいとの意向を強く示した。

そこで，同委員会は「総理府または文部省が新しい団体を引受けるかどうかその意向を打診した」が，結局は「何処もこれを引受けるところがなかった」。しかし，なお「国内的な青少年対策の問題が含まれている」ことを表したいとの見地から，「総理府に官民有識者よりなる連絡会議を設置し，外務省は会議の意見を尊重」するとの条件で「日本青年海外協力隊に関する基本要綱」を決定した。外務省も，「特別委員会」の結論を了承し，「主管はあくまで外務省との建前をとりつつも妥協策としてこの種協議機関を総理府内に設けることは認めること」にした。

ただし，協力隊創設の当初は青年育成よりも技術者派遣の面が重視されていたと言えよう。例えば，応募要件として，短大卒業程度の知識，任務に必要な技術，基礎的な英語などが求められていたほか，1965年の協力隊員の諸手当は当時の男性大卒者の初任給の2.9倍に相当するほど高額であった(9)。

こうして自民党と外務省の間の妥協の結果，協力隊は技術協力と青年育成という多様な目的を抱えて船出を迎えた。1965年1月，佐藤首相が施政方針演説で協力隊の派遣準備を発表すると同時に，OTCA は「日本青年海外協力隊準備事務局」を設け（国際協力事業団，1985，46頁），4月には青年海外協力隊事務局が正式に発足した。事業目的については，5月の外務省経済協力局長通達「日本青年海外協力隊要綱」の中で，開発途上国への技術協力，諸国との親善と相互理解，日本青年の国際的視野の涵養の3つが掲げられたが，これらは現在も受け継がれている。[10] そして12月には初代隊員のラオスへの派遣が実現したのであった。[11]

## 5　協力隊事業の持続的発展

協力隊という新しい国際事業は，発足後は持続的な発展を遂げ，3つの目的を維持しながら現在に至っている。

最初に，事業の発展を確認しておこう。序章で見たように，年間の派遣者数は着実に増加し，2009年には1708人とピークに達した。その後は事業の見直しもあって低下したが，最近は持ち直してきている（前掲図序-1）。累計派遣数は1990年に1万人を突破し，2000年に2万人，2007年に3万人，50周年を迎えた2015年には遂に4万人を超えた。隊員の派遣先は，アジア，アフリカ，中南米，中東，大洋州に及び，冷戦終焉後は旧社会主義国も対象となった。派遣分野も，農林水産，鉱工業，商業・観光，青少年活動，文化，スポーツ，保健・医療，社会福祉，計画・行政，公益事業など，多岐にわたっている。

次に，事業の組織化も着実に固められた。1968年，東京の広尾に事務局と訓練所が建設され，帰国隊員が事務局職員に積極的に採用された一方，募集や選考の業務において地方自治体との連携が図られた。また，帰国隊員の社会復帰対策として1969年に全国 OB 会が組織された（1983年に青年海外協力協会〔JOCA〕に改組）。1974年には国際協力事業団（JICA）が発足し，OTCA から協力隊事業を引き継いだ。そして，派遣者数の増加に伴い，1979年に長野県の駒ケ根訓練所が，1994年には福島県の二本松訓練所がそれぞれ開設された。事業体制の改革も行われ，2002年に教員の現職参加制度[12]が導入されたほか，JICA が行う技術協力との連携が強化された。因みに，上述した大卒社員の初任給と隊員手当の逆転現象は1975年に解消され，それ以降はボランティア事業としての性格をより濃くしていった（なお，現地事務所の役割については第2章を参照）。

さらに，開発協力，青年育成，友好親善という3つの目的は，協力隊に参加する青年たちの関心に広く応えてきた。実際，2011～13年度の派遣前隊員に対する意識調査によれば，協力隊に参加した動機（3つまで選択）の1位は「人のため」（40.9%），2位は「途上国の社会のため」（36.4%）であり，開発協力の目的に合致した結果が出た。他方で「キャリアアップ」（30.7%）や「自分を変える」

(24.4%）という青年育成の目的に沿った回答もそれぞれ3位と5位を占めた。そして，「途上国の社会の理解」(30.7%）は同点3位の動機であり，友好親善の目的に合っている（第7章表7-1参照)。このように協力隊の目的と隊員の動機は高い整合性を有してきたのである。

さて，以上の発展を支えた要因は何であろうか。それは，協力隊が妥協の産物として成立したことに由来している。

第1に，外務省が主管となり，援助機関であるOTCAおよびJICAが実施機関となった制度である。この「外務省・JICAレジーム」と呼びうる相互補完的な制度の下で，協力隊は開発援助の枠組みに組み込まれたのである[13]。それにより，受入国機関との協議，活動地域に関する情報収集，技術協力事業との連携の面で組織的な支援を享受した。さらに，協力隊は外務省の外交戦略にも埋め込まれた。当初は事業に消極的だった外務省も，今では協力隊を「草の根外交官」として高く評価し，事業を推進しているのである[14]。

第2に，関連組織とのネットワークが事業を側面から支えた。自民党の政治家や青年団体は予算措置や訓練の面で創設後の協力隊を支援し，地方自治体は募集・選考業務においてJICAに協力した。さらに帰国隊員はOB会やJOCAを通じてネットワークを広げ，協力隊の知名度の向上に寄与した。こうした関連組織の支援は青年育成という目的を強化する結果にもなった。

## 6　歴史に由来する協力隊の発展

本章は，青年海外協力隊が1965年に創設された政治過程および事業の歴史的発展について分析を行った。まず，対米関係とアジアの冷戦構造が，青年の海外派遣を政府が検討する契機となったことを論じた。次に農村と都市の青年問題を取り上げ，青年団体や自民党の動機がどのように形成されたのかを説明した。さらに，協力隊の構想の政策決定過程を考察するため，青年団体，自民党，外務省の役割に注目した。彼らは，途上国に派遣すべきは技術者かボランティア青年か，事業の所管庁をどこにするか，という点をめぐって対立したが，最終的には，自民党と外務省との間で妥協が成立し，協力隊は技術協力に青年問題対策の色彩が加味されて発足することになった。

協力隊の多面的な性格は，以上の創設の歴史に由来する。さらに，その持続的

## コラム1

### 協力隊の多面的な活動①：「障害と開発」分野の協力隊員

WHOにおける推計では世界の15％の人口が障害を持っているとされる。このため協力隊事業においてはリハビリテーション7職種（理学療法士,作業療法士,言語聴覚士,ソーシャルワーカー,福祉用具,鍼灸マッサージ師,障害児・者支援）と他の職種を合わせると,障害と開発に関する派遣が実に10％(直近5年平均)を占めている。

協力隊に参加する前に障害者と接する経験がなかった人々も多いが，その場合でも技術補完研修などで，派遣前に経験を積むことで現地のニーズに対応している。これは日本において，障害者と接する機会が少ないことの裏返しであるとも言える。

こうして送り出された隊員たちは様々なことを学び，影響を受けて帰国している。隊員機関誌『クロスロード』に掲載された彼らの声を聞いてみよう。

「サッカーをするときに車いすの子も参加したり，知的障害の子がボールを蹴らずに手で投げてしまってもみんな温かく笑っていたりしました。子どもたち同士が自然と補い合っている姿はとてもいいなと思いました」（ウガンダ，旧養護〔現・障害児・者支援〕，2003年度隊員）。

「『医療従事者は患者と近づきすぎてはならない』と教えられたが障害を持つ方の生活に寄り添うことで初めて作業療法士としてもよりよい支援ができる」（マレーシア，作業療法士，2007年度隊員）。

「『あなたのやっている仕事は大事だと感じたよ』日本では患者からこういう言葉をかけられたことはなかった。…（中略）…精神障害の場合は，作業療法の効果が見えにくい。…（中略）…入所者のひとことで，精神障害者に対する作業療法の原点を確認できた気がしました」（タイ，作業療法士，2003年度隊員）。

また，リハビリ7職種以外の隊員も様々な経験を日本に持ち帰ってくる。

「障害児の美術品展示作品を見た校長が美術教育の意義がわかったと言ってくれた」（ブータン，青少年活動，2010年度隊員）。

「コミュニティが障害者を普通の存在と受け入れていることに衝撃を受けた」（ネパール，公衆衛生，1995年度隊員）。

このように障害と開発に関わる隊員たちは，途上国の障害を持つ人々にも開発の恩恵が行き渡るように努力している点で世界をインクルーシブ（包摂的）にしているが，さらにその活動経験を持ち帰ることで，日本をインクルーシブにしていくことにもつながっているのではなかろうか。

参考文献：土橋喜人・荒柾文・渡邊雅行「JICAボランティア事業における“障害と開発”分野の傾向」『月刊 ノーマライゼーション障害者の福祉』2014年4月号，52-54頁。

（土橋喜人）

な発展も当時の妥協に負っている。末次は外務省の所管となったことについて「無念の涙を呑んだ」と回顧したが（末次，1988，261頁），歴史を振り返れば，結局はJICAと外務省が事業を担い，関連団体が側面から支援したことが発展を支えたのである。

歴史的な反実仮想ではあるが，仮に妥協が成立せず，外務省の意向が反映されて青年技術者の派遣のみであったならば，累計4万人を超える青年の参加は得られなかっただろうし，自民党や青年団体の意向どおりにJICAが関与しない青年育成のためだけの事業であったならば，ボランティア青年にとってやりがいのある活動をどれほど提供できたか疑問である。過去50年間，協力隊は世界に雄飛しようとする青年たちの受け皿となってきたが，それを可能にした要因は創設時の歴史に遡ることができよう。

**注**

(1)　本章は，Okabe（2016）の内容を取り入れつつ，基本的には岡部（2014）を改訂したものである。論文の利用を認めて頂いた国際問題研究所に謝意を表する。

(2)　国会会議録（46-衆-本会議-3号 昭和39年01月21日）。

(3)　Memorandum of Conversation, June 20, 1961 in the series: Executive Secretariat: Secretary's and Under Secretary's Memorandums of Conversation, 1953-1964; Entry A1 1566; General Records of the Department of State, RG 59, National Archives, Washington D.C.

(4)　この点は，例えば次の国会会議録で確認できる。36-衆-地方行政・法務委員会連1号 昭和35年10月24日，38-参-本会議-6号 昭和36年02月03日など。

(5)　国会会議録（40-参-予算委員会-7号 昭和37年03月07日）。

(6)　国会会議録（41-衆-本会議-3号 昭和37年08月10日）。

(7)　青年海外協力隊ウェブサイトより。（http://www.jica.go.jp/volunteer/outline/history/ 2015年11月11日アクセス）

(8)　外務省経済協力局「奉仕隊処理方針」，昭和39年12月17日付，2011-00495-0004，外交史料館。以下，本段落と次の段落の記述は同文書に基づく。

(9)　海外技術協力事業団・青年海外協力隊事務局「日本青年海外協力隊実施要領」，1965年5月10日付，2011-00494-0039，外交史料館。手当の金額は同資料より筆者が計算。当時の初任給は森永（2008，444頁）より。隊員の手当と初任給の比較についてご示唆頂いた，金子洋三氏（本書コラム5執筆）に謝意を表する。

(10)　外務省経済協力局長発，海外技術協力事業団理事長宛，1965年5月12日付経協技第40号添付（国際協力事業団，2001，351-352頁に掲載）。

(11)　初期の活動については，初代隊員であった星野昌子の回顧録（2013）や当時の隊員を取材した前田（1967）を参照。因みに，1964年の合同調査団の訪問先にラオスが含まれていなかったにもかかわらず，同国が最初の派遣先になったことは，興味深い事実である。

⑿ 学校の教員がその身分を保持したまま協力隊に参加する制度。

⒀ 発足当初の協力隊事務局はOTCAの中でもかなり独立的な部局であったと言われており，実際，現地で隊員活動を支援する駐在員・調整員はOTCAの海外事務所とは別に業務を行っていた。しかし，JICAが発足すると，協力隊事務局はそのヒエラルキーの中に位置づけられていった（第2章参照）。

⒁ 外務省ウェブサイトより。（http://www.mofa.go.jp/mofaj/press/pr/wakaru/topics/vol126/index.html　2015年11月23日アクセス）

### 引用参考文献


伊藤淳史，2005，「農村青年対策としての青年隊組織――食糧増産隊・産業開発青年隊・青年海外協力隊」『経済史研究』9号，58-86頁。

岡部恭宜，2014，「青年海外協力隊の50年」『国際問題』No. 637（12月号），26-36頁。

小川誠一，1988，「協会事業と寒河江善秋追慕の記」日本産業開発青年協会編『財団法人日本産業開発青年協会三十五年の歩み』日本産業開発青年協会，53-88頁。

海外技術協力事業団・海外協力隊事務局，1965，『若い力』No. 2（12月）。

国際協力事業団・青年海外協力隊事務局，1985，『青年海外協力隊の歩みと現状――その20年』国際協力事業団青年海外協力隊事務局。

――――，2001，『青年海外協力隊，20世紀の軌跡――1965-2000』国際協力事業団青年海外協力隊事務局。

国際協力機構・青年海外協力隊事務局，2004，『青年海外協力隊誕生から成熟へ――40年の歴史に学ぶ協力隊のあり方』協力隊を育てる会。

末次一郎，1963，「『日本青年奉仕隊』の提唱」『民族と政治』10月，67-73頁。

――――，1964a，『未開と貧困への挑戦――前進する日本青年平和部隊』毎日新聞社。

――――，1964b，「健青運動――十五年の足跡を顧みて」『民族と政治』10月，74-79頁。

――――，1964c，「着々すすむ奉仕隊『平和部隊』計画――無責任な報道はあるが」『民族と政治』11月，85-92頁。

――――，1988，「産業開発青年運動と青年海外協力隊」日本産業開発青年協会編『財団法人日本産業開発青年協会三十五年の歩み』日本産業開発青年協会，256-261頁。

杉下恒夫，2016，『青年海外協力隊の軌跡と展望――世界を翔ける日本青年の素顔』万葉舎。

鈴木宏尚，2008，「池田外交の構図――対『自由陣営』外交に見る内政と外交の連関」『国際政治』151号「吉田路線の再検証」，89-104頁。

橋本健二編，2010，『家族と格差の戦後史』青弓社。

藤本和弥・須崎慎一，2004，「青年海外協力隊はなぜ誕生したのか」『日本文化論年報』第7号，1-39頁。

星野昌子，2013，「わが人生」『神奈川新聞』2013年3月1日-4月30日，全60回。

前田利郎，1967，『ニッポン平和部隊』毎日新聞社。

森永卓郎監修，2008，『物価の文化史事典――明治・大正・昭和・平成』展望社。

矢口徹也編著，2011，『社会教育と選挙――山形県青年団，婦人会の共同学習の軌跡』成文堂。

吉次公介，2009，『池田政権期の日本外交と冷戦――戦後日本外交の座標軸，1960-1964』岩波書店。

Drezner, D., 2000, "Ideas, bureaucratic politics, and the crafting of foreign policy," *American Journal of Political Science*, 44(4), pp. 733-749.

Godwin, F. W., Goodwin, R. N., Haddad, W. F., eds., 1963, *The Hidden Force: A Report of the International Conference on Middle Level Manpower*, San Juan, Puerto Rico, October 10-12, 1962, Harper & Row, Publishers.

Maddison, A., 2001, *The World Economy: A Millennial Perspective*. Paris: OECD Development Centre.

Okabe, Y., 2016, "Japan Overseas Cooperation Volunteers: Its genesis and development," in Kato, H., Page, J., Shimomura, Y., eds., *Japan's Development Assistance: Foreign Aid and the Post-2015 Agenda*, Palgrave Macmillan, pp. 222-236.

# 第2章
# ボランティア事業における現地事務所の役割

山田浩司

## 1　ボランティア調整員はなぜ配置されているのか

青年海外協力隊（以下，協力隊）を含むJICAのボランティア事業は，独立行政法人国際協力機構法により規定されている。機構法では，JICAの事業目的を「(開発途上）地域の経済及び社会の開発若しくは復興又は経済の安定に寄与することを通じて，国際協力の促進並びに我が国及び国際経済社会の健全な発展に資すること」（第3条）と位置づけ，その主要な業務を第13条の各項にて明記している。そのうち，「国民…（中略）…の活動であって，開発途上地域の住民を対象として当該開発途上地域の経済及び社会の開発又は復興に協力」（第13条）する「国民参加型事業」は第4の柱と位置づけられ，その主力をなすのがボランティア事業である。

従って，ボランティアの活動も，一義的には途上国において現地の人々とともに様々な課題の解決に取り組むものである。もちろん，その活動を通じて，草の根レベルでの相互理解が深まる，ボランティア本人の国際的視野が涵養される，その経験が帰国後も生きるという効果は期待されよう。しかし，そのエントリーポイントはあくまで相手国政府からの要請に基づく現地での活動の成否にある。

事業を円滑に実施するためには，ボランティアの募集と選考，派遣前の訓練を行い，途上国に派遣するという，一連の事業運営サイクルにおけるJICAの役割が極めて重要である。とくに，途上国に派遣されたボランティアが，異文化環境にすみやかに適応し，その潜在的な能力を発揮して経済・社会開発に貢献できるようになるためには，ボランティアの活動対象となる事業の形成にはじまり，派遣されてきたボランティアの活動を支援し，安全面の対策を施すなど現地で黒子として事業を支えるJICAの現地事務所の役割が不可欠である。さらに，現地事務所において各ボランティアと直接接しながら，良き相談相手となって彼らの活動を支援する，「ボランティア調整員」（以下，調整員[(1)]）の役割も見過ごせない。2014年11月1日現在，調整員は，74カ国に166人が派遣中である。

調整員の募集要項によれば，JICA はその業務を以下の通り整理している。

> JICA ボランティアの活動を支援し，ボランティア事業を現場で支えることが VC（ボランティア調整員―筆者注）の業務です。主な業務内容としては，ボランティア派遣に関する相手国のニーズを確認し，どのようなボランティアを派遣したらよいのかを調査・検討したり，相手国関係者との折衝，ボランティアの安全対策，ボランティアの助言者・メンターとしての役割，国際機関・NGO 等他機関との連携，JICA 本部との調整とこれらに付帯する経理・事務処理等，ボランティア活動の支援に関するすべての業務で，非常に多岐にわたっています。
>
> また，ボランティアの派遣にあたっては相手国のニーズを把握するだけでなく，JICA 在外事務所等の職員等と協力し，その国の開発課題を分析し，JICA の他の事業とボランティア事業の連携も検討して，ボランティア派遣計画の立案を支援することも求められます。
>
> したがって JICA は VC を「国際協力の表舞台」に立つボランティアを陰で支える「ボランティア事業支援のプロ」であると考えています[(2)]。

そして，ボランティアの現地での活動に何らか支障が生じた場合，真っ先に対応に追われるのも調整員と現地事務所である。例えば，ボランティア事業の問題点として古くから指摘されてきたことの1つに派遣要請内容と実際の活動内容との齟齬がある。極端な場合，「配属先に『仕事』がない」「カウンターパートがいない」「配属先そのものがない」といった事態がありうる。派遣されるボランティア一人ひとりが現地で直面するこうした問題を乗り越え，納得のゆく成果を得るのに，まず必要なのは自身による自主的な取組みであろう。しかし，その一方で，Farmer and Fedor（1999）や Saksida and Shantz（2014）が指摘するように，ボランティアに対する組織的支援は，ボランティアの参加意欲を高め，組織目標へのコミットメントを引き出すのに有効でもある。とくに JICA の場合，派遣要請内容を吟味し，派遣されたボランティアの活動環境を整備する役割が各国にある現地事務所に求められる。要請内容と実際の活動内容の齟齬を完全に制御することは困難だが，ボランティアの自主性に過度な期待を抱くことが難しい中，途上国の経済社会開発や復興に寄与するという JICA の業務を遂行するためには，調整員と現地事務所に求められる役割は大きい。

こうした重要性にもかかわらず，調整員と JICA 現地事務所の役割に注目する研究は少ない。そこで，本章では，こうしたボランティア事業をめぐる現地の状況に対して，JICA が調整員という制度をどのように運営し，その改善を図っていったのかを振り返るとともに，現地で実践されているボランティアの派遣要請の開拓や活動環境の整備に向けた取組みにはどのようなものがあるかを，その理論的根拠とともに紹介したい。

以下，第２節では，調整員制度および JICA 現地事務所と調整員との関係，現地事務所とボランティアの関係について，主に協力隊発足当初から2000年前後までの間に見られた JICA の制度と考え方の変遷を概観する。第３節では，過去に行われたボランティア事業評価や隊員意識調査のデータをもとに分析を行い，ボランティア事業の効果発現に向けた現地事務所の隊員支援の重要性を明らかにする。第４節では，2011年に JICA が発表した「ボランティア事業実施の改善に向けた具体的取組み」を紹介し，この中で現地事務所が求められている体制強化の具体的取組みとその根拠について考察する。そして，第５節では，2016年以降国際社会が共通して取り組む開発課題とそこでのボランティアの役割，JICA ボランティア事業への示唆について論じる。

なお，本章では，特段の断りがない限り「ボランティア」を「青年海外協力隊員」と同義で用いることにする。

## 2　調整員制度と現地事務所の役割の変遷

本節では，主に JICA（1985）や JICA（2001a）に基づき，協力隊黎明期から2000年頃までの調整員制度と現地事務所の役割の変遷について紹介する。

### （1）　黎明期の調整員と現地事務所

協力隊の海外派遣は，1965年12月のラオス隊員５人を皮切りに，初年度は東南アジア４カ国へ37人，ケニアへ３人を派遣することからスタートした。発足当初，協力隊事業が JICA の前身である海外技術協力事業団（OTCA）に外務省が委託して実施する事業と位置づけられていたことから，協力隊事務局は OTCA の外局的な位置づけで，局長含めて７人の小さな所帯で事業運営を開始した。当時はまだ「協力隊」の名も知られておらず，海外駐在員も派遣していない中，隊員派遣要請の開拓，現地調査，派遣隊員に対する現地支援は，事務局員による本邦からの巡回指導はあったにせよ，もっぱら各国にある日本大使館・領事館に頼らざるを得ない状況だった。

1967年，タンザニア，ラオス，フィリピンに初めて協力隊事業専任の駐在員が派遣された。しかし，派遣国，派遣隊員数の増加に駐在員数が追いつかず，駐在員の補佐役として，隊員の一職種という形で「調整員」が派遣されることになり，68年度に5人の調整員が海外に配置された。

協力隊の海外駐在員は，任国においても，OTCA の海外事務所とは別と位置づけられ，事務所も別の場所にあった。技術協力全般を取り扱う OTCA 事務所と比べ，協力隊駐在員・調整員の主要機能は派遣中の隊員の現地活動の支援にあった。協力隊事業は隊員が主役である。そのため，「都心部の近代的なビルの一室よりも，例えば，地方展開に便利なバス発着所に近い町外れの一角にある民家など，気軽に出入りできるオフィスが望ましい」(JICA, 2001a, 22頁) との考え方に立ち，より隊員の活動現場に近い場所で支援できる体制を取ることが求められていたのである。

### (2)　事務所の一本化と協力隊経験者の有効活用への移行

当時の調整員は一般隊員と同じ待遇で，単身赴任，国によっては公用車両もない中，隊員の後方支援を行うのは至難の業だったと思われる。こうした待遇は徐々に改善され，1974年に国際協力事業団 (JICA) が発足して協力隊事務局が事業団内の正式な一部局となったのを機に，在外派遣要員の待遇の一本化が進められた。また，経営合理化の観点から，海外事務所の統合も進められ，協力隊海外駐在員事務所は JICA 現地事務所に一本化されていった。

隊員の新規派遣数は，発足5年目の1969年度には233人と初めて200人を超えた。その後200人台前半でしばらく推移したが，70年代に国内で進められた派遣システムの整備が奏功し，80年度には389人に達した。

調整員は協力隊創設当初は協力隊業務に精通した OTCA／JICA 職員が休職扱いで派遣されるケースが多かった。やがて隊員派遣実績が徐々に積み上がり，任期を終えて帰国する隊員が出はじめると，彼らを調整員として派遣するケースも出はじめる。派遣隊員数の増加により，募集や選考，派遣前訓練といった国内での業務が増え，職員だけでは対応できなくなったのである。このため，海外での調整員業務は，協力隊事業と現地活動を熟知している隊員経験者と契約し，一定期間派遣する形態への移行が進んでいった。1982年，嘱託調整員が制度化され，パプアニューギニアに短期派遣された隊員経験者を皮切りに，事業費予算で派遣される調整員が増え，調整員制度の主力を担っていった。

一方，派遣隊員数が増えれば，隊員の健康上の問題が多発することは避けられない。協力隊発足当初は事務局が顧問医を委嘱し，隊員の健康管理や疾病対策に取り組んだが，医療対策が隊員支援活動の重要な柱になるにつれ，現地での健康管理・疾病対策の拡充が求められるようになってきた。このため，1982年には医療調整員が制度化され，ガーナへの派遣を皮切りに，看護師・保健師などの保健医療分野の隊員経験者を現地事務所に派遣し，現地における隊員の定期健康診断や予防接種の実施，現地顧問医との連絡調整，怪我や病気で第三国や本邦での治療・療養が必要な隊員の移送にかかる連絡調整といった業務を担っていった。

### （3） 大量派遣時代の現地事務所と隊員

1970年代から80年代初頭にかけて，日本政府はODAの計画的な拡充を国際公約に掲げた。国際社会の一員として，その経済規模に見合った国際貢献が求められたこの時期は，若者の「国際人」指向が強まった時期でもあり，国際経験を積むエントリーポイントとして，協力隊志望者も増えていった。OTCA／JICAで70年代に進められた国内での派遣システムの整備は，こうした時代の要請に応えたものでもある。

1982年，有田圭輔 JICA 総裁（当時）は，翌83年度から85年度までの3年間で，新規派遣隊員数を年間400人から800人に倍増させる構想を提唱した。82年度は462人だった新規派遣者数は，85年度には778人に達している。隊員の任期が2年であることから，途上国には常時1600～1700人の隊員が派遣されている状態になった。

倍増計画期間の終了後も，派遣対象国の拡大とともに隊員派遣数の増加は続いた。1986年には中国，88年にはインドネシアへの隊員派遣がはじまり，90年代に入ると東西冷戦の終結を受け，東欧への派遣が開始された。政治社会的混乱や内戦の影響で派遣が中断していたカンボジア，ラオス，エルサルバドル等への隊員派遣も再開された。

急速な派遣増に対し，現地事務所はどのように対応したのだろうか。1985年末時点で，累計派遣国数は35に達しており，1カ国で50人以上が常時活動中という国も出てきた。JICA は，1983年度から85年度までの隊員倍増に対応するため，迅速で効率的な事業運営を目指して，現地事務所に思い切った権限移譲を行っている。隊員の任期の延長・短縮，隊員支援経費の支出の承認が事務所長権限で行えるようになったのはこの時期である。ただし，それでも調整員，ないしは他の事業担当の事務所員の隊員任地訪問は頻繁に行える状況ではなかった。当時の状況を閲覧可能な隊員活動報告書や隊員経験者の著書，インタビューなどから確認すると，任国に派遣された隊員は，首都到着後，かなり早い時期に１人で任地に向かい，任地と配属先機関の状況を確認した。その上で首都に戻り，JICA 現地事務所と相談して活動計画の策定や生活環境，活動環境整備の手配を整え，改めて任地に向かったようである（女子パウロ会，1991）。

また，この時期に顕著に増えたのが，特定地域の総合的な開発を目指して複数の職種，ないしは同一職種の複数の隊員をチームとして派遣する新しいスキーム「チーム派遣[(3)]」である。1985年のマレーシア・サバ州村落開発プロジェクトを皮切りに，「緑の推進協力」として複数のアフリカの国々に複数の隊員がチームとして派遣された。チーム派遣は個別派遣に比べて投入量が大きいが，それに見合った，あるいはそれ以上の大きな成果をあげており，隊員個別派遣に比べて受入国側からの好感度が高いとの評価結果もある（JICA, 2002a）。チーム派遣では通常，リーダーや業務調整役の隊員，場合によっては JICA 専門家がおり，現地事務所との連絡調整を担うことが多い。チーム内での相互支援をこうした調整役に任せることができるため，大量派遣時代に対応した事業形態ということができる（JICA, 2001b[(4)]）。

2000年代になると，ODA 予算は減額が進み，ODA 事業全般において効果と効率性が問われるようになってきた。ボランティア事業も例外ではなく，開発課題に取り組む JICA の協力プログラムの一環としてとらえられ，他の JICA 事業との連携が進められた。医療調整員は2002年度の派遣対象者より「健康管理員」として，ボランティアだけでなく，技術協力専門家，事務所員など，随伴家族も含めた JICA 関係者の健康管理の支援を業務とするよう制度変更され，ボランティア調整員も2008年10月より名称が「企画調査員（ボランティア）」に変更され，制度的にはボランティア事業以外の業務を現地事務所で担当できるようになった。

## 3　ボランティア活動を持続的な成果に導く条件

本節では，個々の隊員の活動における目標達成，生活全般に対する隊員の満足度，成果の持続発展確保という3つの観点から，隊員活動を補完する現地事務所の役割について考察する。

### (1)「開発効果」評価の枠組み

JICA ボランティア事業の目的の1つである「開発途上国の経済的・社会的発展への貢献」の計測方法には定説はないが，特定地域の人間開発指標の改善や，特定産品のブランドイメージ確立といった個別事例を逸話的に紹介した文献は多く見られる[(5)]。

青年海外協力隊事務局では，2005年度より帰国直後の隊員や受入機関，受益者などへのアンケート調査を実施し，その中で，「開発途上国・地域の経済及び社会の発展または復興への寄与」を評価する視点として，以下の項目をあげている。いずれも隊員本人による自己評価と受入機関による評価の両面からの評価となっている。

**ア**．活動目標・計画の妥当性（ボランティアと受入機関が活動の目標について合意している割合）

**イ**．活動の有効性（合意した活動目標に対する目標達成度，派遣のタイミングの適切性の評価）

**ウ**．活動のインパクト

**エ**．活動の自立発展性

また，JICA は2004～05年度に青年海外協力隊事業に関する事業評価を行っている（JICA, 2005）。隊員の派遣職種は多岐にわたるため，協力隊事業自体が途上国・地域の開発にどの程度貢献しているかをマクロ的に示すことは難しい。従って，ここでは，①相手国側ニーズと活動内容が合致していること，②隊員自身の目標達成度が高いこと（自己評価），③相手側が隊員の活動を高く評価していること，の3項目で構成される評価枠組みが提示されている。

いずれの分析も，隊員個々人の活動を切り取り，個々の隊員の活動の評価の総体をもって当該国・地域への開発効果と見なしている。そして，隊員が満足のいく活動ができなかった場合の原因の多くは，隊員自身のコミュニケーション能力や配属先の受入体制にあると指摘し，結論としてボランティア事業の制度改革とJICAの事業実施体制の拡充を求めている。

### (2) ボランティアの満足度に影響を与えるもの

JICA（2005）で設けられた協力隊事業の開発効果の評価の視点，とくに目標達成度は，隊員自身の任国での生活全般の満足度に影響を及ぼす。このことを，JICA研究所が2011年より実施中の隊員意識調査のデータをもとに見てみたい。

この意識調査では，同一隊員を対象として，派遣前，派遣中，帰国直後の3つの時点でのパネルデータを収集している。このうち，帰国直後のデータを利用し，現地での隊員生活全般の満足度への影響が強い要因が何か，重回帰分析により特定を試みた[(6)]。対象としたのは，2009年9月から2012年4月までに派遣され，2年間の任期を終えて既に帰国した隊員のうち，意識調査に対して回答のあった2564人である（**表2-1**）。

分析結果を簡単にまとめてみよう（**表2-2**）。まず，隊員の任国での生活全般の満足度に対して最も重要なのは隊員としての活動の目標達成度であることがわかる。

次に，「任地での友人の数」が多いほど，隊員生活満足度を上げるようである。ストレス，活動上の問題／障害，配属先の上司や同僚，JICAからのサポートに関しては，ストレスが低いほど，問題／障害が少ないほど，そしてJICAからのサポートが多いほど，満足度が上がることが示された。しかも，JICAによるサポートは，配属先の上司や同僚からのサポートよりも，回帰係数の値が大きいことから，満足度を高める効果がより大きい可能性が示されている。また，人間関係や配属先の理解などに関するストレスや問題／障害が満足度を下げる影響を持っているなど，項目ごとに満足度への影響には差も見られる。活動上の問題／障害の説明変数を構成する11項目の中には，「JICA事務所や他の隊員等の協力が得られなかった」という項目があるが，この項目は隊員活動満足度を有意に引き下げる傾向も確認されている。以上は，任国における現地事務所による隊員活動支援の重要性を示唆するものと言えよう[(7)]。

以上の結果から考えられることは次の通りである。個々の隊員には途上国・地

**表 2-1**　隊員生活満足度に与える要因分析

分析対象：帰国時調査回答者2564人（男性986／女性1423／不詳155）

| **被説明変数** | |
|---|---|
| 隊員生活満足度 | 隊員生活をふり返ってみたとき，全体としての満足度はどれくらいでしたか（1非常に不満～5非常に満足） |
| **説明変数** | |
| 活動目標達成 | 活動の目標はどの程度達成されましたか（1全く達成されなかった／2あまり達成されなかった／3多少達成された／4非常に達成された） |
| 派遣中の健康状態 | 任期中，大きな病気やケガをしましたか。（1：はい／0：いいえ） |
| 任地での友人の数 | （1：なし／2：1人／3：2人／4：3～4人／5：5～9人／6：10人以上） |
| ストレス度合 | 11項目。平均値を使用。（1：全くストレスを感じなかった～7：非常にストレスを感じた） |
| 活動上の問題／障害 | 11項目。平均値を使用。活動内容に該当するものには「はい」，該当しない場合は「いいえ」とお答えください（1：はい／0：いいえ） |
| 上司，同僚，JICA からのサポート | 5項目。平均値を使用。任期中，仕事をしていく上で受けた支援（1：はい／0：いいえ） |

**表 2-2**　重回帰分析結果

| | 全体 n＝1933 | | |
|---|---|---|---|
| | 回帰係数 | t 値 | 有意水準 |
| 活動目標達成 | 0.335 | 11.23 | *** |
| 健康状態 | 0.001 | 0.02 | |
| 友人の数 | 0.055 | 3.16 | *** |
| ストレス度合 | −0.206 | −9.38 | *** |
| 活動上の問題／障害 | −0.458 | −4.10 | *** |
| 上司からのサポート | 0.162 | 2.74 | *** |
| 同僚からのサポート | 0.124 | 1.93 | * |
| JICA からのサポート | 0.257 | 4.73 | *** |

（注）　有意水準は，＊が p<10%，＊＊が p<5%，＊＊＊が p<1%をそれぞれ示す。

域に与える開発効果を最大化する努力は当然求められるが，その一方で，活動の成果を最大化するためには，各隊員と現地事務所が密接に連携して，一体としてボランティア事業を実施することが必要である。各々の隊員が自身の活動に高い自己評価を与えるには，十分な活動ができるための環境整備における現地事務所の支援も重要ということである。また，当該国・地域への開発効果を最大化するには，個々の隊員の活動を超えて，他の協力案件との連携や他機関との連携による隊員活動のレバレッジが必要であり，この面からも現地事務所の役割が求められる。

### (3) 成果の持続発展に向けた外部条件への働きかけ

2000年代半ば，JICAでは技術協力における自身の役割の再考が進められ，技術協力は途上国のキャパシティ・ディベロップメント（CD）を支援するものと整理された（JICA, 2006）。キャパシティとは，「途上国が自らの手で開発課題に対処するための能力」であり，制度や政策・社会システム等における多様なアクターが各々有するものである。それらが途上国自身の主体的な努力によって総体として向上していくプロセスがCDである。そして，技術協力に関わるJICA職員や専門家，コンサルタントは，協力終了後も途上国の主体的かつ持続的な取組みを担保する仕組みづくりを促進する「ファシリテーター」の役割を担うものとされる。

その場合，協力の成果が途上国のCD全体にどうつながっていくのか，その見取り図をあらかじめ明確にする必要がある。それは，協力案件の形成段階から上位目標の達成を意識することであり，上位目標の達成に必要だがその案件では取り組むことのない，予算の確保，政策・戦略上の位置づけといった外部条件とされてきた要素も内部に取り込んだマネジメントを考える必要があるということである。

この議論は協力隊員にも適用される。CDのファシリテーターとして，配属先のカウンターパートやその他の関係者のやる気を呼び起こし，それを持続させる仕組み作りを働きかけることでは，隊員は専門家やJICAの事務所員と変わらない（本書第4章も参照）。他方，隊員にとって相手国のCDという視点から協力案件を俯瞰し，上位目標達成に必要な外部条件を見極めて，予算・財源の確保，政策形成，組織間の連絡調整に向けた働きかけを行うのは，技術協力プロジェクトの場合と異なり，困難な面がある。隊員の場合は個人での取組みとなり，かつその専門知識や技術において専門家ほどの影響力はないからである。従って，隊員活動が所定の成果をあげるのに必要な外部条件を補完し，隊員の任期終了後もその活動成果の持続に必要となる条件を充足するための働きかけでは，現地事務所の役割が求められるところが大きい。

東京大学の研究者チームは，アフリカ8カ国で，JICAボランティア，その他

JICA 関係者，現地受入機関側関係者などを対象に聞取り調査を行った（東京大学，2009）。その結果，「開発途上国の経済的・社会的発展への貢献」について，①隊員自身が否定的，または「役立っているか実感がない」との発言をしている，②カウンターパート等現地の人々が事業に対して示す評価は，隊員のマンパワーとしての働きに関するものが中心だが，その評価はおおむね高く，配属先の不可欠な一員として大きな信頼と高い評価を得ている隊員もいる，③隊員からは自分たちの働きがその場限りのもので終わることへの懸念が表明されたことなどを報告している。

調査がアフリカ地域だけを対象にしていることや，この調査がボランティアの派遣期間中の一時点での問題意識を切り取ったもので，その問題点の克服に向けて各ボランティアや現地事務所がどのような取組みを行い結果がどうだったのかを描き切れていないことなどから，指摘内容には慎重な解釈も必要だろう。とはいえ，その指摘には重要な示唆も含まれている。

まず，活動成果の発現とその成果の持続発展性を確保するための働きかけは，隊員単独の努力だけではなく，事務所による関係者への働きかけも必要である点が，この調査結果からも言える。

また，本章冒頭でも述べた「要請と活動の乖離」自体は古くから言われてきたボランティア事業の永遠の課題とも言えるが，とくに急激に派遣人数の拡大を図ろうとする時期には現地のニーズとは乖離した安易な案件形成が行われるリスクが高まる。本調査の実施時期は，協力隊員を含む JICA ボランティア全体の派遣件数増がさらに進められようとしていた時期であるが，同様に派遣数が急増した1980年代前半や90年代後半にも，現地の受入態勢に大きな負担を強いた時期はあったものと思われる。

協力隊の新規派遣件数は近年大きく落ち込み，同様に応募者数も低迷している。こうした状況下で派遣隊員数が現地の受入態勢に与える負担が増えることは考えにくい。むしろ個々の案件の質を高め，隊員がその活動で成果を収め，かつ成果が持続する環境づくりがいっそう求められよう。

## 4　現地事務所全体としての協力隊支援

本節では，2011年に JICA が発表したボランティア事業の改善のためのアクションプランを取り上げ，経営学や社会学の知見を踏まえて，事務所による支援のあり方について考察する。

### (1) 現地事務所内の役割分担と連絡

前節で紹介した派遣件数や応募者数の低迷を背景に，JICA は，2011年に外部有識者による「JICA ボランティア事業実施のあり方検討委員会」を設置した。[8] 委員会は8月に提言をまとめ，発表している。その柱の1つが「質を重視したボランティア事業実施に向けた徹底した改善」で，協力効果発現の最大化に向けたいくつかの方策が提言されている。

「要請と活動の乖離」の問題に関しては，隊員個々人が派遣後6カ月以内に本人と配属先とが合意する形で「活動計画表」を作成することで，配属先のニーズと自身の技術・経験を最初に整合させておくべきと提言されている。JICA は，このプロセスにおいて，①配属先が過剰な期待をしている場合は隊員の技術・経験の実態に合わせて要請の内容を調整し，②技術や知識を補完するための自己学習や研修への参加を支援し，③活動計画表の作成への支援を現地で行うことが期待されている。加えて，現地支援体制の強化策として，調整員[9]は隊員の心の支えとなり，人間的成長を促すためのメンターの役割も求められるため，その選抜はより厳正に行い，派遣前の研修段階からマネジメントや指導法などの研修を通じた能力強化に努めるべきと提言されている。

こうした提言を受けて，JICA は，具体的なアクションプランである「ボランティア事業実施の改善に向けた具体的取組み」を公表した。

アクションプランでは，「在外事務所等によるボランティア活動支援体制の強化」に向けた方策の1つとして，「在外事務所職員と調整員の役割分担の再整理を行い，職員によるボランティア事業への関与強化を進める」ことがあげられている。

1974年に JICA が発足し，協力隊現地事務所が JICA 事務所と統合された後も，所内での協力隊事業実施体制は，調整員と現地人スタッフから成る「ボランティア班」が，事務所管理職の下で隊員の支援を行う形がとられた事務所が多かった。こうした実施体制は，一定水準の隊員支援を維持しつつ，隊員活動を熟知した調整員により派遣要請の開拓を進めて派遣数増を確保するには効率がよかった。しかし，協力の効果を高めるには，その国について分野・課題別の情報が集積している事務所員と連携し，隊員活動のニーズをより精緻に把握し，同じ分野・課題における他のJICA事業との関連性を意識して，隊員派遣のタイミングにも配慮することがいっそう求められるようになってきた。

例えば，チーム派遣のように相手国側の注目度の高い派遣形態では，カウンターパートのライン省庁との協議は，調整員よりも，その分野・課題の担当所員が前面に立つ方が強い発言力につながるケースが考えられる。また，従来から事務所事業班が案件監理を担ってきた技術協力や無償資金協力，2008年10月の国際協力銀行（JBIC）との統合以降ウェートが高まった有償資金協力の側からも，個々の事業を単独で実施するよりも，ボランティアを派遣することによってフロントラインの公的サービスの改善を図ることが課題解決に向けた取組みの有効性を高めるケースもあるとして，連携への期待が高まっている。

このように多様な人々が関わり合う職場を創ることが組織自体の強化につながるということは，組織経営論の観点からも論じられている。鈴木（2013）は，個人（ミクロ）と組織（マクロ）の間に「職場」というメゾレベルを設け，ここでの構成員同士の関わり合いが多い職場では，構成員個々人は他の構成員を自然と「支援」するようになり，加えて自分自身の仕事も勤勉にこなし，さらには自分自身で創意工夫をこらしていくようにもなると述べている。また，伊丹（2005）は，職場で人々が関わり合うことで，人々の間のヨコの情報的相互作用と心理的相互作用が自然にかつ密度濃く起こるという。その結果，自己組織的に共通理解や情報蓄積，そして心理的エネルギーが生まれてくるが，そのプロセスは決して100％自然に発生するのではなくて，そうしたプロセスが起こる土台あるいは枠組みのかなりの部分は，経営者や管理者の働きかけの結果としてつくられると分析している。

2001年の提言（JICA, 2001b）以降，JICAでは組織全体の国別アプローチ強化の中にボランティア事業も位置づけられるようになり，国別事業展開計画にボランティア派遣計画も明記されるようになってきた。そこでは，課題解決に向けたJICAの協力プログラムへの投入要素の1つとしてボランティア派遣も位置づけられている。このため，ボランティア事業を専門で扱うチームを所内に設けるのではなく，各分野・課題の担当チームにボランティア事業を理解した所員が加わるという体制の導入を試みている事務所も現れはじめている。

例えば，南アジアのネパールは，60～70人のボランティアが常時国内で活動中という，ボランティア事業の規模としては標準的な国である。現地のJICA事務所は，全所員が1つのフロアに机を並べる大部屋方式で，ボランティア班は存在するものの，他のJICA事業の要請開拓・案件監理を行う事業班との距離が近く，所員が相互往来を頻繁に行いやすいオフィスレイアウトとなっている。筆者が事務所を訪ねた2012年9月時点において，この事務所では，日本から派遣されているJICA職員がボランティア事業の総括を担当していた。この職員とボランティア班の筆頭現地人スタッフは事業班内に席を置き，両班を兼務する体制である。ネパール事務所で事業班の現地人スタッフがボランティア班を兼務する体制を導入したのは2011年のことで，この措置により，既に現地人スタッフによる事業管理が進んでいた研修員受入事業とボランティア事業との連携が円滑になったと多くの所員から評価されているが，それにとどまらず，今後広く他の事業とボランティア事業のシナジーを生む新たな案件形成の可能性を有している。

また，アクションプランは，「在外事務所による定期的な活動状況のモニタリング」の実施を謳っている。すなわち，調整員と担当現地人スタッフにとどまらず，隊員の活動への支援に，事務所全体で関わっていこうとする体制を指向している。ネパール事務所の場合，担当調整員，担当現地人スタッフ，総括担当職員，事務所管理職（次長，所長）間での役割分担が行われている。普段の隊員とのコミュニケーションは担当調整員・現地人スタッフのレベルで対応し，各隊員の任地訪問は年2回程度行っているが，隊員着任後1年目の定期モニタリングは総括担当職員，事務所管理職が任地を訪問して行っている。

### （2）　協力隊員を中心としたナレッジマネジメントの推進

アクションプランでは，「技術顧問，専門家，国際協力専門員とボランティア間の活動を相互支援するネットワーク体制の構築」も掲げられている。技術顧問や国際協力専門員は主に本邦を拠点としており，この項目は特定国にとどまらない，より広範な相互支援体制の構築を指すものと考えられるが，特定国における開発課題への取組みの強化を考える上でより重要なのは，任国内での隊員を取り巻くJICA関係者間のネットワークの強化であろう。

JICAは2002年に実施したボランティア事業のあり方に関する調査研究（JICA, 2002b）において，21世紀の同事業の重点課題の1つとして，「サポート体制の充実」をあげている[10]。この中には，「⑦ JICAボランティア関連のネットワーク確立の支援」が含まれ，具体的には「派遣中，帰国後のJICAボランティアや専門家等関係者がそれぞれの知見を共有することが本事業の理念の実現のために必須であり，JICAはそのための場を用意する」(JICA, 2002b, 94頁）ことが提言されている。

従来から，派遣中の隊員が各々の知見や配属先での活動における課題を共有し，解決策を検討する取組みとして，「分野・課題別分科会」が実施されてきた。理数科教師隊員が自主的に集まり，相互に任地訪問を行って講習会を行う，別のJICAプロジェクトで制定支援した全国教科書の現場での活用法を検討する，あるいは保健分野の隊員が集まり，現場の課題を整理して所管の中央官庁にフィードバックを行う，といった活動が行われている。

分科会の有効性については，2005年にJICA評価部が行った協力隊事業の評価でも指摘されている[(11)]。加えて，前述の隊員意識調査のデータ分析からも，「グループ勉強会」(分科会と近似と想定）参加の有無は隊員生活の満足度と有意な相関関係があることが確認された[(12)]。

分科会は，多くの国では派遣中の隊員による自主企画として立ち上げられることが多く，任国派遣中の隊員の全ての職種について形成されるわけではない。しかし，前述の事業評価では，分科会・部会活動について，「隊員の任期は2年でありメンバーの移り変わりが常に生じることから，分科会活動の継続性の担保や活動の活性化について，JICAとしてサポートしていくことが望ましい」(JICA, 2002b, 第5章，6頁）とされており，さらには，「他の人材とのネットワーク形成については，現在は隊員や専門家等個人の判断／ネットワークで実施しているケースも多いことから，情報交換・共有を進めるための定期的な『場』をJICAとして提供すること…（中略）…も有効であろう」(JICA, 2002b）と述べている。

分科会をあらかじめナレッジ共有・形成の場として位置づけ，隊員が同一分野・課題について任国で活動する専門家やコンサルタント，事務所員と交流する場として，在外事務所が積極的に提供していくことを報告書は求めている。分科会は，ふだん接する機会のほとんどない遠方のコミュニティに属する隊員，JICA関係者同士が出会う場であり，また，この出会いをきっかけに形成されたブリッジを維持する場でもある。バートによれば，遠方の異なるコミュニティとつながっている人は，そのブリッジを活用して，他のコミュニティ構成員よりも高い生産性を発揮できる有利な立場にあるという[(13)]（バート，2006)。ただし，バートは，こうしたブリッジが壊れやすく，１年で９割が消滅することも示唆している（Burt, 2002）。現地事務所では，定期健康診断や予防接種，隊員総会，安全対策協議会などで隊員が定期的に首都に集まる機会を利用して分野・課題別分科会が開催されることが多いが，遠方の隊員同士が定期的に再会する「場」づくりは，その目的は別にあったとしても，こうしたブリッジを維持させる効果が期待される。

実際，前述のネパール事務所では，現在ある分科会を，ナレッジ共有を目的とした事務所主導の枠組みとして位置づけている。またインドでは，専門家や事務所員などのJICA関係者にとどまらず，日本語教師隊員が国際交流基金から派遣された日本語教育専門家と情報交換・意見交換を頻繁に行っている。中米のエルサルバドルでは，分科会の開催には隊員のカウンターパートの参加も必須とし，ナレッジ共有・形成のためのネットワークをより広くとらえるよう仕向けている。分野・課題別としつつも，分科会への参加は同じ職種に限定せず，どこの分科会にも属していない他職種の隊員の参加を認めているケースもある。このように異なる職種間での交流を通じて，新たな隊員間の連携も生まれる可能性がある。

現地事務所として拡充可能な取組みは分科会にとどまらない。既に帰国した先輩隊員の知見の有効活用の一環として，事務所待合スペースに隊員活動報告書を閲覧可能な状態で配備しているケースや，国別OB／OG会との連絡調整窓口を事務所が務めており，先輩隊員と派遣中の隊員との交流を仲介する機能を事務所が果たしているケースもある。

隊員経験者同士が知見を共有できる「場」の提供については，米国のボランティア派遣制度である平和部隊の国別の知見に関するナレッジマネジメント実践を調査したGilbert et al.（2010）の研究でも指摘されている。この論文は，現状隊員の知見が十分共有されていないことを指摘し，２年間で隊員が入れ替わるというボランティア組織の特徴を考慮して，知識領域別の実践コミュニティ（Community of Practice）の形成を提言しているが，協力隊の分科会はそれに先行した取組みと評価することができる。

### （３）　グループ型派遣

アクションプランでは，「同じ開発課題もしくは対象地域の問題解決に複数のボランティアが取り組むことによる，シナジー効果の発揮を促進するためグループ型派遣の件数を増加させる」ことがあげられている。Farmer and Fedor (2001) は，配置されているボランティアの数が多いことや，ボランティア同士の交流 (interaction) の機会が多いことが，ボランティアの目標達成への貢献度を高めると述べている。ボランティアの組織適合について論じた Hidalgo and Moreno (2009) は，ボランティアに対する組織的支援，業務に対する確信に加え，ボランティア間のネットワーク，業務実施に向けたチームの編成が，ボランティアの定着を有意に高めることを示唆している。

但し，複数の隊員派遣を1つのプロジェクトと見なして進められる「チーム派遣」は，前述の通り，1980年代半ばより既に実績があり，加えて中米におけるシャーガス病対策や算数教育のように（本書の第4章や第5章を参照），他の技術協力プロジェクトと密接に連携して行われたチーム派遣や，ネパールやニジェールなどで行われた緑の推進協力プロジェクトのように，リーダーとして隊員ではなく専門家が派遣されているチーム派遣も行われてきた。

従って，アクションプランにある「グループ型派遣」の新規性とは，JICA の国別事業展開計画に明記された協力プログラムの一環として派遣され，相互に関連性の強い職種の隊員を複数名派遣して，在外事務所が個々の配属先での取組み同士をゆるくつなげることでスケールアップや新しい連携を図るとか，特定地域に複数の職種の隊員を派遣してクラスターを形成し，個々の配属先をつなげることで地域の問題解決に総合的に貢献しようとする取組みを含むものと考えることができる。

こうした隊員間の連携の有効性については，理論面でも実践面でも支持されていると言えよう。理論的には，Granovetter (1973) によれば，遠方の人々がゆるくつながっていることから生まれる新たなアイデアは，近隣の人々同士で構成される濃密な人的ネットワーク内から生まれるアイデアに比べて，より革新的であるという。実践面では，橋本 (2013) は，シャーガス病対策隊員として最初に派遣されたグアテマラの任地で，算数教育の隊員と連携して行った疾病と予防法に関する小学校教員向け研修の有効性について報告している (94頁)。また，2013年3月に筆者がニカラグアで行った現地調査でも，地方都市に配属されていたシャーガス病対策の隊員が，同じ市にある医療クリニック兼青少年クラブに派遣中だった他職種の隊員と連携し，普及啓発活動を展開した事例が見られた（山田，2013)。これらの住民向け普及啓発を業務とする隊員は，募集・選考時点で高い専門性や経験を求められることは少なかったので，派遣件数を増やしやすい分野として長年中心的な役割を果たしてきたが，現地で実際に普及啓発活動を行う際には，学校や保健医療施設等で地域の子どもや住民と接する他の職種の隊員と連携することで，高い効果を生み出すものと期待される。

このような連携は，隊員の活動に対する取組み意欲を刺激し，彼らの活動への満足度を高めるものと考えられる。実際，隊員意識調査のデータでは，単独派遣とグループ型派遣とでは隊員生活全般についての満足度に有意な差があり，グループ型派遣の方が満足度が高いことが確認されている[14]。

## 5　2016年以降の持続可能な開発への取組みに向けて

本章では，協力隊員の配属先での活動の目標達成度と隊員の任国でのボランティア生活全般の満足度との間に正の相関性があることを示す一方，現地事務所による隊員活動支援が隊員活動の目標達成度と生活全般の満足度を引き上げることを論じた。とはいえ，一人ひとりの隊員が相手国カウンターパートとの合意の下で設定した目標を達成するだけでは，途上国の経済・社会の発展や復興に対する大きな貢献には必ずしもならない。隊員派遣をJICAの協力プログラムの一環と位置づけ，他の協力スキームと組み合わせてプログラム全体での開発効果を目指す，あるいは隊員をグループで派遣して特定分野・課題，特定地域により大きなインパクトを与えることを目指すといった方向性が，現在JICAでは指向されている。その場合の前提となる要請ニーズや開発課題動向，人材，協力リソース，過去の教訓といった様々な情報が集積し，異なるアクターの結節点となるのはJICAの現地事務所である。本章では，現地事務所の職場内での情報的相互作用の場を作るマネジメントの重要性も検討した。

ボランティア事業を取り巻く環境には，今大きな変化が起きている。途上国の経済・社会の発展や復興への貢献に止まらず，ボランティア事業は先進国・途上国を問わない，地球的規模での持続可能な開発への貢献が期待されるようになりつつある。

国際社会では，2015年を達成年限としていたミレニアム開発目標（MDGs）に代わる，2030年までに優先的に取り組むべきグローバルな開発課題が検討され[15]，2015年9月の国連サミットで，「持続可能な開発目標（Sustainable Development

Goals：SDGs)」として採択された（UNGA, 2015a)。SDGsは，引き続き一人ひとりを中心に据えた「貧困の撲滅」を中心的取組課題としつつも，社会・経済・環境の3つのバランスを重視し，持続可能な開発を目指そうとしている。また，SDGsは各国政府だけが達成に取り組むものではなく，そのゴール・ターゲットの中には，企業や市民社会，住民一人ひとりが目標を自分のものとして認知し，達成に向けて自分にできることに取り組んでいくことが期待されている。

SDGsに関する政府間交渉の基本文書の1つであった国連事務総長統合報告書“The Road to Dignity by 2030”は，目標達成に向けた実施手段の1つに「キャパシティ強化への投資」をあげ，以下のようにボランティアの役割に言及している。

> 私たちがキャパシティ強化を進めて新開発課題の定着支援に努める中，ボランティア活動はもう1つの強力で課題横断的な実施手段となりうる。ボランティア活動は地域の活動主体の増員を助け，国別のSDGs達成への取組みに関する計画立案と実施に向けて，人々の参加を促進することができる。また，ボランティアグループは，具体的で，成果の計測が可能な行動に向けて，政府と一般の人々との対話の場を提供し，新開発課題のローカル化を支援することができる（United Nations, 2014, p. 36)。

その後，国連事務総長からは，2016年から30年にかけて，①市民参加の促進と市民行動を可能にする環境作りを通じて新開発課題に対する人々のオーナーシップを強化し，②ボランティア活動を新開発課題への取組みとして統合し，③人々の包括的な関与と人々の福祉の向上へのボランティア活動の貢献度を計測してSDGsのモニタリングの一部と位置づける，の3項目からなる行動計画が示され(UNGA, 2015b)，国連総会でも承認されている（UNGA, 2015c)。協力隊も最もミクロな人のレベルで現地のカウンターパートや住民，コミュニティと接する機会が多く，持続可能な開発の実現に向けたフロントラインで活動していくことが期待される。

また，MDGsの多くが途上国で達成が求められる目標だったのに対し，SDGsは「全世界が達成に向けて取り組む普遍的な目標」であるとの普遍性の原則(Universality）があり，日本が途上国でのSDGs達成にどう貢献するかだけでなく，日本国内で我々が地球規模の持続可能な開発に対して何をどう取り組んだかも国際的なモニタリングの対象となる。協力隊経験者の中には，帰国後国内で日常的な市民活動や大災害など緊急時の支援活動，被災地の復興活動などに参加する人が多く，普遍性の原則は協力隊経験者が日本国内でもSDGs達成への取組みに貢献できる余地が広がることを意味している。言い換えれば，2016年以降の開発課題への取組みでは，途上国と日本国内の活動の連続性がますます強まる。

そうした状況下での協力隊事業は，SDGsを意識しつつ，派遣前から派遣中，さらには帰国後までを視野に入れ，持続可能な開発に一貫して貢献できる人材として隊員を育成することが，今まで以上に強く求められるようになるであろう。現地事務所は，今後，その国におけるSDGs達成への取組みの動向を踏まえ，本章で述べてきた現地における隊員活動の目標達成に向けた取組みへの支援に加えて，帰国後のキャリア形成にも生かせる知識や技能の修得，ネットワークの構築にも配慮することが求められよう。

**注**

(1) JICAでは，2008年10月，「ボランティア調整員」を「企画調査員（ボランティア事業）」に名称変更し，ボランティア事業支援以外の他の業務も一部担当することができるよう制度を変更したが，英語名称であるVolunteer Coordinatorは変更せず引き続き使用されていることから，本章では便宜上「ボランティア調整員」を使用することにする。

(2) 独立行政法人国際協力機構青年海外協力隊事務局「2015年度前期派遣企画調査員（ボランティア事業）募集要項」10頁。（http://www.jica.go.jp/recruit/volunteer/ku57pq00000ngjsz-att/youkou_first-half_20150121.pdf　2015年1月25日アクセス）

(3) チーム派遣の明確な定義はないが，JICAの報告書によれば，「異職種または同一職種を複数名派遣し，有機的かつ総合的な協力を地域住民とともに展開し，より効果的・効率的に活動を行うプロジェクト的手法」（JICA, 2001b）とある。

(4) 但し，この報告書（JICA, 2001b）は，カウンターパート機関と問題が発生した時の調停不足，通信網の未整備による連絡不足等，在外事務所の対応が不足していた事例も報告しており，今後のチーム派遣実施に向けては，プロジェクト実施中の役割を明確にし，その主な内容としては，リーダーとの綿密な情報交換・モニタリング，政府機関やカウンターパートの意向の吸い上げや，両者の調整，本部関係者への進捗状況の報告，などが在外事務所業務として重要となってくるとも指摘している（62頁）。

(5) 三浦・協力隊の歴史を語りつぐグループ編，1980；女子パウロ会，1991；青木，1998；栗木，2001；平山，2005；剣道日本編集部，2007；吉岡，2010など参照。

(6) なお，隊員意識調査データを用いた分析にあたっては，元JICA研究所非常勤研究助手の須田一哉氏より多大なご支援を得た。この場を借りてお礼申し上げたい。

(7) 他方で，「任期中に大きなけがや病気をしましたか」という質問に対し，31％が「はい」と答えているが，分析結果によれば，派遣期間中のけがや病気は隊員生活の満足度に有意な影響は与えていない。

(8) JICA ボランティア事業実施のあり方検討委員会（2011)。この検討委員会のスコープには，協力隊員のほかに，シニア海外ボランティア，日系社会青年ボランティア，日系社会シニアボランティアといった他の JICA ボランティアカテゴリーも含まれているため，報告書では「ボランティア」が使用されているが，本章では検討の対象を協力隊員に絞っているため，引き続き「隊員」を使用する。但し，協力隊員だけでなく他のカテゴリーの JICA ボランティアも含めた総称を示す場合には，「ボランティア」を使用している。

(9) JICA ボランティア事業実施のあり方検討委員会（2011）では「企画調査員（ボランティア)」が名称として使用されているが，本章では注(1)に従い，引き続き「ボランティア調整員」を使用する。

(10) サポート体制の充実に向けた方策としてあげられている項目は以下の通り。①過度の規制やルールを廃したボランティアの自由と自己責任を尊重した支援，②安全管理等の強化による活動地域の拡大，③メンタルケア等の健康管理に対するサポート体制の導入，④事前調査の強化，⑤要請から派遣までのスピードアップ，⑥国別，分野・課題別支援体制の強化，⑦ JICA ボランティア関連のネットワーク確立の支援，⑧在外事務所への権限移譲，⑨訓練の質の向上。

(11) JICA（2005）は，隊員自身の活動目標達成への貢献要因として，「同僚や任地の人々との良好な関係」「他協力隊員との協力」「派遣前の業務経験・知識」「自らの努力・工夫」等が重要だったと評価する。バヌアツ，マラウイ，ホンジュラスの３カ国を対象に行われた同評価調査では，この「他隊員との協力」について，①分科会・部会活動，②グループ派遣における隊員間の情報交換や活動方法の共有，③現場（隊員）と中央省庁（専門家）の連携などをあげている。

(12) 表 2-1 と同じデータセットについて，他の隊員との交流の有無を説明変数，隊員生活の満足度を被説明変数として回帰分析を行った。交流内容の内訳は，①活動視察，②隊員間の親睦，飲み会，機関誌作成，レジャー等，③グループでの勉強会，④国際交流活動である。この結果，①と③については有意確率（p 値）がそれぞれ，0.02，0.00と極めて小さく，他の隊員の活動視察やグループ勉強会への参加状況が活発であればあるほど隊員生活の満足度も有意に高いことが示された。

(13) バート（2006）は，米国のホワイトカラーの人々のネットワークを調査した結果，普段，自分のそばにおらず，自分との社会的な距離が遠い人々をパーソナルネットワークに多く含んでいる管理職ほど社内で高く評価され，素早く昇進していくとの結論を導き出した。社会的距離とは，自分と異なる属性を持ち，自分が日常いる場所とは違う場所で異なる仕事をしている人々を指す。

(14) 表 2-1 と同じデータセットについて，グループ派遣か単独派遣かを説明変数とし，隊員生活の満足度を被説明変数として回帰分析を行った。回答の内訳は，単独派遣2120人，グループ派遣297人，わからない39人，無回答108人である。うち，「わからない」と「無回答」を除外したデータに対して分析を行ったところ，グループ派遣の満足度が有意に高かった。

(15) 2015年以降の開発目標に関する議論の動向については以下のURLを参照（https://sustainabledevelopment.un.org/index.html　2015年2月13日アクセス）。

**引用参考文献**


青木公，1998，『OBはつらいよ――協力隊卒業生は，いま』国際協力出版会。

伊丹敬之，2005，『場の論理とマネジメント』東洋経済新報社。

ウェンガー，E.，マクダーモット，R.，スナイダー，W. M.／櫻井祐子訳，2002，『コミュニティ・オブ・プラクティス――ナレッジ社会の新たな知識形態の実践』翔泳社。

栗木千恵子，2001，『地球市民をめざして』中央公論新社。

剣道日本編集部編，2007，『ニッポン剣道，世界へ』スキージャーナル社。

JICA，1985，『青年海外協力隊の歩みと現状 その20年』国際協力事業団青年海外協力隊事務局。

―――，2001a，『青年海外協力隊 20世紀の軌跡』国際協力事業団青年海外協力隊事務局。

―――，2001b，『ボランティア事業への国別・地域別アプローチの適用調査研究報告書』国際協力事業団青年海外協力隊事務局。（http://jica-ri.jica.go.jp/IFIC_and_JBICI-Studies/jica-ri/publication/archives/jica/etc/pdf/200103_02.pdf　2015年3月24日アクセス）

―――，2002a，『協力隊チーム派遣に関する評価分析調査報告書』国際協力事業団青年海外協力隊事務局。（http://www.jica.go.jp/activities/evaluation/tech_ga/after/pdf/jocv01/jocv01_01.pdf　2015年2月6日アクセス）

―――，2002b，『21世紀のJICAボランティア事業のあり方』国際協力事業団青年海外協力隊事務局。

―――，2005，『特定テーマ評価（ボランティア事業（青年海外協力隊事業））報告書』独立行政法人国際協力機構。

―――，2006，『キャパシティ・ディベロップメント（CD）』独立行政法人国際協力機構国際協力総合研修所調査研究報告書，2006年3月。（http://jica-ri.jica.go.jp/IFIC_and_JBICI-Studies/jica-ri/publication/archives/jica/cd/200603_aid.html　2015年2月9日アクセス）

JICAボランティア事業実施のあり方検討委員会，2011，「世界と日本の未来を創るボランティア―― JICAボランティア事業実施の方向性」。（http://www.jica.go.jp/volunteer/outline/publication/report/pdf/commission_01.pdf　2015年2月10日アクセス）

女子パウロ会編，1991，『ガーナに賭けた青春』女子パウロ会。

鈴木竜太，2013，『関わりあう職場のマネジメント』有斐閣。

東京大学，2009，『国際協力における海外ボランティア活動の有効性の検証』青年海外協力協会（JOCA）受託調査研究報告書（2007年-2009年），東京大学大学院総合文化研究科「人間の安全保障」プログラム，2009年6月。（http://www.joca.or.jp/upload/item/43/File/report01.pdf　2015年1月25日アクセス）

バート，ロナルド・S／安田雪訳，2006『競争の社会的構造――構造的空隙の理論』新曜社。

橋本謙，2013，『中米の知られざる風土病「シャーガス病」克服への道』ダイヤモンド社。

平山修一編，2005，『現代ブータンを知るための60章』明石書店。
増田直紀，2007，『私たちはどうつながっているのか』中公新書。
三浦朱門・協力隊の歴史を語りつぐグループ編，1980，『翔べ，途上国に――国際協力にかける青春』三修社。
安田雪，2004，『人脈づくりの科学』日本経済新聞社。
山田浩司，2013，「ニカラグアにおけるシャーガス病対策協力の歴史」JICA 研究所プロジェクトヒストリーミュージアム。（https://libportal.jica.go.jp/fmi/xsl/library/public/ProjectHistory/ChagasDisease/ChagasDiseasetNicaragua.pdf　2015年2月13日アクセス）
吉岡逸夫，2010，『当たって，砕けるな！青年海外協力隊の流儀』高陵社書店。
若林直樹，2009，『ネットワーク組織』有斐閣。
Burt, R. S., 2002, "Bridge Decay," *Social Networks*, Vol. 24, No. 4, pp. 333-363.
Farmer, S. M., Donald B. Fedor, 1999, "Volunteer Participation and Withdrawal," *Nonprofit Management and Leadership*, 9(4), pp. 349-368.
———, 2001, "Changing the focus on volunteering: an investigation of volunteers' multiple contributions to a charitable organization," *Journal of Management*, 27(2), pp. 191-211.
Gilbert, E., Morabito, J. Stohr, E. A., 2010, "Knowledge Sharing and Decision Making in the Peace Corps," *Knowledge and Process Management*, 17, pp. 128-144.
Granovetter, M. S., 1973, "The Strength of Weak Ties," *American Journal of Sociology*, 78(6), pp. 1360-1380.
Haddock, M., Devereux, P., 2015, "Documenting the Contribution of Volunteering to the SDGs: The challenges and opportunities of universal SDGs for IVCOs and volunteer groups," Forum Discussion Paper, IVCO 2015.（http://forum-ids.org/2015/12/forum-discussion-paper-2015/　2016年3月4日アクセス）
Hidalgo, M. C., Moreno, P., 2009, "Organizational socialization of volunteers: the effect on their intention to remain," *Journal of Community Psychology*, 37(5), pp. 594-601.
Saksida, T., Shantz, A., 2014, "Active Management of Volunteers: How Training and Staff Support Promote Commitment of Volunteers," *Academy of Management Proceedings*.
UNGA (United Nations General Assembly), 2015a, "Transforming our world: the 2030 Agenda for Sustainable Development," Resolution adopted by the United Nations General Assembly A/RES/70/1.（http://www.un.org/ga/search/view_doc.asp?symbol=A/RES/70/1&Lang=E　2016年3月4日アクセス）
———, 2015b, "Integrating volunteering in the next decade," Report of the Secretary-General. United Nations General Assembly A/70/118.（http://www.worldvolunteerweb.org/fileadmin/docdb/pdf/2015/Resources/A_70_118_ENG_N1519716.pdf　2016年3月4日アクセス）
———, 2015c, "Integrating volunteering into peace and development: the plan of action for the next decade and beyond," United Nations General Assembly A/C.3/70/L.15/Rev.1.（http://www.unv.org/fileadmin/docdb/pdf/A_C.3_70_L.15_Rev.1.pdf　2016年3月4日ア

クセス）
United Nations, 2014, "The Road to Dignity by 2030: Ending Poverty, Transforming All Lives and Protecting the Planet," Synthesis Report of the Secretary-General on the Post-2015 Agenda, New York.（http://www.un.org/disabilities/documents/reports/SG_Synthesis_Report_Road_to_Dignity_by_2030.pdf　2015年3月23日アクセス）

# 第3章
# 青年海外協力隊短期派遣と「グローバル人材育成」

藤掛洋子

## 1　青年海外協力隊を知るために

本章では，これまで研究の対象に十分になってこなかった独立行政法人国際協力機構（以下，JICA）青年海外協力隊（以下，協力隊）の短期派遣（含む大学連携案件）（以下，短期派遣）に焦点を当て，以下の点について検討を行う。①短期派遣（1カ月～12カ月未満）制度がどのような社会的背景により生まれてきたのか，②短期派遣は国際協力に貢献しうるのか，③短期派遣は近年議論されている「グローバル人材育成」の考え方とどのようなつながりを見出し得るのかである。また，②と③を明らかにするために，短期派遣に参加した隊員たちや関係者への聞き取り調査を行い，a）長期派遣隊員（通常2年派遣）と比較して，短期派遣は応募動機や派遣後の意識の変化に違いを見出すことができるのか，b）受け入れ先である相手国政府や活動対象地域にどのような「成果」と課題をもたらしているのか，c）短期隊員が活動を通じて学び取ったものは日本政府の目指す「グローバル人材育成」像と交差するものがあるのかについて検討する。

以下，第2節において「グローバル人材育成」と青年海外協力隊について整理をした後，第3節で短期派遣やボランティアに関する先行研究を概観する。第4節では研究方法を述べ，第5節では，聞き取り調査より明らかになった点を述べる。以上を踏まえ，第6節では課題と提言を示し，第7節において，「グローバル社会に生きる『グローカル人材育成』を目指して」と題し，本章のまとめを行う[(1)]。

## 2　「グローバル人材育成」と青年海外協力隊

グローバル人材やグローバル人材育成という言葉は，これから紹介するように

2012年頃から日本社会に台頭してきた。[(2)] 政府を中心にグローバル人材の育成が推進されてきたことが背景にあるからである。

### (1) 日本政府の「グローバル人材育成」

経済産業省が主管したグローバル人材育成委員会は，日本の大学や企業は世界のグローバル化の中での危機的状況を認識しておらず，人材のガラパゴス化が進んでいる（産学人材育成パートナーシップグローバル人材育成委員会，2010）と指摘した。また，内閣府国家戦略室は「グローバル人材育成戦略」を公表し，グローバル人材の要素として，①語学力・コミュニケーション能力，②主体性・積極性，チャレンジ精神，協調性・柔軟性，責任感・使命感，③異文化に対する理解と日本人としてのアイデンティティをあげている（グローバル人材育成推進会議，2012）。さらに，日本政府は2017年までに411万人程度の「グローバル人材」が必要であると推計し，これに呼応する形で文部科学省（以下，文科省）が2012年に「大学改革実行プラン」を示し，グローバル人材育成推進事業を本格化させている（本名，2013）。2013年6月に閣議決定された日本再興戦略や第2期教育振興基本計画に基づき，日本の大学は「留学生30万人計画」の実現に向け，様々な取組みを行っている。

グローバル化が叫ばれる一方，企業に関する研究において，本人の希望に沿わない海外転勤が指摘されている（労働政策研究所・研修機構，2008）。地域が自分の希望に沿わなかった人が34.5%，国内の仕事を行いたかった人が25.9%であり，海外への赴任や派遣（以下，海外派遣）そのものが意に沿わないことも珍しくない（村上，2015，116-117頁）。また，海外派遣が日本社会のキャリアパスの中に明確に位置づけられていない点や帰国後に海外派遣者の知識や経験が活用されないケースもある（村上，2015）。日本政府が謳うグローバル化や「グローバル人材育成」，そして日本人の国際労働移転にはいくつかの課題があると考えられる。

### (2) 日本企業の青年海外協力隊経験者への注目

日本企業は2012年頃から開発途上国で仕事の経験を積んできた協力隊経験者に注目しはじめた。BOP（Base of the Pyramid）ビジネスへの関心の高まりもあり，企業が新たな事業展開として新興国や開発途上国に目を向け始めたため，「語学ができるだけではなく，まったく知らない土地でゼロから信頼関係を築き，困難に立ち向かうタフな人材」（深澤，2014）が必要となり，協力隊が評価されはじめたと考えられる。協力隊は毎年1200人前後が帰国しており，途上国や新興国で活動を経験した彼ら・彼女らは「グローバル人材にうってつけ」ということであろう。

2013年度の企業による協力隊経験者への求人数は2506名であり，2009年の304名から８倍に増大した[3]。2014年は1952件，2015年は1939件，2016年は1623件であり，協力隊経験者への企業からのニーズがあると考えられる。

2008年より以前は，協力隊に対する企業からの求人件数が極めて少なかったことに加え，データの取り方に違いがあるため協力隊事務局は取りまとめを行っていない。協力隊経験者の求人が少なかった理由として，それまで協力隊は，「個性が強く」「使いにくい」と評価されてきたことがあると考えられる。例えば，民間企業から現職派遣（従来の職場に在籍しながら隊員として派遣されること）で長期隊員となった男性は，帰国後「戻った職場で再び自分の居場所を得るために，海外経験を一切話さなかった」という（1993〔平成５〕年パラグアイ，大手メーカー勤務）。個性を押し殺して，使われやすい人材としてふるまう必要があったのであろう。帰国後，大手民間企業に就職した長期隊員の女性は，「自身の経験を生かすことができず，お茶くみの毎日であったため，有名企業ではあったが退職し，給与等条件の悪い NGO に再就職した」（2000〔平成12〕年度バングラデシュ）。日本社会にある社会規範の中で生きていくことを強いられた，ともとることができる。このように海外経験や協力隊経験がキャリアパスにはならず，マイナスに働いてしまう時代が長く続いたのである。しばしば比較対象となる米国平和部隊（以下，平和部隊）の経験者は，平和部隊での活動経験を生かし，次のステップに進むが，協力隊経験者は社会の「異端児」としてとらえられ，長く社会の扉が広く開かれることはなかったのである。

その後，協力隊事務局等の産官学への粘り強い働きかけもあり，教師を含む公務員の協力隊枠が徐々に増加してきた。また，グローバル化する社会の中で英語のみならず現地語や現地事情に精通し，打たれ強く，しなやかに適応できるコミュニケーション能力の高い人を採用したいと考える企業も出始め，先に述べた通り，協力隊経験者の求人件数が増加したと考えられる。なお，この傾向は後述する短期隊員にも見て取ることができる。半年間アフリカで活動した短期の隊員経験者が，国際協力事業に「目覚め」，開発コンサルタントとして活躍したり，大学連携案件として１カ月間短期派遣された学生が社会企業家にリクルートされた

図3-1　青年海外協力隊長期派遣応募者数・合格者数・要請数推移

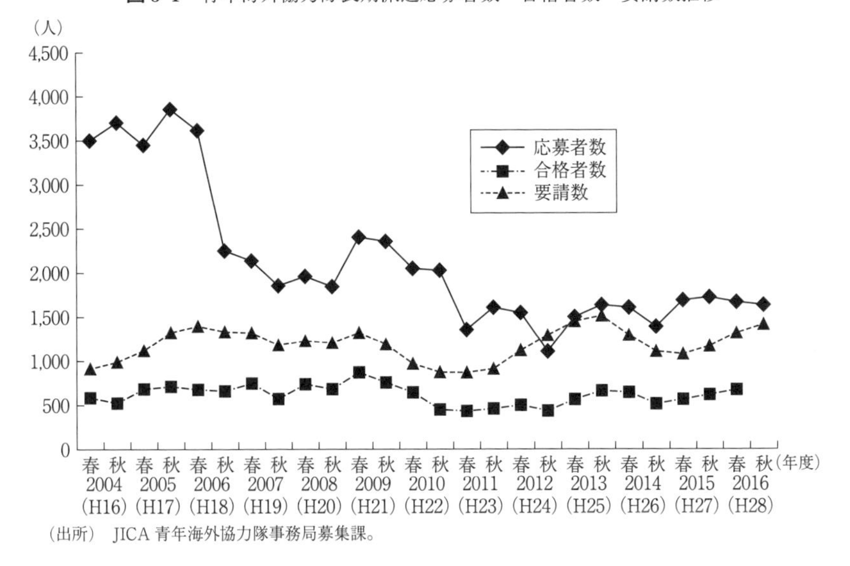


（出所）JICA 青年海外協力隊事務局募集課。

り，その活動が大手メディアに取り上げられたりするなどである。

### （3）青年海外協力隊長期派遣への応募者減少と短期派遣数の増加

超少子高齢化社会の日本では長期隊員への応募が減少していると言われる。「失われた20年」を社会背景として育った今の若者は，自分がどうやって経済的に自立していくのかを考えるのに精一杯であり，終身雇用が幻想化したことを知っていると村上由紀子は指摘する（村上，2015，1頁）。協力隊経験者が企業に注目されはじめてはいるものの，3000人を超えていた長期派遣への応募者は2006年に2000人台となり，2007年には1000人台となった（**図3-1**）。少子化や東日本大震災，日本社会の経済の閉塞感，終身雇用の崩壊による経済的自立の必要性，「内向き」思考に加え，協力隊事業に魅力を感じないなど複数の要因が応募者の減少に拍車を掛けているのであろう[(4)]。

人口減少社会日本において長期派遣への応募者が今後大きく増加することはないと思われる。その一方，日本政府の「グローバル人材育成」の掛け声とともに増加し続けているのが，本研究の主題である青年海外協力隊短期派遣である[(5)]。

短期で隊員を派遣する形態は1981年度より短期緊急支援として始まったが，当時は制度として存在していたわけではなかった。JICA 長期派遣経験者や短期派遣としての活動期間の累計が6カ月以上ある人のみ短期間派遣されてきた。長期派遣隊員の交代の際，あるいは新規隊員着任の際，募集等の都合から期間が空かざるをえない場合の活動の中継ぎや活動環境の確認・整備のために派遣されてきたのである。[(6)]

2001年度に短期派遣が制度化され，2005年度にはその制度がさらに整備され，協力隊経験者がAタイプ，協力隊未経験者がBタイプへと分類された。これは協力隊への応募者数が減少した時期と重なっている。これを契機に，協力隊未経験者でも合格すれば短期隊員として途上国で活動できる回路が開けたのであり，2005年は協力隊派遣事業の大きな転換期になったと考える。[(7)] このBタイプ，すなわち未経験者でも合格すれば隊員として短期間派遣される制度は後述する大学連携案件とも深い関わりを持つことになる。

短期派遣は上述のように時代の要請とともに変化してきたため，正確な数字を掌握することは困難であるが，2015年3月までの実績は以下の通りである。青年海外協力隊短期派遣（含む大学連携案件短期）は2272人（長期は3万6440人），シニア海外ボランティア短期派遣は719人（長期は4968人）である。この数字には制度変更前の短期派遣のほか，日系ボランティア短期派遣，国連ボランティア[(8)]，企画調整員（かつてのボランティア調整員）（以下，VC）等が含まれていない点は留意しなければならないが，長期と短期を合わせた青年海外協力隊（40歳以下）全体のうち短期派遣の割合は5.9％程度であることがわかる。同様にシニア海外ボランティア全体のうち短期派遣はおおよそ13％である。

### （4）　青年海外協力隊大学連携（短期派遣）

既に紹介した通り，文科省などを中心に「グローバル人材育成」が叫ばれる中，大学も企業と同様に協力隊事業に着目しはじめた。2013年1月（2012年度内），東京大学はギャップイヤーを見据え，協力隊短期派遣を開始した。その後，複数の大学が大学連携に名乗りを上げ，2015年3月31日までに14大学で205人（協力隊全体の0.6％）が派遣されている（**表3-1**）。

派遣のスタイルは大学の夏休みなどを利用したもの，年4回の通常派遣時期に合わせたもの，学生自身が大学を休学して参加するもの，大学独自のプログラムをJICAとともに行うものなどが混在しているが，参加学生たちはインターンシップではなく，青年海外協力隊の隊員に応募し，合格した暁には5日間の訓練を

**表3-1　JICA／JOCV 大学連携案件**

| 大学 | 派遣時期（年度） | 派遣期間 | 国 | 職種 | 人数 | 学部男子 | 学部女子 | 修士男子 | 修士女子 |
|---|---|---|---|---|---|---|---|---|---|
| 東京大学[1] | 2012 | 1カ月 | スリランカ，タンザニア，ネパール | バレーボール，青少年活動，コミュニティ開発，幼児教育，理数科教師など | 32 | 18 | 14 | | |
| 東京大学 | 2013 | 1カ月 | スリランカ，ウガンダ，ガーナ，ケニア，タンザニア，セネガル，ルワンダ，ネパール | 青少年活動，コミュニティ開発，環境教育，野球など | 25 | 17 | 6 | 1 | 1 |
| 近畿大学 | 2012 | 1カ月 | ペルー | 野球 | 12 | 12 | | | |
| | 2013 | 1カ月 | ペルー | 野球 | 10 | 10 | | | |
| | 2014 | 1カ月 | ペルー | 野球 | 8 | 8 | | | |
| 成美大学 | 2013 | 1カ月 | グアテマラ | 野球 | 7 | 7 | | | |
| 拓殖大学 | 2012 | 1カ月 | ラオス | コミュニティ開発 | 2 | 1 | 1 | | |
| | 2013 | 2カ月 | マレーシア | コミュニティ開発 | 1 | | 1 | | |
| 京都大学 | 2013 | 1カ月 | バングラデシュ | コミュニティ開発 | 4 | | | 4 | |
| | 2014 | 1カ月 | バングラデシュ | コミュニティ開発，感染症対策など | 7 | | | 6 | 1 |
| 横浜国立大学 | 2013 | 1カ月 | ザンビア | 家政・生活改善 | 2 | 1 | | | 1 |
| | 2014 | 4カ月 | トンガ | 家政・生活改善 | 1 | | 1 | | |
| | 2014 | 6カ月 | トンガ，キリバス | 家政・生活改善 | 2 | | 1 | | 1 |
| | 2014 | 3カ月 | トンガ | 家政・生活改善 | 1 | | | | 1 |
| | 2014 | 11カ月 | トンガ | 家政・生活改善 | 1 | 1 | | | |
| 関西大学 | 2013 | 1カ月 | セネガル | 視聴覚教育 | 2 | 2 | | | |
| | 2013 | 1カ月 | スリランカ | サッカー | 2 | 2 | | | |
| 関西学院大学 | 2013 | 5カ月弱 | スリランカ | 体育 | 3 | 3 | | | |
| | 2014 | 5カ月 | スリランカ | 体育 | 3 | 3 | | | |
| 鳴門教育大学 | 2013 | 1カ月 | セネガル | 青少年活動 | 3 | | 1 | | 2 |
| 日本体育大学 | 2013[2] | 1カ月 | ブラジル | 野球 | 15 | 15 | | | |
| | 2013 | 1カ月 | モルディブ，モロッコ，カンボジア | 体育，野球 | 14 | 8 | 6 | | |
| | 2014[2] | 1カ月 | ブラジル | 野球 | 18 | 18 | | | |
| | 2014 | 1カ月 | カンボジア | 体育 | 4 | 1 | 3 | | |
| 帯広畜産大学 | 2012 | 1カ月 | パラグアイ | 家畜飼育 | 3 | 1 | 2 | | |
| | 2013 | 1カ月 | パラグアイ | 家畜飼育 | 3 | 1 | 2 | | |
| | 2014 | 1カ月 | パラグアイ | 家畜飼育 | 7 | 3 | 4 | | |
| 筑波大学 | 2014 | 3カ月 | カンボジア | 体育 | 5 | 4 | 1 | | |
| 兵庫県立大学 | 2015[2] | 1カ月 | アルゼンチン | 野球 | 8 | 8 | | | |
| 合計 | | | | | 205 | 144 | 43 | 11 | 7 |

（注）　1）ギャップイヤー。

2）日系社会青年ボランティア。

（筆者注）　本統計データは2012年度より集計が始まったため，それ以前のものは含まれていない。また，大学連携案件の初期と現在では，最終学歴等にかかる統計データのとり方が異なるため，統計に表れる派遣人数と実際の派遣人数が異なる場合がある。さらに，この表には大学連携案件の長期派遣（1年以上）は含まれていない。

（出所）　独立行政法人国際協力機構（JICA）青年海外協力隊事務局選考課提供（2015年3月31日現在）。

受け派遣されるのである。大学も4学期制（Quarter 制）の導入などが増加し，学生たちが海外に出やすい環境は年々整えられてきている[9]。

大学連携の職種には「青少年活動」や「コミュニティ開発」，「家政・生活改善」以外に，スポーツ関連が205人中115人と全体の56％を占めている。2020年の東京オリンピック開催を目指し，英語やその他の言語でオリンピック関係者と渡り合える，あるいはスポーツの祭典で活躍できる「グローバル人材育成」を目指していること[10]が背景にある。また，スポーツは短期間で技術移転ができ，「成果」が目に見えやすいことなどから，派遣数が多いと考えられる。

## 3　短期派遣／ボランティアに関する先行研究

前節までは，日本社会が「グローバル人材育成」に向かう社会的背景や協力隊短期派遣が制度化されてきた経緯を確認してきた。ところで，こうした短期ボランティア派遣については，どのような先行研究があるのだろう。国立情報学研究所のデータベース・サービス（CiNii）による和文論文検索で，「協力隊／短期派遣」をキーワードに検索すると3件がヒットするのみであり（2017年5月3日現在），短期派遣を体系的に研究したものはあまりないと言えよう。それ以外に短期で行うボランティアにはNPO／NGO 団体での郵便発送作業や震災現場等での炊き出しボランティア，復興支援現場における傾聴ボランティアなど多数あり，これらの活動や社会的意義・課題については，国際ボランティア学会誌である『国際ボランティア学研究』などでも多く取り上げられている。本節では先行研究として郵便発送作業などのボランティアではないタイプの海外における短期派遣ボランティアに関する議論を確認しておきたい。

### （1）　短期派遣ボランティアや海外勤務の動機に関する研究

米国のボランティアを研究している Benjamin Lough らによると，2004年から2010年までの各年に80万～110万人がアメリカより海外ボランティアとして出ており，70～80％は8週間以内の短期間であるという（Lough, 2012；Lough et al., 2011, p. 121）。参加者の中には，若者や大学生，高額所得者もいるが，既婚女性も多い。参加者の動機には，海外でコミュニティの一員として暮らしてみたい，異文化を体験してその理解を深めたい，不平等を減らしたいといったものがある。

短期ボランティアは，語学力や専門知識の低さにより，技術移転が不十分であることが課題である一方，異文化間交流では成果を上げている（Lough et al., 2011, p. 121）。

第2節で希望しない人が企業における国際移動（転勤）をしている点を指摘したが，筆者は，自発的な移動ではない場合，海外勤務のモチベーションは低いのではないかと考える。一方，隊員の一部は，帰国後も派遣国を含め海外との接点を持ち続けることを希望する人が多く，海外勤務のモチベーションは比較的高いと考えられる。実際，彼ら・彼女らは帰国後も派遣国や途上国とつながる多様な社会貢献活動を行っている（藤掛，2011）ことから，協力隊経験者は将来の海外への知識移転をなしうる人材の卵である可能性が高い。

### （2） 国際ボランティアの意義

平和部隊の研究をしてきたHarris Woffordは，若者たちが遠く離れた土地や発展途上国で1年から2年暮らすことは教育の一環になると1960年代より指摘している（Wofford, 1966, p. 129）。また，このような経験がキャリアを大きく変えるきっかけにもなるという（Wofford, 1966）。Peter Devereuxは，短期派遣に関する言及ではないものの，国際ボランティアの両面性を指摘している。悪い面としては，単なる観光，あるいは裕福な西洋人の個人的な成長のための利己的な行動につながる可能性があると指摘する。一方，社会の不平等や貧困の根深い原因を知り，それらに関わることを通じて，開発課題に対する自覚と責任感を参加する人間に与えてくれる貴重な機会でもあるという（Devereux, 2008, p. 358）。

若者たちが遠く離れた外国の地や発展途上国で暮らすことは，確実に教育の一環となるだろう。現場で社会にある不平等を目の当たりにし，自ら関わりを持つことで貧困や開発課題，ジェンダー課題などに対する自覚と責任感を持つことになる。短期ボランティアでも十分にその可能性はあるだろう。

協力隊の場合，長期派遣への応募者数がこれから大きく伸びることはないと思われる。しかし，大学の休みや，企業のボランティア休暇制度などを利用して途上国に短期間赴き，相手国のニーズに応えうる活動ができ，自分自身の人生を変えるような変化が仮に起きるのであれば，短期派遣には一定程度の意味があると考える。

## 4　調査方法とインタビュー対象者について

本章の目的である，短期派遣は国際協力に貢献しうるのか，短期派遣は「グローバル人材育成」とどのようなつながりがあるのか，について研究するために，2013年5月より2015年4月まで，国内および海外（ザンビア，バングラデシュ，トンガ，キリバス，スーダン，パラグアイ）において短期派遣制度を知るJICA関係者や協力隊員のべ61人（うち短期派遣は24人，短期派遣の内大学連携派遣はシニア1人を含む17人）に対し，インタビュー調査（ヒアリング，スカイプ面接，電子メール，SNS）を含む質的調査を行った。

調査協力者に対する質的調査手法は以下のとおりである。1）半構造インタビュー[(11)]，2）フォーカス・グループ・ディスカッション，3）三角検証，4）参与観察，5）記述式アンケート票の配布，6）筆者自身の隊員の帰国報告会への参加，7）隊員報告書の分析とヒアリングである。また，短期隊員を受け入れている長期隊員と短期隊員の受け入れを担当しているボランティア調整員（以下，VC）へのインタビューも行った。

## 5　聞き取り調査から見えてきたもの

本節では，1）短期隊員の応募動機，2）短期隊員の意識や行動の変化，3）短期隊員の活動「成果」，4）長期隊員から見た短期隊員，5）現場での感情や利害の衝突・軋轢・葛藤（コンフリクト）について，隊員たちの語りより紹介する[(12)]。

### （1）　短期派遣への応募動機

短期派遣への応募動機は多様であったが，「人のために働くことが好きでボランティアに参加したいという気持ちがあった」（ザンビア，トンガへの派遣隊員〔以下国名のみ〕），「異なった環境の中で自分のできることを現地の人の役に立ててもらえたらと考えた」（トンガ，パラグアイ）という慈善を志向したものが多かった。また，長期派遣を志望しており，短期で経験を積みたかった（トンガ，キリバス，ザンビア，パラグアイ）という国際協力を目指すものもあった。これらは長期隊員の応募動機に関する先行研究（藤掛，2011，本書第7章）に重なるところが多かった。短期で活動することは時間が短く大きな制約があるものの，回答者の中にはグループ派遣や大学連携という継続したプロジェクトでの派遣であるため，自分自身の活動期間は短くとも，（大学の）先輩隊員や仲間との連携，次に来る後輩の隊員たちに活動内容や調査結果を引き継げるので，自分が帰国しても彼ら／彼女らをサポートすることで長期的に同じ案件に関わっていけることに魅力を感じた（ザンビア，トンガ）という語りもあった。その一方，長期隊員に見られた動機の1つである，社会からの，あるいはジェンダー役割からの「一時離脱」（藤掛，2011，66頁）は，ヒアリングをした短期隊員の中では見出せなかった。

### （2）　短期隊員の意識や行動の変化

助産師や看護師などの国家資格を有する短期隊員たちでも，派遣前には「自分に何ができるのだろうか」と思い悩んでいたことが語りより示された。しかし，短期派遣という期間の短さや大学連携案件という枠組みが，応募を後押しし，「思い切って応募し」ている。また，その後の人生設計に大きな変化をもたらし，新たな行動を生み出していた。

一般短期（女性，ザンビア，職種：家政・生活改善）：長期派遣は事情により応募できなかったので，今回の短期派遣に応募した。自分の技術（看護師）が国際協力の現場でどこまで通用するのかはわからなかったけれども，この派遣で多くの学びを得たし，自分のスキルが使えることがわかった。機会があればまた挑戦したい。

一般短期（男性：バングラデシュ，職種：コンピューター）：自分の技術が求められていることは嬉しいし，来てよかったと思っている。ただ，現地語が話せないのでコミュニケーションで少し垣根があるように思う。機会があれば長期派遣に応募したいと思っている。

一般短期（男性，ザンビア，職種：家政・生活改善）：大学を休学している。将来国際協力の道に進みたいのでこのステップは重要である。長期と比較すると短期は十分な活動ができないかもしれないが，それは派遣前の準備や派遣後のとりまとめ等で補える。（筆者による「ではどのように補えるのか」という問いに対し）帰国後も収集したデータを整理・分析し，JICAへ報告する。自分たちは着任から帰国まで常に新鮮な目で対象社会を見ることができるのが強みである。

この最後の短期隊員は，グループ派遣されたメンバーの1人であり，帰国後も派遣されたメンバーと連絡を取り合い，次に派遣される予定の長期隊員に引き渡す英語の報告書を2015年３月に完成させ，共有している。

　大学連携（女性，ネパール，職種：コミュニティ開発）：長期の先輩隊員たちのお陰で自分たちの活動があることがよくわかった。

　大学連携（女性，ザンビア，職種：家政・生活改善）：１年前に国家試験（看護師・助産師）を受験し，この道（協力隊大学連係案件）に飛び込んだ。何ができるか出発前には悩んだ。しかし，現場で活動するとどこの国の女性たちも同じ問題（ジェンダーやリプロダクティブ・ヘルス／ライツの問題）を抱えているという事実を農村や漁村での巡回活動で学ぶことができ，人生の方向性を与えられた。帰国後は長期派遣に挑戦したい。

　この隊員は帰国後，長期派遣を受験し，中米で活動している（2015年10月10日現在）。

　大学連携（男性，ザンビア，職種：家政・生活改善）：高校生のころから協力隊が夢だった。国際協力について大学で学んできたけれど，支援のあり方についてここまで深く考え抜いたことはなかった。学校に行けない子どもや，支援者に要望を言えない人も多い中，短期間の活動ではそのような方々の支援をすることは不可能に近かった。本当に支援が必要な人への支援をどのようにすればよいのかいろいろと考えた。帰国後は協力隊ではなく別の国際的な活動に身を置きたい。

　現場での参与観察の結果，短期隊員たちは期間が短いため，精力的に活動をしていたり，モチベーションを高く持ち続けたりする傾向が認められた。一方，このようなモチベーションの高さは，介入者である隊員自身のやりたいこと，やらなければならないこと（目的）が前面に出すぎてしまい，相手の文化や時間の流れに寄り添い，相互理解と合意の中でプロジェクトを実践していくことや，相手側の持続可能性の回路を醸成していくという面にやや欠けてしまう点があるかもしれない。

　３カ月未満の短期隊員は，恐らく「現地化」する前に帰国してしまうことになるのである。現地化するということは，相手の懐に飛び込み，これまで「非効率」と思っていたり，「理解できない」と思っていた相手の文化や思考がストンと腹に落ち，「非効率」なものにも意味があると解釈できるようになったり，「理解できない」と思っていたことが，実は対象社会の文脈の中ではとても重要であることが理解できるようになっていく過程である。また，協力隊の活動は現地語で行う国も多い。現地語の習得ができて初めてラポール（信頼関係）を形成できることも多く，このような現地化は，例外もあるが１～２カ月の短期派遣では困難な部分も多いと推察する。結果，短期の場合，日本あるいは先進国の価値観を有したまま，「上からの目線」で当該国の文化を評価したり，表象してしまったりする可能性がゼロではないであろう。前述したDevereuxは，国際ボランティアの悪い面として，このような視点を「帝国主義」と表現している（Devereux, 2008, p. 358）。短期隊員は意図せぬ「帝国主義」に陥っている可能性があるかもしれない。なお，短期派遣には１カ月，半年，12カ月未満と幅があるため，滞在期間が長いほど現地に溶け込むのではないかと考えるが，その点の考察は今後の課題としたい。

ただし，ここで言えることは，短期派遣隊員たちにとっては，長期派遣隊員たちと同じように，派遣され，途上国で活動することが自分自身の人生を大きく変える機会となりえ，短期経験者の中には新たな自分を見出し，行動を起こしている人がいるということである。

### （３）短期隊員たちの活動「成果」

短期隊員たちの活動「成果」は，次項でも改めて述べるように調整を担う数多くの関係者やVC，受け入れてくれた長期派遣隊員たちの支援があってはじめて生まれてきたものである[13]。そのような意味において短期隊員は手間がかかり，現地では「お荷物」であったのかもしれない。しかし，短期間の活動でも国際協力の「成果」が一定程度認められたケースも多い。

ザンビアでは地域に散乱するゴミの現状を分析し，子どもたちとゴミを収集するパレードを企画し，実行に移したり，看護師の資格を有する隊員が講習会のあいた時間を利用し，妊娠と出産に関するワークショップを開催し，農村の女性たちに大変喜ばれたりした。これらは受け入れた長期隊員と短期隊員の専門性が異なることから成功した事例である。長期隊員が介入できないと考えていたプライベートな側面を短期隊員がサポートできたことは，専門性の住み分けという意味においても，長期だから「介入しない方がよいこと」，短期だから予想外に「介入できたこと」という役割分担を示唆するものでもあり，連携した活動が意味を持った事例であると言える。この事例に見るような専門と期間の住み分けは今後の協力隊活動に大きな示唆を与えるものである。

また，ザンビアの短期グループ派遣（家政・生活改善）では，先方政府のカウンターパート（以下，CP）たちとともに量的・質的調査を行い，ザンビア農村部に残る食文化や人々の食生活，伝統的な生活の知恵などについて明らかにし，先に述べた通り，後に派遣される長期隊員のために英語による報告書を作成し，引き継いだ。この事例は，長期が入る前に短期が先行調査に入り，長期につないでいくユニークな試みである。長期派遣隊員が任地に入り一人で一から調査を行うことは時間や言語的制約から困難を要する場合もあるが，この事例のように長期の派遣計画に基づき，短期派遣を適切な時期に配置することは関係する隊員にとっても，先方政府にとっても意義あることと考える。大学連携案件でも，グループ派遣が行われ，調査を実施する事例もあった（トンガ派遣）。このような短期隊員による調査と長期派遣隊員の実践という連携モデルはウインウインの関係を生み出す可能性が高く，1つのモデルと言えよう。なお，VC は2年程度で交代することが多いため，このモデルは前任 VC と後任 VC の間で十分な引継ぎが必要であることも指摘しておく。

トンガの離島に派遣された短期隊員は，野菜栽培指導や料理教室，栄養調査などを行い，トンガの首都ヌクアロファとは異なる生活習慣病の要因があることを明らかにし，伝統食であるイモ類，ココナッツ，魚を活用した食生活の改善を提案した。トンガの本島に派遣された短期隊員は，長期隊員や CP のアドバイスと支援を受け，栄養指導や巡回型料理教室，体操教室などを開催し，地域の女性たちに歓迎された。さらに，この隊員の活動を他の短期隊員がアニメーション入りの動画として編集し，トンガの教育省や保健省に提供したところ，CP からは，「これまでにない映像を作り上げてくれた」と高い評価を受けるとともに，現地のテレビで繰り返し放送された。このように，条件が整えば短期派遣でも「成果」を出していくことは一定程度可能であることが示された。

### （4）　長期派遣隊員や VC の短期隊員についての語り

まずは長期隊員の語りを紹介しよう。長期と短期で専門性が異なる場合には，良好な関係が築けたこと，また，受け入れをしていない長期隊員でも短期派遣について好意的にとらえている隊員が多く存在したことがわかる。

大学連携短期隊員を受け入れた長期隊員（女性，ザンビア）：自分を知ることを試された

1年9カ月の隊員活動，長期隊員として活動の最後の時期に短期隊員を受け入れたことで大きく成長できた。短期の仕事の調整など自分自身のマネジメント能力も問われるものであった。短期隊員たちも短い期間ではあったが，学ぶものが多かったのではないかと考える。今回は自分と専門性の異なる短期隊員を受け入れ，自分のできない活動を行ってもらい，自分自身の活動内容が膨らんだ。来てもらえてとてもよかった。

大学連携短期隊員を受け入れた長期派遣隊員（男性，バングラデシュ）：異なる分野の短期と長期が連携して活動ができるよい制度であると考える。職場のCPたちも短期派遣の受け入れを喜んでくれたし，何ができるかを一緒に考えてくれた。一番よかったことは自分自身に着任当初の新鮮な気持ちが蘇ってきたことである。

短期を受け入れていない長期派遣隊員（男性，ザンビア）：短期の受け入れを自分が打診されたらマンパワーとしての受け入れは「No」，彼ら・彼女らの成長に関われる受け入れをしたい。短期派遣はプライスレスだ。

短期を受け入れていない長期派遣隊員（女性，ザンビア）：自分には経験も知識もないことが隊員として活動して初めてわかった。短期隊員を積極的に受け入れることで，自分の活動に膨らみを持たせたい。そんなことができないかとどんなにか思っていた。短期のグループ派遣もよいと思う。長期隊員が不足する部分を補う，そんなニーズをかなえてくれる制度であると思う。

短期を受け入れていない長期派遣隊員（女性：スーダン）：受け入れを打診されれば「yes」。何がやれるか一緒に考えたい。

また，VCも次のように語っていた。

企画調査員（男性）：サイクルの短い短期も2年派遣の長期も準備することは同じである。どちらも同じ隊員なのでできることは精一杯やるし，短期隊員が長期隊員と同じようにがんばれるよう色々な工夫もしているが，やはり短期隊員は「手のかかる」仕事ではあるとも言える。

ここまで見てくると短期派遣制度は，短期隊員の心の成長のみならず長期派遣の心の成長や初心にかえる機会の提供，マネジメント能力の向上，CPの活性化などポジティブな面が多く見える。これは，短期隊員や長期隊員の資質もさることながら，派遣前より調整業務を担ってきたVCや関係者の力量によるところも大きい。同時に，サイクルが短い「手のかかる」短期派遣制度を今後どのように効率的・効果的に運営していくのか，大学などの資源をうまく引き出し，連携していくにはどうすればよいのかなど，検討すべき課題は少なくない。

### （5） 現場での感情や利害の衝突・軋轢・葛藤（コンフリクト）

これまでは短期派遣のポジティブにとらえられる面を見てきたが，現場では意見・感情・利害の衝突や軋轢も多く見られた。ここではそれらを総称してコンフリクトと表現する。コンフリクトの発生にはいくつかのパターンがあり，①JICA 関係者・長期隊員と短期隊員の間，②短期隊員同士，③短期隊員の心の中に大別できる[14]。

①先に述べたように短期隊員は協力隊員全体の6％に過ぎないマイノリティである。JICA 関係者・長期隊員へのヒアリングでは「所詮短期だからできることは限られている」「1～2カ月では何もできないのでは」という低い評価があると同時に，「短期が何をやっているのか知らない」といった短期派遣制度にかかる情報量の不足を指摘する声もあった。あるいは自分の活動に精一杯で他の隊員が何をしているのかについて無関心であったり，もともと他の隊員に興味がなかったりする場合もあるだろう。

大学連携により派遣される短期隊員に対して長期隊員たちのまなざしは「インターンシップ程度」「大学生に何ができるのだろう」といったものもあった。短期派遣が2001年度より制度化され，2005年度には協力隊未経験者でも合格すれば派遣できるようになったことを受け，大学連携が2012年度に開始されたことは本章第2節（4）で述べた通りである。このように比較的新しい取組みであるため，長期隊員には大学連携を含め短期派遣の制度や内容が十分に伝わっていない面もあった。

隊員が集うことの多い隊員連絡所[15]という空間で「居場所のなさ」を感じた短期隊員もいた。長期にとっては「同じ訓練を受けていない[16]」短期隊員は「異分子」であり，受け入れる時に多少なりとも違和感があり，目に見えない感情の衝突も少なからずあったようである。短期隊員が慣れない環境から長期隊員に頼るケースも報告されたが，長期隊員からそのような短期隊員の「甘え」ともとれる態度に対し否定的な意見も聞かれた。

これらのコンフリクトを回避するためであろう。現地事務所によっては短期隊員（含む大学連携短期隊員）を長期隊員と同様に「協力隊ボランティア」として広報誌に掲載するなど，長期隊員と短期隊員の風通しをよくするVCの地道な働きかけも見られた。

②同じプロジェクトの中で活動する短期隊員の中には，短い期間であるため

「成果をしっかり出したい」と考える隊員と，「相手国政府や対象地域の住民のリズムに合わせてニーズを引き出しながら活動をしたい」と考える隊員がおり，自ずと意見が分かれ，コンフリクトが生じていた。また，技術や英語レベルに差があるため，「なぜあの程度のレベルで派遣されているのか」と同時期に派遣されている隊員に対する低い評価も聞かれた。短期間で国際協力の「成果」を出すためには，職種によって多少の違いはあるものの，語学レベルの設定について十分に検討する必要があるだろう。

③上記②と関連するが，短期隊員は，「成果」を上げなければならないと常に感じ，睡眠時間を削り働くケースがしばしば見られた。しかし，短期間であるため，「納得のいく成果」を出すことができず，また自分の力不足も改めて認識し，自身の国際協力への関わり方にいくつもの疑問が生まれ，葛藤しているケースもあった。

なお，上記①，②，③のコンフリクトに対し，ベテランVCや長期隊員・短期隊員，大学関係者がチューターを務めることにより解決するものもあった。また，派遣期間中には解決できないものもあった。

また，コンフリクトではないものの問題も発生していた。他の援助国より派遣されている専門家より，短期隊員の技術レベルの「低さ」を別の短期隊員が指摘されたことがある。この点は第6節で改めて論じる。

上記のような課題はあるものの，長期派遣への応募者が減少傾向にあり，少子化も進行している中，今後は大学連携案件を含めた短期派遣の数が増加する可能性がある。どのようなスタイルの短期派遣が，起こりうる可能性のある複数のコンフリクトを最小限に止め，「成果」につなげることができるのか今後さらに調査研究を蓄積する必要があると考える。

## 6　課題と提言：短期ボランティア制度の発展のために

本節では，調査結果から見えてきた課題を踏まえ，各種手続きや派遣期間の見直し，隊員のカテゴリー化や語学について提言を試みる。

### （1）　各種手続きの変更について

短期派遣は最も短い場合は1カ月である。しかし，短期派遣の各種手続きはほぼ長期派遣と同じである。相手国政府のニーズを発掘し，JICA 東京本部に要請を上げ，公募，試験，派遣前研修（短期派遣は5日間）を行う。任国到着後は，安全対策講習会や報告書の提出など，一連の手続きがある。このような手続きを経て，ようやく短期隊員が任地に入り活動できるようになるのであるが，1月派遣の場合は手続き期間を差し引いた実質的な活動期間は2週間程度ということもある。そのため，短期隊員は任地に慣れる前に帰国しなければならないことになる。1カ月間で「成果」を上げるためには，当然のことながら本人のみならずJICA 現地事務所，CP，受け入れ長期隊員や送り出し側（協力隊本部，大学連携の場合は大学担当者等）には相当の準備が求められる。短期派遣は関係者に多くの負担を強いているのが現状であり，「お荷物」と言われる所以かもしれない。しかし，第5節（3）で述べてきたように成果を上げることも可能であった。そのため，ここで示した各種手続きの簡略化ができるならば，短期派遣は有効な制度になりえるのではないかと考える。

短期ではあるもののきちんと事前準備ができ，実力のある短期隊員を派遣することができるならば，国際協力の具体的な「成果」（社会調査の実施，環境ワークショップの実施，スポーツ指導，料理教室や栄養ワークショップの開催，ショートフィルムの作成など）を上げ，相手国政府や当該地域の住民にも一定程度歓迎されうるだろう。

当然のことながら，現地事務所や VC，長期隊員にお膳立てをしてもらう短期隊員の「活動成果」を，果たして成果と言えるのか否かは議論の余地がある。それでも，1カ月の派遣でも短期隊員たちの心や行動には大きな変化が認められた。このような意識の変化も JICA ボランティアの「成果」としてとらえるならば，短期派遣は一定程度意義があると言うことができる。[17]

しかし，現在の短期派遣は，熱意ある有能な JICA 関係者や大学関係者ほかのサポートに依っている部分も多い。今後は大学のリソースなどの活用をさらに探ると同時に，インターンシップ的要素が強い場合には隊員への費用の一部負担も求めてもよいだろう。とくに大学連携案件などの場合はインターンシップ的要素もゼロではないため，費用負担などについては今後も議論を継続する必要があるだろう。

### (2)　派遣期間・派遣のカテゴリー化・語学について

（1）で述べたように短期派遣の「成果」は見出せるものの，「1カ月は短い」という意見が，短期・長期隊員の双方から聞かれた。

一般短期の場合でも，企業勤務の者がボランティア休暇を利用するなどの割合が今後は増加する可能性もあるだろう。（1）で述べたような事務手続きの簡略化が進めば，技術レベルの高い人を対象とした1カ月派遣は大きな意味を持つだろう。

大学連携の場合には，大学の授業との兼ね合いがあるため，大学の夏休みなどを中心に派遣されることが想定されている。しかし，4学期制に移行する大学も増加しており，2カ月以上大学を離れることも可能な仕組みが徐々に作られつつある。現地事務所の受け入れの負担等を考えると，1カ月よりは2カ月，2カ月よりは3カ月，あるいはそれ以上の活動期間がより望ましいと考える。

次に，応募者の希望に合わせ，派遣時にゆるやかなカテゴリー化を目指すことはできないだろうかと考える。①国際公務員や援助機関職員などを目指している応募者を国際協力専門家候補長期派遣，②国際協力に興味はあるが現職参加等で派遣され，帰国後は日本で活動を予定している人を一般長期派遣，③専門性はあるが，長期派遣のように2年間も海外に出ることはできない人を国際協力専門家候補短期派遣，④大学生などで技術力はまだ十分にはないが国際協力に挑戦したいインターンシップ型をインターンシップ短期派遣（1カ月から9カ月程度）とするなど，参加者の目的に合わせて分類してはどうであろう。なお，4番目の大学生等のインターンシップは，先にもふれたとおり費用の一部を受益者負担，すなわちインターンシップに参加する隊員に負担してもらうことを検討してはどうであろう。

派遣時の語学レベルは高いほどよいが，協力隊が派遣される地域では，公用語として先住民族の言語，あるいは公用語ではないが先住民族の言語など現地語を用いた方がより円滑に活動できる場合も多い。しかし，「英語圏では短期隊員の派遣は可能かもしれないが，それ以外の言語（フランス語やスペイン語，その他のマイノリティ言語）の国では短期派遣は難しい」という意見がJICA関係者より出された。この点は的を得たものである。同時に今後より積極的に大学と連携し，英語以外の言語を使える学生を短期隊員として募集・派遣することを検討する価値はあると考える。英語以外の求められる言語ができ，国際協力やフィールドワークの手法などを習得した学生が大学にいるならば，フランス語圏やスペイン語圏，あるいはその他の少数言語の国や地域に送ることが可能である。途上国や新興国での活躍を視野に入れた「グローバル人材育成」を考えたとき，これから大学が担う役目はまだ多くある。対象社会の文化に理解を示しながら開発を研究する開発人類学／開発の人類学や国際開発学などに強い大学と語学に強い大学，栄養士や看護師など専門性の高い大学などが連携を深めながら国際的に活躍できる学生の教育に取り組むことは今後不可欠であろう。今後もこのような大学は増えていくであろうし，ここで学んだ学生たちが今以上に短期派遣に参加する時代もそう遠くはないのではないかと考える。

### （3）　短期隊員の活動計画の明確化

今回の調査では，短期隊員たちより，「目指すべき成果に対する明確な指示が欲しい」という意見が出された。この点は短期派遣前の隊員への適切な説明が必要であることを示している。

短期隊員が派遣されるまでには少なくとも半年以上の時間が必要である。隊員派遣のための要望調査票が当該国から協力隊事務局に提出されるが，その間にCP 機関のスタッフに異動等が生じた場合，担当者が短期の受け入れを把握していない場合もある。長期の場合は，このような変更が生じても２年間の任期の間にニーズの再確認・再調整が可能であるが，短期ではこのような臨機応変な対応が難しい。そのため「活動計画」や目指すべき「成果」については明確に示しておく必要がある。当然，このような書類に書かれたものが反対に活動を制約するというパラドックスも起きるため，社会調査やワークショップの開催といった活動内容に変更が生じても対応ができるような計画が望ましいと考える。

しかし，派遣される側はそれでは不安が残るものである。そのため，派遣前の入念なブリーフィングは必要である。また，国家計画などとリンクした数カ年に及ぶプロジェクト計画がある場合，短期的な「成果」・中期的な「成果」・長期的な「成果」を短期隊員たちが共有できる仕組みがあるとより望ましいと考える。[18]

### （4）　異文化理解という「成果」を上げるためのサポートは必要か

これまで見てきたように短期ボランティアの「成果」には，①国際協力事業への貢献と言えるもの，②異文化理解と言えるもの，③個人の（心の）成長や行動の変化と言えるものがあった。しかし，そもそも異文化理解や個人の成長を青年海外協力隊事業の「成果」と考えることはできるのだろうか。この点についてJICA ボランティア事業の目的を改めて確認すると，(1)開発途上国の経済・社会の発展，復興への寄与，(2)友好親善・相互理解の深化，(3)国際的視野の涵養とボランティア経験の社会還元，となっている[19]。JICA ボランティアは，長期派遣も短期派遣も上記の３点を目的としてあげており，相互理解の促進≒異文化理解と解釈することもでき，国際的視野の涵養≒自己を相対化できようになる（日本を出ることで世界のことや日本のことがわかるようになる）ことも成果の１つと言えるだろう。

2012（平成24）年７月24日に外務省と文部科学省は「大学と ODA：援助の担い手の拡大に向けた新たなフロンティア」と題するシンポジウムを開催している。日本政府が「グローバル人材育成」を謳うとき，青年海外協力隊事業や大学連携案件に注目することは時代の流れの１つである。そうであるならば，異文化理解や自己の相対化という「成果」もしっかりとボランティア事業の成果と認め，同時にその成果を上げるためのサポートをこれからは政府も大学もしっかりと担っていくべきである。大学はそのための変革が求められている，と言えよう。

### （5）　我々が「育成」すべき人材とは何か

「グローバル人材」やグローバル人材育成についてはこれからも議論が続くであろう。これらの用語に筆者は未だ違和感が残るものの，グローバル化した社会の中で異なる専門性や価値観や文化を持つ人々と共生していくために複眼的思考は不可欠である。協力隊にはまさにこの複眼的思考が求められ，それを醸成できる活動がある。任国において「草の根」の活動を展開することは現地の人々の目線に立ち，他者の痛みに寄り沿い開発実践に関わることである。この一連の活動はグローバルな視点とローカルな視点の双方を獲得するものである。協力隊事業での学びと実践は「グローバル人材育成」よりももっと奥の深いものである。複眼的思考を有した「グローカル」（グローバル＋ローカル）な人の育成に他ならない。このようなグローカル複眼的思考を有した人の育成こそ必要であり，そのためのサポートが今まさに求められている。複眼的思考が短期隊員の活動中にも培われ，グローカル人（の卵）となりうるのであれば，短期派遣は長期派遣と同様に意味を持つと考える。課題を克服しつつ，積極的に展開すべき事業であると考える。

多くの長期隊員たちが，途上国に赴任したことで，日本を外から見ることができるようになり，日本のよさや世界の中の日本の位置づけがわかるようになった，と語る。筆者は別の論文において，異文化体験・異文化理解の経験や差別を受ける当事者になる経験が，問題意識を明確にし，自分の位置する空間から他者や世界に視野を向け，それを理解できるようになる相対化のプロセスを生みだしてきたことを指摘した（藤掛，2011，71頁）。相対化とは，物事を他との比較との関係で分析する力であり，自分とは「異なる」ものを受け入れる力でもあると考える。短期隊員たちは，「短期」という制約の中でも，観光ではなく，派遣国のために活動するという環境に身を置き，社会にある不平等や貧困の問題に関わることから開発問題に対する自覚と責任感を持つようになる。このような相対化のプロセスの中で得られる複眼的思考や当事者性は，グローバル化した社会の中で全ての人間が持つべき視点である。グローバル化の中で格差は拡大しているが，構造や格差の要因は複雑に絡み合っており，容易に分析することはできない。であるからこそ，グローカルな視点に立った複眼的思考力は途上国・新興国のみならず日本社会においても必要な力なのである。

短期隊員の１人が，「渡航前まではよくないと思いながらも，任地は後進国だという意識が頭の一部に存在していた。しかし，実際に行ってみると，理にかなった生活習慣やモノを大切にする文化など，発展した日本に住む私たちが思い出さなければならないようなことが多くあった」（トンガ）という。この語りからもわかるように，日本から飛び出したことで，派遣国と日本を比較し，複数の関係性の中で派遣国や日本を見ることができるような複眼的な思考が生まれ，「上からの目線」で当該国の文化を評価しようとしていた自分自身をも見つめなおすことができるようになったのである。途上国の地域住民のために活動する協力隊のスタイルを短期間でも経験したことから，少なからず自分自身の思い込みやオリエンタリズム的思考，「帝国主義的」思考を相対化することができた（できつつある）のである。

このことは大変重要である。長期隊員は，３カ月目頃から「現地化」のプロセスを経て地域住民に溶け込んでいく。短期隊員が短い期間に現地化することは容易ではないものの，それでも開発課題に自ら関わることを通じて，社会にある不平等や貧困課題，ジェンダー課題などに気づき，それらの課題解決のための自覚を高め，当事者性を獲得していく貴重な機会となっているのである。

地球規模で物事を考えながらローカルにアクションを起こす必要性は古くから言われているが，それは容易なことではない。例えば，大学で筆者の国際協力や開発援助，「ジェンダーと開発」の授業を受け，頭ではしっかりと理解した「気」になっても，開発援助の現場で生起する問題に当事者性を持ちながら関わることは容易ではない。筆者は以前，理論と実践の往還や複数の空間の往還を通してのみ地球市民として生きるための視座が養われると論じたが（藤掛，2009，256頁），多くの実践と痛みを伴う失敗からの学びが人の成長には必要なのである。

このように考えると短期派遣は，多くの課題を克服する必要があるものの，複眼的思考を有したグローカル人の育成の一助となりうる重要な取組みであると言うことができる。

## 7　グローバル社会に生きる「グローカル人材育成」を目指して

本章では，青年海外協力隊短期派遣ボランティアについて考えてきた。応募動機は，将来国際協力を目指し，そのステップとしての応募や人のために何かしたいという利他的な思いが多かった。しかし，短期派遣は，長期派遣が得意とする相手の文化や時間の流れに寄り添い，理解と合意の中でプロジェクトを実践していくことや，当該社会の人々の持続可能性を目指した回路を醸成していくことには限界があった。それでも，短期隊員の心の成長や行動の変化が認められた。ヒアリングをした短期隊員31人中，（帰国した隊員のうち）6人が長期派遣に応募し，2人がそれに合格，受験中が4人である（2015年6月1日現在）。

現地での受け入れや活動については，筆者の予想とは異なり，短期隊員は一定程度現地に受け入れられ，①目に見える「成果」（リプロダクティブ・ヘルス／ライツの知の伝達，ショートフィルムの作成，環境ワークショック開催など），②目に見えない「成果」（長期隊員や職場関係者のモチベーションアップ，長期隊員を初心に帰らせる効果，新たなアイデアの発見など）を上げていることが明らかになった。他方，これらの「成果」と同時に，短期隊員は現場で長期隊員や別の短期隊員との間にコンフリクトを起こすことがあった。長期隊員でも同様のコンフリクトはあるであろうが，短期隊員は期間が短いため，コンフリクトを修復する時間が限られておりダメージが大きい。そのためコンフリクトを最小限に留める工夫をす

## ▶▶ コラム2 ◀◀

### 協力隊の多面的な活動②：ブラジル野球の現状と展望

ブラジルの野球は，日本からの移民とともにその歴史を歩んできた。1916年に彼らがサンパウロ州で行った試合がその始まりである。最盛期には，日系人社会を中心に60～70のチームがあり，全国大会が盛んに開催されていた。また，日本企業のブラジル進出に伴い，豊和工業，カネボウ，サンスイなど企業チームも活躍し，ブラジル野球の発展に寄与した。

しかし，1980年代に入ると日本企業の撤退とチームの減少によって，国内での野球人気は陰り始めた。そこで，1999年にヤクルト商工がブラジル野球連盟と共同で「ヤクルト野球アカデミー」をサンパウロ州に創設し，野球人気を回復させていった。近年は，ヤクルトスワローズの松元ユウイチ選手やクリーブランド・インディアンスのイアン・ゴメス選手など，このアカデミーの卒業生が日本のプロ野球やアメリカのメジャーリーグで活躍している。2008年には日本移民百周年記念事業として，早稲田大学と慶應義塾大学による早慶戦がサンパウロはじめ各地にて行われた。

筆者が日系社会青年ボランティアとしてブラジルに渡ったのは2009年。赴任地のインダイアトゥーバ市では，「日本式の礼儀」と「野球の技術指導」を重視し，活動を行った。当時，全国大会には20～30チームが参加し，南米選手権や世界大会にも少年から大人まで様々なチームが参加するなど，ブラジル野球は盛り上がっていた。

任期満了後の2012年，筆者は再度ブラジルへ渡り，ヤクルト野球アカデミーのコーチとして半年間を過ごした。その頃はワールド・ベースボール・クラシック（WBC）が開催される前年に当たり，初出場を目指すブラジルの野球関係者は緊張に包まれていた。そして，ブラジルはWBC南米予選でパナマ，コロンビアなどの強豪国を破り，本選への切符を手にする。「南米の奇跡」と呼ばれたこの予選の模様は，国内のメディアに大きく取り上げられ，さらに2013年の本選では，日本を相手に7回終了時点で3対2という接戦，勝利まであと一歩という大健闘を見せたのである。

しかし，WBCの効果は一時的なもので，野球の普及と拡大には至らなかった。そこで，2014年3月，JICAと日本体育大学が連携して日本から野球のボランティアを派遣した。翌2015年2月には，選抜された野球部員と筆者がブラジルへ渡航し，現地で活動中の垣下真吾氏（日系社会青年ボランティア30期）とともに活動を行った。活動の目標としては，野球の普及活動と選手の技術向上を掲げ，野球教室や親善試合を積極的に行ってきた。

その一方で，課題も山積みである。とくに，①競技人口の把握，②オリンピック正式種目への復帰，③諸外国の支援の獲得である。③については，現在，最もブラジル野球界を支援しているのは，残念ながら日本ではなく，アメリカのメジャーリーグ機構である。

しかし，日本による草の根の技術協力もブラジル野球の発展に非常に重要な役割を担っている。実際，ヤクルト野球アカデミー校長のミツヨシ・サトウ氏は次のように述べている。「JICA のプロジェクトがどれだけ素晴らしいものかを伝えたい。長期派遣隊員の日々の活動や，短期派遣隊員による野球教室・親善試合での，子どもや選手たちの笑顔を見れば，彼らの活動の素晴らしさがわかる。課題は多岐にわたるが，日本人が根づかせた野球の文化を絶やさないよう努力し続ける。」

課題をクリアし，さらなる発展をさせようという気概を持つこと，そして継続させること。その精神をブラジルの野球人が持つ限り，ブラジル野球の発展は続く。

（黒木　豪）

る必要があるだろう。

今後，短期派遣が減少することはないであろうし，大学連携案件も一定程度継続し，微増すると考えた場合，JICA ボランティアを①国際協力専門候補長期派遣，②（休職参加などの）一般長期派遣，③（休暇などを利用した）専門短期派遣，④（大学連携などの）インターンシップ短期派遣とするなど，参加者の目的や技術レベルに合わせて分類することを提案したい。なお，大学生等のインターンシップ費用の一部は受益者負担にすることも検討されるべきであろう。

短期隊員としての派遣は，長期隊員の場合と同様に対象社会に入り込み，地域の人々の暮らしに目を配り，理解しようとすることで複数の「真実」を知るプロセスとなり，途上国と日本の関係や自己の相対化の第一歩を得る貴重な機会であった。ローカルな現場でグローバルな視点を忘れずに活躍できる人はこれから益々求められるであろうし，短期隊員はそのような人物になりうる可能性を秘めていることが本調査より明らかになった。

以上のことから短期派遣は条件つきではあるが，一定程度意味があると結論づけることができる。長期派遣を希望しながらも複数の理由（せっかく得た仕事を辞めることができない，2年間は家を空けられないなど）で長期派遣に応募することができなかったものが1カ月から数カ月間，JICA ボランティア事業に参加し，自分の専門性を生かすことが可能にもなるからである。また，大学連携案件は，長期派遣へのステップや社会貢献への学びのステップでもある。

グローバル人材とは英語を流暢に話せる人ではない。英語に限らず外国語を道具として活用し，相手の文化に寄り添い，声を聞き，ともに学び，格差や貧困などの課題解決のためにローカルな部分で行動を起こしたり，ともに働いたり，イノベーションを起こしたりする人である。筆者はこのような人たちのことを複眼的思考を持ったグローカル人，あるいは地球市民であると考える。協力隊事業は50年前から青年が先進国ではない国や異文化に身を置き，自己の相対化を行うための機会を創ってきた。短期派遣に課題はあるが，ソーシャル・ネットワーキング・サービスなどを活用し，長期隊員や関係者の知恵と経験を結集することからさらによい制度に発展させ，グローカル人＝地球市民を育てていく１つの枠組みとしてとらえていくべきであろう。社会構造が大きく変化する中で，近い将来，長期派遣隊員と短期派遣隊員の派遣人数が入れ替わる日がくるかもしれない。

謝辞：本調査にご協力下さいました短期・長期派遣隊員，JICA 関係者，相手国政府・地域住民の皆様方ご協力下さいました多々の方々に厚く御礼申し上げます。

**注**

(1) 筆者は2011年４月より青年海外協力隊事務局技術顧問として勤務しているが，本章の議論は個人の見解であることを申し添える。

(2) 浜田宏一はグローバル「人材育成」という表現に異議を唱えている。「国や企業のために人材を開発しようというのでは，個人はあくまで使い捨ての材料となってしまう」（浜田，2015，49頁）からである，という。この点に筆者は同意する。また，浜田はグローバル人材育成が単に「英会話の修得」プロジェクトとならないように警鐘を鳴らしている（浜田，2015）。この点は多くの人が指摘していることに通じるものである。

(3) 本データは，JICA 青年海外協力隊事務局参加促進・進路支援課の松舘文子調査役よりご教示頂いた（2014年12月19日より2015年４月10日までの間に行った複数回の面談ならびに電子メールでのやり取りを元に作成）。

(4) 応募者数が2006年秋に急激に減少したことの背景の１つとして，この時から１次選考方法を書類選考のみとし，その受験者数を応募者数と数えるように変更したことがあると考えられる。

(5) 以下の記述は JICA でのヒアリングに基づく。古田成樹 JICA 南アジア部次長（元青年海外協力隊事務局選考課）ならび青年海外協力隊事務局選考課今村真理子氏にはヒアリングへのご協力を頂いた（2015年５月15日）。

(6) JICA 青年海外協力隊事務局選考課吉田美由紀氏へのヒアリングならびに成田美穂氏，南谷幸代氏にはデータ収集に協力頂いた（2015年３月９日～３月31日）。

(7) 同年，40歳未満のみに適用されていた短期派遣制度Ｂタイプを40歳以上の人にも適用される変更が行われた。

(8)　JOCV 事務局が国連ボランティア計画（The United Nations Volunteers Programme, UNV）と提携し，国連機関での活動を希望する協力隊 OB／OG を UNV に派遣する制度。JICA が派遣費用の負担をしている。

(9)　本章では触れないが，大企業・中小企業の海外展開のために2012年度より青年海外協力隊民間連携ボランティア制度（長期・短期）が開始された。

(10)　スポーツ・フォー・トゥモローでは，2014年から2020年までの７年間で開発途上国をはじめとする100カ国以上において1000万人以上を対象に，日本国政府が推進するスポーツを通じた国際貢献事業を推進する取組みが始まっている（http://www.sport4tomorrow.jp/jp/　2017年５月３日アクセス）。

(11)　鍵となる質問以外は，調査協力者の話を中断せずに丁寧に聞き取りを行う手法である。

(12)　複数回答あり。また，派遣前にインタビューしたものも含む。

(13)　大学連携の場合は学内の調整や単位取得に関する調整が連携に先立ち行われるため，大学内にもこの事業を理解し，調整するサポーターが必要である。

(14)　なお，今回の調査は隊員たちを対象としたものであり，ヒアリングを行った対象地域住民は，概ね「短期の派遣に感謝している」という回答が多く，深く掘り下げることはできていない。対象地域住民と短期隊員の間のコンフリクトについては今後の課題としたい。

(15)　国によっては安全上の問題から隊員たちが自由に集える空間でないこともある。

(16)　１年以上派遣される隊員は，青年海外協力隊駒ケ根訓練所あるいは二本松訓練所で65日間の研修を受けることが義務づけられている。短期隊員は５日間の所定の訓練を受け，任国に派遣される。

(17)　JICA ボランティア事業の目的に掲げられている「我が国との親善と相互理解の促進」（外務省）を異文化理解と解釈するならば成果の幅は拡大し，短期隊員たちの「意識の変化」を成果ととらえることは可能である。

(18)　ザンビアのグループ派遣では，短期隊員たちはザンビアの農村における栄養状況などを調査し，長期隊員に調査結果のデータを引き渡すことであった。トンガの大学連携案件では，2014年より５カ年の間にやるべきことをトンガ支所関係者や派遣隊員たちが中心となりプロジェクト・デザイン・マトリックスの作成を行い，常に更新している。

(19)　JICA ウェブサイト（http://www.jica.go.jp/volunteer/outline/　2015年５月15日アクセス）

**引用参考文献**

グローバル人材育成推進会議，2011，「グローバル人材育成推進会議　中間まとめ」。（http://www.kantei.go.jp/jp/singi/global/110622chukan_matome.pdf　2015年１月29日アクセス）

――――，2012，「グローバル人材育成推進会議　審議まとめ」。（http://www.kantei.go.jp/jp/singi/global/1206011matome.pdf　2015年１月29日アクセス）

経済産業省，2012，「大学におけるグローバル人材育成のための指標調査」みずほ情報総研株式会社。

産学人材育成パートナーシップグローバル人材育成委員会，2010，『報告書――産学官でグローバル人材の育成を』。

浜田宏一，2015，『日米の教育の違いから見えたグローバル・エリートの条件――何が「本物の人材」を生むのか？』PHP 研究所。

深澤友紀，2014，「肉食社員になろう羊の皮ぬいで――過酷な体験が自信を生む」『Asahi Shinbun Weekly AERA』2014年４月14日，21-22頁。

藤掛洋子，2009，「研究と実践の往環を超えて――パラグアイにおける開発援助と参加型アクションリサーチから」箕浦康子編『フィールドワークの技法と実際　Ⅱ――分析・解釈編』ミネルヴァ書房，240-258頁。

――――，2011，「青年海外協力隊の社会貢献活動」内海成治・中村安秀編著『国際ボランティア論――世界の人々と出会い，学ぶ』ナカニシヤ出版，61-82頁。

本名信行，2013，「グローバル人材育成――言語とコミュニケーション」『情報・知識 imidas』集英社（デジタル版）。

村上由紀子，2015，『人材の国際移動とイノベーション』NTT 出版。

労働政策研究所・研修機構，2008，『第７回　海外派遣勤務者の職業と生活に関する調査結果』JILPT 調査シリーズ，No. 40。

Devereux, P., 2008, "International Volunteering for Development and Sustainability: Outdated Paternalism or a Radical Response to Globalisation?," *Development in Practice*, Vol. 18, No. 3 (Jun., 2008), pp. 357-370.

Lough, B. J., 2010, "International volunteerism in the United States, 2008," *CSD Research Brief*, 10-11, St. Louis, MO: Center for Social Development, Washington University.

――――, 2012, "International Volunteerism in the United States, 2004-2010," *CSD Research Brief*, 12-08, St. Louis, MO. Center for Social Development, Washington University.

Lough, B. J., McBride, A. M., Margaret, S. Sherraden, M. S., O'Hara, K., 2011, "Capacity Building Contributions of Short-Term International Volunteers," *Journal of Community Practice*, Vol. 19:2, pp. 120-137.

Carter, G. E., 1966, "The Beginnings of Peace Corps Programming," *Annals of the American Academy of Political and Social Science*, Vol. 365, The Peace Corps (May, 1966), pp. 46-54.

Wofford, H., 1966, "The Future of the Peace Corps," *Annals of the American Academy of Political and Social Science*, Vol. 365, The Peace Corps (May, 1966), pp. 129-146.

# 第Ⅱ部

## 隊員は何をしたか――開発協力の担い手

# 第4章
# 青年海外協力隊とキャパシティ・ディベロップメント

細野昭雄

## 1　キャパシティ・ディベロップメントを目指す技術協力

開発協力，とりわけ，技術協力の目的は，開発課題に対する途上国の自律的な課題対処能力（キャパシティ）を，構築・強化し持続させるためにあるという考え方は，キャパシティ・ディベロップメント（Capacity Development，以下 CD）を目指す協力として知られている。この考え方は，早くから，日本の国際協力で重視されてきたが，今日，国際的にも広く共有されるに至り，多くの国や，国際機関の開発援助の現場において，主流化してきていると言っても過言ではない[(1)]。

CD の定義として，最も広く受け入れられているのは，経済協力開発機構（OECD）の開発援助委員会（DAC）のもので，途上国の課題対処能力が，個人，組織，社会などの複数のレベルの総体として向上していくプロセスとして一般に定義されるが[(2)]，その最大の特徴の1つは，CD の内発性を重視することにある。途上国の個人，組織，社会が自ら課題に取り組む能力を高めるという内発的な努力を，援助国は，触媒として支援する役割を担うという視点が CD の考え方から導かれる[(3)]。それは，途上国に欠けている技術のギャップを埋めるのが技術協力であるとする従来の考え方と大きく異なるものである。従来の考え方には，キャパシティを外から構築するという意味での介入を行うのが技術協力であるとの視点が強かったが，CD の考え方では，キャパシティは途上国自身による内発的なプロセスによって構築されるものであり，技術協力はそのプロセスに対して触媒的な役割を果たすことを目指すものとしており，両者は，大きく異なる。

次に，CD を内発的なプロセスととらえた上で，国際協力が果たすべき触媒の役割の実現に際して重要なのは，自らの CD を進めようとする当事者（個人，組織，社会）と外部の関係者（ステークホルダー，援助国からの協力者を含む）との相互の学習（知識の共有），問題対処への取組み，協働での問題解決の新たな方法の創造である。

本章は，以上のようなCDを目指す技術協力において，協力隊の活動が，重要な貢献をしてきたことを，中米広域にわたる算数教育，エルサルバドルにおける藍産業，遺跡を中心とする文化遺産の保存と観光のような具体的事例を参照しつつ，明らかにすることを目的としている。(4)

上記のような，最近国際的にも重視されるようになったCDの考え方は，日本の協力においては，関係者の間で広く共有されてきた考え方であり，協力隊にあってもその例外ではないことを強調しておきたい。

この観点から，注目されるのは，2015年2月に閣議決定された，開発協力大綱が，日本の開発協力の良き伝統として重視している次のようなアプローチである。「相手国の自主性，意志および固有性を尊重しつつ，現場主義にのっとり，対話と協働により相手国に合ったものを共に創り上げていく精神，さらには共に学び合い，開発途上国と日本が相互に成長し発展する双方向の関係を築いていく姿勢」がそれであり，同大綱は，これを，「開発途上国の自助努力を後押しし，将来における自立的発展を目指してきた日本」の協力の良き伝統であるとし，この観点から，引き続き，途上国の自立的発展に向けた協力を行うとしている。

協力隊は，こうした特徴を有する日本の協力の一端を担っただけでなく，その特徴を発揮する上で，極めて重要な役割を果たしてきたと言っても過言ではない。協力隊員は，途上国の人々と生活し，直面する問題に取り組む人々に寄り添い，問題解決の新たな方法の創造に寄与しうる立場にあるからにほかならない。地元の人々と日々生活をともにし，そのコミュニティや地方自治体などを拠点として活動する協力隊員は，CDの触媒となりうる条件を最もそなえているからである。

以下，次節では，CDのプロセスについて述べ，その中で，国際協力に携わる協力者が外部からどのように，CDの触媒としての役割を果たすかについて論じ，続く第3～5節では，3つの事例のそれぞれについて，CDプロセスにおける協力隊の貢献について議論する。第6節では，3つの事例に即してCDへの協力隊の貢献の特徴について論ずる。

## 2　CDのプロセス

協力隊がCDを目指す国際協力にどのように貢献してきたかについて理解する

**図4-1**　キャパシティ・ディベロップメントのプロセス

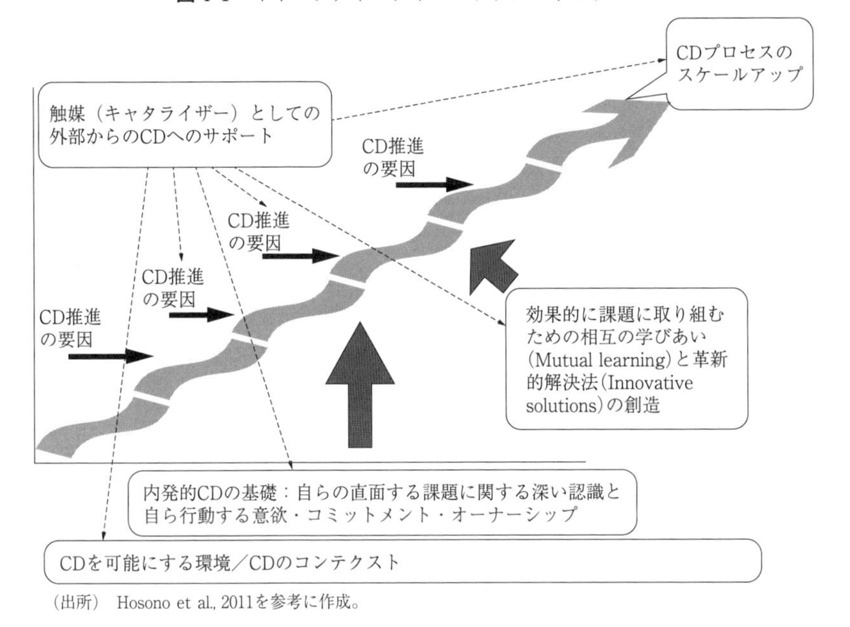


（出所）　Hosono et al., 2011を参考に作成。

ために，CDのプロセスとそれに対して触媒としての役割を果たす外部からの協力者を含むアクターの関係について，簡単に触れておきたい。**図4-1**のように，内発的CDの基礎は，自らが，直面する課題を認識し，課題に取り組むために行動する意欲，コミットメント，オーナーシップを有することであり，この主体的な課題の認識と課題対処への取組みがこの図の中心に位置づけられている。

外部の関係者（援助国からの協力者を含む）は，この図の点線の矢印の向かっている場所のいずれにおいても，CDへの触媒としての役割を果たすことができると考えられるが，とくに重要だと思われるのは，CDの当事者と外部の関係者との相互の学びあい，協働による新たな解決法の創造を行うことである。

図の中で示されている，CD推進の要因（CDの推進力，ドライバーとも呼ばれる）は，CDのプロセスの中で発揮されるリーダーシップ，インセンティブ，組織で共有されている文化等に加え，CDにとって重要な技術，施設等，多岐にわたるものであり，それらが，CDプロセスを推進し，時にそれを大きく前進させると考えられる。また，CDを可能にする環境，CDのコンテクストは，広くCDプロセスを取り巻く社会的，政治的，経済的コンテクスト（法律や制度・政策も含む）であり，それは，CD プロセスを容易にする場合も，障害となる場合もありうる。コンテクストの変化は，短期間には困難であるとしても，CD プロセスが進みやすくなるように，変化を促す働きかけを行うことは重要である。CD プロセスは，個人，組織，社会の様々なレベルで進むことが必要であり，CD プロセスを特定レベルにとどめず，スケールアップすることも重要である。

本章では，図で示されているような，CD に関する研究のフレームワークに基づいた考察を行うこととしたい[(5)]。この図とそれに基づく，上記の説明は，これまでの多くの CD に関する研究を反映しているが，ほかにも様々な見方があることを付記しておきたい。

以下で取り上げる事例において，協力隊員は，図にある CD プロセスの様々な分野において触媒としての役割を果たしているが，とくに，相互の学びあい，協働による新たな課題解決への取組みを重視して，事例の研究を行いたい。

## 3　「算数大好きプロジェクト」と「考える教育」への貢献

ホンジュラスで2003年から始められた「算数指導力向上プロジェクト」は，その後，中米全体に広域協力プロジェクトとして実施されてきたが，このプロジェクトにおける協力隊の貢献は大きい。そもそも，このプロジェクトの発足そのものが，協力隊の活動によって実現したものであった。JICA は，1989年から継続的に小学校教育の協力隊員をホンジュラスに派遣してきたが，「小学校の教育のレベルを上げようと現場で指導してきた彼らの地道な活動が，プロジェクトにつながっていった」（高野，2014）。これは，小学校の現場に派遣された教員の経験を有する協力隊員が，ホンジュラスの教員と協働する中で，算数教育改善の必要性を痛感するに至るとともに，ホンジュラスの教員が，日本の教員との交流を通じて，自らが直面する課題をはっきりと認識するという，「相互学習と解決を目指す新たな取組み」を現場で進めていくプロセスがあったことを意味していた。また，1998年に同国が初めて参加した中米・カリブ地域の国際学力比較調査で，算数の成績が参加11カ国中最下位だったことが，ホンジュラスの教育関係者に大きなショックを与えたという背景もあった。これが，ホンジュラス政府が算数教育に関する協力を日本に要請する直接のきっかけとなった（高野，2014）。

協力隊の貢献は，正式に「算数指導力向上プロジェクト」（PFC-

PROMETAM；以下プロメタム）が開始されてから，より本格的なものとなった。このプロジェクトは，EFA-FTI（Education for All〔「万人のための教育」〕- First Track Initiative）の目標達成に資する活動として，現職教員継続研修プログラムを支援するとともに，同研修教材としての教師用指導書と児童用作業帳の開発を目的とするものであった。ホンジュラス政府は，これら教材の有用性に注目し，同教材を国定教科書として採用することを決定し，2005年6月より，全国配布が開始された（プロジェクトの詳細については西方〔2017〕参照）。

この教科書としての採用自体，プロメタムの大きな成果と言うことができるが，それを受ける形で，2006年から，プロメタム・フェーズⅡプロジェクトが実施されることとなり，このプロジェクトと同時に，協力隊のチーム派遣事業が実施されることとなった。これらは，広く「算数大好き」（メグスタ・マテマティカ）プロジェクトと呼ばれている。協力隊の派遣は，学校教育の現場レベルにおいて，個々の教師，学校の状況にあわせたきめ細かな様々な支援を行うことにより，教師の教材に対する理解を一層深め，現場での教材使用状況の改善を目指すという，多面的アプローチであり，算数指導力向上を目指す協力イニシアティブの，極めて重要な一翼を担うものであったと言って過言ではない。

具体的には，常時20人程度の協力隊員をプロメタム研修受講生であった教員の勤務する学校や，日本が建設を支援した多数の「コメ百俵学校」（ホンジュラスで上演された日本の演劇「米百俵」に因んで名づけられた）を拠点として，教室レベルでの教材使用に関する支援（授業観察，授業補佐，教員への個別指導，チームティーチング等）や講習会活動支援を活動内容とするものであり，協力隊メンバーに巡回指導や助言を行う，フィールド調整員も配置された。さらに，学校運営改善のための「パライソ教育プロジェクト（Proyecto Educativo Paraiso：PROEPA）」が，同じく，協力隊のチーム派遣により，同時に実施された。PROEPAと「算数大好き」プロジェクトは，いずれも，上位プログラム「基礎教育強化プログラム」のもとで実施され，「算数大好き」プロジェクトが算数科の指導力向上を目指すのに対し，PROEPAは学校運営改善を目指し，ともに，基礎教育強化プログラムの目標である，初等教育における留年率・退学率を低下させ，2015年までの初等教育の完全修了の達成に貢献することを目標とした。

このように，専門家により実施される技術協力プロジェクト（以下，技プロ）としてのプロメタム・フェーズⅡプロジェクトと，協力隊のチーム派遣とは，いわば表裏一体の関係にあり，JICA はじめ関係者は，当初から両事業の相乗効果を狙う連携活動を行うことを目指した。そして，両事業ならびに，PROEPA と教育省に派遣されている教育政策アドバイザー（JICA 専門家）の間の連携が基礎教育強化プログラムのカギを握ることが認識されていた。

両事業の相乗効果という観点から，協力隊事業との関連で特筆すべきは，1998年から行われてきた小学校教員の派遣事業での経験を有する協力隊 OB が，技術協力プロメタムプロジェクトの専門家として多数採用されたことである。従って，現場で活動するプロメタムの専門家は，協力隊員としての豊富な経験を有し，「算数大好き」プロジェクトのもとでチーム派遣される協力隊員にとっては先輩に当たる専門家であったと言える。実際に，連携は極めて緊密であった。一方で，プロメタム専門家は，教科知識や指導法にかかる助言を行って，協力隊の学校現場での活動の向上を図った。他方で，協力隊員は，学校現場での教員・児童の教材使用状況に関する情報提供を行うことにより，教材改訂などのプロメタム活動へのフィードバックを図った。プロメタムにより準備された教科書や指導要領，指導法は，教育現場でしっかりと定着してはじめて，効果を発揮する。この意味で，協力隊のチーム派遣は，プロメタムの成功の鍵であったと言っても過言ではなく，かつ，プロメタム専門家の多くが協力隊経験者であったことは，技プロとしてのプロメタムと協力隊による「算数大好き」プロジェクトの連携を極めて効果的に行う鍵であったと言うことができよう。

プロメタムと協力隊のチームの活動の連携により，算数指導力は大きく改善された。その最大の成果は，ホンジュラス，グアテマラ，エルサルバドル等の中米諸国においてプロメタムで作成された教材が国定教科書として採用されることにより，それが各国で全国に普及したことであり，それによって効果的に学習できる教材をすべての子どもたちに届けることができ，教員の指導力向上と相まって，体系的な，かつ，「考える」学習（後述）を徹底することができたことであると言えよう。これは，当時からの「万人のための教育」の目標の達成はもとより，2015年に新たに掲げられた「万人のための質の高い学習」を先取りする成果でもあった。

この点について，当時 JICA のホンジュラス所長として，つぶさにこの連携を知る立場にあった高野剛氏は，「これだけのスピードでプロジェクトの成果を出すことができたのは，隊員として中米で生活した経験がありスペイン語も話すことができる元隊員たちの存在抜きには語れない」と元協力隊員たちの役割を高く評価している。

以上のように，協力隊事業は，ホンジュラスにおける算数教育の改善に，とりわけ，3つの大きな貢献をしたと言えよう。第1は，算数教育への日本の協力を行うための準備の役割，第2に，「算数大好き」プロジェクト期はもとより，それ以前から，算数指導力向上への協力そのものの重要な一翼を担っていたこと，第3に，協力隊員としての経験を持つ人々自らが，後に，技プロの算数指導力向上プロジェクトの専門家となることにより，その経験を生かし，かつ，その技プロと一体的に行われた協力隊チーム派遣の活動との緊密な連携を行うことにより，効果的な技術協力の実施に貢献したことである。

それでは，協力隊員はどのように活動に取り組んだのであろうか。協力隊員の学校現場での活動は多岐にわたり，かつ隊員の数も多数に上るが，ここでは，協力隊員が，その活動を通じ，上からの押しつけでなく，自ら考えることで学ぶ学習法を，学校現場で定着させることにどのように取り組んだか，また，一見，世界のいかなる地域でも同一であると思われがちな算数の教育にあっても，現場の状況への適応がいかに重要であり，それにいかに取り組んだかについて，CD の視角から検討することとしたい。

学校の現場で協力隊員が直接，現地の教員と交流し，教員の能力向上に向けた相互学習を行うことの重要性は，例えば，次のような状況において明らかである。技プロによる指導力向上プロジェクトでは，教科書，指導要領の作成とその配布，それに基づく研修事業などを行うが，それだけで新たな教科書による指導法がしっかりと学校現場に根づくわけではない。グアテマラ西部のコミタンシージョの学校に派遣された木村嘉秀隊員は，技プロで作成された教科書「グアテマティカ」(グアテマラと算数を意味するマテマティカを合わせて作った名称）が国定教科書になっているにもかかわらず（**写真 4-1**)，担当した2校でほとんど使われていなかったことを発見する。右田真樹子隊員は，ホンジュラスで，教科書がホンジュラスのやり方に合わないと言って抵抗感を示す先生もちらほらいることを発見する。

そうした中，木村隊員の場合は，2校以外の小学校の先生も集めて，研修会を開催，わかりやすい図表などを取り入れながら，分数や小数点などを教えるコツを伝えた。また，相互に授業を視察して学ぶ授業研究[(6)]も開始した。こうした研修

**写真 4-1**　国定教科書となっている「グアテマティカ」

（出所）　河澄さつき氏提供。

会を重ねることで，わかりやすく指導できる「グアテマティカ」の価値が見出され，担当の２校では，全員が使用するようになった。さらに，算数リーダーズと名づけた４人の教員を各学校に派遣し，「グアテマティカ」の普及をすすめた（国際協力機構，2015，12-13頁）。

このように，協力隊の活動は技プロが目指す指導力向上と，「グアテマティカ」の現場への定着に大きく貢献したと言えよう。こうした場合，技プロと協力隊の派遣との連携は重要で，それによるシナジー効果は大きな成果を生んだ。

教科書さえ配布すれば事足れりとする見方が，いかに短絡的であるかも，協力隊の活動を通じて明らかになる。このことは，算数指導力向上プロジェクトの場合は，専門家自身に協力隊出身者が多いため，技プロサイドからも十分に理解されていた。算数は，他の教科と異なり，教える場所を問わず，普遍的に同一指導法でよいといった考え方があるが，決してそうではない。ホンジュラスで使われていた従来の教科書の掛け算や割り算の手順には，指導法上の困難があった。例えば，従来の手順は，小数の割り算では商やあまりの小数点の位置がわかりづらくなるなど指導を難しくするものであったので，技プロの作成した教科書では，ホンジュラス側との十分な検討を経て，日本方式が採用された。しかし，現場では，この新たな手順に教師自身が慣れておらず，右田隊員は，「先生たち自身がたくさん問題を解いて馴れることが，大切」と述べている。同隊員は，このことについて写真を使って詳細に説明を行っている。同様に，「平面・立体図形は，子どもの頃にきちんと習っていない先生方が多く，苦手な人が多い」とも指摘しており，それに対する対策も講じたとの報告が行われている。このように，教科書ができたからと言って，現場では，新たな指導法が定着，普及するとは限らない。通常，そのためには，普及を推進する多大な努力が必要で，この点での協力隊員の貢献は，極めて大きい。

さらにより重要なことは，「考える学習」の徹底である。これは，CD のコアに当たる部分であり，先生たちにも，生徒にも定着させることが重要と協力隊員の多くは考え，その努力を行っている。直面する課題を自ら理解し，その課題に取り組むことこそが，CD の最も重要なプロセスであるが，算数を学ぶことからそれを習得できるはずなのに，生徒たちは，「答えが言われるのをただ待っていたり黒板を写すのに必死だった」と先に紹介した木村隊員は，グアテマラ赴任直後の様子を回想している（国際協力機構，2015，13頁)。しかし，新たな教科書による学習が定着することにより，「今は，自分で考えて問題を解く楽しさを知り，発言も増えてきた」と話している（国際協力機構，2015，13頁)。

ホンジュラスに派遣された右田隊員も同様の経験をしている。「ホンジュラスの授業を見ていると，一斉授業で暗記すべきことを繰り返し唱えていたり，子ども一人ひとりに問題を解く時間を与えずに，先生やできる児童が答えるのをただ聞いているだけというような様子も時々目にする。これは，先生たち自身が算数の理論や問題解決学習の大切さを学んでおらず，グループ学習の経験もないからである。そこで，問題解決や模擬授業の準備の場面で，グループの中で一緒に考えたり，教えあったりする機会を設け，先生たち自身にグループ学習の手法や効果について経験してもらうことも取り入れている」と右田隊員は報告している。

以上のような，技プロと協力隊チーム派遣によって進められた算数教育における中米諸国への協力は，各国で大きな成果をあげた。その結果，例えば，2014年に発足した，エルサルバドルの新政権で教育大臣に就任したカルロス・カンフラ氏は，JICA の協力を高く評価し，高校までの一貫した算数・数学教育を目指す新たなフェーズの協力が開始されることとなった。

なお，カンフラ大臣は，エルサルバドル国立大学が中心となって，中等学校レベルの優秀な学生を集めて教育を行う「ホベネス・タレント・プログラム」を一貫して推進してきたことで知られる同国で著名な数学者である。

## 4　「ジャパン・ブルー」と「マヤ・ブルー」の出会い：藍の文化の復興への貢献

かつて日本の最大の輸出品は，生糸であったが，エルサルバドルでは，藍がその最大の輸出品であった。日本でもかつて藍は，日本を代表する商品作物の１つであった。藍は人類が最も古くから利用した染料の１つであり，中米でも，マヤ時代に使われていた。しかし，安価な化学染料に駆逐される形で，日本でも中米でも藍の文化は，廃れていった。ただ，日本では，藍文化の伝統は四国などの地域で受け継がれて今日に至っているのに対し，中米では，最後に残ったエルサルバドルでも，1974年に最後の藍工房が閉鎖された。こうした状況に対し，コロンブスのアメリカ到達500周年の1992年に開催されたパナマでの民族学会で藍文化復興の決議が行われ，翌年には，エルサルバドル西部の都市，サンタアナの工房で藍染が再開された。それは，同国文化庁にいたロレンソ・アマヤ氏などの尽力によるところが大きい。そして，グアテマラに在住していた児島英雄氏が1995年に同氏を訪問，エルサルバドルと日本の藍文化の交流のきっかけとなった。

こうして，日本大使館，JICA，日本貿易機構（JETRO）などによりエルサルバドルの藍文化の復興への協力が始まるが，その中で，協力隊が果たした役割は，極めて大きい。この分野での派遣は，チーム派遣ではなく，個別の派遣であったが，歴代隊員の活動は，次々と受け継がれ，エルサルバドル人の関係者との強い協力，絆が築かれていった。

まず，協力隊員の活動の背景として，日本の関係者による，エルサルバドルの藍文化復興への協力の推移を概観しておく。児島氏による同国文化庁への助言，協力がその出発点となったが，続いて，JETRO からの派遣により，日本の藍染の本場，徳島県から，四国大学の野田良子教授の訪問が実現する。2002年には，日本大使館の草の根無償資金協力により，藍工房を併設する遺跡資料館がチャルチュアパ市のカサブランカ遺跡公園に建設され，エルサルバドル産天然藍を使用した藍染を体験することもできるようになった。また，サンタテクラ市にある全米農業協力機構（IICA）の中にも，藍工房が作られた。さらに同年開始された，エルサルバドル経済開発調査の一環として，藍産業再興パイロット事業が行われ，ステンレス製タンクによる藍抽出装置の試験的利用，藍染製品のコンクール，国際空港における藍染製品の販売ブースの設置などが行われた（同開発調査については橋本，2008参照）。開発調査は2004年に終了し，ステンレス製タンクによる抽出は，コストの高さなどにより定着しなかったが，空港での販売ブースは，この国の藍染製品のアンテナショップ的な拠点となり，藍染振興に果たした役割は大きい。続いて，2005年には，日本・エルサルバドル修好70周年を記念して，エルサルバドルの藍染の歴史，特徴などを詳細に紹介したドキュメンタリー・ビデオ「ブルーカントリーへの旅」が日本大使館の支援で，スペイン語，英語，日本語で制作された。スペイン語版は，全国放送されたほか，70周年記念出版物とともに広く配布され，その日本語要約版は，同年の愛地球博（愛知万博）の中米共同館に設けられた藍染体験コーナーで，地球博の期間中上映された。

協力隊員は，以上のプロセスの中で，エルサルバドルの藍染関係者とともに，現場で，日々努力し，藍産業復興への着実な貢献を行った。まさに，彼らが藍染を中心に藍産業振興を担ってきたと言ってもよいだろう。藍産業は，単に藍染の衣類・手工芸品の製作・販売に留まるものではない。染料の原料となる植物，ヒキリテの栽培，染料となる藍の抽出，染める布の準備，様々な技法による藍染，その製品の販売ルートの開拓，ブランド化までの，まさに，バリューチェーンの深化・拡大によって発展が可能となる産業である。協力隊員は，その多くの局面において，それぞれの得意分野で貢献してきたと言える。

例えば岡林勇航隊員は，2003年から04年の２年間，国立農業学校（ENA）において，ヒキリテの栽培試験を行い，施肥の時期，播種の時期，播種前の準備，播種の深さ，適性土壌，有機・化学肥料の効果等の比較，品種による雑草に対する抵抗力の相違，雑草除去の効果的タイミング，雑草管理の方法等，ヒキリテの栽培についての広範な研究を行い，研究成果を残している。その報告書は，終了時のものだけでも，150頁を超える大部のものであり，その内容の多くは，研究成果をまとめた論文からなっている。

岡林隊員は，コーヒー価格が暴落する中，新たな換金作物としてのヒキリテ（同隊員は，藍草と表記）に関心が高まってきているが，各機関がこれまでに公表した栽培技術に関する情報は，農民への聞き取り調査を基に作成されたものが多い現状を考慮すると，科学的見地からの実証を必要とすることは明らかであると指摘している。

そこで，配属先のENAでは，①国の機関であることによる情報の共有化，②全国規模で学生を集めていることによる栽培技術の伝播・波及効果，③隣接する国立農業技術センター（CENTA）が十分な分析能力を有するなどの条件を生かし，現在，主に栽培されているヒキリテの品種（Indigofera-guatemalensis）を対象作物として2003年，04年に実証実験を行ったことを報告している。とりわけ，藍草の最適な栽植密度，藍草と雑草との競合，同一気候条件下での全国15カ所から採取した土壌を用いての土壌特性の相違による藍草の生育比較など，多岐にわたる研究を行い，その成果は，エルサルバドルの農業従事者向けの藍草の栽培マニュアルの作成に資するものとの報告を行っている。

また，既に触れたように，藍工房は，チャルチュアパ市のカサブランカ遺跡公園と，サンタテクラ市のIICAに作られたが，そのいずれにも，協力隊員が派遣され，エルサルバドルにおける，藍染の研究，普及に大きく貢献した。実際，協力隊員の長期にわたる日々の活動なくしては，これまでの，この国における藍染の技法の普及はあり得なかったと言っても過言ではないであろう。藍産業復興については，草の根技術協力を除いて，JICAが正式に技術協力プロジェクトとして行ったことはなく，従って，専門家の派遣も行われなかった。既述のような，様々な協力を，大使館，JICA，JETROが行ったが，この協力の最も重要な，いわば現場でのCDの部分を担ったのは，協力隊員であった。

ここでは，まず，IICAでの地曳隆成隊員の活動を例にとり，協力隊員の貢献について見ることとしたい。地曳隊員は2回派遣されている。1回目は，修好70周年をはさむ時期で，IICAの藍工房で藍染を指導しつつ，エルサルバドルにおける先駆的な藍産業関係者の協会アスーレス（AZULES）への助言・協力を一貫して続け，それが，例えば，ブラジルのジーンズ会社COEXIS社への，藍染料の輸出決定につながった。同社は，世界中の天然藍を扱っており，品質管理や品質向上への助言が重要であったことを地曳隊員は報告している。

藍染の分野では，地曳隊員が指導してきた藍工房の生徒のうち，数人が，海外市場でも見劣りしない製品を作る実力をつけるに至ったと述べている。例えば，そのうちの1人は，メキシコに輸出するようになった。自宅の工房で製作したものを海外の，とくに観光地の販売所で委託販売する方式は，リスクが少なく，比較的高価で売れるメリットがあり，地曳隊員はそれを進めてきたが，その協力が実ったと言える。隣国ホンジュラスの遺跡観光地コパンにも市場調査に行くなど，藍染そのもののみならず，その販売面でも積極的な取組みを行っている。

藍製品を広報する取組みとしては，国際空港に藍作家の作品を飾り，空港を使用する観光客にエルサルバドル文化を紹介する新しいプロジェクトがAZULESと同国観光省によって開始されたが，地曳隊員は，これにも協力を求められた。

こうした地道な，日々の取組みは，エルサルバドル国内での藍染製品への関心の向上，藍染の普及につながったと考えられる。IICAの藍工房では，農家の藍を小売り販売しているが，売れ行きは順調に伸び，藍愛好者の増加を示している。

CDは，個々の人々の能力にとっても，また，それに関連する組織にとっても重要である。この点での，地曳隊員の貢献は大きく，藍工房の置かれた組織である，IICAの所長をはじめとする役職員の藍染に対する認識を変えるまでになった。IICAは，国際機関であり，その重要性は広く知られているが，そのエルサルバドル支所の一般職員には，当初は，藍染の重要性が十分知られていたとは言えない。IICA内に設置された藍工房で染色をはじめると，臭いを嫌って戸を閉める職員や，いやな顔をする職員も当初はいた。地曳隊員は，道具を磨き，掃除をし，授業と作品制作に没頭することで，意識を変えていった。その結果，IICAに来賓が来ると，所長から必ずと言っていいほど藍の説明や，工房の案内を求められるようになり，帰国が近づくと，任期の延長まで求められるにいたった。ちなみに，この時期のIICAの所長は，隣国ホンジュラスで，高い水準での教育や研究で国際的に定評のある，米国の支援するサモラノ農業学校の校長を長く務めた，米国の農学者，キース・アンドリュース博士であった。こうして，「配属先（IICA）の受け入れ体制，隊員に対する意識は，私が着任後，変わったと言って過言ではないと思われる」と地曳隊員は書いている。

以上のように，協力隊が主導する形で，CDにおいて重視される相互の学習，協働での新たな取組みなどが，IICAで行われたことが確認される。このことについて，地曳隊員自らが，次のように説明している。「自身の藍染の世界を深めるとともに，授業では，教えることから新たな発見があり，逆に生徒から教わる事もあった。また，藍農家を訪問し作業を手伝い，種まきから育成，そして抽出までを経験できたことは，一藍染作家としての本望であった。日本の伝統にこだわらず，世界視野で藍の世界を見れるようになったのは，青年海外協力隊に入隊できたからこそだと思う」。具体的には，エルサルバドルで知られていない藍染の新技法の導入，国内外における市場開拓，藍と藍染製品の品質の向上，とくに海外と比較しても品質が劣らない商品開発をするように，海外での販売可能性のあるブランド形成を目指した品質指導など，活動は多岐にわたるものであった。

2009年に行われた２回目の派遣においては，地曳隊員はさらに高度な活動を行っている。まず，IICA の藍工房の改修が行われ，快適かつ効率的に作業を行う条件が整えられた。具体的活動は多岐にわたるが，とくにエルサルバドルで確立していない「型染めの技法」の開発に力を入れ，その技術を確立し，解説書を作成した。また，商品開発では，草木染めと藍のあわせ商品を見本として制作している。藍のビデオ制作への協力や，文化教育支援，生葉染めの研究，新しい色の研究なども行っている。

中でも注目されるのは，「型染め」の技術の確立である。これは，現地の状況にあった技術協力の一例とも言え，顕著な成果であると考えられる。地曳隊員の報告書によれば，「型染め」の技法は，量産性があることや，草木染めとの相性がよいなどの特徴がありながら，普及していなかったのは，エルサルバドル国内で入手できる材料の限界や，調合方法の問題，「型染め」に必要な道具の入手困難なことなどによるものであった。地曳隊員は，餅粉をはじめ国内で入手可能な材料で試し，材料，その調合，染色法の開発を行った。調合のための蒸し器の代用となるものを開発，調合方法についても多くの実験を経て，優れた方法を確立した。産業の発展には，それぞれの地元で入手可能なリソースによる技術の開発を，地道に重ねていく努力が欠かせないが，地曳隊員は，その意味で，エルサルバドルの藍産業に重要な貢献を行ったと言える。同時に，多数の農家のヒキリテの生産，藍染従事者の染の技法の向上，AZULES など藍産業団体の活動支援などにより，藍産業にかかわる人々とその組織の CD に大きな貢献を行ったと言えよう。現在，藍工房のあるサンタテクラ市は同市の一村一品運動の地元産の代表的民芸品として，藍染製品の普及を推進しているが，同市における IICA の藍工房を拠点とした協力隊の長期にわたる活動の寄与を無視することはできない。

また，藍工房は，次節で述べるカサ・ブランカ遺跡公園内にも設けられ，協力隊員が派遣されていたが，同公園内にあることから，遺跡とあわせ，藍工房を訪問する人々が多く，公立学校の学生だけでも，訪問者数は年間3000人に達するとされる。また，藍工房で藍染を学んだ人の数は，藍工房開設の2002年以来，1800人に上る。その中には，遺跡公園の位置しているチャルチュアパ市以外の国内からの参加者，外国からの参加者も少なくない。公園内に藍工房が作られるまでは，同市には，藍染の伝統はほとんどなかったが，今日，市内には，民間の藍工房が５つ開設されており，それぞれ，家族のほか，平均３人を雇用している。そこで生産される藍染製品は，市内のほか，スチトト市などで販売されている。これら顕著な成果の達成に，協力隊員は多大な貢献をしたと言える[(7)]。

## 5　チャルチュアパ遺跡の発掘・保存と考古学の発展，マヤ文化観光への貢献

エルサルバドルは，メキシコから中米にかけて栄えたメソアメリカ古代文明圏の一角を占め，時代とともに様々な文化が交錯してきた。ユネスコから世界遺産に指定されたマヤの集落址のホヤ・デ・セレンが最もよく知られているが，マヤ文化の都市遺跡として最も重要なものの１つが，チャルチュアパ遺跡群である。

チャルチュアパ市にあるこの遺跡群に関しては，1960年代，ペンシルバニア大学のロバート・シャーラー調査団によって大規模な学術調査が行われたが，発掘後の建物の修復・保存を伴うものではなかった（柴田，2010）。1992年の内戦の終了，和平協定締結のわずか３年後には，大井邦明教授を団長とする京都外国語大学調査団が同遺跡群の中のカサ・ブランカ遺跡地区の考古学調査を開始する。2000年まで続けられたこの調査は，エルサルバドル考古学史上，歴史的かつ画期的な調査であったとされる（市川，2015）。続いて，2000年以降今日にいたるまで，名古屋大学調査団によって，チャルチュアパ遺跡を中心とする考古学調査が続けられている。この間，同遺跡群のカサ・ブランカ地区内に居を構え，調査に携わった後，エルサルバドル文化庁に勤務して，これら調査への助言・支援を行った考古学者，柴田潮音氏の寄与は大きい。また，2002年には，文化庁，地元のNGO と日本の「草の根無償資金協力」により，カサ・ブランカ地区に博物館が完成し，国立遺跡公園として一般公開されるにいたった（**写真 4-2**）。この博物館には既述の藍工房も併設されている（初代藍染隊員がカサ・ブランカ遺跡公園に派

**写真 4-2**　2002年に建設されたカサ・ブランカ遺跡公園

植村まどか氏，2012年撮影。

遣されたのは，1999年である）。

こうした中，文化庁，名古屋大学，JICA により，「チャルチュアパ市の地域観光開発を目的とした先スペイン期国立遺跡公園の整備プラン」が策定された（市川，2015）。その実施に向けて，JICA に対して考古学，保存科学，造園分野の協力隊員の派遣が要請された。こうして，2003年以降，順次協力隊員が赴任するに至る（柴田，2010）。

協力隊の活動内容から見て，この2003年からの5年間は，考古学調査や，遺跡など文化財の保存・修復活動を通じての，技術移転，人材育成が主たる活動であった時期であった（市川，2015，2頁）。市川彰隊員は，これは，協力隊の活動の第1期であったと総括している(8)。この時期の活動は，とくに，エルサルバドルの考古学関係者の CD に大きく貢献したと考えられる。加藤信也隊員，鈴木英暁隊員は，AutoCad（汎用のコンピュータ支援設計〔CAD〕ソフトウエア）を駆使するなどして，カサ・ブランカ遺跡公園の詳細なデジタルマップを作成し，また，タスマル地区等において，文化庁考古課職員，名古屋大学調査団員が合同で調査を行うとともに，これを通じて，現地の考古学専攻生や作業員らへの発掘調査にかかわる技術移転を行った。この時期，協力隊員は多くの活動を行ったが，中でも，鈴木隊員が博物館の外に，考古学発掘で作られた施設の一部を，屋外展示施設として活用する設計案（4N 試掘抗の覆屋と見学路，遺跡公園正門ほか）を作成し，そ

**写真 4-3**　2007年に建設されたカサ・ブランカ遺跡公園屋外展示施設

市川彰氏，2007年撮影。

れが，草の根文化無償資金協力によって建設され，遺跡公園の整備・充実に貢献したことは特筆に値する（**写真 4-3**。以上の活動については，市川，2015）。

2005年に派遣された市川隊員は，ラ・クチージャ地区の緊急発掘調査，カサ・ブランカ地区5号建造物前の排水路整備や，タスマル地区などの発掘調査を行い，これらを通じ，エルサルバドルで初めての先スペイン期の埋葬地，原位置を保った石碑祭壇複合を発見するなど，いずれも，同国考古学史上重要な学術的発見に寄与した（**コラム3**参照）。とくに，古代マヤ文化圏の中部や南部で特徴的な，建造物の正面に石碑（あるいは石柱）と祭壇石を祭るという慣習が，カサ・ブランカ遺跡の5号C建造物（紀元1～4世紀）においても確認された意義は大きい（柴田，2010，218頁）。

2007年から09年に至る第2期においては，第1期において実施された考古学調査や保存・修復活動，遺跡公園整備事業が一段落し，それら成果を社会に還元することを目指す，協力隊員の活動が行われた時期である。村野正景隊員は，パブリック考古学的視点から，遺跡をはじめとする文化財の観光や学校教育への活用に関する調査を実施し，中米7カ国の文化財や観光開発に関する広域研修を実施したほか，考古学調査と住民との会話をヒントに古代技術の復元と民芸品開発プロジェクトを立ち上げ，現地住民や陶芸家を巻き込む活動を実施した。村野隊員は，派遣終了後もエルサルバドルでの活動を続け，2014年には，技術復元の見通しが立ち，陶芸家等によって展示会が開催されるなど，着実にプロジェクトを進めている。

第3期は，考古学および文化財の活用に関する活動が本格化し，成果が表れてくる時期であった。例えば池田瑞穂隊員は，考古学遺産を資源として活用できる人材の育成を目指し，その結果，考古学活動の一端を現在に生きる地域コミュニティの中に位置づけ，博物館は地域の歴史に興味のある住民の相互コミュニケーションの場であるとして提示した。続く久松恵輔隊員も一般市民の身近なところに文化財が存在することを周知させ，それまで，主に考古学専攻生や考古学の専門家を対象に技術や知識の移転が行われてきたが，第3期における活動を通じて，協力隊員の達成した成果が，一般市民へも還元されるに至った。

以上のような3期11年にわたる13人の考古学隊員および文化財保護隊員の活動による考古学分野でのCDへの貢献は大きい。2014年末の時点で，文化庁文化遺産局考古課に所属するエルサルバドルの考古学者8人のうち6人が学部生時代に隊員との何らかの共同作業を行い，そこで技術指導を受けている。残る2人についても，隊員のカウンターパートとして活動を共有し，成果を上げている（市川, 2015)。この国の考古学への貢献という意味でも，8人のCDは重要であったと考えられる。また，彼らのCDが，相互の学びあい，共同作業によって進められたことも，特筆に値する。市川隊員は，発掘調査実習生として受け入れた学生や，現地作業員である「彼ら／彼女らとともに共同作業をおこない，調査報告書や論文をスペイン語で執筆してきた。論文構成や調査アイディアの基本は筆者（市川隊員—筆者注）が提案してはいるが，同時にスペイン語などの校正作業などを通じて学生らに考古学研究者として成果還元や論文作成がいかに重要かを認識させることに成功したものと思われる」と総括している[(9)]。

地域住民，地域のNGO組織などのCDにも協力隊の活動は，大きくかかわっている。カサ・ブランカ遺跡公園の維持管理については，チャルチュアパ市にある由緒ある教会の保存などの活動を遺跡公園開所以前から行っていた，「サンティアゴ・アポストル教会修復・保存委員会」が地元で中心的な役割を果たしてきたが，この組織のメンバーや職員であった遺跡ガイドは，現在もカサ・ブランカ遺跡公園の職員として活躍している。このNGOとそれに所属する人々は，「協力隊員との共同活動を通じて遺跡への理解を深めるとともに，子どもや一般向けのワークショップを開くなどして文化財保護や活用に関する啓蒙活動に関する手法を学んだ」と市川隊員は書いている（市川，2015）。

より総合的に，市川隊員は，考古学分野での，エルサルバドルにおける協力隊の貢献を次のようにまとめている。「協力隊活動の最大の功績は，調査研究から遺跡の修復保存，そして社会還元にいたるまでの一連の過程を通じて現地の様々な位相の人材育成に寄与したことであると筆者は考える。これは日本の考古学が国際社会に貢献するための一つのモデルケースとして提示することが出来るだろうと思っている」（市川，2015）。

チャルチュアパ遺跡群の場合と同様の協力は，中米では，ホンジュラスのコパン遺跡，グアテマラのティカル遺跡などでも行われているが，エルサルバドルの場合について特筆すべきは，コパン，ティカルとは全く異なり，タスマル地区以外の遺跡群は，一般にはほとんど知られていなかったが，発掘，保存調査からスタートした一連の活動により，今では内外で広く知られるようになり，国外からも観光客が訪れるまでに注目度を高めるに至ったことである。カサ・ブランカ遺跡公園への訪問者は，開設以来着実に増えており，2013年，2014年で，年間2万人弱が訪れ，そのうち，外国人が約3000人に達するようになった。

## 6　3つの事例に見るCDと協力隊の役割

CDは，冒頭に述べたように，個人，組織，社会などの複数のレベルの総体として向上していく，内発的プロセスと言うことができるが，個々の具体的事例について，そのプロセスがどのように進むかを明らかにすることは必ずしも容易ではない。何のための，誰のための，どのようなコンテクストにおけるCDかを明らかにし，例えば，図4-1で示したような研究のフレームワークをもってプロセスを分析する必要がある。本章であげた3つの事例については，算数の学習を通じた教育の質の向上に向けてのCD，藍産業の再興，発展に向けたCD，考古学の発展と，遺跡の発掘・保存とそれによる観光の振興のためのCDのように，仮にとらえることができよう。

CDのプロセス全体を厳密に分析することは本章の範囲を超えているが，ここでは，そのプロセスの中で，協力隊員であるが故に寄与することができた部分に焦点を当てることとしたい。

まず，算数プロジェクトにおいては，プロジェクト実施の拠点としてのプロメタムの建物の無償資金協力による建設と教員訓練施設としてのプロメタムの制度的確立は，CD 推進の重要なドライバーであった。そして技プロによって編纂，制作された教科書，練習帳と指導要領の全国配布もそれに続き，重要なドライバーとなった。これらは，全国規模での教育の質の向上に向けたCD を大きく推進する役割を果たし，また，これらが，現場レベルの個人・組織（個々の教員，その所属する学校など）の CD を容易にするコンテクストとなった。

しかし，これだけでは，現場レベルでの CD プロセスは，十分に進まなかったであろう。それを可能にしたのは，チーム派遣による協力隊員であった。すなわち，図 4-1 の中で，課題の認識，課題に取り組んでいく意欲，コミットメントがCD の基礎と位置づけられているが，プロメタムにおける教員研修とならんで，派遣された協力隊との交流が教員の認識を高め，動機を強める上で，重要であったと考えられる。かつ，現場レベルで，協力隊員と教員との相互の学びあいや，手を携えて課題に取り組み，新たな解決方法を見出していく活動を行ったことも，CD プロセスにおいて重要であった。これによって，技プロが目指した，新たな教育方法の普及，定着が確実なものとなっていったのであり，協力隊員のこの点での貢献は非常に大きい。さらに，隊員は，派遣された学校で定着した教育方法を周辺の学校に普及していく形でのスケールアップにも貢献した。この現場での定着・普及が，グアテマラ，ホンジュラス，エルサルバドルなどの中米における算数教育全体の質の向上に向けたCD を可能にしていったと考えられる。

藍産業の場合には，技プロは行われておらず，JICA，JETRO，日本大使館などが，連携しつつ，それぞれ，藍産業の復興に向けた協力を行ったが，とくに，チャルチュアパと IICA の 2 カ所における藍工房，空港における藍民芸品販売コーナー，愛知万博における中米共同館での藍染体験コーナーの設置などが，復興に向けたCD のプロセスにとっての重要なドライバーとなった。しかし，これらを活用するための，藍染職人をはじめとする人々や，AZULES のような組織のCD のプロセスは，協力隊の活動に負うところが大きかったと考えられる。実際，藍工房での活動は，協力隊員の派遣をもってはじめて可能だったと言ってよく，かつ，そこでの，関係者との交流が，相互の学習，新たな染色法，デザインなどの普及を可能にしていった。CD プロセスの最も重要な部分にかかわったのは，協力隊であったと言うことができよう。

第 3 の事例である，エルサルバドルの考古学関係者，その組織，エルサルバドル全体での考古学の発展と，遺跡などの文化財を中心とした観光産業の発展にかかわるCDにおいても，協力隊員の貢献は顕著であった。タスマル地区を除けば，ほとんど知られていなかったチャルチュアパ遺跡群の発掘・保存から，それを中心とした文化財保存に至るまでを一貫して行ってきた，日本とエルサルバドルの様々な人と組織，とりわけ，エルサルバドル文化庁，日本の大学，協力隊員などの貢献は大きい。そのCDのプロセスの中で，京都外国語大学や，名古屋大学による調査団の活動，草の根無償などによる，博物館の設置と，屋外諸施設の整備（試掘坑と覆屋，見学路など）など，CDのドライバーが次々と，推進力を発揮したことは明らかである。

しかし，これらに，協力隊員の先に述べたような日々の活動，とくに，学びあい，課題解決の共同での取組みがなければ，真に内発的なCDプロセスは進まなかったであろうと考えられる。遺跡の調査と保存・修復，それらについての，住民の理解の向上，住民を巻き込んだ，文化財を活用しての観光の振興は，日本からの調査団の調査や施設の充実を前提としながらも，協力隊員と考古学専攻学生や作業員らとの協働，地元の人々やNGOとの協働によってはじめて可能であった。

以上，3つの事例において，CDにおける協力隊員の貢献がどのように行われたかを比較考察した。その中で，協力隊員は，CDの最も重要な部分に貢献したこと，それは，途上国の人々と日々生活をともにし，学びあい，ともに課題に取り組んでいく条件を最も備えた協力隊員だからこそ可能であったことを指摘した。

こうした協力隊の役割は，CDという文脈では必ずしもないが，協力隊に関する法律の中でも示唆されていた点であった。旧国際協力事業団法は，第1条（目的）を受ける形で，第21条において，協力隊に係る業務として「開発途上地域の住民と一体となつて当該地域の経済及び社会の発展に寄与することを目的とする海外での青年の活動…（中略）…を促進し，及び助長するため，次の業務を行うこと」と規定していた[(10)]。住民と一体となって経済社会発展に寄与する活動の中に，内発的CDに貢献する活動は，その最も重要な部分の1つとして含まれると考えられよう。

専門家を中心とする技術協力プロジェクトもCDを目指しているが，協力隊と専門家の相違として，専門家は，国際協力事業の一環としての技術協力を担っており，それは，基本的には，あらかじめ定められた予算，人員，PDM[(11)]等で詳細に定められた業務指示書に基づいて協力することを目的としている。これに対して，協力隊の活動は，そうした指示に基づく活動ではなく，ボランティアとして，自主的に自らの判断で，柔軟に協力に携わる。

もう1つの相違は，専門家は，当該協力分野で高い専門的知見と経験を有するプロであるのに対し，協力隊にあっては，専門分野にかなり優れた能力を有していても，比較的経験が浅い場合が多く，また，とくに高い専門性を有していない場合もある点である。

これに加えて，協力隊にあっては，上記の旧国際協力事業団法第21条に定められている通り，住民と一体となって活動することを前提としており，従って，日々生活をともにし，学びあい，協働で課題に取り組むという点での，CD に貢献する条件を備えている点も，大きな相違点として指摘したい。もとより，専門家にもこうしたアプローチで協力する場合もある。しかし，協力隊の場合，これがその本来のアプローチとなっている点が重要である。以上のように，協力隊は，CD を目指す協力において，専門家とは異なるいくつかの特徴を備えており，その特徴への配慮も重要であろう。

上記のうち第2点の専門性にかかわる点については，大阪大学大学院人間科学研究科の白川千尋氏が，自らの協力隊の経験をもとに，高度な専門性を要請されない職種としての「コミュニティ開発（村落開発普及員）」に着目して行った，興味深い指摘がある（白川，2014）。同氏は，専門性がないが故に，「『指導・教示する』のではなく，『ともに学び考える』，『相手から学ぶこと・相手の話を聞く（聴く）こと』による相手側のエンパワーメントへ」と進んだことを強調している。そして，これは川喜田二郎氏の次のような考え方と通ずるものであることを指摘している。「（プロジェクトが）成功した要因を2つに絞るなら，隊員が皆素人であったことと，村人の主体性の2点を特に強調したい。…（中略）…建設期間中に問題点が起こると，村人と一緒になって相談しなくてはならず，そのため村人の知識や技術を十分に取り入れることが出来たのだ。…（中略）…このことは村人に自信をつけさせた。また，既成概念に捉われずに，計画を進めることが出来，村人の意見にも謙虚に耳を傾けることができた」（川喜田，1974，197-198頁）。

内発的 CD を目指す協力にあっては，上記のような，協力隊ならではの強みを発揮できることにも留意すべきであろう。

## 7　協力隊ならではのCDへの貢献：結語に代えて

以上，3つの事例を中心に，CDを目指す協力における協力隊の貢献の大きさ，協力隊ならではの貢献のメリットなどについて考察した。まず，これら事例は，必ずしも，中米，とくにエルサルバドルに限られる事例ではなく，普遍性の極めて高い事例であることを指摘したい。中米算数教育におけるような協力隊の貢献は，教育，保健をはじめとする社会開発における多くの諸国の事例で，よく知られている。藍染を中心とする藍産業振興のような，地元のリソースを基にした産業の発展にかかわる協力隊の貢献も広く知られている。協力隊による途上国ビジネスへの貢献，企業のCSR（社会的責任）活動への貢献等の多数の事例が，2014年に刊行された『途上国ビジネスとJICAボランティア：BOPビジネスを中心とした開発課題解決への貢献事例集』としてまとめられ，紹介されている（国際協力機構・青年海外協力隊事務局，2014)。考古学調査と，保存，観光振興への活用の分野での協力隊の活動については，1980年代からのホンジュラスにおける長期的かつ多数の隊員派遣事業をはじめ，中米の複数の国で行われてきており，また，トルコ，カンボジアなど世界の多くの国で，同様の経験が見られる。

第2に指摘したいのは，協力隊の持つ多くのメリットに加え，協力隊が，本章で考察したような貢献を行うことができたいくつかの重要な要因があったことである。その1つは，協力隊員の活動と日本の各組織が行う様々な協力との緊密な連携である。本章の3つの事例では，JICAの技術協力との連携（算数），草の根無償などによる施設整備との連携（藍産業），大学の調査団等との連携（考古学）などが功を奏した。2つ目は，協力隊員派遣の一定の継続性の維持である。現地の関係者との人的ネットワークは一朝一夕に築くことはできない。ともに学び，課題に取り組むためには，コミュニケーション，信頼関係の構築が重要であり，継続性が維持されないと折角の隊員の蓄積が生かされず失われることとなる。算数プロジェクトは，チーム派遣であったこともあり，とくに継続性が確保されたと言えよう。考古学の活動についても概ね継続的な派遣が行われた。3つ目に，これと関連するが，派遣終了後の様々な形でのフォローアップも重要であろう。藍染の地曳隊員の場合は，2回目の派遣が行われている。隊員が帰国後，自主的に現地との連絡を取り続けているケースも多い。

## コラム3

### エルサルバドル考古学における学術的貢献

本コラムでは，エルサルバドルにおける協力隊の考古学調査について，実際に調査に関わった隊員の一人として，その学術的意義について述べておきたい。

まず，チャルチュアパ遺跡ラ・クチージャ地区調査（2005～2006年）は過去の発掘調査とは調査手法が異なる点で特徴的であった。なぜなら中米の考古学がピラミッドなどの建造物群の調査に偏向し，2m×2mの小さな調査区を複数設ける調査が一般的であるのに対し，ラ・クチージャ地区の調査は建造物群が伴わない「更地」の広域な平面発掘であったからである。土地開発に伴う緊急調査ではあったが，45基の墓が発見された。通説では先スペイン期の死者はピラミッドや住居下に埋葬されると考えられていたが，上記の事例は先スペイン期に「埋葬地」が存在したことを示す貴重な考古資料である。

つづいて，排水路整備に伴うチャルチュアパ遺跡カサ・ブランカ地区5号建造物前調査（2006年）は，古代マヤ文明の特徴的な文化要素の1つである「石碑祭壇複合」の原位置での発見につながった（写真）。石碑も祭壇石も素面であるがゆえに，一見すると何の価値もないように見えるが，世界的に有名なティカルやコパンといった諸都市が栄えた「古典期（紀元後3～10世紀）」と呼ばれる時期よりも古い時期に相当することが重要である。チャルチュアパはこれまでもマヤ文明の起源や盛衰を理解する上で学史上重要な遺跡と位置づけられてきたが，石碑祭壇石複合の発見はその重要性をより決定的なものにしたと言える。

カサ・ブランカ遺跡公園内5号建造物前出土の石碑祭壇複合（2006年筆者撮影）

最後にエルサルバドルの東部，レンパ川下流域に位置するヌエバ・エスペランサ遺跡の調査（2007年）についてである。この調査では，完新世（約1万年前から現在まで）最大規模と評される，紀元後5～6世紀に起きたイロパンゴ火山の噴火年代や影響を理解する手がかりを獲得したこと，古代の塩生産に関する具体的な考古資料を提示し，生業研究の進展に寄与したことに学術的意義が認められる。

以上の調査に参加したエルサルバドルの大学生は調査資料を基に卒業論文を完成させ，文化庁に職を得るなど現在も考古学に関わっている。また筆者自身は，彼らの卒業論文指導や若手考古学者らとの議論を通じて研究者としての素地が鍛えられたように思う。また，当時の協力隊員の中には，同国の考古学に引き続き関わっている者もいる。

さらに，現在，当時の協力隊員のカウンターパートやプロジェクト参加者が考古学を媒介とした地域開発に活発に取り組んでいる。例えば，世界遺産ホヤ・デ・セレン遺跡では，ユネスコからの助成を受け，観光や地域産業の活性化のための研修やイベントが開催され成功を収めている。同様にユネスコの支援を受けて，上述のヌエバ・エスペランサ遺跡において，考古学だけではなく，地域の有形・無形の伝統文化の保存活動とその活用に関する研修が現在実施されている。いずれの事例も協力隊がその端緒となり，エルサルバドル政府，大学，企業，地域住民へとその波及効果が見られる注目すべき事例である。

このように協力隊派遣事業を通じてエルサルバドルと日本の双方に次世代の考古学を担う人材が育成されたことも学術的貢献の1つであることを最後に強調しておきたい。（市川　彰）

最後に，協力隊のCDを目指した技術協力の様々な貢献を，より広範囲に，かつ長期にわたり研究し，今後の協力隊の活動に生かしていくことも重要であろう。本章は，ごく一部の事例に関する試論にすぎないが，こうした研究が，さらに深まることを期待したい。

## 注

(1)　CDの重要性に関しては，援助効果に関するハイレベル会合（2005年）において採択されたパリ宣言によって国際的に注目され，続いて2008年のアクラ行動計画（AAA）によって，それはさらに強いものとなり，2010年のミレニアム開発目標に関する国連首脳会合でも，CDの重要性に繰り返し言及されている。主要援助国と国際機関におけるCDに関する考え方や取組み，CDに関するこれまでの研究のレビューについては，国際協力機構・国際協力総合研修所，2006およびHosono et al., 2011を参照。

(2)　国連等も同様の定義を用いている。OECD／DAC, 2006および，Hosono et al., 2011参照。

(3)　触媒としての観点から援助を論じた最近の研究に，Kharas et al., 2011がある。同研究では，援助は，触媒の役割（catalytic role）を果たす，開発のための多くの手段の1つに過ぎないとしている。

(4)　本章で取り上げる事例は，筆者が2003年から07年のエルサルバドル滞在中に活動の現場を訪問したり，協力隊員に活動状況などについてインタビューを行う機会のあった事例が中心となっている。算数指導力向上プロジェクト（プロメタムプロジェクト）訪問と西方憲広専門家をはじめとする方々へのインタビュー，チャルチュアパのとくにカサ・ブランカ遺跡への訪問と，考古学者柴田潮音氏，多くの考古学隊員へのインタビュー，同遺跡の藍工房，米州農業協力機構（IICA）の藍工房，国立農業学校（ENA）等への訪問と，そこでの協力隊員へのインタビューなどは，本章執筆に際して非常に参考となった。市川彰氏からはチャルチュアパ遺跡における協力隊の活動に関する多くの情報と資料の提供をいただいた。また，2015年1月から2月にかけて行った中米諸国の包摂的発展に関する調査の機会に，あらためて，関係者の一部にインタビューする機会があり，最近の状況についての情報を得ることができた。河隅さつき氏が2013年にまとめられた「算数大好き！広域プロジェクトとりまとめ資料」も参照させていただいた。また，協力隊員から提出された報告書も貴重な資料として参考にさせていただいた。記して感謝したい。なお，エルサルバドルは，中南米で最初の青年海外協力隊受入国であり，同国は1968年に，派遣取決め締約国となった。内戦によって一時中断されたが，和平協定の翌年，1993年に再開された（望月，2010）。

(5)　この図は，Hosono et al., 2011に依拠して作成したが，非常に単純化して図示したものである。詳細はこの依拠した論文を参照されたい。

(6)　授業研究における協力隊員の役割については，本書第6章が詳しく分析している。

(7)　中米諸国の観光に詳しいメルセデス・メナ氏（エルサルバドル経済社会開発財団）へのインタビューによる（2015年1月）。

(8)　この3期にわけての協力隊員の活動のまとめは，市川（2015）に依拠している。また，この間13人の隊員が派遣されたが，その全ての活動を紹介するスペースがないため，ここでは，その一部の隊員の活動について，例示として言及するにとどまっている。

(9)　市川隊員の当時の成果は，後に，現文化庁長官ラモン・リバス氏の目にとまり，2011年に文化庁出版局から著書として出版された（Ichikawa, 2011）。

(10)　2008年の独立行政法人国際協力機構の発足に際して，国際協力機構法が定められたが，この法律でも，第15条等に，この考え方が継承されている。

(11)　プロジェクト・デザイン・マトリックスの略で，標準的なプロジェクト運営管理手法として，広く用いられている。

**引用参考文献**


市川彰，2015，「メソアメリカ考古学と日本人研究者――エルサルバドルを中心に」『MUC京都外大国際文化資料館紀要』11号。

川喜田二郎，1974，『海外協力の哲学――ヒマラヤでの実践から』中公新書。

国際協力機構・国際協力総合研修所，2006，『キャパシティ・ディベロップメント（CD）――CDとは何か，JICAでCDをどう捉え，JICA事業の改善にどう生かすか』。

国際協力機構・青年海外協力隊事務局，2014，『途上国ビジネスとJICAボランティア――BOPビジネスを中心とした開発課題解決への貢献事例集』。

国際協力機構，2015，『算数で考える力を育む』Mundi（2015年1月）。

柴田潮音，2010，「チャルチュアパ遺跡群――日本の考古学調査と国際協力」細野昭雄・田中高編『エルサルバドルを知るための55章』明石書店。
白川千尋，2014，「ボランティアとしての青年海外協力隊」第4回青年海外協力隊（JOCV）研究セミナー「開発協力と青年育成のあいだ」発表資料（2014年12月13日，JICA 関西，神戸）。
高野剛，2014，「日本の得意分野を生かした教育支援——中米の算数プロジェクトを振り返る」『国際協力60周年インタビュー』国際協力機構ホームページ。（http://www.jica.go.jp/topics/news/2014/20141128_01.html　2014年11月28日アクセス）
橋本強司，2008，『開発調査というしかけ——途上国と開発コンサルタント』創成社。
平尾行隆，2010，「甦ったマヤのブルー——火山灰の中から発見された藍の沈殿槽」細野昭雄・田中高編『エルサルバドルを知るための55章』明石書店。
細野昭雄，2010，「日本エルサルバドル修好70周年——さらに進む関係緊密化」細野昭雄・田中高編『エルサルバドルを知るための55章』明石書店。
西方憲広，2017，『中米の子どもたちに算数・数学の学力向上を——教科書開発を通じた国際協力30年の軌跡』佐伯印刷。
望月久，2010，「青年海外協力隊——中南米で最初の受入国」細野昭雄・田中高編『エルサルバドルを知るための55章』明石書店。
Hosono, A., Honda, S., Sato, M., Ono, M., 2011, "Inside the Black Box of Capacity Development," Kharas, H., Makino, K., Woojin, J. eds., *Catalyzing Development: A New Vision for Aid*, Brookings Institution.
Ichikawa, A., 2011, *Estudios Arqueológicos en Nueva Esperanza, Bajo Lempa, Usulután*, Dirección de Publicación e Imprenta de la Secretaría de Cultura (El Salvador).
Kharas, H., Makino, K., Woojin Jung, eds., 2011, *Catalyzing Development: A New Vision for Aid*, Brookings Institution.
OECD/DAC, 2006, *The Challenge of Capacity Development: Working toward Good Practice*, OECD/DAC.

# 第5章

# 「心」にはたらきかけた隊員たち

——バングラデシュの予防接種，ホンジュラスのシャーガス病対策から考える——

上田直子

## 1 隊員は何を変えたか

青年海外協力隊の事業発足から半世紀，これまでJICAから96の途上国に約5万人のボランティア[(1)]が派遣されてきた。彼らは日々悩み，そして日々新たに発見し，一人ひとりはささやかな力ながら，各々が関わった途上国の人々に何かを伝え，何かを変えようと力を集めてきた。彼らボランティアは，途上国の人々のためにどのように動いてきたのだろうか。

本章では，青年海外協力隊員（以下「隊員」）によるバングラデシュ人民共和国の「拡大予防接種計画」支援（とくにポリオ対策）および中米ホンジュラス共和国の寄生虫感染症「シャーガス病対策プロジェクト」で取り組まれた感染媒介虫対策において，隊員が何を変えてきたのかという点について考える。そして，彼らの活動の過程において，現地の人々の「信頼」「規範」「応答性」そして「感情(sentiment. 以下「センチメント[(2)]」)」の変容や構築が進められたこと，いわば人々の「心」にはたらきかけたことが援助の成果を高めたと論じる。

以下，第2節では分析枠組みとしてソーシャル・キャピタルとセンチメントについて検討する。第3節で考察するバングラデシュ予防接種の例では，隊員が示した勤勉性，正確性等の活動姿勢によってもたらされた信頼と規範に焦点を当て，第4節のシャーガス病対策プロジェクトにおいては応答性をもたらしたセンチメントに着目する。

## 2 ソーシャル・キャピタルとセンチメント

本章の考察には社会学のソーシャル・キャピタル（社会関係資本，以下「SC」）の概念が有効である。SCの概念は幅広く，社会学の領域でもその性質や機能によって様々な定義があるが，ここではパットナムとコールマンの定義に従い，「人々の協調行動によって社会の効率を高める働きをする社会制度」であり，「個人が協調行動に参加するための社会構造と，その基盤となる個人の規範」といった，個人や集団の行動を規定する諸要因で，ある結果をもたらす資本であると定義したい（パットナム，2001；Coleman, 1990；Coleman, 1988；コールマン，2004）[(3)]。

コールマンによれば，SC という資本である社会構造と個人の規範による協調行為は，その行為を行う個人に利己的な成果をもたらすことになる。そして，その個人にとっての利己的な動機は全体として循環し調整されることによって社会全体として利他的行為の蓄積となるというのが，オストロムが示す「制度的調整あるいは社会的調整（institutional arrangements）」である（Ostrom, 1987）。

SC は，人々の相互の関係性の中にあらわれる構造的（制度的）SC と，個々の人々の内面，心情や意識に関わる認知的 SC の２種に大きく分類され，この２種は相互補完関係にあると考えられている。本章で注目する信頼，規範および応答性は人々の「心」の内にたちあらわれる認知的 SC に該当するが，応答性は構造的 SC にも一部重なっている。

ここで，認知的 SC の要素について検討しておこう。まず，信頼と規範である。

規範は「社会や集団において成員の社会的行為に一定の拘束を加えて規整する規則一般」と定義できる（濱嶋ほか，2008，108頁）。また，ガンベッタは，信頼を「ある行為者（もしくはその集合体）が行うであろうと想定される，固有の行動の特定の水準」と定義した（Gambetta, 2010, p. 277）。またオストロムは信頼性を「物質的インセンティブがない場合でも実現する協調行動と軌を１つにする志向」と考え，信頼性は，特定のコミュニティのみが協調行動に成功することの，独立した，かつ確固たる根拠であると主張した（Ostrom, 2010, p. xvi）。

認知的 SC は人々の「心」の中に生成するものであり，多くの場合，この SC に恵まれている人は，さらにそれを多く蓄積するようになる。SC の創造と破壊は，好循環（使うとさらに創造される）と悪循環（信頼がない状態においては自分は常に相手を裏切る。相手も同様に自分を常に裏切ると想定するためその破壊傾向は更に続く）によって特徴づけられる。そして信頼は規範等のほかの認知的 SC の循環の素地ともなりうる。例えば一般的互酬性[(4)]という規範には，社会的交換の緊密なネットワークの存在が関係しており，人を信頼した場合に，信頼した相手から弱みにつけ込まれるのではなく，返礼としてその相手から信頼を返される状況が生まれやすくなる。このように信頼はSCの本質的な要素の1つであり，互酬性の規範と市民的積極参加のネットワークという相互に関連する2領域のSCの源泉ともなるのである。

次に応答性を取り上げよう。本章での「応答」の定義は，「入力や要求を受けとったアクターが，公平に責任（responsibility）をもってその入力に応答し，出力を生み出すこと」とする。この定義は，政治学者であるダールの「(民主主義の特性とは）市民の要求に対し，政府が政治的に公平に，つねに責任を持って応えること」（ダール，1981，6頁）といった説明やパットナム（パットナム，2001，11頁）の議論を背景としている。本章ではこの「応答」が行政から住民への一方通行ではなく，住民と行政双方が互いに応答しあうこと，さらにそれが一度だけでなく持続的であることがSC形成の基盤となったと考える。

それでは，応答性の持続はどのようにして可能になるのだろうか。本章では，応答を継続させようという住民の側の内発的動機を重視し，その要素としてセンチメントに注目した。1970年代半ばに社会生活における感情の役割を知る必要性が叫ばれ「感情社会学」が登場したが，その先駆者のひとりであるホックシールドによれば，感情は社会的に構築され表現されるものであり，そこには性差や階層差等により様々な個性があって，一定の状況において，特定の感情が期待される方向，程度，持続性を示す「感情規則」に基づいて表出される。そしてそれは社会状況と自分の感情を合致させるために機能する。個人の感情と社会状況の関係性において発動されるこの「感情規則」は，マナー，エチケットや作法に類するものから，広くとらえればその社会での宗教的規範やイデオロギー，様々な社会の様相，価値観や特性等もそこには含められよう（ホックシールド，2000)。この「感情規則」の概念には本章で検討していくSCの諸要素と重なるところがあり「隊員はSCにはたらきかけた」という本章の主張に立てば，隊員が同様にこうした「感情規則，あるいはセンチメントをもたらす社会的装置」に何らかの作用をもたらすことで，行政に対して応答しようとする動機が住民個人の「心」の内に生じ，それが持続することで応答性が成立していくと考えることができるだろう。

## 3 バングラデシュの予防接種事業：信頼と規範

### （1） 予防接種事業の展開と協力隊

WHO は，1974年の世界保健総会において，ワクチン接種により予防可能な6疾患（ジフテリア，百日咳，破傷風，ポリオ，麻疹，結核）対策として「拡大予防接種計画（Expanded Program on Immunization：EPI）」の実施を決定し，1977年よりこれを世界各地で開始した。同計画は，1990年までに世界の全ての子どもにこれら6疾病のワクチンを届けることを目的とし，ワクチン供給・接種の実施体制や運搬網の整備，予防接種技術支援，啓発活動等を展開した。この予防接種事業が開始された背景には，1980年の天然痘撲滅の成功を基盤として，ワクチン予防可能疾患対策に取り組むことへの国際的な合意があった[(5)]。その後1988年の世界保健総会において，2000年を目標とした全世界からのポリオフリー（ポリオの根絶）が決議され，とくにポリオ対策を喫緊の課題とした国際的努力が進められたのだった。

WHO の支援をうけたバングラデシュ政府は予防接種事業を1979年に首都ダッカで開始し，1985年頃には全土へ拡大した。しかし接種所は県・郡病院等に限られており，同年時点での接種カバー率は約2％程度であった[(6)]。同国は当初，ポリオフリーに向け，WHO の戦略に沿い，①定期予防接種率の向上（1歳未満児に対する通常の接種），②全国一斉ポリオ・キャンペーンの実施（流行地域での全ての5歳未満児に対する接種），③モップアップ・キャンペーン（感染が発生した特定地域での一斉接種），④ポリオが疑われる急性弛緩性麻痺児の発見，その監視網の整備や維持（サーベイランス）を推進した[(7)]。

1985年以前，同国では毎年約1万1500人の子どもがポリオによる麻痺症状を示していたと考えられ，1995年から2013年までの間に21回の全国キャンペーン，3回のモップアップ・キャンペーンが実施された。接種率が向上するにつれ患者は減少し，1997年の第3回全国キャンペーン時には234人に減っていたと考えられている[(8)]。その後いったん2000年から2005年までの間に同国で新規ポリオ患者は発見されず，結果的に一時的ではあったがポリオフリーを達成したため全国キャンペーンは実施されなかったが，2006年に隣国インド，2007年にはミャンマーからのポリオ株の流入を許したため，2007年以降は全国キャンペーンが再開された。

その後，同国で新規患者発生は観察されず，2014年３月にWHOは同国を含むWHO南東アジア地域[9]全体のポリオフリーを宣言した。

協力隊は1970年代にエチオピアでの天然痘撲滅事業に参加しており，地方部での予防接種の拡大と質の向上支援，住民啓発等の領域で経験の蓄積があった[10]。それを背景に，ポリオフリーに向けた世界各地の動きに呼応して，JICAはアフリカではケニアとニジェール，アジアにおいてはバングラデシュの３カ国を選定して隊員を派遣した。バングラデシュでは1999年から2015年までに「ポリオ対策」という職種名で長・短期合計で65人の隊員が派遣されている（職種名はその後「感染症対策」「感染症・エイズ対策」に変更された）。国内でのポリオ発生がコントロールされた後も隊員が継続して派遣された理由は，国外からのポリオ流入対策（主として国境近辺を移動する非定住民への接種拡大）がポリオフリーの鍵であったため，WHO東南アジア地域全体でのポリオフリー達成までが派遣継続の目途と想定されたことによる[11]。

### （2）　隊員は何をしたのか

1999年の派遣開始当初，隊員は主に病院を拠点に，ポリオ患者を発見するための急性弛緩性麻痺児のサーベイランスに携わっていた。彼らはダッカの保健家族福祉省ポリオ・EPI対策本部に配属され，地方に出張して患者周辺の接種率を調査しつつ現場の支援を行っていたが，後にWHOが現場配属医師を増員したため徐々に活動の拠点を首都から東部地域に移していった。東部チッタゴン管区を中心に当初は１県２名，2000年代以降は１県１名体制で，保健家族福祉省配下の各県保健局に配属され，とくに定期予防接種と全国キャンペーンの支援を行った。隊員の活動の具体的な目標は以下のとおりである。

①県保健局の全国一斉キャンペーン実施チームの一員として，キャンペーンを支援し予防接種所や戸別訪問での接種率の向上を図る，②定期予防接種における接種率を向上させる，③予防接種にかかる現場ワーカーの業務を改善する，④WHO等との協働で予防接種率調査・急性弛緩性麻痺児調査を支援する，⑤住民に対して予防接種を啓発する等であった。

ほとんどの隊員が医療面の専門知識を有していなかったが，彼らは予防接種の実施部隊である県保健局に配属され，現場の予防接種ワーカーおよびその監督者のためのインスペクターとして清潔で正確な接種活動の指導を行ったほか，住民啓発の目的ではワーカーとともに未接種地域・対象者を求めて実地を歩き，Mapping[12]やChild to Child Search手法[13]を用いて確実な接種拡大を進めた。隊員は常にワーカーと同じ立場で接種対象の住民に接し，着任最初は拙くとも徐々に上達したベンガル語でコミュニケーションをとっていった[14]。

上記①～⑤の目標に沿い隊員活動を説明すると以下のとおりである。

①については，国をあげてのキャンペーン実施に向け，ワーカーへのオリエンテーション，広報会議を行い，また接種所ごとに作成する個別事業計画等の準備を支援するとともに，キャンペーン当日は監督者に同行して接種所を巡回指導した。キャンペーン終了後は隊員としての意見を評価会合等で発表し，関係者と問題点や改善策を共有し，とくにアクセス困難な地域や対策の遅れている地域において現実的な計画策定とその実施を支援した。

②および③においては，全国一斉キャンペーン以外の日常業務の精度向上を目標に，課題の多い接種所を中心に各郡を監督者と巡回して接種率やワーカーの仕事に対する意欲や態度を把握するとともに，監督者やワーカーに対して指導を行った。その他，予防接種を受けに来た人々への直接の対応や，活動状況が芳しくない地域を含めた継続的な現場訪問によりワーカーの意欲を高め，住民，とくに母親の予防接種への意識向上にも貢献した。また隊員が，監督者やワーカーの見逃しがちな細かい点まで気を配り，問題点を見つけて報告したことでワーカーの意識が高まり，より注意深く準備，実施，報告を行うようになった。医療廃棄物専用ゴミ箱がない接種所でのゴミ箱設置の促進，開栓済ワクチンの取扱指導等がその好例である。隊員は，現場で発見した問題点を配属先の上司と話し合い，その結果を報告書にとりまとめて保健家族福祉省へ提出したが，それら問題点のうち同省がとくに重視した点に関しては，同省から各県・郡に注意喚起がなされた。

④については，隊員は，サーベイランス網の充実を図るために，地域の村医者やリーダー，伝統的祈祷師・助産師，NGOスタッフ，教員や生徒等様々なアクターに対して説明会を展開した。協同組合の組合員やユニオン（バングラデシュ最小の行政区単位）の評議会メンバー，宗教指導者等，対象を拡大して多くの住民を巻き込んだ活動も行った。幼稚園では保護者を対象に急性弛緩性麻痺児の発見指導を行い，隊員がプロジェクターを使用しながら写真や図を多用して要点を簡潔にわかりやすくかつ効率よく説明したことや，外国人である隊員がベンガル語で説明したことも聴衆の関心を引いたと思われ，全体的に出席者の態度はよく，

多くの聴衆が真剣に聞き積極的な協力を約束してくれたとの記録がある。

⑤予防接種の啓発は，医療知識の少ない隊員たちにとってとくに活躍の場だった。隊員は，サーベイランス強化時と同様に，地域のリーダー，さらに接種所に来る母親たちに直接訴えかける等，社会の各階層への働きかけを展開した。その際にもベンガル語を用いて聴衆を飽きさせない工夫をこらし，絵を用いて予防接種の重要性について説明して非識字者が多い母親たちの理解を進めた。

### （3）　隊員は何を変えたのか：信頼と規範

バングラデシュでは，ポリオ予防接種率が1995年から2011年の間に69％から96％に拡大した[(15)]。量的にはこの接種率拡大が，質的には確実なサーベイランスと正確な予防接種の徹底が2014年のポリオフリーをもたらし，同国の予防接種事業は大きな成果を収めた。これは事業の当事者であるバングラデシュ政府の努力が第一であり，同時にWHO，UNICEF等の国際組織による技術的，物質的，社会的支援によるところも大きいが，とくに地方部においては，その地の人々と同じ言語を用いて現場で協働した隊員の役割は大きかった。

隊員は，本節（2）で見たような活動を通じて，バングラデシュの人々の何を変えてきたのだろうか。ネットワークの構築，規範の提示，意欲の向上，信頼の醸成といったSCの変化の観点から以下，順に見ていこう。

①ネットワークの構築

まずあげられることは，隊員が，ワーカーが直面する問題を彼らと話し合い，それを配属先の上司にフィードバックし，改善を促して両者をつないだことである。現場のワーカーにしてみれば，上司でもなく，WHOが現場に派遣した医師のように技術的優位にある指導者でもなく，利害関係もない若い外国人である隊員は，ともに現場を歩き仕事の悩みを共有する存在であった。隊員は，その特異な立場を活かし，行政の内部においてその上下のネットワーク，つまり現場・監督者・中央の保健省ラインのネットワークを構築したのだった。それまで中央の保健省から県保健局の監督者への，また監督者から現場ワーカーへの指示や連絡は基本的にはトップダウンの一方的な流れであり，現場からのフィードバックや改善提案が中央に届けられる機会は少なかった。

②ワーカーへの規範の提示（正確性，勤勉と誠実性，礼儀正しさ）

全国一斉ポリオ・キャンペーンは，実施時期の検討にはじまり，対象児童数の算定や必要ワクチン量の確保，配布と接種所の準備，ワーカーや地元ボランティアたちの動員と訓練，事前情報の提供と広報，ワクチン以外に必要な資器材（記録関係，ワクチン輸送用に温度管理が可能な冷却設備網，廃棄物処理用品等）の整備等，数カ月間に及ぶ入念な準備が求められる。全土レベルから地域の各接種所レベルまでを対象とする詳細な事業計画の立案を含め，どの1つが欠けてもキャンペーンは成立しない。隊員は，予防接種全国一斉キャンペーンを正確，確実に実施するという，行政サービスの基本ではあるが途上国にとっては困難が多い事業の実現を支援した。定期接種支援においても同様で，接種児ごとに記録を作成し，保護者に説明し，数回の接種の時間間隔を理解させて次の接種に導いた。

与えられたタスクを正確に行うこと，確実な予算・時間管理を実施すること，中長期的な計画策定とその実施評価を怠らないこと，そしてワーカーあるいは住民との接触を丁寧，誠実，正確に行うこと，これらの行政能力の基本事項が，予防接種業務における規範として隊員によって提示されたのである。以下にバングラデシュ側の証言をあげる。

「隊員は必要な場所で自発的に動いた。彼らはオールラウンドプレーヤーで，熱心に礼儀正しく意欲的に取り組んだ。我々が学んだのは隊員の姿勢と時間管理。彼らはインスペクターであったのみならず，自らワクチンを運び活動も担った。隊員は時間に正確で，ワーカーより先に到着していることもあった。

隊員は，ワーカーの接種の方法が間違えていることに気づいたとき，その場で強く注意せず，穏やかに後に他のワーカーにやってみさせて，どこが違うかを気づかせた。中央や我々県保健局の人間が監督する時にはその場でワーカーを強く叱咤していたが，それはワーカーにとって不面目であるのみならず，自分の子どもが誤った方法で接種をされたと知った母親たちが不安になることもあり，よくない。そのことを隊員の態度から学んだ。」（チッタゴン県保健局前 EPI Super Intendant，マレク氏）

「隊員は，接種を断られてもまた家庭を訪問し，忍耐強く何度も説得を続けた。接種をためらう母親を見つけると，台所にまで入っていって説明した。丁寧に説明し，礼儀正しく意見交換をした。ワクチンは女性と子どものものなので，とくに女性隊員はアクセスがしやすかった。」（チッタゴン県保健局現 EPI Super Intendant，デワン氏）

これらの証言では，接種の質と量の拡大に向け，行政として日々やるべき業務を正確に行うという業務姿勢をワーカー，監督者に見せ，自分たちのように動くことの効果を実感させたという点が語られている。業務を正確に行うということとは，正確な接種手技，清潔の維持，未接種児の発見と確実な接種，そのための時間管理と対人姿勢（丁寧に礼儀正しく，しかし粘り強く接する態度），従来の方法の改善工夫（啓発ポスターへのベンガル暦の記入，業務チェックリストの作成と普及等）を含んでいる。以下は，ポリオと並んで行われていた麻疹の接種キャンペーンに参加した隊員の発言である。

「麻疹キャンペーン後のフォローで未接種児を一人ひとり根気よくさがし続けていたら，背後でワーカーたちが『日本人はこういう風に働くのね』と話しあっていた。」（2013～2015年派遣，ロッキプール県保健局配属 綾里佳隊員）

③ワーカーの意欲と活動への動機の向上

外国人である隊員が一緒にいるということは，監督者，ワーカーへの圧力となり，同時に彼らの意欲や動機が向上する契機ともなった。近隣に住まいベンガル語で話す隊員は，他の援助国・機関からの支援者とは異なり，オブザーバ的な客人，外国人でありながらワーカーにとっては同時に横につながる親しい同僚，身内であり，時には本音を語り，時には励ましあいつつ活動を進める存在であった。また，WHO派遣医師にも他の援助国・機関にも，隊員のように接種所に日常的に頻繁に足を運ぶ外部者はいなかった。ワーカーは従来，給与や手当の頻繁な遅配や接種現場へのアクセス手段の不備のため勤労意欲の維持が容易ではなかったが，隊員が日常的に予防接種の現場を訪れるようになり，それは徐々にかわっていった。実際，アクセス困難な地域で，隊員が同行するようになってから接種率が向上したケースが多々ある（JICAバングラデシュ事務所，2007）。バングラデシュ側の証言を以下に続ける。

「隊員は悪天候，悪条件でも，アクセスの悪い現場にも躊躇せずに進んだ。この姿勢はワーカーたちのやる気を高めた。中州地域に行くとき隊員は，県保健局幹部を連れて行くことを強く主張し，上層部の人間の現場視察を実現した。彼らはリストをもとに県内全ての接種所を訪れ，我々をおおいに勇気づけた。」（ロッキプール県 EPI Super Intendant ロビウル氏）

このように，協力隊員の存在が現場に与える影響を「外国人効果」と表現する

**写真 5-1** 接種所への道のり

2014年12月 バングラデシュ東部ロッキプール県メグナ河中州地域で予防接種を届けるワーカーたちの姿。隊員は，このような風景をいつも見ていた。
（出所） ©Rika AYA

ことがある。バングラデシュでは，外国人である隊員の視線や存在，同伴と協働の姿勢自体が，ワーカーの活動意欲向上に刺激となり影響を与えたと考えられる。

因みに，「外国人効果」は別の面でも生じた。隊員は，どこの途上国の地方部でも現地語を話す若い外国人としてある程度は注目を浴びるものだが，とくにバングラデシュではその傾向が顕著であった。こうした目立つ存在であることもまた，感染症対策において住民の啓発に大きな効果を与えたのである（この「外国人効果」を活かして，取り残された人々への接近を試みた活動の実例として，**コラム4**「ベデを追って」を参照されたい）。

④地域住民の予防接種受容と動機向上：信頼の醸成

一般的に，バングラデシュの住民が予防接種を忌避する理由としては，保健施設へのアクセスの悪さ，ワーカーから住民への働きかけの少なさ，接種対象児の母親の教育水準と世帯所得水準の低さやメディアからの情報不足，因習等があげられる（Bhuiya, Bhuiya, and Chowdhury, 1995）。アクセス困難な一部地域を除けば基本的には人口稠密なバングラデシュにおいては，住民の至近に接種所を設け，接種日が近づけば広報車で，あるいはワーカーが徒歩で事前案内を行い無料での接種を勧めることから，主な阻害要因は情報不足と因習（迷信，不安）であるとも考えられる。

また，同国保健家族福祉省は，国内の予防接種拡大の阻害要因として以下の2つのパターンを分析している（Directorate General of Health Services, 2014, p. xx）。第1に，人々が予防接種を受容しないことであり，第2に，予防接種を継続しない（複数回の接種が必要だが2度目以降の接種を受けない）ことである。いずれのパターンも，その理由は，迷信，副作用への恐怖，子どもが嫌がる，子どもの体調不良，親が忙しい，接種所が遠くて行けない，予防接種について知らない等があげられている。アッラーの神を信じていれば病気に罹らないと信じる人々もいた（コラム4参照）。

これに対して，とくに迷信と副作用への恐怖に対しては隊員とワーカーによる説明と説得，啓発と広報，戸別訪問による確認が奏功したと考えられ，その背景には上記②の隊員が示した行動の規範が，ワーカーの行動の改善に繋がったことを指摘できよう。

しかし，より重要なのは信頼の醸成である。ストリーフランドらは，信頼とは「ある人物あるいはシステムが，所与の事象およびその結末に対して如何に対応するかについての確信であり，その確信は他者の誠実さ，愛情，あるいは抽象的原理（技術的知識）の正当性に関する信仰」であると定義した上で，予防接種の受容においては人々の信頼が重要であると論じた。そして彼らは，バングラデシュ，インドでの調査の結果，人々が免疫学やワクチン製造等の技術的知識を信じて接種を受けても，副作用や望ましくない反応が出た場合，その技術ではなくそれを提供した医療人材の方を信頼しなくなると論じ，医薬品や技術同様，あるいはそれ以上に，それを運び届ける保健ワーカーへの信頼（この文脈においては彼らの誠実さや正確性）が大切であることを強調している（Streefland, Chowdhury, and Ramos-Jimenez, 1999, pp. 1713-1714）。

ストリーフランドらの見方に沿って言えば，バングラデシュの現場で隊員が示した姿勢，つまり彼らの礼儀正しさと粘り強さ，正確性は，住民の隊員に対する信頼を生み出した。そして，彼らが同行する保健ワーカーもまた，上記②の規範の効果により，隊員に準じる粘り強さや正確性を発揮するようになった結果，住民からの信頼を獲得したと考えられる。隊員とワーカーが得た住民からの信頼がワクチンの受容につながったのである。具体的には，隊員は，村落巡回や戸別の住民啓発に淡々と寄り添う「伴走（stewardship）」の姿勢をとり，それにより住民の不信，不安の解消と予防接種の受容につなげた。つまり隊員たちは，予防接

**コラム4**

ベデを追って

腕にも EPI！
©Ken YOSHIMURA

第5章で紹介したバングラデシュでの拡大予防接種計画（EPI）では，移動民や国境の飛び地など行政の手が届きにくい人々にサービスを届けることも重要であった。その中で，接種率の低い，ベンガル語でベデと呼ばれる非定住民族を対象に予防接種の普及を試みた協力隊員たちがいた。

村上洋子隊員（2002〜2004年，保健家族福祉省配属）は，ベデの間で予防接種の受容が難しい理由を探るため，彼らの生活を調査して回った。その結果，母親たちが予防接種の意味を理解できていないこと，外部者のアプローチが難しい共同体であること，日中の不在などの問題が浮き彫りとなった。こうして村上隊員は，忘れられた人々であるベデに対して行政の目を向けさせるよう尽力した。

彼女の約10年後にベデを追った吉村憲隊員（2012〜2014年，チャンドプール県保健局配属）は，報告書に次のように記している。

「共に活動する病院のスタッフは（ベデが）他所者であるが故か，彼らに対する意識は低いように思われ，予防接種の啓発活動も十分に行われていないのが現状である。また彼ら（ベデ）はアッラー（イスラム教における唯一神）を信じ予防接種のことを信じていない。アッラーに祈れば病気には罹らないと思っているのである。…（中略）…

私が予防接種に関する啓発活動を行っても信じてもらえないこともある。もう来るなと言われることもあった。しかし何だかんだでこの外国人が珍しくベデも集まってくるので話は少なくとも聞いてはもらえる。話を聞いてもらったと思ったら他の地域に移ってしまうこともよくあることではあるが……。」

吉村隊員は，Tシャツや自分の腕に「予防接種」とベンガル語でペイントし，マラソンに出場したりテレビ番組に出演したりして，物珍しさに近づいてくる人々に接種の必要性を説明した。しかし，ベデは母子共に日中は自宅テントを空けるため，彼らに接近するのは簡単ではなかった。「蛇つかい」とも呼ばれるベデは，蛇の見せ物や占い，呪術で生計を立てており，日中は街なかに出かけているからである。そこで吉村隊員は，彼らを夜や休日に訪問し，警戒心を解くためにお茶や食事をともにし，子どもたちと歌い踊り遊び，次いで父親たちと語り合う関係を構築し，徐々に予防接種について説明していった。ベデは非識字者であることが多いため，イラストだけの啓発教材を用いたり，紙芝居風に語りかけたりすることにより関心をひいた。また，唯一確実なベデの移動先（彼らが蛇を捕りに行く遠隔地）まで訪ねて行ったこともあった。
　行政側は当初，吉村隊員の活動に無関心で，「ベデは本来，全国キャンペーンでカバーされているはずだから追わなくてよい」とさえ言っていた。しかし，そうとは考えられずにベデの元へ通い出した吉村隊員の説得で，行政職員は時間外労働となるベデ訪問の同行に重い腰を上げた。「隊員が言うから仕方ない」という外国人効果がここにもあった。
　こうした努力にもかかわらず，頻繁に移動するベデが接種を受けたことは確認できなかった。しかし，あるベデの父親が別のベデの父親に予防接種の意味を説明するのを目撃した機会もあり，なんらかの意識変容をもたらしたと吉村隊員は考えている。（上田直子）

種を嫌がる，拒絶する，届かない，というネガティブな状況を改善し，予防接種サービスの受容に向けた住民からの信頼とワーカー間の規範を醸成したのであった。

## 4　シャーガス病対策：応答性

　バングラデシュでの予防接種ワーカーの規範の変化と住民の彼らに対する信頼による予防接種の受容は，住民にとっては受動的，あるいは行政や隊員から住民への一方的な動きの成果と考えられるが，本節では，さらに進んだ行政と住民の間の双方向ベクトルの変化によりもたらされる「応答性（responsiveness）」について，これをSCの一形態とする立場から考察する[16]。

### （1）　シャーガス病と住民参加型サシガメ監視体制

　シャーガス病とは，中南米の寄生虫症であり，WHOが規定する「顧みられない熱帯病」の1つである。病原虫（*Trypanosoma cruzi*）を運ぶ感染媒介虫の「サシガメ」が貧困層の住居に生息し，感染者が地方部貧困層に集中することから，「貧困の病」とも呼ばれる社会的要素の濃い疾病である。感染急性期の治療薬はあるが，急性期での感染者の発見は難しく，また成人への治療効果は極めて低い。多くの感染者は無自覚のうちに慢性化し，数年から数十年かけて心臓，食道，結腸等の神経組織に病原虫が侵入し，それら臓器を肥大させ，慢性感染者の約4割弱が心疾患，消化器系，神経系あるいはそれら混合疾患を発病し急死すると言われている。感染は個人のみならず社会経済的にも負担が大きく，さらなる貧困の原因ともなる。

最新の推定感染者数は約574万人でそのほとんどが中南米地域に住み，感染リスクにさらされている人口（主にサシガメが生息しやすい家屋に住む貧困層）は同地域の約7020万人とされる（WHO, 2015）。新規感染の約８割がサシガメ媒介だが，輸血，母子感染，臓器移植等によっても感染し，最近は人々の移動により北米や欧州諸国，日本，豪等でも感染者が増加しつつあり世界的な感染拡大が懸念されている。中米では WHO の支援も得て1990年代後半から国を超えた取組みが進められており，JICA は2000年以来グァテマラを皮切りにホンジュラス，エルサルバドル，ニカラグア等で技術協力プロジェクトおよび隊員派遣によるシャーガス病対策支援を進め，同地域にはこれまで約90人のシャーガス病対策隊員（職種名は「感染症・エイズ対策」）を派遣してきた[(17)]。本節では，中米各国でのプロジェクトのうち，規模，介入スケールが大きかったことからとくにホンジュラスの事例を取り上げる。

JICA の中米シャーガス病対策の中心はサシガメ防除による新規感染予防である[(18)]。そこでは，サシガメ攻撃段階（サシガメの家屋内生息率の減少を目的とする殺虫剤散布[(19)]）と，それに続くサシガメ再発生監視段階（サシガメが家屋内で減少した状態を維持するための昆虫学的・疫学的側面での再発生監視）の２段階の対策を行うことが重要であり，隊員のはたらきかけもこの領域が主であった。

とくに後者の段階では住民の協力が重要であり「住民参加型サシガメ監視体制」と呼びうるものであった。すなわち，住民が家屋内でサシガメを探し，発見したサシガメの個体を行政に届けるという活動を，住民から選出される無償の保健ワーカーである「住民保健ボランティア」が中心となって根づかせていったのである。住民によるサシガメの発見と行政への届出に対し，行政は基準に沿って殺虫剤散布の指示等の対応を行うが，後述するように，この仕組みは住民と行政間の応答性によって可能となったと考えられる。これらの対策の結果，ホンジュラスにおいては2010年に WHO が外来種サシガメによる新規感染の中断を認定するに至った。

### （2） 隊員は何をしたのか

ホンジュラスにおいて，住民参加型サシガメ監視体制の確立に向け JICA が行

**写真 5-2**　この虫，なーに？

2006年ホンジュラス西部インティブカ県の小学校での学校保健の情景。この写真はホンジュラスの記念切手になった。
（出所）©JICA

ったのは，中央・県・市の保健行政能力・技術力の強化であり，隊員が主に担ったのは，サシガメを発見し行政に届ける活動の中核となる住民保健ボランティアへの働きかけであった。JICA 派遣専門家が行政関係者への座学での研修，殺虫剤散布関係の技術研修を主に担った一方で，隊員は対象県の保健局担当官と活動をともにして OJT 形式での能力構築をはかった。

隊員について，「いつも一緒にいてくれた」「何度も一緒に歩いた」「一緒に汗をかいた」と語るホンジュラス側関係者は多い[20]。山中の道なき道を，サシガメが生息する遠隔集落まで県保健局のスタッフとともに歩んだ隊員の活動を評価する声は WHO や南米の関係者からも多く寄せられている。他の援助国・機関にはない継続的な同行・同伴・寄り添いの姿勢が，日本とホンジュラスの間のチームワーク醸成に大きく貢献し，効果発現に寄与した。日本からの派遣者が現地の担当者の代替となって対策活動を担うのではなく，あるいは中央省庁のオフィスに座したまま机上で政策支援や戦略策定のみに関わるのでもなく，いかなる僻地であってもホンジュラス人同僚による現地での活動に寄り添い，ともに考える形の活動の進め方であった。

そして隊員は，バングラデシュ予防接種隊員と同じく，住民と同じ言葉，文脈での語りかけに徹した。住民保健ボランティアに対して保健行政担当者が活動の説明を行う際にはそれを補助する視覚教材を作成し，行政から住民への語りかけを助けた。また，小学校の教室で学校保健アプローチ（子どもを中心とした健康教育や衛生指導）の一環として，紙芝居や人形劇，塗り絵等，子どもたちの関心をひく様々な手法で啓発活動を行い，彼らがサシガメ探しに力を発揮するきっかけを作った（**写真5-2**）。

### （3） 隊員は何を変えたのか：応答性

①応答性によるサシガメ監視対策確立

応答性の根幹は，住民が発見したサシガメの個体を行政に届け出て，受け取った行政がそれに対応するという交換のサイクルを継続していくことにある。直接，あるいは住民保健ボランティアを介して住民から届けられた個体や報告を保健所・センター等の保健行政施設が受け取り，住民に対して殺虫指示や感染者ケア等の応答を行うのである。

この応答性が成立するように，隊員は，保健行政の担当者と住民保健ボランティアとの集会の機会を活用し，ボランティアに対して「サシガメを探すこと」，次いで「サシガメの棲みにくい家づくり」のために自宅の整理整頓や村落の環境整備，とりわけ「家でサシガメを見つけたら届けること」を徹底させた。そして日常的に住民がサシガメを届けやすい仕組みをつくったり（夜間や休日も届けられる「サシガメ箱」の設置等），様々な啓発用品を用いてわかりやすい表現で住民の価値観に沿った語りかけを行う一方，実際にサシガメを届けた住民保健ボランティアに対しては，行政からも周囲からも謝意や敬意を示すことを促進した。これにより住民と行政との間で積極的な応答が交換され，そのサイクルが繰り返されることにより，住民を主体としたサシガメ再発生監視体制が確立されていったのである。

シャーガス隊員の活動の以前にも，同国において住民保健ボランティアは地域での母子保健活動等を行っていた。しかしそれは行政の一方的な指示に従っての下請け的な作業に終始しており，住民側からの自発性や積極性，行政に向けてのはたらきかけの機会はなかった。しかし，夜行性のサシガメは住民の家屋内で感染症を媒介するため，サシガメ対策には住民の主体的参加が本来的にも必須であったことから，住民を主役とした対策活動に行政が遅滞なく応えるという体制構築が求められていた。その両者の接触面で隊員が機能したのであった。

②内発的動機をもたらすもの：住民保健ボランティアのセンチメント

応答性構築の鍵となる持続性の実現には，住民，行政の双方に応答を継続させようという内発的動機を生み出すことが重要である。その動機には様々な要素が想像できるが，ここでは住民保健ボランティアたちがそれに参加し続けたいという意欲の背景にある，喜び，満足，自信等のセンチメントに注目してみよう。以下はホンジュラスでの筆者の聴き取りからの考察である。

第1に「喜びと嬉しさ」である。住民保健ボランティアたちの口からは，他者への奉仕の喜び，ボランティア研修で新たな知識を得ること，学ぶことによるエンパワーメントの喜び，わが子や村の子どもたちの顔色がよくなり元気になっていくのを見守る喜び，新しい人や組織とのつながりやネットワークに参加する喜び等が語られた。

「ボランティアをすることにより新しい知識を学び，コミュニティの役に立つのが嬉しい。」（パウラ，49歳主婦，コマヤグア県エル・ロサリオ在住）

「ボランティアで得たものは，自分たちと子どもの健康に関する正しい知識とコミュニティの役に立つことの満足感だ。…（中略）…ボランティアをすることにより仕事時間が減るわけだが，コミュニティの役に立つことのほうが自分にとっては重要だ。天国の神様が自分を認めてくださるようにボランティアを続ける。サシガメが減り，コミュニティの子どもが元気になってきたことを見るのが一番大切な経験だ。」（アニバル，31歳男性，農業，インティブカ県ドローレス在住）

第2に「満足と達成感」があげられる。これには，まず，行政とのコンタクトや応答過程に参加することにより得られる達成感やコミュニティからの承認，支持と謝意のような外部との関係性における満足や達成感があり，次にサシガメ対策への参加自体がもたらす個人的内面の満足，達成感を指摘できる。

前者は主として，行政からの反応への満足（サシガメ届出に応じた行政からの反応により自分の行動が重要であったことの確認と達成感），行政や周囲の住民から謝意や敬意が表されることへの満足，これまで縁が遠かった保健施設が自分を認識し尊重してくれる喜びである。後者は，蚊等の害虫と異なりサシガメは努力次第で減らすことができるということに基づく達成感や，自分の努力で住環境を快適なものにしていける喜びと満足，自分達の健康に直結する切実な仕事に携わっているという達成感と，自分が発見した感染者を治療にまわすことができる満足感である。神に与えられた使命を果たしているという責任感，充足感と達成感も語られた。

「サシガメを見つけたら保健所に届けている。そうすると保健所から殺虫剤噴霧指示や啓発等の反応がかえってくることに満足している。次も届けようという気持ちになる。」（エスメラルダ，45歳主婦，コマヤグア県エル・ロサリオ在住）

そして第3に「自信と名誉」である。住民保健ボランティアは，他人が自分の言葉に耳を傾けるようになり，自分も人前で話ができるようになった，他人が自分を信頼し，自分は頼りにされ，尊敬される名誉のある自立した存在になったという変化について語ってくれた。この場合の自信は，エンパワーメントの文脈において，新たな能力を自分がコントロールしている，あるいは自分が持っていた潜在的能力に気づくという自己統制感に通じるものである。

「（サシガメ対策の）講話の時に，皆が自分の話を黙ってきいていてくれる時，自分が尊敬されていると感じることができる。これはボランティア以外では味わえない実感です。」（マルガリータ，44歳主婦，コマヤグア県エル・ロデオ在住）

③応答性がもたらすもの：協調行動をもたらすSC

サシガメ対策にかかわる人々のセンチメントは，対策実践に向けた内発的動機の持続につながり，サシガメをめぐる行政と住民の間の応答性をもたらした。そして応答性というSC確立の過程には，第2節で示した，コールマン，パットナムらが唱えるSC（個人が協調行動に参加するための社会構造やネットワーク，バングラデシュの事例で観察した信頼や規範，一般的互酬性），シナジーの考え方や制度的（あるいは社会的）調整などSCの多様な側面を見出すことができよう。

とくに，コールマンの主張したSCである，協調行為をもたらす社会構造の考え方では，SCは義務と期待，社会規範（効果的規範と制裁），情報チャンネルの三形態で論じられており，とくに前二者は社会構造の閉鎖性[21]により促進されると考えられていた。本事例において，無償奉仕により住民保健ボランティアと行政との間に義務と期待（例：サシガメを届けられたら行政は対応せねばならない／対応してもらえるだろう）や新たな社会規範が生じることは想像に難くない。またパットナムの論じた一般的互酬性の考え方においては，自己の直接的・短期的利益を期待しない行為を自発的に行う社会は誠実性と社会的信頼に富むとされ，社会全体に利他的行為の集合がもたらされる。住民保健ボランティアは，自らの時間を費やすサシガメ対策の無償奉仕により，自身がすぐに得る利はないものの，集落全体の環境改善や新たな社会参加への機会など，まわりまわってその報酬が形をかえていつか自分に還ってくるという一般的互酬性を生み出しているのである。

応答性の確立は様々なSCの側面を顕在化させる。また同時に応答性の確立は，その制度化とさらなる強化への原動力を醸成すると考えられるのではないだろうか。

## 5　人々の「心」にはたらきかける

バングラデシュの予防接種とホンジュラスのシャーガス病対策，これらにおける協力隊活動の共通点は，第1に，いずれも感染症対策として地域住民との個々の接点が最重要であった点，第2に，辺境を含む地方部でのミクロな対策の徹底とサービスの拡大が着実な成果をもたらすという点であり，第3に，末端の地域保健行政が担うのは基本的に正確さと確実性が最優先される定型的業務であるがゆえに，その誠実な実施と持続が最も求められていた点であった。また，国境を越える予防可能な感染症に悩む複数の国で，WHOが各国同時進行の対策に向けて政策的な支援を進め援助国・機関の関与を招いた事業であった点でもこの二事業は共通しており，いずれにおいても地理的，社会的に取り残されがちな人々へのアクセスが課題であった。

以上を背景に，この2つの領域の隊員はともに，末端保健行政の日常の仕事の精度を改善し，行政と住民の感染症対策への取組みの意欲を高めて両者をつなげ，住民啓発により地域での活動の改善という成果を上げげた。辺境に自ら進んで入り込み，外国人であることの利点を活用して行政での活動モニタリングや住民への語りかけを行ったことで，シャーガス隊員も予防接種隊員も行政の人々と住民の間にSCの構築を促した。かくてバングラデシュでは規範の提示と信頼の醸成が住民の予防接種の受容と拡大につながり，ホンジュラスにおいては感染症対策を担う個々人のセンチメントの変化が効果的な対策の継続をもたらしたと言えよう。

バングラデシュでの2014年のポリオフリー宣言，またホンジュラスにおいても2010年にWHOにより外来種サシガメによる新規感染の中断が認定されたことは，隊員が一翼を担った感染症対策が大きな成果を上げたことの証左である。

2016年8月に青年海外協力隊はアジアのノーベル賞と呼ばれるマグサイサイ賞を受賞したが，その受賞理由の1つとしてマグサイサイ賞財団は，バングラデシュ感染症対策隊員たちによる同国のポリオ根絶とフィラリア対策への貢献を例示している[22]。

他方，隊員の活動に課題があったことも述べねばなるまい。若い外国人であることはメリットであると同時に制約要因でもあり，文化・言語面の制約，社会経験の少なさによる未熟さ，そして多くの隊員が保健医療の専門知識を有していないことによる技術的制約が見られた。さらに2年間の任期ごとに隊員が交替していくことが成果拡大を妨げることになった面もある。これらは，この2つの事業のみではなく青年海外協力隊事業全体の課題である[23]。

最後に，援助にかかわる「心」について議論をまとめておきたい。本章で取り上げた2つの事業で隊員たちは，援助を受け取る途上国の人々に対して，援助成果をもたらす認知的SC（信頼や規範）を提示し，また人々のSCを変容させた。本章では，バングラデシュ予防接種隊員での信頼と規範の事例を考察し，次いでシャーガス病対策を通じて，喜び，満足，自信等のセンチメントに動機づけられた人々の間の応答性に注目した。いずれも隊員は人々の「心」にはたらきかけたのである。シャーガス病対策においてはこれらの過程を経て持続的な住民参加型サシガメ監視体制が確立し，今後，人々がシャーガス病の脅威から解放されていくことが期待できる。バングラデシュにおいても，ポリオフリーの後，隊員が示した規範と信頼性の醸成により予防接種事業の着実な継続が確実となることで，ポリオに次ぎ麻疹等の他の感染症対策への貢献のみならず，保健システム全般の向上，更に今日の国際協力でうたわれているUniversal Health Coverage達成への努力が進展することが期待できる。

以上をふまえ，援助成果の向上とSCの観点から，これまであまり考察されてこなかった援助の現場での個人のセンチメント，および各人の行動を規定する信頼と規範に注目することを提案したい。受入国の人々の「心」にはたらきかけることでSCが変容し，援助の効果は上がるのである。それを最初から意図していたわけではないが，隊員の活動は人々の「心」のうちにあらわれるSCに訴えか

▶▶ コラム5 ◀◀

**天然痘撲滅計画と協力隊**

筆者は1972年に日本青年海外協力隊に参加した。職種は「天然痘監視員」で，エチオピアへの協力隊派遣第１陣の一員であった。「天然痘監視員」という派遣職種は，今はない。天然痘という伝染病を人類の手で根絶することに成功したからである。

有史以来長い間人類を苦しめてきた天然痘であるが，1950年代末に，フリーズ・ドライド・ワクチンの開発という画期的な技術革新のお蔭で，コールドチェーン（冷凍・冷蔵技術や輸送技術の発達を背景とした低温流通システム）のない途上国農村部でも種痘活動が可能となったことを背景に，世界保健機関（WHO）が全世界からこの病気を撲滅させるという一大計画に乗り出すこととなった。

この計画は，10年がかりで，中南米やアジアの多くの国々で天然痘ウイルスをコントロール下に置くことに成功し，60年代後半から70年代にはいよいよアフリカが主戦場となった。天然痘患者の発生地域の周辺住民に対する選択的重点種痘方式による封じ込め作戦は，アフリカにおいても順調に効果をあげてきたものの，最終ステージのアフリカの角と言われるアフリカ大陸北東部（エチオピア，ソマリア等）に至って，大きな困難に直面する。最後まで流行地として残った世界の最貧国の１つ，エチオピアのアビシニア高原地域は，タナ湖に発する青ナイル等の河川によって縦横に深い渓谷が刻まれており，極めて貧弱な道路交通網しかなく，奥地に散在する高地民族の村々へのアクセスは困難を極めていた。また低地の砂漠地帯においても移動する遊牧民の患者の把握が難しいという事情があった。

当時 WHO 本部で天然痘撲滅計画（SEP）の本部長だった蟻田功博士は，この困難なエチオピアでのオペレーションに日本の協力を求めることとし，エチオピア政府を通して，疫学の専門家とともに，その当時既にアフリカの５カ国に派遣実績のあった協力隊員の派遣を，日本政府に求めた。当時協力隊事務局でこの件を担当していた元ユネスコの美術教育専門家の室靖氏が，国際機関との連携協力というこの計画を積極的に推進した結果，天然痘患者を探索する監視員としてのボランティア８人，監視員の活動をサポートする車両整備士４人と無線技師２人の計14人からなるチームが派遣されることとなった。

天然痘監視員に求められた任務は，担当地域を巡回して，役所，市場や教会など人の集まるところを巡回し，天然痘患者の情報を集め，患者を探し，発見すればその周辺住民に種痘をして感染を予防する。さらにその患者の感染源をたどり，新たな患者を発見すれば感染予防の種痘によりバリアーを作る。こうしていったん患者を発見すると，直ちに感染源を逆にたどる探索活動がスタートするのである。

監視員は種痘をするが，医学的な経歴を要求されるわけではない。種痘については研修を受講する。通常アルバイトの高校生を通訳兼助手に雇い，二人一組で４輪駆動車で行けるところまで行って，道路がなくなれば，それ以降は徒歩でリュックや寝袋・簡易テントにワクチンを携えての行方定めぬ野宿の旅となる。隊員選考で重視されたのは登山やフィールドワークの経験と頑強な体力だったと後で聞いた。

大体1カ月の内3週間程度はフィールド・トリップである。エチオピアの山中には，もちろんホテルや食堂といったものはない。村人の住居の片隅に泊めてもらったり，持参の簡易テントでの野宿の旅である。一定期間こうした担当地域内での監視活動を継続して，地図上に患者の発生状況をマークし，時間の経過に伴う変化を追うことによって，当該地域内の発生状況を把握し，必要なところに人員を集中させ，流行を封じ込めてゆくのである。

エチオピアでの天然痘撲滅計画には，日本の協力隊のほか，米国平和部隊（ピースコー），オーストリアのボランティアも参加した。1974年には大旱魃を契機に，エチオピアに政変が起こり，ハイレ・セラシエ皇帝の帝政が崩壊し軍事革命政権が樹立されるという混乱があったが，1974年に派遣された第2陣の4人の天然痘監視員の活躍もあって，天然痘撲滅計画は順調に成果をあげ，エチオピアにおける天然痘の流行は終焉した。1977年にソマリアで報告された患者の発生を最後に天然痘の発生は報告されていない。WHO は3年間の経過期間を置いて，1980年5月8日に根絶宣言を行った。

天然痘撲滅計画への協力隊員派遣は，国際機関との連携，特定の高度な技術を持たない隊員派遣など新しい要素を持った新規事業であった。

その後のポリオ，マラリア，シャーガス病（第5章参照），HIV エイズなどの感染症対策への隊員派遣に，必ずしも医学・保健系のバックグラウンドを持たない社会科学系の隊員にも門戸を開く契機となったとも言える。

また，村落開発普及員（現在のコミュニティ開発）のようなジェネラリストの派遣を可能とする職種の採択にも，天然痘監視員の派遣が一定程度の影響を与えたと言えるかもしれない。

筆者自身のエチオピアでの隊員時代は，旅から旅の生活で，遊牧民のような日々の暮らしではあったが，今振り返ってみて，毎日が新たな出会いと発見に満ち，生きることと考えることが同義の，いかに刺激的な時間であったかとつくづく思う。

体力的には大変厳しく，2年間で約15キロ体重が減ったり，帰国後10メートルを超える長さのサナダムシが出てきたりといったこともあったが，エチオピアの人々から多くのことを学び，エチオピアを鏡に日本について深く考える機会を与えてくれた青年海外協力隊という事業への感謝の気持ちを忘れたことはない。創設50周年を迎えたこの事業が，今後とも新しい時代にふさわしい形に進化しつつも，世界の中の日本を考え，行動する青年たちが参加を目指す魅力的な事業であり続けることを期待している。

（金子洋三）

け，それを変えていった。

援助提供者と援助受入者の峻別，前者から後者への資源の移転といった二者間の簡単な図式で援助を語ることが難しくなりつつある今日，援助の現場において人々の「心」の動きを汲みあげ，向き合うことは価値のある営為と言えよう。そして，その心情の循環がもたらす共愉（convivialité）こそが，「誰一人取り残さない（no one will be left behind）[24]」で人々の持続的な福利を追求する，全ての者たちが目指すべき新たな地平なのではないだろうか。

**注**

(1) 2017年9月末現在の累積派遣数は，青年海外協力隊，シニア海外ボランティア，日系社会青年ボランティア，日系社会シニア・ボランティアの4種で5万1328人。

(2) 「感情」は，根源的な身体的感覚をあらわす“emotion”と，より理性的で社会関係においてもたらされる“sentiment”に分類される。本章では，援助という社会変化の現場での「感情」に注目することから，後者を用いる。

(3) 1980年代，SC論の先駆者である仏のブルデューは，SCを，人々を裂く資本としてとらえた（ブルデュー，1990；ブルデュー，1997）。これに対し，合理的選択論者としても知られる米のコールマンは，SCはブルデューの概念とは大きく異なる機能を持つと考えた。すなわちSCを「社会構造内にいる個人にある種の行動を促す生産的な資本で，それなしでは達成し得ないような目的の達成を可能とする」ものと定義したのである（コールマン，2004，475頁）。

(4) 互酬性は「均衡のとれた（特定的）互酬性」と「一般化された（一般的）互酬性」に分けられ，後者はある時点では一方的であったり均衡を欠いたりすることがあるとしても，今与えられた便益は将来には返礼される必要があるという，相互期待を伴う交換の持続的関係を指す。

(5) 自然感染での天然痘最後の患者が発見されたのは1977年だった。

(6) http://www.searo.who.int/entity/immunization/data/bangladesh_epi_factsheet_2011.pdf（2017年10月28日アクセス）Figure 1: National immunization coverage, 1980-2011.

(7) 現在，同国ではワクチン予防可能疾患対策として，破傷風，ジフテリア，百日咳，B型肝炎，ヘモフィルスインフルエンザB型（以上5種混合ワクチン），小児結核（BCG），ポリオ，麻疹，風疹の9疾病予防のために乳幼児へのワクチン接種を，また新生児破傷風予防として18～49歳の妊娠可能年齢の女性へのワクチン接種を行っている。

(8) http://www.cdc.gov/mmwr/preview/mmwrhtml/00050881.htm#00001630.gif（2017年10月28日アクセス）Table 2. Number and rate of reported poliomyelitis and acute flaccid paralysis（AFP）cases and stool specimen results, by year — Bangladesh, 1992-1997.

(9) WHOは世界を6地域に分けており，2000年にはWHO西太平洋地域（日本，中国等37カ国・地域が含まれる）でのポリオフリーが宣言された。バングラデシュ，インド，ミャンマー等はWHO東南アジア地域に属する。

(10) 天然痘撲滅計画と協力隊については，**コラム5**を参照。

(11) 日本政府はバングラデシュに対して，協力隊派遣以外にも，1996年に実施された第2回全国キャンペーンから2003年の第11回全国キャンペーンまで総額43億6400万円となるポリオ・ワクチンを供与している。また1996年，1997年には冷凍庫，冷蔵庫，ワクチン輸送用冷却設備の供与を行う等，これらの支援はポリオフリーの実現を物質面から支えた。

(12) 隊員は東南部ノアカリ県の一部において，実験的に全国キャンペーン後の全戸訪問調査を行うことに重点を絞り，そのための訓練をワーカーに対して行った。その目的は確実な全戸訪問とその訪問の確実な監督であり，それに向けて監督者とワーカーが各担当地域の地図を作成し，担当地域の境界線および各自の仕事が行われる範囲（サブ・ブロック）の境界線，その境に居住する住民の氏名をともに記入し，さらにサブ・ブロックごとの家屋数を記入する方法を採った。それがMappingである。その後，第7回全国キャンペーンからこのMappingと訓練方法が全国で採用された。

(13) 全国キャンペーン翌日からワーカーが各戸個別訪問により接種確認を徹底し，未接種の場合はその場で接種する手法。House to House手法とも呼ばれる。

(14) 隊員は現地語での活動が前提とされており，出発前に日本国内の訓練施設で70日間合宿での集中語学訓練，任地到着後に約1カ月の現地語学訓練の後，ホームステイを経て配属先に赴く。

(15) 出所は注(6)と同じ。

(16) 本節は，上田，2013aと上田，2013bそれぞれの一部，および上田，2015，Ueda, 2016を改訂したものである。

(17) プロジェクトの詳細は，上田（2013a；2013b）を参照。

(18) 輸血媒介対策としては血液スクリーニング等の整備も進められた。

(19) サシガメが棲息しにくい住居素材改善（壁の穴を漆喰で塞ぐ等）の手段も有効である。

(20) 橋本は，中米シャーガス病でのJICA支援の基本姿勢を「同伴（acompañamiento）」と説明している（橋本，2013，179頁）。

(21) ここでの“閉鎖性”は，サシガメが棲息する中南米先住民族集落の特性のひとつと考えられる“閉鎖的共同体”に存することが想定される（上田，2015，78頁）。

(22) マグサイサイ賞財団ウェブサイト。（http://rmaward.asia/awardees/japan-overseas-cooperation-volunteers/　2017年10月28日アクセス）

(23) これらの若者を受け入れた途上国の同僚，隣人，そしてコミュニティの人々の支援も高く評価されるべきである。マグサイサイ賞授賞式において隊員代表として受賞した田中里奈（2012～2014年，バングラデシュ・ロングプール県においてフィラリア対策に従事）は以下のように述べている。

「本当に（マグサイサイ賞の）受賞に値するのは，私たちではなく，私たちとともに，真剣に自らの村の貧困と対峙して，自らの苦境を顧みず，ひたすら私たち隊員とともに心血を注いだバングラデシュの人たちなのではないでしょうか。私たち隊員が活動することができたのは，任国，任地の地域の人々が私たちを認めてくださり，私たちを支えてくれていたからでした。文化，宗教，価値観，全てが違う環境の中で，彼らが私を，赤ちゃんを育てるかのように大切に育ててくれました。見守ってくれました。だからこそ，私は安心して活動に打ち込むことができました。彼らが私の居場所を与えてくれたからです。直接，活動に関わってくれた現地の人々だけではなく，地域のみなさんに育てていただいたことに感謝しています。」

田中の言葉は以下でも報道されている。(http://globalnation.inquirer.net/143737/japan-volunteer-keeps-coming-back　2017年10月28日アクセス)

(24)「持続可能な開発のための2030アジェンダ」国連総会 A/70/L.1（2015年９月18日）前文第２パラグラフより。(http://www.mofa.go.jp/mofaj/files/000101401.pdf　2017年10月28日アクセス)

**引用参考文献**

上田直子，2013a，「援助とソーシャル・キャピタル：中米シャーガス病対策からの考察」東京大学大学院総合文化研究科国際社会科学専攻博士論文。(http://repository.dl.itc.u-tokyo.ac.jp/dspace/handle/2261/55419　2015年４月10日アクセス)

――――，2013b，「援助とソーシャル・キャピタル：中米シャーガス病対策からの考察」『横浜国際経済学』21(3)。

――――，2015，「心とソーシャル・キャピタル――中米シャーガス病対策からの考察」関根久雄編『実践と感情――開発人類学の新展開』春風社。

久木田純，1996，「開発援助と心理学」佐藤寛編『援助研究入門――援助現象への学際的アプローチ』アジア経済研究所。

コールマン，J.／久慈利武訳，2004，『社会理論の基礎』上巻，青木書店。

コールマン，J.／金光淳訳，2006，「人的資本の形成における社会関係資本」野沢慎司編『リーディングス ネットワーク論――家族・コミュニティ・社会関係資本』勁草書房。

坂田正三，2002，「ソーシャル・キャピタルとは何か」国際協力事業団編『ソーシャル・キャピタルと国際協力―持続する成果を目指して――総論編』国際協力事業団。

佐藤寛，2001，『援助と社会関係資本――ソーシャル・キャピタル論の可能性』アジア経済研究所。

JICA バングラデシュ事務所，2007，「青年海外協力隊感染症対策（ポリオ／EPI）隊員活動評価報告書」９月，執務参考資料。

スミス，アダム／水田洋訳，2003，『道徳感情論（上・下）』岩波書店。

ダール，ロバート／高畠通敏訳，1981，『ポリアーキー』三一書房。

橋本謙，2013，『中米の知られざる風土病「シャーガス病」克服への道――貧困の村を襲う昆虫サシガメの駆除に挑んだ国際プロジェクト』ダイヤモンド・ビッグ社。

パットナム，ロバート／河田潤一訳，2001，『哲学する民主主義――伝統と改革の市民的構造』NTT 出版。

濱嶋朗ほか編，2008，『社会学小辞典 新版増補版』有斐閣。

船津衛編，2006，『感情社会学の展開』北樹出版。

ブルデュー，ピエール／石井洋二郎訳，1990，『ディスタンクシオン Ⅰ・Ⅱ.』藤原書店。
――――，1997，『遺産相続者たち――学生と文化』藤原書店。
ホックシールド，アーリー／石川准ほか訳，2000，『管理される心――感情が商品になるとき』世界思想社。
モース，マルセル／有地亨訳，2008，『贈与論』勁草書房。
Bhuiya, A., Bhuiya, I., Chowdhury, M., 1995, "Factors affecting acceptance of immunization among children in rural Bangladesh," *Health Policy Plan*, 10(3), pp. 304-311.
Coleman, J., 1988, "Social capital in the creation of human capital," *American Journal of Sociology*, Vol. 94, Supplement pp. 95-120.
―――, 1990, *Foundation of Social Theory*, Cambridge: Harvard University Press.
Directorate General of Health Services, Ministry of Health and Family Welfare, 2014, "Bangladesh EPI Coverage Evaluation Survey 2013," EPI.
Evans, P., 1996, "Government Action, Social Capital and Development: Reviewing the Evidence on Synergy," in Evans, P., ed., *State-Society Synergy: Government and Social Capital in Development*, University of California-Berkeley, pp. 178-189.
Gambetta, D., 2010, "Can we trust trust?" Ostrom, E., Ahn, T. K., in *Foundations of Social Capital*, Edward Elgar Publishing Ltd., Paperback edition.
Hashimoto, K., Yoshioka, K., 2012, "Review: Surveillance of Chagas Disease," *Advances in Parasitology*, 79, pp. 375-428.
Hotez, P., Dumonteil, E., Woc-Colburn, L., Serpa, J. A., Bezek, S., Edwards, M. S., ... Bottazzi, M. E., 2012, Chagas disease: "The new HIV/AIDS of the Americas." *PLoS Neglected Tropical Diseases*, 6(5), e1498.
Ostrom, E., 1987, "Institutional Arrangement for Resolving the Commons Dilemma: Some Contending Approaches," Bonnie, J., M., Acheson, J. M., eds., *The Question of the Commons: The Culture and Ecology of Communal Resources*, University of Arizona Press.
―――, 1990, *Governing the Commons: The Evolution of Institutions for Collective Action*, Cambridge University Press.
―――, 2010, ""Introduction" in Foundations of Social Capital,"Ostrom, E., Ahn, T. K., eds., *Foundations of Social Capital*, Edward Elgar Publishing Ltd., Paperback edition.
Streefland, P., Chowdhury, A. M. R., Ramos-Jimenez, P., 1999, "Patterns of vaccination acceptance," *Social Science and Medicine*, 49(12), pp. 1705-1716.
Ueda, N., 2016, "Sentiment and social capital in aid project: Chagas disease control in Honduras," *Community Development*, Vol. 48, pp. 19-29.
WHO, 2015, "Chagas disease in Latin America: an epidemiological update based on 2010 estimates, *Trypanosoma cruzi* infection, transmission and disease," *Weekly epidemiological record*, No. 6, 90, pp. 33-44.（http://www.who.int/wer/2015/wer9006.pdf?ua=1　2015年4月10日アクセス）

# 第6章
# 青年海外協力隊隊員の役割と可能性
## ――バングラデシュ国初等教育分野における活動事例――

馬場卓也・下田旭美

## 1　国際教育協力の課題

1989年ベルリンの壁崩壊後，世界的な協働として1990年にはタイ・ジョムティエンで各国の関係者が集まり「万人のための教育」の実現に向けた共同声明を表した。そして，世界中の人々の注目が不就学児の問題に向けられた。2000年に再度，関係者が集まりこの課題に取り組む意思を再確認し，さらに国連開発目標の中に盛り込まれることで，多くの資金・資源がこの問題の解決に充当され，改善の進捗を管理する制度も作られた。結果として，2000年代には多くの改善が見られた。

他方で，未だ残された課題も多い。「ラスト10%」と表現される，障害を抱えた子ども，少数民族や貧困家庭の子どもなど，就学に問題を抱える子どもも未だ存在する。また，集中的な取組みの間比較的手薄であった中等教育，高等教育，技術教育などの必要性も訴えられている。そして何よりも，折角通うようになった小学校で，子どもが何を学んでいるのか，その質的な改善は最大の課題である。

これらの課題に対して，日本政府は国際協力機構（以下，JICA）の技術協力プロジェクトや青年海外協力隊員（以下，協力隊員）の派遣を通じて，国際教育協力に積極的に取り組んできた。とりわけ協力隊員は現地の教員と協働して活動を行い，教育の質的向上に貢献してきたが，その役割はこれまで充分に分析，評価されてこなかった。

日本における海外ボランティア活動の歴史は古い。青年海外協力隊は米国の平和部隊に倣って，1965年に開始された。この活動は，日本の青年育成と国際協力活動の融合である。時に専門性の低さのゆえに批判されることもあるが，他方で現地コミュニティの目線に立った活動は，相手国の真なるニーズをとらえ，内発的発展を考える上での基本である。本章は，バングラデシュで活動する協力隊員に注目し，彼らの果たす役割と可能性について明らかにすることを目的とする。

まず第2節でバンラデシュ国初等教育の現状と課題について述べる。そこで課題解決に取り組むJICAの技術協力プロジェクトや協力隊員の活動を定位する。次に，第3節で，調査の目的と方法について述べる。本章では，近年国際的に注目されている授業研究に，協力隊員がどのような役割を果たしているのか，果たしうるのかについて考察することを目的とする。第4節，第5節では協力隊員と，同僚として働くベンガル人教員が有する数学教授に必要な総合的知識（Mathematical Knowledge for Teaching：MKT）の分析および初等教員教育校（Primary Training Institute：PTI）における授業研究の事例研究を行う。最後に第6節ではそれらを包括的に考察し，協力隊員による教育改善への貢献可能性について述べる。

## 2　バングラデシュにおける初等教育の現状と課題

### (1)　初等教育開発計画

バングラデシュは，世界有数の規模の初等教育を抱える国である。「万人のための教育」の実現に向け，政府は初等教育開発計画（第1次1998-2003年，第2次2004-2011年，第3次2011-2017年）の下で，教育の量と質の改善に取り組んできている。現在，純就学率[(1)]が既に90％を超えており，少数民族や貧困層などに問題は抱えるものの，量的な改善は著しい。それに対して，教育の質的改善は第2次計画以降，重視されてきているが，その実現には未だ課題が多い。

第3次計画では，第2次計画で改善が不十分であった「教育の質の改善」を具体化し，「教室レベルにおける子どもの学習の改善」を目標として，①学習と指導の改善，②参加と格差是正，③分権化と効果向上，④プログラム計画・運営能力強化の4つのコンポーネントを重点分野として実施している（JICAナレッジサイト，2015）。そこで重要な役割を担う教員に注目したい。バングラデシュ年次学校調査（2013）によれば，（NGOが運営する学校を1つのカテゴリーとしてみると，それを含めて）約10種類の小学校（約10万7000校）があり，およそ46万6000人の教員が従事している。このうち，初等教員資格を有する教員はおよそ23万8000人であり，全教員の51％程度である。そこで政府は，資格付与によって無資格教員の削減を掲げ（DPE, 2014, p. 16），さらに現行の初等教員資格（Certificate in

Education：C-in-Ed）課程を改善するために，初等教育ディプロマ（Diploma in Education：DPEd）課程を導入した。

### （2） 教師教育

一般に教師教育は，教師になるための教育（養成教育）と，教師になって以降も継続して職能成長を図っていくための教育（現職教育）に分かれるが，バングラデシュでは1990年代前半，養成教育修了後の教職への就職率が低く，効率的でないことから養成教育は廃止された。現在は，養成教育に準ずる資格付与のための研修，さらに能力を高めることを目的とする研修，学校単位での校内研修などが存在する。それらについて概括する。

①初等教員教育校（PTI）における教員研修

現在，資格付与の教員研修制度が新制度に移行しつつあり，2014年９月の時点で，旧初等教員資格課程（C-in-Ed）と，新規導入された初等教育ディプロマ（DPEd）がともに実施されている。初等教員資格課程は，12カ月間で30校の PTI にて，初等教育ディプロマ課程は，18カ月間で29校の PTI にて実施されている。これまでの初等教員資格課程は教科内容知識に重きを置いていたのに対し，初等教育ディプロマ課程は，教師の専門性向上を目的とし，教授法に重きを置いたカリキュラムとなっている。この課程は12カ月半の PTI での座学に加え，５カ月半の教育実習が加わっている。

②その他の教員研修

全国に約500ある郡リソースセンター（Upozila Resource Center：URC）は，職能成長を目的とした組織で，教科別研修を中心に研修を実施している。その研修は，異なる教科を対象として，年２回以上，４～７日間で実施されている。

郡は，さらにサブクラスターと呼ばれる地域に分かれる。サブクラスター研修とは，郡教育事務所に所属する補佐官によって年６回，１日で実施される研修のことである。補佐官は，日本の指導主事に当たり，大学卒の資格を持つが，教員経験のないものが多く，教科内容に関する指導・研修は行えないことが多い。

各校において校内研修も実施されている。週末前の木曜日の午後は教員研修のための時間となっており，主に学校長が教員に対し面談を行い，サブクラスター研修のフォローアップや職務遂行に関する対話交流や助言を行っている。

### (3) JICA の取組み

初等教育開発計画の下で，教育の質的改善，とくに教師の職能成長に取り組んでいるのが JICA の個別専門家と技術協力プロジェクト（以下，技プロ）である。第2次以降導入されたプログラムアプローチの中で，プールファンドと呼ばれる共通の予算枠に資金を提供する援助国・機関と活動枠組みを共有するが，資金を提供することのない形で協力活動を行ってきた。2010年までの技プロ第1フェーズでは，旧来のカリキュラムの問題点を克服するため，学習者の主体的な学びを促すための活動を取り入れた教材（以下，教育パッケージ）を開発し，その教材開発過程に教員の学びを導入し，推進してきた。教育パッケージは，バングラデシュ政府に高く評価され，上記プールファンドによって，全国の小学校および PTI へ配布された。

技プロ第2フェーズでは政府の依頼を受けて，カリキュラムや教科書に対しても技術支援を行っている。カリキュラムを改善することは，重要であるが，そのことがすぐに教室内での教授・学習の改善につながるとは限らない。彼らは少し前まで旧来のカリキュラムで教育活動を行ってきたのである。そこで，政府は教室内での学習改善を起こすべく，日本の授業研究の考えを取り入れて，教員支援ネットワークを形成しつつあり，この技プロでも研修プログラム開発を技術支援している。

現在，授業研究の導入によって自らの授業力の向上や教室環境の改善を実感し，精力的に実践を継続している学校も存在する。他方でそのこと自体が目的となり，形骸化してしまっている学校や，その効果を見出せず，中断した学校もある。今後，授業研究の取組みを充実させるための支援が重要となってくる。

### (4) 青年海外協力隊の取組み

そのようなバングラデシュの初等教育において，協力隊員は近年，理数科や小学校教育への関与を強めている（JICA バングラデシュ事務所，2013，5頁）。同国への協力隊派遣の歴史は長く，1973年より開始された。初期（1980年代前半から1990年代前半）は家政・手工芸分野，1990年代後半から中等教員養成大学，初等教員教育校などへの派遣が多くなっている。とくに2004年より技プロが実施されこともあり，初等教育分野の派遣は増えている。

初等教育分野に派遣された協力隊員は，大きくは教育の質的改善に関わる活動

**図 6-1**　数学教授に必要な総合的知識（MKT）

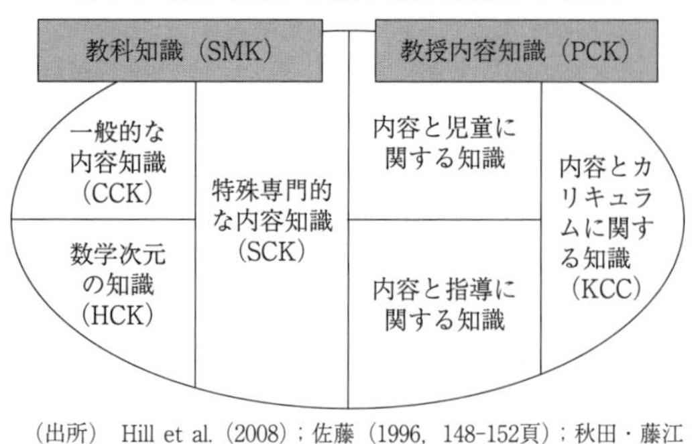


（出所）　Hill et al.（2008）；佐藤（1996，148-152頁）；秋田・藤江（2010，114頁）。

をしている。政府が授業研究の導入支援を行っていることもあり，PTI に派遣されている隊員の中には自発的に授業研究に取り組む者も出てきた。2013年より，協力隊で自主的な集まりを形成して，PTI 教員，PTI 附属小学校教員と協働して，質的改善に尽力している。

## 3　調査の目的と方法

### （1）　先行研究について

ここで，教育分野において関連する先行研究について簡単にレビューしておく。

①教員の力量，とくに MKT について

教員が知識として新しい教授法を知っていても，それを的確に使用しない，できない場合がある。その実践への活用には，カリキュラムの展開を十分に理解した上で，子どもたちの反応を予想し，授業中は反応に応じて適切に教授を調整していくことが重要であり，そのためには単に数学などの教科の中身を知ること，問題を解くことができるだけではすまない。このような課題意識より，Shulman（1987）は，教授内容知識（Pedagogical Content Knowledge：PCK）という考えを提案した。

さらに近年では数学教育の分野で，教授内容知識をさらに発展させた「数学教授に必要な総合的知識」（MKT. 第 1 節参照）が提案され，近年多くの研究がなされている。その多くが**図 6-1** にあげる MKT の 6 つの成分を参照する。これらの成分は測定に際して明確な指針を与えるが，他方で実際の教授において，これらが別々に機能しているわけではない。事実，ゴンサレス（González, 2014）では成分間の関連性が示唆されている。また，知識を有することとその活用との関係について研究がなされているものの，関係の解明は進んでいない。

②授業研究とMKT（またはPCK）の関係について

授業研究は，1つの学校，もしくは複数の学校の教員が協働して，授業を計画・実施・反省する継続的な教授改善運動である（Lewis, 2009）。授業研究は日本において長年実施されてきた教育改善の取組みであるが，教室という物理的に隔てられた空間で個別に働く教員に対して協働性を高めるとともに，授業の実施能力を高め，最終的には教育専門家としての能力，意識，集団性を形成する可能性が指摘できる（Stigler and Hiebert, 1999）。他方で，米国での10年間の取組みでは，授業研究に参加する教員の意識や発言の質が簡単には変化しないことも指摘されている（高橋，2011）。

授業研究がその潜在力を発揮するためには，教員の力量（知識，価値観など）向上と授業研究自身の質的高まりが求められている。ここで問題となるのは，両者の関係性である。そこで，次のような問が考えられる。

- 「授業研究に参加することが，部分的にせよ個人のMKTの変化を引き起こすか。変化が起きるとすると，どの部分で変化するのか。」
- 「逆に変化が起きないとすると，参加者が授業研究から学ぶことができるための条件は何か。とくにMKTはその条件となるのか。」

前者に関連して，フェルナンデス（Fernandez, 2009, pp. 265-289）は授業研究に参加することがPCKに変化を引き起こす事例について述べている。参加者は子どもの反応や間違いを想定したり，また教授法について話し合ったりしている。

後者の変化が起きない場合に関連して，十分な潜在力を有しない教員が参加する時には形骸化した授業研究に陥ることが指摘されている。そこでは，教員における意味ある学びを生起させる働きかけとして，教材研究（高橋，2011），教員に対する指導者の存在（Fernandez, 2009）があげられる。

### （2）研究の目的と方法

先行研究で見てきたように，授業研究が教育改善について教員同士で話し合う場を与えるとしても，自動的にそこに参加する教員の力量を改善するわけではないし，教室レベルでの教育改善を引き起こすわけでもない。そこで本研究では，授業研究における変化の兆しを取り上げて，その中で協力隊員がどのような役割を果たしているのか，また果たしうるのかに注目する。研究課題は次の通りである。

**研究課題**：バングラデシュで活動する青年海外協力隊隊員が有する「数学教授に必要な総合的知識（MKT）」と授業研究での発言との関連性の観点から，授業研究における彼らの果たす役割と可能性について考察すること。

本章では，さらにこの課題を次の３つに分けて考える。

第１の課題「青年海外協力隊隊員の数学教授に必要な総合的知識（MKT）と授業研究での発言の関連性を分析し，個人的力量と課題を明らかにする」

第２の課題「ベンガル人教員のそれらと対照して考察することで，ベンガル人教員の有する課題と隊員の貢献可能性について明らかにする」

第３の課題「隊員の個人的力量と課題において，日本での教育経験がどのような影響を及ぼしているのか，ベンガル語話者でない彼らが，言語的・文化的壁にどのような影響を受けているのか」

ここで２番目の課題では授業研究に参加するベンガル人教員（PTI 教員およびPTI 附属小学校教員からなる）の MKT や発言と比して，隊員のそれがどのような特徴を有するのか，３番目の課題では発言の背景にあるものについて考察をめぐらせ，その深層と課題に迫る。

これらの課題に答えていくために，次の研究方法をとった。まず，ラッシャヒ[(2)] PTI とガジプール[(3)]PTI を事例にし，現地調査を2014年10月17日から25日まで行った。そして，上記 PTI に勤務する協力隊員（２人）と教育分野（小学校教員等）でバングラデシュに派遣されている協力隊員（６人），PTI 教員（16人），PTI 附属小学校教員（10人）に対し，MKT 質問紙調査を行った。なお，本研究で使用する MKT 質問紙は米国ミシガン大学によって開発されたものである。

次に，授業研究については，授業案，研究授業，授業検討会のデータをとった。そこでの発言はビデオに録画して，それを英語プロトコルに起こし，発言の量的分析をすることに加えて，解釈学的な分析を行った。以上を総合的に分析し，研究課題である協力隊員が授業研究に果たす役割と可能性について考察する。なお，授業検討会では，ラッシャヒ PTI において協力隊員２人と15人の PTI 教員，附属小学校教員が，ガジプール PTI において，協力隊員２人と10人の PTI 教員，附属小学校教員が参加した。

## 4　調査結果Ⅰ：協力隊員が有する知識の特徴

バングラデシュの教育分野に派遣されている協力隊員，ラッシャヒ PTI，ガジプール PTI の PTI 教員および PTI 附属小学校教員の MKT 質問紙調査の結果は次の通りである。

グループごとに分析すると，18点満点中，最高点が16点で，協力隊員は概ね12～16点の中に位置している。PTI 教員は，専門教科により差が大きく，理数科担当教員が概ね11～13点に位置している。PTI 附属小学校教員は，全体的に点数の低いところに位置している。また，協力隊員の平均点（13.6点）は一番高く，次に PTI 教員（7.56点），PTI 附属小学校教員（6.20点）と続く。この質問紙は小学校における小数や分数の教授場面を扱っているので，PTI 教員や PTI 附属小学校教員の平均点は高いとは言えない。

次に MKT 質問紙の各設問の概要と分析項目を**表 6-1** に沿って説明する。MKT 質問紙は原則非公開であるため概要のみ示す。領域は，一般的な内容知識（Common Content Knowledge：CCK）と，特殊専門的な内容知識（Specialized Content Knowledge：SCK）に分かれる。CCK は，教師に関わらず数学を学習した人であれば有する知識（例：計算間違いや教科書の誤植への気づき）であり，SCK は，数学を教授する際に特有の知識（例：児童の試験の答案から児童の誤答への気づき）となっている（González, 2014, 67-68頁）。表現は，問題文に図的表現を含む設問と，問題文や選択肢が文字や文書など言語的表現のみで与えられている設問に分類されている。

まず，グループ毎，設問毎の正答率を分析し，その特徴を確認する（**図 6-2**）。

協力隊員の特徴としては，全体的に正答率は高いと言える。あえてあげると，設問１（３）と設問８の正答率が低い。PTI 教員は，担当する教科によりばらつきがあり，協力隊員よりも正答率が低いものの，概ね PTI 附属小学校教員より高いことが確認できる。設問２，設問14，設問15（１），15（２）の正答率が低い。協力隊員と比較すると，設問２，３，11，14，15（１）において50％以上の差が確認できる。PTI 附属小学校教員は，算数を日常的に教えているにもかかわらず，正答率では，概ね協力隊員，PTI 教員より低い。設問３，14，15（１），15（２）が低い。協力隊員と比較すると，設問１（１），２，３，５，６，

**表 6-1**　各設問の概要

| 設問 | 単元 | 概要 | 領域[1)] | 表現[2)] |
|---|---|---|---|---|
| 1（1） | 分数 | 1/4を表す図的表現 | SCK | 図 |
| 1（2） | 分数 | 同上 | SCK | 図 |
| 1（3） | 分数 | 同上 | SCK | 図 |
| 1（4） | 分数 | 同上 | SCK | 図 |
| 2 | 小数 | ブロックを用いた小数の表現 | SCK | 図 |
| 3 | 分数 | 乗法に関する文章題 | CCK | 言語 |
| 4 | 分数 | 2分数の大小比較 | SCK | 言語 |
| 5 | 分数 | 乗法に関する文章題 | CCK | 図 |
| 6 | 小数 | 2小数の間の数 | CCK | 言語 |
| 7 | 分数 | 図的表現を用いた文章題 | SCK | 言語 |
| 8 | 整数 | 素数の定義と素因数分解 | SCK | 言語 |
| 9 | 整数 | 図的表現を用いた素因数分解 | SCK | 図 |
| 10 | 分数 | 児童による約分の説明の評価 | SCK | 言語 |
| 11 | 分数 | 乗法計算結果を数直線上に表現 | CCK | 図 |
| 14 | 整数 | 整数の減法における筆算の表現 | SCK | 図 |
| 15（1） | 分数 | 記号的表現との合致（減法） | SCK | 言語 |
| 15（2） | 分数 | 同上（乗法） | SCK | 言語 |
| 15（3） | 分数 | 同上（減法） | SCK | 言語 |

（注）　1）ミシガン大学の開発者による分類。
　　　　2）酒寄（2015, 31-36頁）による分類。

11, 14, 15（1）, 15（2）において50％以上の差が確認できる。なお，設問10はどのグループにとっても難易度が高いことも確認できる。

これらの問題のうち，とくに，設問2は後述するラッシャヒ PTI での授業「小数」に，また設問1（1）から（4），設問5，設問7はガジプール PTI での授業「分数」にそれぞれ関連している。これらの知識が限定的であることは，授業の質を高めていく上で基本的な問題を抱えていることを示している。

ここで，領域 CCK（一般的な内容知識）と，SCK（特殊専門的な内容知識）に設問を分類し，その正答率を各グループで確認する。協力隊員は，CCK（94％），SCK（71％）ともに正答率が比較的高い。SCK と比較すると CCK は20％以上低い。この点は多くの隊員が教授経験をほとんど持たない，もしくは限られた経験のみであることからも理解できる。他方で，PTI 教員の SCK（41％）は CCK

**図 6-2**　各設問の正答率

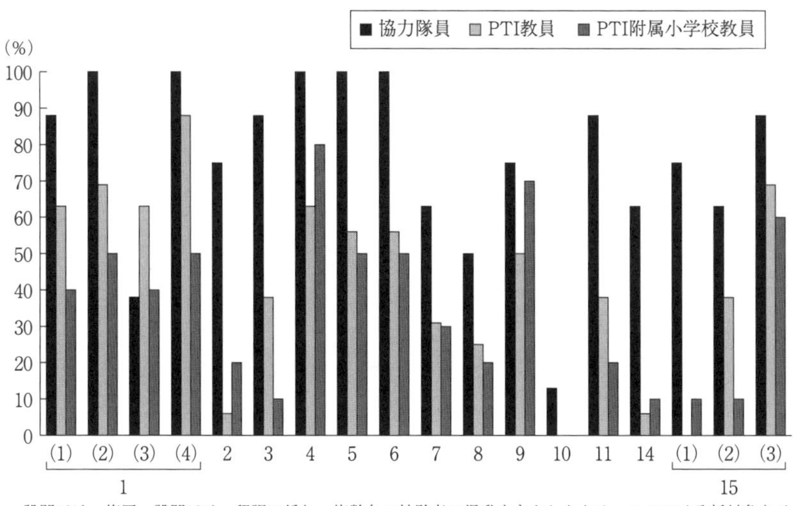


設問12は，複写，設問13は，翻訳に係り，複数名の被験者へ混乱をきたしたため，ここでは分析対象とはしない。

(47%）よりも若干低いが，ともにPTI附属小学校教員（SCK：33%，CCK：35%）より高く，協力隊員よりも低い。PTI附属小学校教員は，CCKの設問である3，5，6，11のすべてにおいて，協力隊員と50%以上の差が確認されており，両者ともにかなり低いことが確認できる。

これらの差は，後述するように，授業研究の質を高めていく上で重要な意味を有している可能性がある。

次に，問題文に図的表現を含む設問と，問題文や選択肢が文章で与えられている設問に分類し，比較した。協力隊員の「図的表現」は81%，「言語的表現」は71%で，それに続き，PTI教員は，「図的表現」は49%，「言語的表現」は35%，となっている。PTI附属小学校教員は「図的表現」は39%，「言語的表現」は30%となっており，図的表現においても，言語表現においても，協力隊の正答率は高い。

## 5　調査結果Ⅱ：PTI における事例研究

### （1）隊員による授業研究

授業研究は，バングラデシュでは PTI 附属小学校や URC モデル校を中心に2011（平成23）年ごろより導入された。国立初等教育アカデミー（National Academy for Primary Education：NAPE）では，現在に至るまでに，PTI・URC 教員を対象とした研修を実施している。ただし，その活動は中々広まっていかない状況が続いた。

そのころ PTI に派遣された協力隊員有志（4名）による授業研究の取組みが始まった。PTI 教員と協力隊員が良い授業を共有しようという課題意識から，お互いに授業を見合って議論することを始めて，回りのメンバーを少しずつ巻き込むようになっていった。彼らは，Lesson Study Support Project（LSSP）と名づけて，全国的な動きにしようと普及活動を行っていた。その他の協力隊員の中にも，自身の所属先 PTI やその近隣で授業研究を進める者がいた。

現在，バングラデシュ政府，JICA 協力活動と協力隊員の動きが影響を与え合う中で，知識と実践の共有が進みつつある。

このような協力隊員による取組みが進む中で，ここではラッシャヒ PTI およびガジプール PTI における授業研究について事例分析をしていく。各校の概要は**表 6-2** のとおりである。

**表 6-2**　ラッシャヒ PTI とガジプール PTI の学校概要

| ラッシャヒ PTI | | ラッシャヒ PTI 附属校 | |
|---|---|---|---|
| 設立年 | 1962年 | 設立年 | 1962年 |
| 教員数 | 校長，副校長，教員14名（内理数科 4 名） | 教員数 | 校長，教員 4 名（内理数科 2 名） |
| 学生数 | 132名 | 児童数 | 205名 |
| **ガジプール PTI** | | **ガジプール PTI 附属校** | |
| 設立年 | 1991年 | 設立年 | 1991年 |
| 教員数 | 校長，副校長，教員14名（内理科 2 名，数学 2 名） | 教員数 | 教員 5 名（PTI の校長，副校長が兼任） |
| 学生数 | 200名 | 児童数 | 283名 |

### (2) ラッシャヒ PTI

2014年3月から授業研究がスタートし，2014年10月までで理科と算数でそれぞれ5回実施された。

授業研究は，理科と算数の2教科で実施されており，主に担当する附属小学校教員は2名である。算数の教科担当の教員は，大学の専攻は統計学で，政府校を含め12年間の教員経験を持つ。従って，教科知識は比較的高く，リーダー的存在として積極的に参加している。理科の教科担当の教員は，大学の専攻は英語で，教員経験は5年である。現在は理科と英語の担当で，理科の授業に対する理解や意識は比較的低い。

授業研究は，以下のプロセスで実施される。附属小学校教員とPTI教員が，カリキュラムの進捗状況等を踏まえ学年や単元を決定し，月に1回程度，授業研究を行う。授業者は，指導書等を参考に授業案を作成し，PTI教員の助言に基づき改善をしていく。授業日の1週間前に事前検討会を実施する。概ね5人から7人程度参加し，最初に授業者が授業案を読み上げ，その後参加者が順番に意見を言っていく。意見は，授業の活動やプロセスに関する具体的な助言が多い。当日，授業者は授業案をもとに授業を実施し，観察者は教室の後ろに座り，各自でメモをとりながら観察する。授業後，PTI教員が司会をし，事後検討会が行われる。まず授業者が授業の意図，所感を述べ，それ以降参観者が1人ずつ順番に意見を述べていく（Ujishi et al., 2014）。

①事前検討会

対象となった授業は，長さの測定（第3学年），小数（第4学年）であった。ここでは小数の授業案についてのみ取り上げる。なお，授業目標は，「小数の考えを獲得して，それを用いて体積を表現することができる」である。概要は次の通りである（**表6-3**）。

②研究授業

実際の授業は次のように展開した。まず分数を使って導入し，その後お金（バングラデシュの貨幣単位。タカ，パイシャ）を持ち出して，小数を導入した。次に，小数の異なる呼び方に焦点を移している。そして課題「紙に色を塗る」を行った。その課題に対して，ある児童が9分の1と言い，教員は詰問調でなぜそうなるのかと尋ねた。

**表 6-3**　授業案の概要

| 段階 | 教育活動 |
|---|---|
| 導入 | 数学的クイズを与える |
| | 質問を提示する<br>カードに分数「1/2」を提示し，分数の種類について尋ねる<br>「4/3」を提示し，分数の種類（仮分数，真分数）について尋ねる |
| | 回答を確認しながら，本授業のテーマ「小数」を黒板に書き，ノートに写すように指示する。 |
| 展開 | 児童を班に分ける。各班におもちゃのお金を与え，話し合いながら合計を出すように指示する。 |
| | 合計金額を黒板に書き説明するように，各班班長に指示する。 |
| | 合計金額を表すのに，なぜ小数を使うのかを，全員に尋ねる。 |
| | 教科書80ページのブロック図を提示する。色が塗られている部分を確認し，10分の１と呼ばれることを示す。 |
| | 続いて教科書81ページの図を提示し，色が塗られている部分を答えさせる。書き方，呼び方について尋ねる。 |
| | 教科書81ページの２つ目の図を提示し，解かせる。 |
| 評価 | 各児童に評価問題を与えて，個別に解かせる。全員が解けるかどうかを確認し，解けない児童がいれば，小数と百分率の要点を示す。 |

教員：なぜ，あなたは９分の１としているのですか？　これは，９個のブロックではありません。10個あります。１，２，３，４，５，６，７，８，９，10。10個の内，１個に色を塗りました。あなたが色を塗った１個と，もともと色が塗ってあった１個のブロック，全部で２個のブロックに色が塗ってありますね。そうすると，いくつになりますか？　９個にはなりませんね？　そこには10個のブロックがあるのだから，10個のブロックの内，２個のブロックが塗られていることになります。わかりましたか？　では，正しく書いてください。はい，皆さんの答えを見ると，みんな正しく理解できましたね。

児童：はい，先生。

児童がそれらも十分に理解していないうちに，100分の１の導入が始まる。児童たちは焦点がわからなくなった。小数点の後にゼロはいくつあるかなどと言い，教員は誘導しようとするが，混乱した子どもは簡単には抜け出せない。最後には耐えかねて答えを言ってしまった。次の課題では，100分の１のみならず，1000分の１まで登場している。また1000タカを持ち出して，１と1000，1000分の１と１の相対的な関係を示した。

授業案と研究授業の関係を考えると，いくつかの問題点が指摘できる。第１に，

**表6-4**　児童の発言内容

| | 「はい」か「いいえ」の回答 | 文章に満たない回答 | 文章を使った回答 | 質問 | その他 | 合計 |
|---|---|---|---|---|---|---|
| 回答数 | 57 | 70 | 24 | 7 | 13 | 171 |
| % | 33 | 41 | 14 | 4 | 8 | 100 |

何が既習事項であるか，何が未習事項であるかが不明瞭である。第2に，導入の問題である。小数を英語でDecimal fraction（10進分数）と呼んでいることから，教員は分数から導入することを連想したのかもしれない。この両者と関係するが，第3に，もし分数と小数を関連づけることが重要であれば，そこに時間を割くべきだろう。それに対して，もし10分の1が初めて導入されるのであればそこに注力すべきだし，もし10分の1が既習事項であれば，簡単な復習にとどめて，議論は100分の1に集中すべきであろう。ただし授業案には，1000分の1はおろか100分の1のことも書かれていない。第4に，異なる呼び方は重要であるが，そのことについても授業案で十分な検討がなされていない。

ここで，授業内の教員と児童の活動を量的に把握するため，それぞれの発言単語数を確認した。なお，ここでの単語数とは，英語に翻訳された授業のプロトコルから抽出したものである。授業全体で，6207単語確認され，教員は5739単語(92%)，児童は468単語（8%）であった。さらに，児童の発言内容に関して，**表6-4**のように区分した。回答の多くは，「はい」もしくは「いいえ」で答えたもの，もしくは，文章に満たないもの（例：「100cm」「3 boxes」等）であった。ここからわかることは，教員が授業の大半で発言をしているだけでなく，子どもたちに考えを促したり，発言させたりするような形は見られないことである。

③事後検討会

授業後に行われた事後検討会での議論を，授業研究の特徴である継続性と協働性，加えて授業研究の質を握ると言われる教材研究，そして本研究の焦点である協力隊員の発言に即して見ていきたい。

【授業前中後の一貫性】

事後検討会において，参加者が授業の目標に対して言及しているのは1カ所のみであった。また，児童が混乱しているという事実に触れて，授業を2つに分けるという現象的な説明に止まっている。授業案と授業の関係においても述べたが，既習事項と未習事項のあいまいさが，本時の焦点が絞れていないことを招いてい

**表6-5**　授業研究参加者の参加の仕方

| | 授業前 | 授業中 | 授業後 |
|---|---|---|---|
| 参加者 | PTI 附属校担当教員，PTI 教員，協力隊員 | 全教員（会によって5名から7名） | 全教員（会によって5名から7名），司会は PTI 教員 |
| 量 | 担当教員が主，PTI 教員，協力隊員はコメント | 授業者が授業を行い，参加者は観察 | 司会，数名の教員が活発に発言 |
| 内容 | 指導法（教材，班活動など）に力点があるか | | 指導法（教材，班活動など）に力点があるか |

る。例えば，分数を導入に使ったこと，10分の1，100分の1，1000分の1のいずれが本時の目標なのか，そのためにどのような学習活動を展開すべきなのかなどの点が明確にされなければならない。

また児童たちが間違いを起こしたことに対して，その数学的な本質について考察することは，教育的介入のあり方を考える上で重要である。さらにそのことはこの授業の目標，学習活動と関連づけられるべきであろう。事後検討会での発言は，時間数の分割や質問の意味がわかっていないという指摘で止まっていた。

「2つに分ければよかったと私は思う。今日は10分の1，明日は100分の1という具合である」

「教員が出した活動の指示が，何人かの子どもたちには理解できなかった」

その意味では，授業前の検討の不十分さが，授業で混乱を招き，授業後の検討会でも十分に改善点が出しきれなかった，と言えるであろう。反対にこれらの指摘が授業前に予見されて焦点が絞れていれば，授業の展開は違っていただろう。

【参加教員の協働性】

事後検討会の司会は，PTI 教員がした。通常参加しない PTI 校長や外部者（NAPE スペシャリスト，JICA 通訳，大学教員など）がいることもあって，全体的に緊張した雰囲気の中で進んでいった。参加者の参加の質と内容に注目すれば，全員が意見を述べるが，積極的に発言するのは，授業者をのぞけば数人程度である。また発言内容は，比較的目に見えやすい指導法にのみ限定されている（**表6-5**）。発言者は私見と断ったり，最初や最後に「この授業は大変興味深いものであった」と述べたりしていることなどに，同僚に対する配慮が見えた。

今後，発言者の偏りをなくすことも大事だが，発言内容の質的向上を図っていくことがより重要であろう。その意味で，児童が教員の指示をわからなかったことや，10分の１，100分の１を分けて取り上げるべきといった点について，参加者の間での活発な議論が誘発されたことは評価でき，授業研究の潜在性を示している。他方で，それを事前に予期するためには，次に述べる教材研究が重要となってくるだろう。

【教材研究】

教材研究は授業研究の計画段階に位置する。授業研究の質を高めていくには，この準備段階の質を高めていくことが，肝要である。今回，授業案の段階で焦点が絞れていなかったため，分数で導入したり，異なる文脈や表現を無意識の内に用いたり，10分の１，100分の１，1000分の１を一度に扱ったりしている。他方で事後検討会にて１時間目は10分の１だけにして，２時間目以降に100分の１や1000分の１を回すべきという意見が出てくる。このような点は事前に検討するべきである。つまり準備段階では，数学的本質（10進位取り記数法，つまり10をひとつのまとまりとして考えること，１の位，10分の１の位，100分の１の位などの関係）に関する議論をしっかりと行うべきで，そのことを通して参加者の理解が深まっていく可能性を持っている。他に教材研究で取り上げるべき観点として，まとまり（単位）といくつ分という考え，考えや説明を自然なものとする文脈（買い物，ブロック），まとまりやいくつ分を考え，説明するための表現形式（例：お金，ブロック）などがある。

そして，授業案を書く上では，児童の実態を想定し，どこまでを１時間の中で取り上げるのかについて，何度も練り直す必要があるだろう。事実，事後検討会では児童が理解できていないこと，授業の内容が多すぎることなどについて議論が誘発された。

なお，検討会の中で１からスタートして９まで向かうものと0.1から0.9までについて言及している点は，より高次な目標を考えていく上でヒントになるかもしれない。

【協力隊隊員の発言】

隊員の発言は量的に多いわけではない。むしろ現地教員が発言した後に，議論されていない点を補完する形で発言している。具体的には佐藤雅子隊員は，児童の机側まで近寄って，各児童の学習の進度の状況をノート等から観察し，児童たちが十分に理解していない実態を見たことから，彼らの実態を見る必要性と，実態に基づいて議論する必要性を指摘している。その発言に触発されて，参加教員が活発に議論しており，したがって建設的な発言内容であったと言えよう。氏師大貴隊員は，画用紙に単位間の関係を書き込みながら，1と0.1と0.01の相対的な大きさについて説明している。このことは本時の課題である小数の理解において本質である。しかしなぜこのことが準備段階で議論されなかったのか，そのことを中心に位置づけた授業案が作成されなかったのかという点は今後の改善点である。

### （3）　ガジプール PTI

2014年3月から授業研究の継続的実施がスタートし，2015年2月までで理科と算数で11回（算数8回，理科3回）実施された。

ガジプールでの授業研究は，ラッシャヒと同様のプロセスで実施されている。PTI 担当教員と授業者（附属小学校教員あるいは PTI で実施されている教員研修の研修生〔以下：研修生〕）および協力隊員が，行事日程を考慮して月に1回程度実施する。研究授業の学年，単元は，カリキュラムの進捗状況等を踏まえ，授業者が決定する。授業者は，指導書等を参考にして授業案と教材を作成し，PTI 担当教員および協力隊員が適宜助言を行う。授業者が附属小学校の教員である場合，授業実施日までに1～2回程度，事前検討会を実施する。事前検討会は自主参加であるが，多くの場合，附属小学校の教員全員が参加しており，PTI 教員と協力隊員を含めて7人程度である。そこでは，授業者が授業案を読み上げていき，適宜，参加者が気になる部分を話し合う。意見は，授業全体の流れや児童の活動，教材の是非とその有用性などに関する助言が見られる。検討会は各教科30分程度行うが，授業者が研修生の場合は，この事前検討会は行わず，PTI 教員，研修生および協力隊員の三者で適宜授業検討を行っていく。

当日，授業者は授業案をもとに授業を実施し，観察者は教室の周りに立ってメモをとりながら観察する。授業後，司会役の PTI 教員のもと，まず授業者が授業について意図したところ，所感，自己評価を述べ，それ以降，参観者が自由に意見交換を行っていく。そして最後に，授業者から事後検討会の意見を聞いての所感，今後の抱負などを述べて終わる。

①事前検討会

ガジプール PTI においては，上述の事前検討会が3回実施され，授業プロト

**表 6-6**　検討会での四者の発言率（3回の平均）

（単位：%）

| | 協力隊 | PTI 教員 | 授業者 | その他教員 |
|---|---|---|---|---|
| ①　感情を受け入れること | 0 | 0 | 0 | 0 |
| ②　ほめたり，勇気づけること | 6 | 2 | 0 | 0 |
| ③　アイデアを受け入れたり，利用すること | 7 | 1 | 0 | 0 |
| ④　発問すること | 11 | 3 | 0 | 0 |
| ⑤　講義すること | 5 | 2 | 0 | 0 |
| ⑥　指示すること | 3 | 9 | 0 | 0 |
| ⑦　批判したり，正当化すること | 0 | 2 | 0 | 0 |
| ⑧　応答的な発言 | 0 | 0 | 30 | 0 |
| ⑨　自発的な発言 | 0 | 0 | 4 | 1 |
| ⑩　沈黙あるいは混乱 | 6 | 4 | 3 | 0 |

コルに近い発話記録が保管されており，授業案に加えて発話記録を分析した。分析には，フランダースの社会的相互作用分析のためのカテゴリーを参考にした。この分析は，通常一定の時間（3秒）を単位として，発言をカテゴリーに従って分類していくものである（加藤，1977，35頁）。しかし，本発話記録では時間が記録されていなかったため，発話記録を元に1文を単位として分析した。**表 6-6** は，各文をカテゴリー別，話者別に分類し，3回の検討会の平均を表したものである。

四者の話し方・役割には特徴がある。PTI 教員は⑥「指示すること」が一番多い。実際，PTI 教員は，附属校教員に対して命令口調で指示している場面が多くあり，学校現場の教員を指導しなければならないという意識が強いように思える。授業者は，⑧「応答的な発言」が高い。少し意見を言いながらも，基本的には PTI 教員のアドバイスを受けて，反省的に考え，教材を準備する形で回答している。協力隊員は②「ほめたり，勇気づけること」，③「アイデアを受け入れたり，利用すること」，④「発問すること」が多く，あくまでも PTI 教員や PTI 附属小学校教員を立てつつ，考えさせ，気づかせ，焦点づける形で，話をしている。

このような姿勢の違いの背景には，四者の間の MKT の程度の差もあることが予想される。そこで，事前検討会での議論の内容を分析してみよう。**表 6-7** で確認できるように，話題は授業目標，題材の取扱い（導入，発問，教材，グループ活動，文脈），児童の参加，分数概念（分割の仕方），分数の表記，板書計画である。

**表 6-7　授業検討会での議論の概要**

| 1回目 | 2回目 | 3回目 |
|---|---|---|
| 授業目標の書き方 | 授業目標の確認 | プロジェクター教材の準備 |
| 授業の導入 | 題材1/4の扱い授業の導入 | 忙しさの言い訳 |
| 分数の繰り返し | 授業の流れ，発問 | 導入の発問 |
| 児童の参加を促す発問 | 教材準備 | グループワークと教科書による確認 |
| 分数概念 | 児童を前に呼ぶ | 本日の振り返り |
| 発問と興味づけ | 教師による説明 | 教材（模造紙） |
| 題材1/6の扱い | グループワークと分数の書き方 | 発展的扱い（三角形） |
| グループワーク1/2と1/4 | 分割の仕方 | 準備物 |
| 教科書確認 | 教科書による文脈化 | |
| 板書計画 | 教材準備 | |
| | 板書計画 | |

これらの点は日本での授業研究で議論されることと大きく差はない。授業目標は，最初の段階で２分の１と４分の１を含んでいたが，議論によって４分の１を削除し，議論を２分の１に焦点化づけた。また等分すること，全体と部分の関係を認識することの２点を取り上げているという点では，授業目標において一貫している。

最終的な授業目標は，①「児童は，物体を２つの部分に等しく分けることができる」，②「児童は，全体に対して各部分が半分もしくは２分の１であることを認識することができる」に定まった。この点は，授業研究の参加者が数学的本質をどのようにとらえているのかと非常に関連する。分数の導入段階で，児童に理解させたい数学的本質は，分数の異なる意味（操作と全体と部分の関係性），操作における等分性と分割の仕方，表記であろう。授業目標の中では，等分性と部分と全体の関係の認識について言及されている。しかし分割の仕方，表記については議論の中で取り上げられているが，目標の中では書かれていない。このように重要な点は事前検討会の中で出ているにもかかわらず，それが十分に焦点化されたり，深められていなかったりすることに問題がある。そのことはMKTの弱さと無関係ではないだろう。

②研究授業

研究授業は，事前の検討会で話されたものにおおむね沿っており，導入後の分け方に注目している。また，２つの等しい部分，いくつの内のいくつ分かという２つの意味と異なる分け方を意識している。このことを通して，児童は概ね２つに等分することは理解していた。ただし，全体と部分の関連性や２分の１の表記と関連して，やや一方的な確認に終わっている。

教員：ここには１枚の紙があります。１枚あります。そして，こうするとどうなるでしょう。（教員が児童に，紙を２つに切り分けて見せる。）
児童：１枚の紙が２つに切り分けられました。
教員：私が，１枚の紙を２枚に切り分けました。それでは，２枚に切り分けたこの小さな１枚は，２枚ある小さな紙の内の何枚分ですか？
児童：１枚です。
教員：わかりますか？
児童：はい。
教員：それでは，サラさん，教えてください。この小さな紙は何枚の内の何枚ですか。
児童：２枚の内の１枚です。
教員：この小さな紙は，２枚の内の１枚ですね。

このことは計画時に，その難しさや工夫の必要性の認識が弱かったと言える。事実４分の１を同時に取り上げることの困難，発展的扱いとしての分割の仕方は言及されているが，議論が十分になされていると言えない。その後の班活動では異なる紙を各班に渡し，次のように指示している。二等分という言葉が明確に入っていないが，その後大きな混乱は見られないようである。とはいえ，何を焦点に活動しているのかが明確でない。活動後の子どもたちは，２つに切り分けたことをまず言って，その後教員の誘導によってかろうじてこの部分は２つに分けたうちの１つであることを誘導されて答えている。

児童：丸い形の紙をもらいました。
教員：丸い形の紙をもらったのね。そして，その丸い紙を使って，あなたは何をしたの？その丸い紙を使って何をしたの？
児童：同じ大きさに切り分けました。
教員：ということは，２つの紙に切り分けられたのね。この２枚の紙の内，これは？（児童に見せる）
児童：１枚。
教員：大きな声で。

**表 6-8**　児童の発言内容

| | 「はい」か「いいえ」の回答 | 文章に満たない回答 | 文章を使った回答 | 質問 | その他 | 合計 |
|---|---|---|---|---|---|---|
| 回答数 | 21 | 58 | 40 | 0 | 0 | 118 |
| % | 18 | 49 | 33 | 0 | 0 | 100 |

児童：1枚。
教員：さあ，もう一度。この2枚の内のこの1枚は？

したがって結果的に，操作における等分性と分割の仕方，全体と部分の関係性，表記の仕方は全て表れているという意味で，事前の準備が生きていると言える。しかし事後検討会に出た等分の確認のために紙を重ねてみることや，2分の1という表記と活動との関係を押さえていくことなどは不十分であった。

授業内の教員と児童の活動を把握するため，それぞれの発言単語数をラッシャヒ PTI と同様の方法で確認した。授業全体で，4348単語確認され，教員は3859単語（89%），児童は489単語（11%）であった。さらに，児童の発言内容に関して，**表 6-8** のように区分した。回答の多くは，「はい」もしくは「いいえ」で答えたもの，もしくは，文章に満たないもの（例：「Fractions」，「One piece of paper」等）であった。ラッシャヒ PTI と同様に，教員の発言の割合が高く，児童の回答内容からもわかるように，教員が一方的に話をしている。

③事後検討会

ここでは授業研究の特徴である継続性と協働性の観点から議論し，その後授業研究の質を握ると言われる教材研究，そして本研究の焦点である協力隊隊員の発言に関して見ていきたい。

【授業前中後の一貫性】

授業前の検討会では，話し合いの結果，最終目標を「児童は，全体に対して各部分が半分もしくは2分の1であることを認識することができる」とした。そこで数学的に重要なのは，分数2分の1は，切り方に依存しないことである。授業中に，異なる切り方が示されたが，なぜ異なる切り方を示すのかについて取り上げられなかった。事後検討会において，参加者が意見を述べる際にも，授業の最終目標を問い直したり，本時の目標と学習活動との関係を議論したりすることができたはずだが，実際にはなされなかった。これらのことは，授業者も参観者も（異なる切り方という）活動を表面的に取り上げてはいるが，その背景にあることを十分に考えていないという意味で，授業前中後がほぼ一貫していることを示している。それは低位での一貫性と言えるだろう。ここで，事前検討会では切り方が変わっても分数が同じであることを僅かでも触れており，そのことを深める可能性はあったが，実際にそうならなかったのは，教材の本質への認識が十分でなかったことが要因としてあげられる。

このことは1つの事例であり，授業研究全体が，観察可能な活動の有無のみを問題にし，その質は問わない，というような表層的なレベルにとどまっている実態を表している。それに対して，授業研究では，上記のような問い直し，関係性の議論によって，いったん一貫性は崩れたとしても，その点を意識する中でより高位の一貫性へと移っていくことを求めている。

【参加教員の協働性】

既習事項と未習事項の関連性や分割の仕方について，以下で引用するように，参加者の間で議論が誘発された。このことは教員が不明確に思っていることを明確にできる可能性を有し，授業研究の潜在性として取り上げることができる。

佐藤協力隊員：こんにちは。本日参加しているみなさん，ありがとうございます。私の質問は，本日の授業において，分数の概念は子どもたちにとって新しいものであり，従って，なぜ彼らが事前に知っている必要があったのか，ということです。
参加者1：知っている必要があります。
協力隊員：なぜですか。新しいことだったのではないですか。
授業者：いいえ。
参加者1：教科書に載っています。
授業者：教科書では数学的表現です。
議長：数学的表現です。そして数学の授業なので……
参加者1：1を2で割る。
協力隊員：この点は子どもたちが本日初めて学習します。新しい学習です。新しいことなので，子どもたちは書くことができません。従って子どもたちのために書いてあげる方がよいと思います……
議長：けれども中には進んでいる子どももいます……
参加者2：多くの進んでいる子がいます。そして進んでいる子にとって……
参加者3：（ほかの子は）そのような子から教えてもらった。
協力隊員：恐らく彼らは，進んでいる子に教えてもらった……

参加者4：何人かの子どもは進んでおり，彼らは既に学習したかもしれない。多くの進んだ子どもがいる……

協力隊員：それでも，今日の話題はクラスにとって新しいことです。

授業者：1人か2人の子どもは知っていたかもしれませんが，すべての子どもは知らなかったのですよね。その既に知っている子どもが，知らない子どもに見せることはできるかもしれませんね。言葉で適切に説明するのは難しいかもしれないけれど。その子は他の子に見せることができると思います。

【教材研究】

質の高い授業を実現していくには，授業案の検討において数学的本質（等しく分ける，分け方に依存しない，分数表記，過程〔操作分数〕と結果〔全体と部分の関係性〕としての意味）に関する理解が重要である。事前の検討会では重要な視点が出ているが，授業目標との関係で整理されたり，難しい点をより焦点を絞ったりということが弱い。結果として，議論はしっぱなしに終わっている。見方を広げるという点で，他者の意見は重要であるが，授業の質を高めるための教材研究において，数学的な本質に対する理解は今後の課題である。

【協力隊員の発言】

協力隊員の発言は量的に多いわけではない。先述のように，佐藤隊員は未習事項と既習事項の関係を明確にしようとした。塾での学習，能力の高い児童の存在などの問題は，授業前検討会で授業の目標を設定する際に議論をしておくべきだったし，事後検討会でも授業目標との関係で，授業目標が妥当であったのか，もし妥当でないとするとどのような目標を設定すべきだったのか，もし妥当であったとするとどのような教授的介入が必要だったのかについて議論を深めることができたかもしれない。氏師隊員は，写真を見せながら子どもたちが2分の1をどのようにとらえていたのかを問題にしようとした。設定した目標，とくに2番目の目標が達成できたのかは重要である。期待したほど議論が深まらなかったのは，2分の1の意味，難しい点の整理が不十分であったこと，授業目標との関係で子どもの学習状況について議論することに慣れてないことが要因であると考えられる。

## 6　考察とまとめ：協力隊員による教育改善への貢献可能性

本章の分析を総括して，第3節で述べた3つの研究課題に対応する形で整理する。

まず，第1の課題「青年海外協力隊隊員の数学教授に必要な総合的知識（MKT）と授業研究での発言の関連性を分析し，個人的力量と課題を明らかにする」に対して，ここまでの調査結果より，隊員のMKTと発言の特徴が以下のとおりわかる。

[MKTの特徴]

・隊員の理解は，図的にサポートされており，言語的な説明も十分に可能である。

[授業研究での発言の特徴]

・子どもたちの視点（活動性）を重視している。

・重要な点を補完し，参加者の意識を焦点づけようとしている。

・代替的な方法を提示して，（内発的に）考えさせようとしている。

次に，第2の課題「ベンガル人教員のそれらと対照して考察することで，ベンガル人教員の有する課題と隊員の貢献可能性について明らかにする」に対して，ベンガル人教員のMKTと発言の特徴は次の通りである。

[MKTの特徴]

・PTI理数科教員など高いものも数人いるが，全般的には低い。

・PTI教員の方がPTI附属校教員よりも知識レベルが高い。

・図的・言語的理解は同じ位に低い。

[授業研究での発言の特徴]

・PTI教員はやや一方的な言い方で，PTI附属校教員に考えさせていない。

・授業研究参加者には，積極的な教員とそうでない教員が明確に分かれている。

これらの特徴を，協力隊員のそれと比較すると，知識についてはPTI教員とPTI附属小学校教員の知識レベルは低い。とくに日々子どもたちを目の前にしている教員のそれは憂えざるを得ない。この点は教材研究を行っていく上での重要な改善点である。さらにそのことと関係し，子どもたちの考え方や困難点などについて意識が及んでいないことが問題である。

ただし，子どもの考えに思いをめぐらせることへの意識の程度は，単に数学教育における知識のみならず，自らが育ってきた学校文化の影響もあるだろう。その点で，異なる学校文化の中で育ってきた日本の若者が，ベンガル人教員に考えさせようとしていることは意義深い。佐藤隊員は「話合いの中で私はあまり発言しませんが，もう少し考えてもらいたい個所，言及したほうがいい個所についてはコメントして彼らに考えるよう促します。その際には，できるだけ私の意見を言うのではなく（彼らにとってはそれは答えと受け取られるので），質問という形で尋ねます」と述べており，まさにそこに，日本の国際協力が求める自助努力の原理と，教員が自ら考えることを通して子どもたちが考える授業を構成していくということが現れている。

次に，第3の課題「隊員の個人的力量と課題において，日本での教育経験がどのような影響を及ぼしているのか，ベンガル語話者でない彼らが，言語的・文化的壁にどのような影響を受けているのか」について，本章の分析を踏まえて暫定的に考察しておこう。

上記の隊員と現地教員との間の差異の背景には，社会的文脈や集団と個人の関係などがあると考える。この点は先行研究で十分に明らかにされていない課題である。つまり授業研究が長期にわたる場合は，その過程において参加者の間で知識・考え方，技能，信念・価値観が共有・蓄積され，文化の一部となっていくと考えられる。事実日本では，日本型の授業研究が，当たり前のように行われている。今回の調査は，直接の分析対象にはしていなかったが，トップダウン型での授業研究会の調整等，言語的・文化的壁の存在は垣間見られた。そこで，協力隊員は個人的な努力を通して人間関係を築いたり，言語的文化的理解を十分に深めたりすることで，その壁を必死に乗り越えてきたはずである。この点を研究方法の工夫によって明らかにすることは，協力隊が現地の教員に対してより根本的な変化を起こしていく上での重要な課題であると言えるだろう。

そこで彼ら協力隊員の有する可能性について今一度振り返っておこう。彼らは意図的に，間接的な仕方でベンガル人教員に働きかけている。そのことは彼らが育ってきた環境，すなわち日本における学校を含む社会環境全般，そしてその環境の中で得られた経験と無関係ではないだろう。「教師は教えられたように教える」とよく言われるが，本当にそうだとすると，協力隊員の受けてきた教育経験が，考えさせる教育のあり方を彼らに示している一方，そうでない環境で育った

**▶▶ コラム6 ◀◀**

**シリアにおけるパレスチナ難民キャンプへの教育支援**

JICA は2000年からシリアの主要都市において，パレスチナ難民の支援のために延べ73人の協力隊員を派遣してきた。難民への教育，保健，福祉などの援助を行っていた国連パレスチナ難民救済事業機関（UNRWA）は，難民の子どもの心身の発育発達には情操教育が欠かせないことを認識していたが，小中学校における体育，音楽，美術の教員数の不足，教員たちの指導技術の未熟さなどのため，問題解決能力が乏しかった。そのため JICA はその補完的な支援をするべく10年にわたり，それら3教科の支援に注力してきた。以下では，とくに体育教育について論じたい。

2002年，筆者はシリア南部のダラア県に2代目の体育隊員として派遣された。任地の人々には温かく迎えられたものの，体育の授業では整列や集団行動など授業の基礎がなかなか定着せず，前途多難であった。他の都市に派遣された体育隊員もそれぞれの任地で同じような苦労をしていた。そこで解決策として考えたのが，教員養成研修である。現地の体育教員に対して主要種目の基礎的な指導技術やルールを伝授し，彼らに実践練習を積んでもらうことで，リーダーの育成を目指した。この研修がきっかけとなり，従来隊員がそれぞれの任地でバラバラに行っていた「点」の支援（授業のサポート）が，体育隊員全員と現地体育科教員が協力して行うグループ活動として「面」の支援に広がっていった。

筆者が帰国した後も，体育や音楽の協力隊員が主体となってスポーツ大会やコンサートを開催し，情操教育の重要性を伝えていった。そして，こうした活動は回を重ねる毎に現地人教員のリーダー育成につながり，今度は徐々に現地人教員が主体となってイベントが開催されるようになったのである。

2010年8月に私が UNRWA 配属ボランティアのコーディネータとして赴任した際，UNRWA と一緒に過去10年間の援助の成果を振り返ることになった。それによれば，UNRWA のイニシアティブにより，これまで協力隊員と現地教員が一緒にイベントや教員研修を実施してきた結果，生徒が体育や音楽の楽しさを実感し，教員や周囲の人々にも情操教育の重要性が理解されたことが確認できた。しかし，体育の授業そのものの定着という意味では10年間で期待されていた成果が必ずしも達成されていないこと，首都と地方の間に教育格差があること，小学校低学年への支援が不充分であることが浮き彫りになり，改めて UNRWA と JICA の間で今後の協力方針を見直すことになった。ところがその矢先，2011年4月，シリア国内の治安情勢悪化によりボランティアの派遣は中断されたのである。

内戦がはじまり7年以上経つ。シリアの子どもたちが再びスポーツの楽しさを実感できるのはいつのことだろうか。復興の日に自分に何ができるのか考えずにはいられない。

（辻　康子）

ベンガル人教員が教育改善を行うことは非常に困難だということになる。ただし，難しいことは否定できないにしても，もし不可能でないとすれば，授業研究のように継続的に漸進的にアプローチすることは重要であろう。協力隊員たちはそのことを無意識のうちに感じ取っているので，間接的な形で現地の教員に働きかけている。そのことは次のことを意味する。つまり，「教えられたように教える」のだとすると，逆手にとって「考えさせられるように，教えられた」経験があればよく，ベンガル人教員もそのように教えられたことがあれば，「子どもたちに考えさせる授業」を行うことができると言えるのかもしれない。

このような変化は微弱であることが多い。だからこそ，変化の兆しを的確にとらえて，その兆しを増幅したり，方向を間違わないように見守ったりすることが求められている。この方向感覚を研ぎ澄ます場が教材研究である。例えば，今回の小数や分数という単元において，ベンガル人教員の側に授業目標や学習活動の設定において詰めの甘さがあることに言及した。それに対処することは，教員経験の少ない協力隊員には難しいかもしれないが，だからこそ現地教員とともに考えるという姿勢を生み出しているとも言える。協力隊員は2年間で現地語を学んだり，授業の準備を行ったり色々と大変であるが，もう一段高い活動を行うためには，今回見られたSCKの低さに象徴されるような問題点を克服する努力が必要となる。

［謝辞］JICAの研究所およびバングラデシュ事務所の関係者の皆様には，今回の研究において資金面，現地での調査手配，データの英訳といった面で多大な支援を頂いた。また，調査を行うに当たっては，ラッシャヒPTI校長Mr. Rezaul Hoque，附属小学校授業者Mr. Md. Rakibuzzaman Ripon，Md. Abdus Samad，氏師大貴隊員，ガジプールPTI校長Mr. S. M. Mofizur Rahman，附属小学校授業者Ms. Hasna Bano，佐藤雅子隊員に加えて，多くの関係者に参加頂いた。この場を借りてお礼を申し上げたい。ただし本論文に記した意見は，著者たちのものであり，関係者はその内容には責任を負わない。

**注**

(1) 所定の教育レベルの理論的学齢人口のうち，そのレベルの教育に就学している生徒の数とその年齢人口全体の割合（%）（国連開発計画，2008，403頁）。

(2) バングラデシュ北西部に位置し，同国北西部最大の都市。ダッカからバスで約6時間。

(3) 首都ダッカから北へ約40kmに位置する中小都市。

**引用参考文献**

秋田喜代美・藤江康彦，2010，『授業研究と学習過程』（放送大学教材）放送大学教育振興会。

外務省，2005，『平成16年度外務省第三者評価バングラデシュ国別評価報告書』（2005年3月）。

加藤幸次，1977，『授業研究の新課題5　授業パターンの分析』明治図書。

国連開発計画（UNDP），2008，『人間開発報告書2007/2008』。

佐藤学，1996，『教育方法学』岩波書店。

酒寄晃，2015，「バングラデシュ小学校教師の有する『数学教授に必要な総合的知識（MKT）』測定に関する研究――数の概念と操作に焦点を当てて」広島大学大学院国際協力研究科修士論文。

JICA ナレッジサイト，プロジェクト基本情報『案件概要表　バングラデシュ　初等教育アドバイザー（2013～2016）』JICA。（http: //gwweb. jica. go. jp/km/ProjectView. nsf/VIEWParentSearch/F16A63F2805F4BF749257A7F0079D0C6? OpenDocument&pv=VW02040104　2015年4月8日アクセス）

――『案件概要表　バングラデシュ　中核都市包括的開発機能強化プロジェクト（2012-2013）』JICA。（http://gwweb.jica.go.jp/km/ProjectView.nsf/VW02040107/ED888B8C8D6E18CB49257A850079D1A3?OpenDocument　2015年5月29日アクセス）

――『案件概要表　バングラデシュ初等教育アドバイザー（2013-2016）』JICA。（http://gwweb.jica.go.jp/km/ProjectView.nsflVIEWParentSearch/F16A63F2805F4BF749257A7F0079DOC6?OpenDocument&pv=VWO2040104　2015年4月8日アクセス）

JICA 人間開発部，2010，『バングラデシュ人民共和国　小学校理数科教育強化計画フェーズ2実施協議報告書』（2010年9月）。

高橋明彦，2011，「算数数学科における学習指導の質を高める授業研究の特性とメカニズムに関する考察――アメリカにおける10年間の試行錯誤から学ぶこと」日本数学教育学会誌『数学教育』93(12)，2-9頁。

JICA バングラデシュ事務所，2013，「ボランティア派遣40周年記念パンフレット『JICA Volunteer In Bangladesh』」。

Baba, T., Nakai, K., 2011, “Teachers’ institution and participation in a lesson study project in Zambia: Implication and possibilities,” in *Africa-Asia University Dialogue for Educational Development: Report of the International Experience Sharing Seminar (2): Actual Status and Issues of Teacher Professional Development* (pp. 53-64). Hiroshima University, Center for the Study of International Cooperation in Education (CICE).

DPE, 2014, Bangladesh Primary Education Annual Sector Performance Report (Vol. 2014) Directorate of Primary Education.

Fernandez, C., 2009, “Lesson Study: A Means for Elementary Teachers to Develop the Knowledge of Mathematics Needed for Reform-Minded Teaching?” *Mathematical Thinking and Learning*, 7(4), pp. 256-289.

González, O., 2014, “Examining Venezuelan Secondary School Mathematics Teachers

Statistical Knowledge For Teaching: Focusing On The Instruction Of Variability-Related Concepts," Doctoral Dissertation, Graduate School for International Development and Cooperation, Hiroshima University.

Hill, H. C., Ball, D. L., Schilling, S. G., 2008, "Unpacking pedagogical content knowledge: Conceptualizing and measuring teacher's topic-specific knowledge of students," *Journal for Research in Mathematics Education,* 39(4), pp. 372-400.

Lewis, C., 2009, "What is the nature of knowledge development in lesson study?" *Educational Action Research,* 17(1), pp. 95-110.

Shulman, L. S., 1987, "Knowledge and Teaching: Foundations of the New Reform," *Harvard Education Review,* 57(1), pp. 1-23.

Stigler, J. W., Hiebert, J., 1999, *The Teaching Gap: Best ideas from the world's teachers for improving education in the classroom,* Free Press.

Ujishi, D., Pervin, F. A., Baba, T., 2014, "Effectiveness of lesson study to improve the quality of teaching in Bangladesh: The analysis focuses on changes of the lesson," *Proceedings of the annual conference of the World Association of Lesson Study*. Indonesia University of Education, pp. 194-201.

Walhaw, M., 2008, "Knowledge Construction in Mathematics Education," *Mathematics Education Research Journal,* 20(1), pp. 1-2.

# 第Ⅲ部

# 隊員について知る——人材育成の成果

# 第7章
# 協力隊員の類型化
## ——参加動機から見る隊員像——

須田一哉・白鳥佐紀子・岡部恭宜

## 1　協力隊員の人物像

青年海外協力隊（以下，協力隊）は，設立の歴史的経緯により，「開発途上国の経済・社会の発展，復興への寄与」「途上国との友好親善，相互理解の深化」「国際的視野の涵養とボランティア経験の社会還元」という3つの多様な目的を持っている（第1章参照）。これらは政府開発援助の枠内に収まるものばかりではなく，青年育成や国際交流にも関わるものであるが，こうした多面性は，かえって協力隊事業をわかりにくいものにしているのかもしれない。

実際，少々古いが2001（平成13）年度に行われた地方自治体を対象としたアンケート調査によれば，自治体における青年海外協力隊の認知度は，「名称を知っている程度」が67.1%，「よく知っている」が31%であった[(1)]。この認知度の程度は，2014年度末まで国際協力機構（JICA）のJICA研究所に勤務していた筆者らの経験的な観測ともおおよそ合致している。

このように協力隊の活動について理解度が低いことは，隊員について理解度が低いことも意味していよう。果たして，協力隊員とはどのような人たちなのだろうか。我々は必ずしも明確なイメージを持っていないかもしれない。そもそも，彼らはなぜ協力隊に応募したのか。おそらく途上国の貧しい人々を助けたいという気持ちが基本的な動機であることは想像に難くないが，それは全ての隊員に当てはまることなのか。それとも他の動機もあるのだろうか。また，隊員になる前にどのような経歴を歩み，将来はどんな進路を目指しているのか。さらに，隊員たちの人間観，価値観，国内外の諸問題やボランティアについての考え方に何か特徴はあるのだろうか。

本章の目的は，協力隊員の人物像を明らかにし，青年海外協力隊の理解に資することである。人物像を明らかにする方法として，様々な事例やエピソードを探っていく方法もあるが，それによって必ずしも全体像を把握できるわけではない。そこで，本研究では意識調査を基にした応募動機の分析を切り口として，隊員を類型化する。それによって，類似した特徴や性質を持つ隊員をいくつかのグループにまとめ上げ，隊員を多面的に把握してみたい。

こうした動機に基づく類型化は，学術面および実務面の双方にとって有益である。従来のボランティア研究では，主に国内ボランティアの性格・特性や活動の動機に関する研究が進められてきた。しかし，国際ボランティアは，異なる言語・文化や環境の下で長期にわたり活動する点や，一定の専門的な知識や技能が求められている点で，国内ボランティアとは大きな違いがあるにもかかわらず，その特性や動機の研究は不充分であった。

また，類型化に関する研究の多くが欧米のボランティアを対象にしていたことを考えれば，アジア最大規模の国際ボランティア事業である協力隊を取り上げることは，一層の学術的価値がある。それだけでなく，Wymer（2003）が指摘したように，ボランティア活動の種類と参加動機の間には一定の関係性があることから，約120ある協力隊の職種の多様性は，様々な種類のボランティアの動機をカバーできる可能性がある。

実務面においても，協力隊員の様々な人物像を浮き彫りにすることは，隊員の募集や広報活動，派遣前の訓練，そして活動評価を効果的に行う上で有益な情報となろう。また近年の日本社会においては外国語，コミュニケーション能力，異文化理解に秀でた，いわゆる「グローバル人材」の活躍が求められているが，帰国した協力隊員はその候補となりうる人々であろう。隊員からそうした人材を輩出するためにも，隊員の類型化は必要な作業である。

以降，第2節ではボランティアを類型化した先行研究を俯瞰し，問題点を検討する。続く第3節と第4節では協力隊員の類型化手続きと，抽出された6つの類型間の違いについて解説と考察を行う。そして第5節ではまとめと今後の課題について述べる。

## 2　ボランティアの類型化研究

本節ではボランティアの類型化や動機解明を試みた先行研究を俯瞰し，協力隊員の類型化を行う上で留意すべき問題点について検討する。なお，ボランティアの動機には，大別して参加動機と継続動機があると考えられるが，協力隊は原則2年という期限が設定されており，任期途中で任務を中断する協力隊員の割合は非常に低いため，本章では主に参加動機に着目した先行研究を参照する。

### （1） 類型化と動機

ボランティアの類型化を行った先行研究は，類型化の目的として，参加者の募集，活動の参加および継続要因の解明，活動の種類と参加者のマッチング，利他行動の解明といった点をあげている。とくにボランティアの動機に着目して類型化を行っている研究が多い。動機に着目するのは，ボランティア組織の運営や参加者募集に資するといった実務的観点と，ボランティアの性格特性や動機を解明するといった学術的観点の両方に基づいている。前節で述べたように，本章もこれら2つの観点から協力隊の類型化を行う。

さて，一般的に，ボランティア活動に参加する動機は，「困っている人のため」といった利他的なものと見られることが多いが，実際は利己的な動機に基づいて行われる場合や，複数の動機が存在する場合もあることが様々な研究によって指摘されている。

Omoto and Snyder（1995）や Clary et al.（1998）は，ボランティア活動の中に，「価値（利他心による効用）」「充実（自尊心の充足）」「キャリア（技能の習得や経歴的利得）」「社会（対人関係）」「擁護（逃避や自己弁護）」「理解（知見の拡大）」といった6つの機能があると考えた。そして，それぞれの機能に対する複合的な動機を，ボランティア機能尺度（Volunteer Functions Inventory：VFI）という尺度にまとめ，その妥当性を検証した。Marta et al.（2006）は，この VFI を用いてイタリアの24〜31歳のボランティア461人に対して質問紙調査を行い，本研究でも行うクラスター分析によるボランティアの類型化を試みたところ，「利他的志向」「なんとなく型」「キャリアアップ志向」「利他的・利己的の混合型」の4つに類型化できることを論じた。また，Dolnicar and Randle（2007）は，オーストラリアにおける4267人への調査に基づき，ボランティアへの参加動機をクラスター分析した結果，「古典的ボランティア」「献身的ボランティア」「人付き合いボランティア」「自己満足ボランティア」「ニッチボランティア」「利他的ボランティア」といった6つの類型を抽出し，類型間で性別，年齢，家族構成，学歴，就労状況といった属性に差が見られたことを明らかにした。

以上は国内ボランティアの研究結果であるが，国際ボランティアの場合は，活動へのコミットメントが強いため，国内で活動するボランティアとは動機が異なっている可能性が指摘されている（Unstead-Joss, 2008）。例えば，カナダの国際ボランティアプログラムの参加者68人へのインタビュー調査（Tiessen, 2012）や，英国の VSO 参加者12人へのインタビュー調査（Unstead-Joss, 2008）では，参加した理由として，利他的動機以外にも自己研鑽やキャリアアップといった利己的な動機があることが示されている。また，国際ボランティアに興味を持っているスイスの若者118人を対象としたインタビュー調査（Rehberg, 2005）は，利己的，利他的な動機以外に，「新しいものを求めたい」「自分探し」といった動機が見られたことを報告しており，国際ボランティアへの参加動機が多様であることを示している。

これらの先行研究は，欧米のボランティアの動機を取り上げて，類型化を行ったものであるが，協力隊員の参加動機を調べた先行研究としては，藤掛（2011）や国際協力機構（2005）による調査研究がある。藤掛は帰国した協力隊員29人にインタビュー調査を実施し，彼らの協力隊への参加動機から「自分探しの旅型」「ジェンダー的役割からの一時離脱型」「国際協力邁進型」といった３種類の協力隊員像を示した。また，国際協力機構（2005）によれば，マラウイ，バヌアツ，ホンジュラスに派遣された隊員242人（帰国隊員130人，派遣中隊員112人）に対し質問紙調査とインタビュー調査を行ったところ，「海外での生活を経験したかった」「海外の人々の役に立ちたかった」「海外で自分自身の能力を試してみたかった」「異文化を理解したかった」といった参加動機が多く見られた。ただし，この調査では，動機を用いた隊員の類型化は行われてはいない。

## （2） 先行研究の問題点

上記のボランティア類型化研究は，質的か量的かという方法論の違いや，活動場所が海外か国内かといった違いはあるものの，ボランティア行動には利他的な動機だけではなく自身の成長やキャリアアップなどの利己的な動機も存在すること，利他的，利己的な動機の中にも様々なものがあること，さらには明確な動機が存在していない，ないしは一律にとらえられない複雑な動機があることを示唆している。

ただし，先行研究にはいくつかの問題点があり，協力隊員の類型化を行う際には留意しておく必要がある。まず，参加動機と継続動機の峻別である。Tiessen (2012) や Unstead-Joss (2008) は，国際ボランティアを終えて帰国した人へのインタビュー調査であるため，これらの異なる動機をとくに区別せずに調査をしている。また，参加動機の調査であっても，Tiessen (2012) では，活動後数年経過した時点でインタビューが行われており，時間の経過によって回答内容が影響を受けた可能性は排除できない。この問題は，藤掛 (2011) や国際協力機構 (2005) についても同様である。このほか，Rehberg (2005) は質的なテキストデータを動機の類型化に用いているが，この場合，質問者の主観が分析結果に反映されたり，回答者が質問者の意図に沿うような答えをしたりする可能性は少なくない。

方法論についても，インタビューをはじめとする質的研究は，ボランティアの動機を詳細に分析しているが，調査対象が限定的であるため包括的なボランティア像を主張することは難しい。これに関連して，日本におけるボランティアの動機研究について論評した桜井 (2007) は，多くの研究において，サンプルの偏りや数の少なさの問題があるほか，質問項目や動機の名称が非体系的になっていることを指摘している。

## 3　協力隊員の6つの類型

前節で検討した先行研究の問題点を踏まえると，包括的な協力隊員の類型化のためには次の点を満たすデータおよび分析が必要と考えられる。まず，継続動機と混同しないよう，活動に着手する以前に調査された参加動機を分析対象とすること，次に，偏りの少ない十分な数のサンプルを用いること，そして，調査者の主観をなるべく排除するように選択肢とスケールを用いた調査票を用いてデータを収集すること，最後に，隊員の動機と様々な属性データとの関係を客観的に分析するため統計的手法を用いることである。

これらの条件を満たすため，本研究では，筆者らが参加し，JICA 研究所で実施した，協力隊員への意識調査のデータを用い，彼らの参加動機をクラスター分析[(2)]の手法を用いて分析することで協力隊員の類型化を試みる。以下，最初に意識調査の概要を述べた後，類型化の手続きと類型間比較の結果を論じる。

### （1） 意識調査とクラスター分析

筆者らがかつて所属したJICA研究所では，協力隊員に対する意識調査を2011年度から2014年度まで行い，調査期間中の協力隊員全員に対し，派遣前訓練時点，活動開始後1年程度が経過した時点，帰国時点の3時点において質問紙調査を実施した。ただし本研究は，隊員として活動する前の参加動機に関心があることから，派遣前の訓練時に行われた調査での回答を用いる。派遣は年4回行われており，2011（平成23）年度2次隊から2013（平成25）年度4次隊の計11次隊分，全2247人から1542人（回収率68.6%）の回収を得た[(3)]。このうち欠損値が多い回答を除外した1507人（有効回答率67.1%）を分析対象とした。内訳は男性583人，女性892人，性別の回答なしが32人であり，年齢の平均は28.4歳であった。

派遣前訓練時の調査には約60の質問項目があり，参加動機に加え，応募職種，性別や年齢，前職といった属性のほか，派遣前の活動や帰国後の活動意向，途上国やボランティアに対するイメージ，他者への信頼度などの価値観を尋ねる質問で構成されている。なお，質問紙では，アンケートの結果を隊員個人の評価に用いないことや，個人を特定できる形ではデータを公開しないことを明記して，隊員が派遣機関であるJICAの意向を忖度して回答することのないよう配慮した。

参加動機については，**表7-1**に示した17項目のうち，該当するものを3つまで選択するように求めたところ，全回答者の90%が3項目を選択した。各項目の選択率は表7-1の通りである。このうち，とくに重要な動機を取り出すために，参加動機への回答に対して主成分分析[(4)]を行ったところ，次にあげる7つの動機がとくに類型化を行う上で重要であることが示された。すなわち，「A：人の役に立ちたいから」「B：途上国の社会の役に立ちたいから」「E：外国で生活したいから」「G：途上国の社会を理解したいから」「H：帰国後に協力隊経験を日本で役立てたいから」「I：自分を変える仕事がしたいから」「K：将来のキャリアアップにつなげたいから」である。

これら7つの動機への回答に対し，ウォード法による階層的クラスター分析を行ったところ，6つのクラスターが抽出された。**図7-1**に6つのクラスターの名称，クラスター別に見た各動機の選択率，クラスターに分類された回答者数を示す。（Ⅰ）「好奇心志向」は381人，（Ⅱ）「ビジネス志向」は145人，（Ⅲ）「国際協力志向」は246人，（Ⅳ）「自分探し志向」は188人，（Ⅴ）「自己変革志向」は240人，（Ⅵ）「慈善志向」は307人であった。なお，各クラスターの名称は，次項で

**表7-1**　協力隊への参加動機一覧と選択率

（単位：%）

| | | |
|---|---|---|
| A | 人の役に立ちたいから | 40.9 |
| B | 途上国の社会の役に立ちたいから | 36.4 |
| C | 世界を変える仕事がしたいから | 15.2 |
| D | 自分の技術を試してみたいから | 19.0 |
| E | 外国で生活したいから | 21.0 |
| F | 国際交流に参加したいから | 16.3 |
| G | 途上国の社会を理解したいから | 30.7 |
| H | 帰国後に協力隊経験を日本で役立てたいから | 23.3 |
| I | 自分を変える仕事がしたいから | 24.4 |
| J | 就職前に経験を積みたいから | 4.6 |
| K | 将来のキャリアアップにつなげたいから | 30.7 |
| L | 外国語を習得したいから | 16.3 |
| M | 希望の進路に進めなかったから | 0.7 |
| N | 人から勧められたから | 0.9 |
| O | 現状から離れたいから | 4.1 |
| P | 経済的なメリットがあるから | 1.9 |
| Q | その他 | 4.4 |

（注）n=1,507
（出所）協力隊派遣前調査票より筆者作成。

説明するクラスター間比較の結果を考慮して付けたものである。

### （2）クラスター間比較

抽出された6つのクラスターの特徴をより鮮明にするため，意識調査で尋ねた他の質問（属性，価値観，考え方など）に対する回答結果をクラスター間で比較した。[(5)] **表7-2**および**表7-3**に主要な結果を一覧で示す。各クラスターは図7-1の名称と同じく，ローマ数字の（Ⅰ）から（Ⅵ）を用いて表記する。

それぞれのクラスターには以下の特徴が見られた（**表7-4**に各クラスターの主要動機と特徴をまとめた）。なお，これらの特徴は統計的に有意な結果を得たものであるが，他のクラスターと比較した際にそのような傾向がある，またはそのような人の割合が他のクラスターよりも多いという意味であり，そのクラスターに含まれる人の全てがこの特徴を持つという意味ではないことに留意されたい。

（Ⅰ）「好奇心志向」は，「途上国の社会を理解したいから」「帰国後に協力隊経験を日本で役立てたいから」という2つの動機を持つ点が特徴的である。他のクラスターに比べ，協力隊応募前に途上国へ行った経験のある人が多く，学生や教員の割合が高い。他方，正社員・正規職員の割合は低く，協力隊に参加する際に

**図 7-1**　クラスター別に見た各動機の選択率

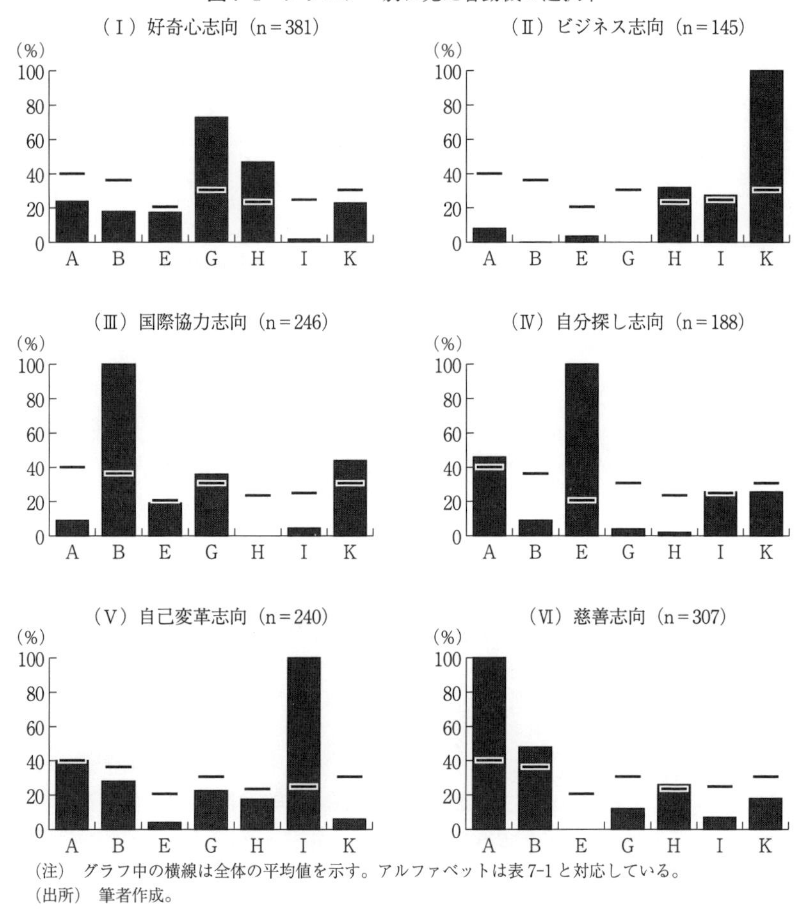


（注）　グラフ中の横線は全体の平均値を示す。アルファベットは表 7-1 と対応している。
（出所）　筆者作成。

前職を辞めた人の割合も低い。また，好奇心志向を反映してか，現地の人々に溶け込めたと思った瞬間があったと答えた割合は高かった（**コラム 7** 参照）。

（Ⅱ）「ビジネス志向」は，全ての人が「将来のキャリアアップにつなげたいから」という動機を選択しており，次点で「帰国後に協力隊経験を日本で役立てたいから」を 3 割ほどの人が選択している。半数近くが帰国後の活動として外国関連ビジネスに関心を持っている。また，約半数が男性であることも特徴的である。本研究のサンプル全体の 6 割は女性であるが，このクラスターに限っては男性のほうが多い。「もし宝くじで100万円当たったら何にいくら使うか」という質問に

**表7-2**　結果一覧（割合比較）

| 変　数 | 選択肢 | クラスター内割合 I (%) | II (%) | III (%) | IV (%) | V (%) | VI (%) | 全体 (%) |
|---|---|---|---|---|---|---|---|---|
| 性別 | 男性 | 37 | **51** | **33** | 43 | 44 | 37 | 40 |
| 最終学歴 | 大学院卒 | 18 | 21 | **22** | 16 | 13 | **13** | 17 |
| 参加形態 | 新卒参加 | **14** | 9 | **7** | 12 | 8 | 13 | 11 |
| | 退職参加 | **35** | 45 | 46 | 40 | **49** | 43 | 42 |
| 協力隊参加前職業 | 正社員・正規職員 | **43** | 52 | 53 | 59 | **64** | 54 | 53 |
| | 学生 | **19** | 14 | 13 | 13 | **8** | 15 | 14 |
| 協力隊参加前職場* | 学校（教師） | **22** | 14 | 11 | **10** | 16 | 16 | 16 |
| | 民間企業 | **50** | 56 | 61 | **66** | 57 | 51 | 56 |
| 旅行経験 | 海外 | 94 | 97 | **98** | 94 | **92** | 96 | 95 |
| | 途上国 | **79** | 76 | **80** | 75 | **66** | **69** | 75 |
| 活動経験 | 地域の活動 | 60 | 51 | 58 | **51** | 53 | **67** | 58 |
| | 国際交流や外国人サポート | 54 | 52 | **63** | 46 | **39** | 58 | 53 |
| | ボランティア組織への寄付 | 57 | 51 | **69** | 52 | 53 | 60 | 58 |
| 協力隊応募前準備 | 特に何もしていない | 14 | 22 | 20 | **25** | 15 | **13** | 17 |
| | 語学の勉強 | 48 | 45 | 46 | 46 | **58** | **57** | 50 |
| | 技術の向上 | 32 | 34 | 31 | 28 | 28 | **40** | 32 |
| | ボランティア活動への参加 | 21 | 20 | 16 | **12** | 17 | **26** | 19 |
| | 帰国隊員の話を聞く | 48 | 39 | 46 | 41 | 40 | **50** | 45 |
| | 途上国へ行く | **14** | 10 | 10 | **6** | 8 | 12 | 11 |
| 帰国後活動意向 | NPO／NGOの活動 | 75 | **62** | **80** | **61** | 75 | **79** | 74 |
| | NPO／NGOの設立 | 16 | 21 | **26** | **13** | 14 | 21 | 19 |
| | 自治体の活動 | 58 | 50 | **50** | **48** | 62 | **65** | 57 |
| | 外国関連ビジネス | 30 | **46** | 36 | **40** | 29 | 29 | 33 |
| | 国際機関活動 | 68 | **56** | 71 | 65 | **75** | **76** | 70 |
| | 学校や職場で協力隊の活動紹介 | 86 | **78** | **79** | **74** | **90** | **87** | 83 |
| | 広報活動 | 51 | 56 | 51 | **43** | 47 | **56** | 51 |
| 帰国後進路希望 | 留学 | 24 | 31 | **34** | 21 | **18** | 21 | 24 |

（注）＊職業で学生や無職と回答したものを除く。
クラスター間に統計的有意差が認められた項目を下線太字で示す。

表 7-3　結果一覧（平均値比較）

| 変　数 | 項　目 | クラスター内平均値 | | | | | | 全体 |
|---|---|---|---|---|---|---|---|---|
| | | Ⅰ | Ⅱ | Ⅲ | Ⅳ | Ⅴ | Ⅵ | |
| 不安の程度［1-7］ | 居住環境 | 3.6 | 3.5 | 3.7 | 3.5 | 4.2 | 3.6 | 3.7 |
| | 活動内容 | 4.3 | 4.0 | 4.4 | 4.5 | 4.8 | 4.3 | 4.4 |
| | 人間関係 | 4.0 | 4.0 | 3.9 | 4.0 | 4.5 | 3.9 | 4.1 |
| | 語学 | 4.8 | 4.7 | 4.7 | 4.9 | 5.2 | 4.9 | 4.9 |
| | (11項目平均) | 3.8 | 3.7 | 3.8 | 3.7 | 4.1 | 3.8 | 3.8 |
| 途上国イメージ［1-4］ | 救済・介入・援助の相手 | 2.1 | 2.2 | 2.2 | 2.3 | 2.1 | 2.4 | 2.2 |
| ボランティアイメージ［1-4］ | 自発的 | 3.6 | 3.4 | 3.6 | 3.5 | 3.6 | 3.6 | 3.5 |
| | 人々や社会の為 | 3.3 | 3.1 | 3.4 | 3.2 | 3.3 | 3.5 | 3.3 |
| | 自己満足 | 2.7 | 2.8 | 2.6 | 2.9 | 2.8 | 2.7 | 2.8 |
| 国内問題の関心度［1-7］ | (６項目平均) | 5.0 | 4.8 | 4.9 | 4.5 | 4.9 | 5.0 | 4.8 |
| 国際問題の関心度［1-7］ | (６項目平均) | 5.6 | 5.4 | 5.7 | 5.2 | 5.6 | 5.7 | 5.5 |
| 他者信頼度［1-4］ | (６項目平均) | 3.1 | 3.0 | 3.1 | 3.0 | 3.1 | 3.2 | 3.1 |
| 人間の本性［1-7］ | | 4.9 | 4.6 | 4.8 | 4.6 | 4.8 | 5.1 | 4.8 |
| 宝くじで100万円当たったら，何にいくら使うか［万円］ | 消費や自己投資 | 33.9 | 40.1 | 31.1 | 32.4 | 28.4 | 27.7 | 32.3 |
| | 災害時の義捐金 | 5.5 | 3.2 | 6.7 | 4.4 | 6.1 | 6.6 | 5.4 |
| | 国際機関・国際協力活動への寄付 | 4.1 | 2.7 | 6.3 | 3.7 | 4.6 | 5.1 | 4.4 |
| | 国内慈善活動への寄付 | 3.4 | 1.4 | 3.3 | 2.8 | 2.9 | 3.4 | 2.9 |

(注)　［　］内は尺度の範囲および単位を示す。
不安度，国内・国際問題関心度，他者信頼度に関しては，低い方が数字が小さい。
イメージに関しては，１イメージと違う～４イメージと同じ。
人間の本性に関しては，１悪～７善。

対しては，自己投資や消費に使うと答える傾向が高い。他者への信頼度は低く，人間の本性を善とは考えない傾向にあり[6]，ボランティア活動は人々や社会のためだというイメージに同意する人は少ない。

（Ⅲ）「国際協力志向」は，全ての人が「途上国の社会の役に立ちたいから」という動機を選択しているが，それに加え，「将来のキャリアアップにつなげたいから」という動機も４割以上が選択している。この類型の７割近くが女性であり，（Ⅱ）と対照的に女性率が高い。最終学歴は修士以上の人が多く，協力隊から帰

**表 7-4**　各類型の主要な参加動機と特徴

| クラスター | 主要な動機 | 特　徴 |
|---|---|---|
| （Ⅰ）好奇心志向 | （G）途上国の社会を理解したい<br>（H）帰国後に協力隊経験を日本で役立てたい | 学生と教師<br>途上国経験が豊富<br>複合動機 |
| （Ⅱ）ビジネス志向 | （K）将来のキャリアアップにつなげたい | 男性<br>グローバルビジネスに興味がある<br>やや利己的 |
| （Ⅲ）国際協力志向 | （B）途上国の社会の役に立ちたい | 女性（学歴が高い）<br>海外経験が豊富<br>寄付意向が高い |
| （Ⅳ）自分探し志向 | （E）外国で生活したい | 協力隊活動に楽観的<br>社会問題への関心が低い<br>奉仕活動に興味が低い |
| （Ⅴ）自己変革志向 | （I）自分を変える仕事がしたい | 退職参加<br>外国に行った経験が少ない<br>協力隊活動への心配事が多い |
| （Ⅵ）慈善志向 | （A）人の役に立ちたい | 奉仕活動に積極的<br>他者信頼度が高い<br>協力隊への準備が周到 |

国した後は海外に留学することに興味を持っている人も多い。（Ⅰ）と同じく，応募前に途上国へ行った経験のある人が多く，国際交流や外国人のサポートに関するボランティアの経験率も高い。前出の宝くじの質問では，寄付に充てたいとする意向が強く，現に協力隊参加前に寄付活動を行っていた人が多い。帰国後はNPO／NGOへの参加や立ち上げに興味を持っており，国際社会における貧困や教育，医療などの社会問題に対しても概して関心が高い。

（Ⅳ）「自分探し志向」に分類された隊員は，全員が「外国で生活したいから」という動機を選択している。彼らは協力隊への活動に対する不安が小さく，4人に1人は協力隊応募前に何も準備をしていないと答えていることから，楽観主義的な傾向がうかがえる。貧困や教育などの国内，国際問題への関心は低く，ボランティア活動に対しても，自己満足であるといったネガティブなイメージを持っている。実際，協力隊応募前に社会貢献活動を行っていた人は少なく，NPO／NGOの活動や立ち上げ，自治体の活動や，協力隊の活動紹介といった帰国後活動への意向を示す人も概して少ない。

（Ⅴ）「自己変革志向」に分類された隊員は，全員が「自分を変える仕事がしたいから」という動機を選んでいる。学生が少なく，協力隊参加前に正社員・正規職員であった割合が高いが，自分を変えたいという動機が示すように，退職参加している人が半数にのぼる。他のクラスターに比べると海外経験や途上国経験がある人が少なく，国際交流や外国人支援に関するボランティアの経験率も低い。こうした国際交流経験の少なさを反映してか，協力隊応募前の準備として，語学の学習を行っている人が多く，また，派遣国での居住，活動内容，人間関係，語学といった多くの項目に不安を持っている。

（Ⅵ）「慈善志向」については，「人の役に立ちたいから」という動機を全員が選んでおり，さらに「途上国の社会の役に立ちたいから」という動機も5割近くの人が選択している。彼らは，ボランティア活動は人々や社会のためであるというイメージを持ち，途上国は救済および援助の相手であると考えている。他者への信頼度が高く，人間の本質は善と考える傾向がある点や，宝くじの質問では寄付意向が高く，自己投資や消費は低い点において，（Ⅱ）と対照的である。さらに（Ⅰ）と同じく，現地の人々に溶け込めたと思った瞬間があったと答えた割合は高かった。他方，協力隊応募前の準備として，語学の学習，技術向上，ボランティア活動を行っており，何もしていないという人は少ない。帰国後の活動意向としては，NPO／NGO，自治体の活動，国連などでのボランティア活動に加え，協力隊経験の紹介や広報をあげる人が多い。

## 4　6つの類型の解説と考察

以上の結果を，先行研究や実際の協力隊事業を踏まえ，学術的観点および実務的観点から考察してみよう。

### （1）　学術的考察

まず，先行研究で取り上げた欧米の国際ボランティアの参加動機と比較してみると，いくつかの類似点が見られる。共通した動機としては，他人の幸福や利益の増進を図るための動機，すなわち「利他主義」があげられる。実際，動機に関する質問では，回答者の40.9％が「人の役に立ちたい」を，36.4％が「途上国の社会の役に立ちたい」をそれぞれ選択しており（表7-1），多くの日本の若者が「人や社会のため」という動機を持って協力隊に参加していることがわかる。他方，自分の幸福や利益を図るための動機，つまり「利己主義」の動機も多くの協力隊員が抱いていた。具体的には，30.7％が「将来のキャリアアップにつなげたいから」を，24.4％が「自分を変える仕事がしたいから」を選択しており（表7-1），これらはTiessen（2012）やUnstead-Joss（2008）の結果と類似している。

これらの利他主義と利己主義について，桜井（2007）は，ボランティアの参加動機の先行研究には，「利他主義動機アプローチ」と「利己主義動機アプローチ」という対立軸があることを示した上で，その2つの動機が同時に存在する，ないしはそのどちらにも分類されない動機もあるとする「複数動機アプローチ」という考え方も述べている。例えば，第2節（1）で述べたClary et al.（1998）のVFIは複数動機アプローチの代表的モデルである。

今回の協力隊員を対象とした研究結果も複数動機アプローチによる理解が適切と考えられる。例えば，（Ⅲ）国際協力志向の人たちは全員，「途上国の社会の役に立ちたい」という動機を持っているが，うち40％以上の人は「将来のキャリアアップにつなげたい」とも考えている。また，（Ⅳ）自分探し志向に分類された人は「外国で生活したい」という動機を全員が選択したが，同様に40％以上は「人の役に立ちたい」という動機も選択している（図7-1）。つまり，多くの協力隊員が利他と利己の両方の動機を抱えて協力隊に参加しているのである。

本章が示す諸類型は必ずしも目新しいものではないかもしれない。実際，（Ⅲ）国際協力志向と（Ⅳ）自分探し志向は，藤掛（2011）による協力隊員の類型のうち，「国際協力邁進型」と「一時離脱型」にそれぞれ近いと考えられる。また，本章の草案段階ではあったが，筆者らがJICA青年海外協力隊事務局の幹部や職員にこれらの諸類型を紹介したところ，従来彼らが直感的にイメージしていた協力隊員のタイプに合致しているとの感想が多く寄せられた。むしろ，本クラスター分析は，各タイプに属する人が実際に持っている動機の組成を量的に示すものであり，その意味で本研究の貢献は，先行研究や実務者が経験的に想定していた隊員の諸類型をデータ分析により実証することができた点にあると言えよう[(7)]。

さらに，本章の分析は，動機以外の質問項目からも，各類型に属する人々の特徴を読み解くことができた。例えば，（Ⅱ）ビジネス志向と（Ⅲ）国際協力志向を比較すると，両者とも「将来のキャリアアップにつなげたいから」という動機を選択した割合が平均より高く，どちらもキャリアアップを意識していることが読み取れる（図7-1)。しかし，この2つのタイプは価値観に違いが見られる。（Ⅱ）ビジネス志向の人々は，宝くじの当選金を人のためよりも自分のために使う割合が他のタイプよりも高く，またボランティア活動に対してはネガティブな見解を持つ傾向がある。対照的に，（Ⅲ）国際協力志向の人々は，開発援助に寄付をする割合が高く，ボランティアを価値あるものと考える傾向がある。

また，（Ⅰ）好奇心志向や（Ⅳ）自分探し志向の隊員は，他のタイプの人々に比べて強い動機を持たず，漫然と参加しているように見える。彼らは利己主義的な動機をとくに強く持つグループ（ⅡとⅤ）にも，利他主義の傾向が強いグループ（ⅢとⅥ）にも属していない。（Ⅰ）好奇心志向の協力隊員は，他のタイプのように1つの強い動機（全員が選択している動機）を持っているのではなく，幅広い動機を持っている。（Ⅳ）自分探し志向の協力隊員は，途上国への興味が少なく，外国に住んでみたいという理由で参加している。活動に対する不安が少ない点も特徴的であり，4分の1は協力隊に応募する前にとくに準備をしなかったと答えている。このように，国際ボランティアとしての活動に対し高いモチベーションのある人ばかりではないことも明らかとなった。

### （2） 実務への含意

次に，実務的観点に立つと，本章の類型化からどのような含意や提言を導き出すことができるのかを考察する。先行研究によれば，ボランティアの人物像に関する情報は，組織の運営者がボランティアを募集，採用する際に役に立つと論じられている。協力隊事業を運営するJICAの青年海外協力隊事務局は，応募者数の減少や隊員の帰国後の就職難といった問題に直面しているほか，最近はいわゆる「グローバル人材」育成という課題も抱えている（本書第3章，第9章を参照)。また，活動内容に関する現地からの要請と実際に派遣する隊員の活動分野との間のミスマッチといった問題もある。これらの問題や課題に対して，本研究の分析結果をどのように活用できるであろうか。

第1に，応募者を増やすために，今回の類型を宣伝や広報に活用できるだろう。例えば，途上国の現状を訴え，開発協力の意義を前面に押し出すポスターは，（Ⅲ）国際協力志向や（Ⅵ）慈善志向の人々の心に訴えるかもしれない。ほかにも，途上国で何か新しいことができる，自分の能力を発見することができる，任国での活動内容がその後のキャリアパスにつながるなど，タイプによって異なる形で協力隊の魅力を伝えることができるだろう。さらに，学生向けと社会人向けなど，募集説明会を特定のグループの人々に対して行う場合に，このような違いを考慮することもできよう。

第2に，現在の日本社会で必要とされている「グローバル人材」を育成，輩出する観点から考えると，そのような人材となることに比較的関心を持っていると考えられる，（Ⅱ）ビジネス志向や（Ⅲ）国際協力志向の人々に照準を合わせて募集，採用，そして派遣前訓練を行うことも一案であろう。ただし，どの類型の人々がグローバル人材に向いているのかについては，本章の分析の範囲を超えており，今後さらに研究が必要である。[(8)]

そして第3に，途上国のニーズと応募者の希望する活動内容とのミスマッチを解消するという課題がある。計画・行政部門や人的資源部門など現地からの要請数に対して応募者数が3倍を超えている職種部門がある一方，農林水産部門や公共・公益事業部門では応募者数が要請数を下回っており，途上国からのニーズに応えられていない職種もある。また，当初想定されていた活動内容と実際の仕事とが異なることもある。応募職種の偏りには資格の有無などが関連するし，活動内容の変更にも常に柔軟に対応できるわけではない。そのため類型化から含意を導くのは必ずしも容易ではないが，例えば，協力隊参加に当たり事前準備の不足する人には適切な支援を行う，キャリアアップを目指す人には経験や人脈を培うことのできるようサポートする，実際に活動が役に立っていることを実感できるような配属先である場合，なるべく慈善志向の人を採用するようにする等，タイプに応じてある程度の配慮や措置は可能であろう。

最後に，協力隊員の6つの類型と，協力隊事業の3つの目的について比較しておこう。今回の分析で明らかにされた類型は，ある程度それぞれの目的に対応していると考えられる。例えば，（Ⅲ）国際協力志向と（Ⅵ）慈善志向は，「開発途上国の経済・社会の発展，復興への寄与」という目的に合致している。同様に，（Ⅱ）ビジネス志向と（Ⅴ）自己変革志向は，「国際的視野の涵養とボランティア経験の社会還元」と重なる部分が大きい。そして，「友好親善・相互理解の深化」には，現地に溶け込めたと答えた人の割合が高かったことからしても，（Ⅰ）好奇心志向が近いであろう。もちろん，それぞれの類型は複数の動機を持っており，目的と類型が一対一で対応するものではないことに注意が必要であるが，概して，協力隊事業は，３つの目的に合致した日本の若い人材を採用してきたと言えるであろう。

## 5　類型化の有用性と今後の分析への課題

本研究では，2011（平成23）年度２次隊から2013（平成25）年度４次隊までの全隊員を対象とした意識調査データから，1507人の参加動機を用いてクラスター分析を行い，協力隊員を６つに類型化した。それらの間には属性，行動，価値観，考え方に違いが見られたことから，それらに応じて各類型を「好奇心志向」「ビジネス志向」「国際協力志向」「自分探し志向」「自己変革志向」「慈善志向」と名づけた。協力隊員の類型は経験的な印象に基づいて語られることはあったが，本研究は量的データを用いることで，より客観的かつ包括的な協力隊員像を示すことができたと言えよう。

学術的観点における本研究の新規性は，量的手法によって国際ボランティアの類型化を行い，その類型の妥当性を他の変数によって裏づけした点にある。とくに欧米のケースと比べ，日本やアジア諸国から派遣されている国際ボランティアの参加動機はあまり研究されてこなかった。これに対して本研究は，アジア最大の国際ボランティア事業である青年海外協力隊の隊員を取り上げ，参加動機に基づいた類型化の有用性を示した点で，国際ボランティア研究の新たな地平を開くと同時に，欧米とアジアとの国際比較の可能性をも示唆しており，その点でも意義がある。

実務的な観点からすると，本研究で得られた６つの類型が協力隊事業の３つの目的と整合的であることが明らかとなった結果，協力隊事業は目的に適った若手人材の採用にある程度成功していると言えるであろう。参加者の特性や傾向を把握することは，募集分野の目標設定や現地の要請と活動分野の合致において重要であり，今回示された類型はそうした業務において重要な参考情報となりうる。また，協力隊員の類型化は，協力隊事務局が特定の人材に訓練や研修を行ったり，ターゲットを絞った採用を行ったりするのにも役立つであろう。

今後の課題としては，次の２点があげられる。第１に，今回示された諸類型は，調査対象期間の協力隊員の回答を用いた結果であり，それ以外の協力隊員について分析した場合には別の類型が生じる可能性もあるということである。今回の類

## ▶▶ コラム7 ◀◀

### 現地に溶け込むために何をしたか：テキスト分析から見る異文化交流

途上国の住民と生活をともにしながら活動を行う協力隊員にとって，現地に溶け込むことは効果的なボランティア活動のためにも相互理解の深化のためにも重要な課題である。JICA 研究所が行った協力隊員への帰国時調査では，Ｑ１：現地の人々に溶け込めたと思った瞬間はあったか，Ｑ２：それはどういった体験だったか，Ｑ３：派遣されてからどれくらい経過してからそう思ったか，Ｑ４：溶け込むために何をしたか，という質問をしている。対象は2009年度２次隊から2011年度４次隊

**図**　「Ｑ４：溶け込むために何をしたか。」自由記述回答に対する分析結果（1712人分）

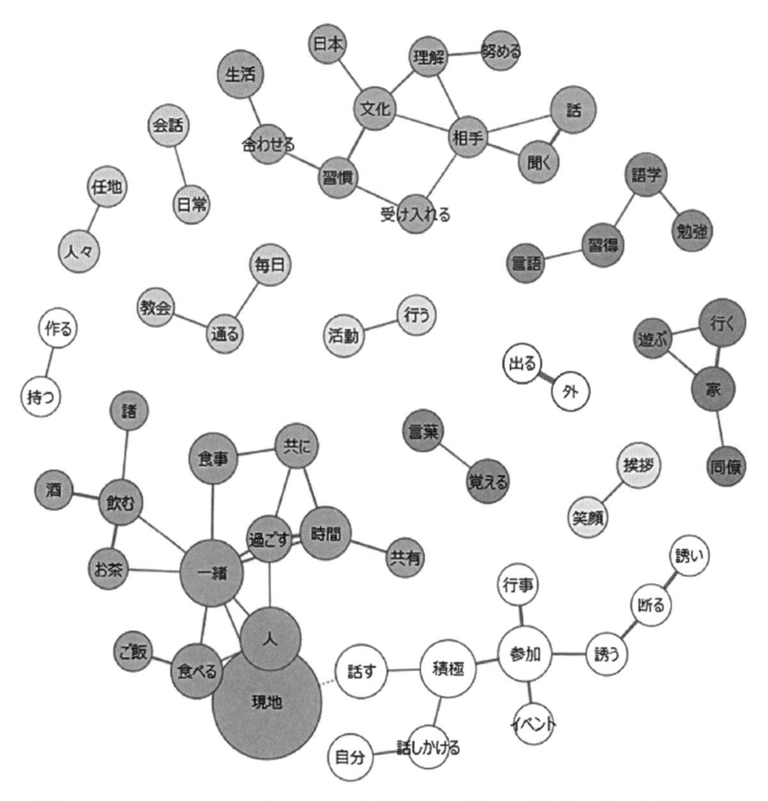


（注）　テキストマイニングソフトウェアは，文章を品詞に分解し，基本形に戻して分析している。そのため，次の２点は解釈にあたり注意が必要である。まず，右下の「誘い」「誘う」と「断る」は，実際の回答文では「誘いを断らない」「誘われても断らない」と否定形をとっている。また，「教会」「通る」については，回答文の「通（かよ）った」が「通（とお）った」と認識された結果である。

の帰国隊員のうち，調査に協力頂いた2564人（男性986人，女性1423人，不明155人）である。結果を見ていこう。

溶け込めたと思った瞬間があったと回答したのは全体の８割（2091人）に上り，溶け込めた時期としては８割が１年程度以内に溶け込めたとしていた。主観的な評価ではあるが，総じて協力隊員の適応能力は高いと言えるだろう。また，第７章の６つの類型との関連を見ると，（Ⅰ）好奇心志向型と（Ⅵ）慈善志向型で溶け込めたとする回答者が有意に多かった。

さらに，khcoder というテキストマイニングソフトウェアを用い，Ｑ４の自由記述回答の分析を行った。1712人の回答から約２万語を抽出し，同一文章内で同時に用いられることが多い単語同士を可視化した（図参照）。円の大きさは出現する頻度を表しているが，「現地」という単語が最も頻出しているのは，質問文が「現地に溶け込むために何をしたか」となっているためであろう。また，同一文章内で同時に用いられている頻度が高い単語同士は線でつながれており，線の太さは頻度の高低を示している。

例えば，「外」に「出る」や，「酒」を「飲む」などは，「溶け込むためにしたこと」として，よくあげられていたことを表している。「笑顔」で「挨拶」や，「行事」に「参加」といった，比較的普遍的と考えられる項目とともに，「教会」に「通う」，「言語」を「習得」などの，協力隊ならではの特徴も垣間見られる結果となった。

（須田一哉）

型が他の年次の協力隊員にどれだけ当てはまるのか，という汎用性の問題については今後検証する必要がある。また，協力隊員の類型化だけでなく，他の国際ボランティアの諸類型とも比較し，それらとの類似性や差異を明らかにしていくことも，興味深い研究となろう。

第２に，今回は派遣前のデータを用いた分析を行ったが，今後は派遣中や帰国時の調査データも追加して活用することが望まれる。これらの３時点での意識を比較分析することで，派遣期間を通じた意識の変化を解明し，人材育成の効果，各類型とボランティア活動の成果との関係などを明らかにしていくことが期待される。また，帰国した隊員のその後のキャリアは，国際協力や国際ビジネスでのグローバル人材としての活躍だけでなく，日本国内で途上国との橋渡しを行う媒介者であったり，その経験を次世代に伝える伝道師であったりと，様々な役割が考えられる。こうした協力隊の社会還元のあり方を検討することも，今後の類型化分析の課題となっていくであろう。

## 注

(1) 外務省委託「青年海外協力隊事業」評価調査報告書，2002年3月，(株) アースアンドヒューマンコーポレーション，第4章4-3-3「日本社会への還元」。(http://www.mofa.go.jp/mofaj/gaiko/oda/shiryo/hyouka/kunibetu/gai/seinen/th01_01_0403.html　2017年12月25日アクセス)。

(2) クラスター分析とは，データの構造が似ているサンプル同士を同じグループとして分類する統計的手法である。

(3) なお，2011 (平成23) 年度2次隊から4次隊は紙の質問紙を用い，24年度1次隊以降はインターネットのウェブサイト上に質問紙を掲載して調査を行った。

(4) 主成分分析とは次元の縮約をする統計手法の1つである。次元の縮約とは，例えば体重と身長という2次元を体格 (Body Mass Index) という1次元にするという例で説明されることが多い。今回の分析では分散共分散行列から開始し，累積寄与率が64%に達する第6主成分までを採用した。この6つの主成分に対して，絶対値0.4以上の負荷量を持つ動機をクラスター分析に投入する変数として採用した。なお，より詳しい分析結果については，Okabe, et al., 2017を参照。

(5) この統計処理については，カイ二乗検定による割合比較と，クラスターの6水準を要因とする一要因分散分析による平均値比較を行った。それぞれ有意差が認められた場合，カイ二乗検定では残差分析を行い，分散分析ではTukey-Kramerの方法による多重比較を行った。

(6) 質問紙では，人間の本性について，本来「悪」であると考える場合を1，本来「善」であると考える場合を7として，それらの間のスケールで評価してもらった。

(7) 因みに，Dolnicar and Randle (2007) は，そのような動機の組成をクラスター分析で示したが，彼らの対象はオーストラリア国内で活動するボランティアであり，国際ボランティア特有の動機を充分に拾い上げていない可能性がある。また，クラスター間の差異を補強する変数が少なく，動機だけによる類型化に終始している。

(8) 協力隊員をグローバル人材として育成するための提言については，本書第3章および第9章も参照。

## 引用参考文献

国際協力機構，2005，『特定テーマ評価　ボランティア事業 (青年海外協力隊事業) ―マラウイ，バヌアツ，ホンジュラスの事例より―報告書 (事例研究編)』国際協力機構企画・調整部。(http://www.jica.go.jp/activities/evaluation/tech_ga/after/pdf/2005/malavanhon_jirei01.pdf　2017年12月25日アクセス)

桜井政成，2007，『ボランティアマネジメント――自発的行為の組織化戦略 (NPOマネジメントシリーズ)』ミネルヴァ書房。

藤掛洋子，2011，「青年海外協力隊の社会貢献活動」内海成治・中村安秀編『国際ボランティア論――世界の人びとと出会い，学ぶ』ナカニシヤ出版，61-82頁。

Clary, E. G., Snyder, M., Ridge, R. D., Copeland, J., Stukas, A. A., Haugen, J., and Miene, P.,

1998, "Understanding and assessing the motivations of volunteers: A functional approach," *Journal of Personality and Social Psychology*, Vol. 74, No. 6, pp. 1516-1530.

Dolnicar, S., and Randle, M., 2007, "What motivates which volunteers?: Psychographic heterogeneity among volunteers in Australia," *Voluntas: International Journal of Voluntary and Nonprofit Organizations*, Vol. 18, No. 2, pp. 135-155.

Marta, E., Guglielmetti, C., Pozzi, M., 2006, "Volunteerism during young adulthood: An Italian investigation into motivational patterns," *Voluntas: International Journal of Voluntary and Nonprofit Organizations*, Vol. 17, No. 3, pp. 221-232.

Okabe, Y., Shiratori, S., Suda, K., 2017, "What motivates Japan's international volunteers?: Categorizing Japan Overseas Cooperation Volunteers (JOCVs)," *JICA-RI Working Paper*, No. 158 (December), JICA Research Institute.

Omoto, A. M., and Snyder, M., 1995, "Sustained helping without obligation: Motivation, longevity of service and perceived attitude change among AIDS volunteers," *Journal of Personality and Social Psychology*, Vol. 68, No. 4, pp. 671-686.

Rehberg, W., 2005, "Altruistic individualists: Motivations for international volunteering among young adults in Switzerland," *Voluntas: International Journal of Voluntary and Nonprofit Organizations*, Vol. 16, No. 2, pp. 109-122.

Tiessen, R., 2012, "Motivations for learn/volunteer abroad programs: Research with Canadian youth," *Journal of Global Citizenship & Equity Education*, Vol. 2, No. 1, (on line) pp. 1-21.

Unstead-Joss, R, 2008, "An analysis of volunteer motivation: Implications for international development," *Voluntary Action: The Journal of the Institute for Volunteering Research*, Vol. 9, No. 1, pp. 12-24.

Wymer, W. W., 2003, "Differentiating literacy volunteers: A segmentation analysis for target marketing," *International Journal of Nonprofit and Voluntary Sector Marketing*, Vol. 8, No. 3, pp. 267-285.

# 第8章

# 落胆と「成果」

## ——太平洋島嶼の地域性と青年海外協力隊——

関根久雄

## 1 「見えない」成果へのアプローチ

一般に，青年海外協力隊員（以下，隊員）の活動による成果は見えにくいと言われる。その理由として，隊員本人の資質や置かれている環境の違いが大きく，普遍的な指標を当てはめることが難しいことや，ある活動の「きっかけを作った隊員」→「それを発展させた後任隊員」→「さらにそれを花咲かせた後任隊員」というように，数代にわたって１つの成果を生み出すこともありうるからである。本章では，隊員活動による「成果」の意味について，隊員自身の語りなどを通じて考察することを目的とする。

1974年に施行された国際協力事業団法第21条第２項には，協力隊について次の文言が見られる[(1)]。

> 二　開発途上地域の住民と一体となつて当該地域の経済及び社会の発展に協力することを目的とする海外での青年の活動（以下この号において「海外協力活動」という。）を促進し，及び助長するため，次の業務を行うこと。
> イ．海外協力活動を志望する青年の募集，選考及び訓練を行い，並びにその訓練のための施設を設置し，及び運営すること。
> ロ．条約その他の国際約束に基づき，イの選考及び訓練を受けた青年を開発途上地域に派遣すること。
> ハ．海外協力活動に関し，知識を普及し，及び国民の理解を増進すること。

1972年から約５年間協力隊事務局長を務めた伴正一は，この条文の中から「開発途上地域の住民と一体となって」「当該地域の経済及び社会の発展に」「協力することを目的とする」「海外での」「青年の活動」という５つのキーワードを取り上げ，とりわけ協力活動の主体者が国際協力事業団ではなく「青年」であることを明示している点に注目する（伴，1978，23-24頁）。JICA が設立されるまでの間，協力隊事業は「日本青年海外協力隊要綱」に基づいて行われており，その要綱には協力隊の「目的及び性格」として，「開発途上にある諸国の要請にもとづき，技術を身につけた心身ともに健全な青年を派遣し，相手国の社会的，経済的開発発展に協力し，これら諸国との親善と相互理解を深めるとともに，日本青年の広い国際的視野の涵養にも資さんとするものである」[(2)]（傍点筆者）と記されていた。協力隊事業は，任国の社会・経済発展への寄与を主目的とするものの，同時に協力隊に参加する「日本青年の育成」という効果も期待されていたのである。

2008年10月に国際協力事業団が独立行政法人国際協力機構へ移行してからは，「青年」という文言が消え，「開発途上地域の住民と一体となって行う国民等の協力活動を志望する個人」（国際協力機構法第13条第４項）[(3)]となり，青年から国民に表現が変わってはいるが，協力隊の対象年齢層は組織名が示すとおり「青年」層（20歳から39歳）であることに変わりはない。

協力隊は国の事業ではあるが，あくまでも国民参加のボランティア事業である。青年の「志望による」参加，すなわち自発性を含意している。入江は，自発性を無償性や公益性とともにボランティアを構成する基本要件として位置づけるが（入江，1999，4-10頁），田村はその根底に「苦しみ」や「悲しみ」，「貧困」その他の「困窮性」を人類の連帯によって乗り越えるという意味を読み取っている（田村，2009，３頁）。協力隊員の場合，「住民と一体」となる立ち位置に具体的な連帯性が表われるとすれば，ただ単に任国の職場だけでなく，生活レベルを含む現地滞在の「全体」を通じて一定の「成果」が期待されるということである。このことに関連して，協力隊員の意識調査を実施した徳田らは，協力隊事業は「青年という人格を持った主体そのものが，任国に渡って様々な協力・交流をするという意味で『協力の全体性』という特徴を持つ」（徳田ほか，1999，130頁）と述べる。この事業が全体論的な視野でとらえられるべきものであるがゆえに，そして「未熟な」青年による現地の人々との奮闘過程を発足以来の理想像とするがゆえに，その成果は有形のもの無形のもの（こと），隊員派遣要請の内容に関わること，それとは無関係なこと，職場でのことや家庭生活に関連したことなど様々な要素が入り交じることになり，具体的な成果として何に注目するべきなのかが明示しづらくなるのである。

任期中と帰国後の別なく，多くの協力隊員は現地滞在を通じて得た自己の成長に言及する。協力隊事業を全体論的にとらえるならば，「青年の成長」は，成果の一部として扱うことは可能であろう。そのことを考える際に重要なことは，個々の協力隊員が置かれている社会的・文化的環境との関係において彼らの「成果」をとらえる必要があるということである。前出の伴は次のように述べる。

> 「（南北問題の）格差の原因を探れば探るほど実は"マンパワーの質の問題"であることがわかる。しかもそれが社会体質と深くかかわり合っており，さらには"価値観"を離れて考えられないものを包蔵しているのである」（伴，1978，11-12頁），「民衆レベルに接してみると，その大多数が在来のしきたりと先祖以来の生活リズムで生き続けていくことに，なんの疑念もさしはさんでいないのにまず驚く。そういう人々にとってみれば，協力活動だといって自分たちのリズムを乱されてはかえって迷惑なのである」（伴，1978，41頁）。（下線筆者）

協力隊員が活動するそれぞれの任国には独自の価値観や慣習に根ざした社会があり，彼らはそれらを内面化した人々と「一体となって」活動することになる。協力隊を一括してとらえるのではなく，派遣地域ごとの社会的・文化的特性を踏まえた上で「成果」を議論する視角が，協力隊事業をとらえる上でより精度の高い実態把握につながるのではないだろうか。

そこで本章では，隊員が派遣される地域の社会および文化にかかわる特定文脈で協力隊を包み込むことによって見えてくる協力隊の地域的実態を示し，隊員活動の成果を見る社会文化的視点の可能性を提示したい。なお本章では，具体的な対象地域として太平洋島嶼地域を取り上げる。同地域は，2014年7月時点における隊員数が140人であり，全世界に派遣されている隊員総数の5％に過ぎない。しかし逆に，規模が小さくかつ島国であることによる隔絶性や，人々が暮らしの中にある自然環境や強い相互扶助性で結ばれた人間関係のもとにあり，またサブシステンス（自給自足的生業）経済やレント収入などの産業外の要素が顕著であるという経済のあり方に関する一般的特徴を有していることから，他地域とは異なる社会的・文化的個別性を示しやすい。その点から同地域は，本章の研究課題を検討する対象として適切であると考える。

本章の構成を簡単に述べると，続く第2節では，太平洋島嶼地域の特徴を主に島の人々の経済文化に関する一般状況を中心に述べる。第3節で協力隊事業を含むわが国の太平洋島嶼地域向け支援の概況に触れた後，第4節では同地域に派遣されている隊員へのインタビューを通じて彼らと現地の人々との業務上の関係性や日常の中から彼らが感得する現地の人々の気質や暮らしへの思いなどを明らかにする。そして第5節において，隊員たちが派遣前に予期していなかった現地の人々の現状改善意欲の低さに驚き，そして落胆するものの，徐々にその姿を肯定するようにもなる点に注目し，そのギャップを理想的な隊員像としての「現地の人々との相互交流」によって埋めていることを指摘する。落胆を起点とするそのような個人的変化，すなわち地域社会や文化の個別事情の内面化を通じて自己成長を経験する姿は，単に隊員だけでなく現地の人々の記憶にも一種の「長期的成果」として刻印されうることを指摘して結論とする。

本章に係る隊員およびシニアボランティア，JICA 支所員，日本大使館員，隊員のカウンターパート等へのインタビューは，2006年11月にトンガおよびサモアで，2008年9月にフィジーで，2011年9月にパラオで，2012年2月にミクロネシア連邦ポーンペイ島で，2012年11月および2014年2月にソロモン諸島で実施した。インタビュー対象者は，トンガで13人，サモアで16人，フィジーで7人，パラオで19人，ミクロネシア連邦で7人，ソロモンで17人であった。また，6人の帰国隊員へも東京のJICA 地球ひろばにおけるインタビューや，メールによる聞き取り調査を行った。なお，筆者は1987年から1989年まで協力隊員としてソロモン諸島で活動し，その後も継続的にソロモンを中心に人類学的調査を行っている。

## 2　レント・産業・サブシステンス：太平洋島嶼の「豊かさ」[(4)]

太平洋島嶼地域（**図8-1**）は，主に北西太平洋から中部北太平洋に及ぶミクロネシア（パラオ，ミクロネシア連邦，マーシャル諸島，キリバス，ナウル），西部太平洋海域に広がるメラネシア（パプアニューギニア，ソロモン諸島，バヌアツ，フィジー），中部および東部南太平洋のポリネシア（サモア独立国，トンガ，ツバル）の3つのサブ地域に分かれる。ただし，この区分は一定の自然的，文化的，言語的，遺伝的特徴を示してはいるものの，厳密な分類ではなく，あくまでも地理上の便宜的な区分である。ゆえに，「ネシア」間はもちろんのこと，同じネシア内でも異なる政治的，経済的，社会的，文化的諸事情を抱えている。

太平洋島嶼地域における経済状況は，規模が小さい上に輸送コストやインフラ等にかかるコストが高く，「規模の経済性」を享受していない，貿易収支の慢性的な赤字とそれを埋めるための資金を外国からの援助等に大幅に依存している，

図8-1　太平洋島嶼地域図

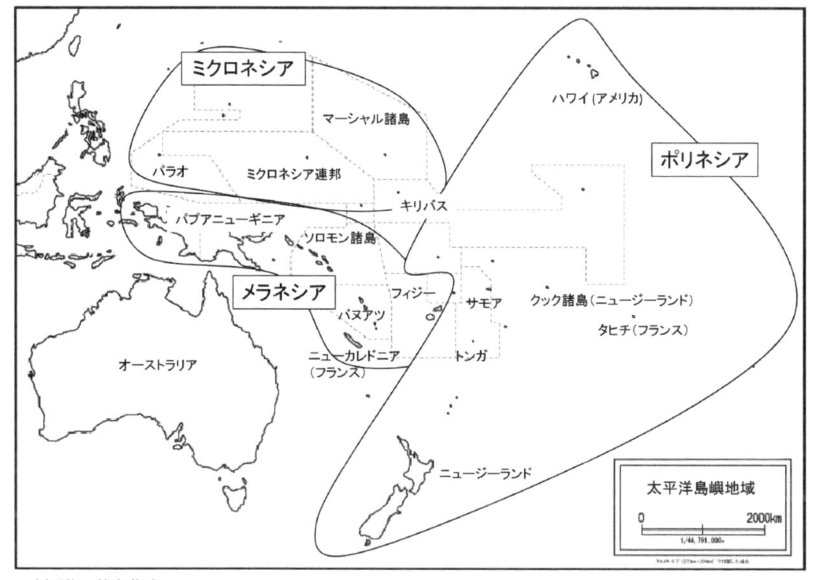


(出所)　筆者作成。

太平洋島嶼諸国間の貿易が著しく少ない，などの特徴を持つ。さらに，国内においては，伝統的生産部門と輸入部門を主体とする近代化（市場化）部門の二重構造的共存も見られる（嘉数，1986，53-57頁）。

この地域における基本的な経済的要素は，レント，産業，サブシステンス経済の3つに大別される。レントは，海外からの送金や，外国や国際機関などからの開発および財政援助，天然資源採取など，自国の生産力の拡大と直接関係のない収入のことである。レントにはこれら以外にも自国の排他的経済水域内で操業する外国漁船に対して行う入漁料徴収からの収入，政府歳入を補填するために設立された基金（例えばキリバスの歳入均衡化準備基金やツバル信託基金）などから得られる収入も含まれる。太平洋島嶼国の場合，ミクロネシア3国（パラオ，ミクロネシア連邦，マーシャル諸島）は，米国との間に自由連合協定（コンパクト）を結んでおり，それに基づく経済援助が国家財政の50％以上を占めている。また，パプアニューギニアは銅，金，木材，石油を，ソロモン諸島が木材，金，ニッケル，アブラヤシ油を主要な輸出品目とし，そしてパラオやフィジーが美しい自然景観を観光リゾート振興に利用している。これらは，「産業」に属する経済活動ではあるが，その非稼得的な特徴から，レント収入の一部に含めることができよう。つまり太平洋島嶼地域は，産業振興に見える側面も含めてレント収入に依存するレンティア国家の特徴を持つということである。

レントの主要な構成要素である外国からの援助は，主にオーストラリア，ニュージーランド，英国，米国，日本，台湾，中国，欧州連合（EU）などから拠出されている。それらは，財政支援や産業基盤のためのインフラ整備など，いわゆるハコモノ援助を通じて西洋的な意味における島嶼国の「近代化」を支援してきた。貨幣経済の浸透や，官民による人的交流などによって持ち込まれる「低開発言説[5]」を通じて，人々は物質的欲求や，学校教育や都市的な暮らしなどの「輸入されたもの」への欲求を増幅させてきた。

しかしそれでも，この地域ではサブシステンス経済が人々の日常生活の中に維持されている。すなわち，人々は自給自足的な生業活動を行い，地縁・血縁関係のもとにある人々と相互的で親密な関係を維持した生活を営んでいる。農産物は近隣の青空市場などで販売する換金作物としての側面はあるものの，産業としての農業ではなく，あくまでも根茎類，緑黄色野菜，豆類等を栽培するための農作業であり，漁業ではなく漁撈，林業ではなく森林利用にとどまっている。小林は，サブシステンス経済の存在が，結果的に人々の暮らしの「豊かさ」を支えている点を強調する（小林，1994，242頁）。また彼らの「豊かさ」は，経済的側面だけでなく，相互扶助を基盤とする伝統的社会システムにも支えられている。都市部を除いて（あるいは都市部においても）人々は基本的に血縁・地縁関係に基づいた社会生活を営んでいる。彼らは食料などに不足が生じれば自らの日常的関係性の中から他者に依存し，必要物を調達する。いわば「無くても何とかなる」社会である。皆が同程度の経済状態の下にあるという意味で「貧困」を共有しているとも言える。相互に支え合うという関係性の「豊かさ」が，そこにはある。

サブシステンス経済に基づく島嶼社会の「豊かさ」を，フィスクは「サブシステンス・アフルエンス」と呼ぶ（Fisk, 1982）。それは，人々が所有する土地などの天然資源から，彼らが日常的に消費する量の食糧や，伝統的な振る舞いに必要な労働を確保するために使われる余剰を産出することができることである。これは土地に対する人口圧が低く，必要かつ十分な労働力が存在し，商業経済との結びつきが限定的であるところで起こりうる。したがって，人口増加や換金作物の流通，大規模森林伐採や牧畜などの新しい生業活動が外部から持ち込まれることによって，サブシステンス・アフルエンスは脅かされることになる（Fisk, 1982, pp. 1-2, 5-6, 11）。

経済学のバートラムとワッターズは，サブシステンス・アフルエンスの存在を議論の前提にして，太平洋島嶼地域における経済の特徴を「ミラブ（MIRAB）」という概念を用いて説明した。バートラムらは，これらの島社会における経済が，基本的には移民（MI：migration），送金（R：remittance），援助（A：aid），官僚機構（B：bureaucracy）の4要素の結びつきによる近代的部門と，それを補完する伝統的なサブシステンス経済と海外に拡がる親族のネットワークなどによって形成されていると述べる（Bertram and Watters, 1985; Bertram, 1986）。近代部門だけでは生活の再生産が果たされないことを自明のこととして，それをサブシステンス・アフルエンスや人々の伝統的紐帯が埋め合わせる構造である。

しかしそのような人々も，近代的（西洋的）物資，食料，施設の不足や，学校教育や資本主義的な経済機会（例えば開発プロジェクトや賃金労働）などの近代的諸制度に習熟していない現実に直面するとき，現状を「異常な状態」と認識し，自らの「貧しさ」を強調しはじめる。その意味において開発は，とりわけ太平洋島嶼地域においては，「豊か」であるという現状認識を「貧しい」に転化させる言説の力が作用することによって生じる現象とも言える。そのような力の担い手は，概ねNGOや政府関係者，地元出身の学歴エリートや都会生活者など，近代（西洋的）世界との関わりを強く持つ人々や，集団，組織である。また，伝統的な文脈における儀礼的行為が「貧困」を意識させる機会になることもある。例えばサモアでは，伝統的な交換儀礼が結婚式や新生児の誕生祝い，マタイと呼ばれる伝統的首長の就任式，葬式，キリスト教会の落成式などに行われ，それはその儀礼を執行する親族集団にとって対外的，対内的双方において重要な意味を持つ。近年，それが自集団の名誉をかけて行われるものであるためその名誉を維持するための交換財として，「現金」の占める地位が極めて高くなっている（山本, 1998）。食料を自給できてもそれを現金化する市場や機会に恵まれない一般のサモア人においては，彼らに本来備わっているはずの「豊かさ」が伝統的交換儀礼の「圧力」によって，「貧しい」状況に転化するのである。

このように，一般に太平洋島嶼社会は，「豊か」でもあり「貧しく」もあるという，アンビバレントな状況にある。それは，サブシステンス経済を中心とする日常生活に対する人々の価値判断が近代（西洋）的であったりそれとは異なるものであったりと，移ろいやすいことに起因する。人々は常に「豊かさ」と「貧しさ」の間を文脈に応じて移動しているのである。

## 3　太平洋島嶼地域と協力隊

### （1）　協力隊による支援

太平洋島嶼地域に対する日本の政府開発援助（以下，ODA）の拠出額は，2012年には全世界に対する二国間 ODA 総額の約1.6％であった（外務省国際協力局，2014，859頁）。そのうち，協力隊事業を含む技術協力事業へは5992万米ドル（太平洋島嶼地域向け ODA 全体の46.8％）が拠出されていた（外務省，2014，139頁）。この地域に対する支援額は2005年度の0.9％以降徐々に増え続け，2010年度と2011年度には2.4％に達している。2009年にパプアニューギニアへ，2012年にはバヌアツへの円借款供与が決定されたものの，二国間 ODA の中心は，無償資金協力と協力隊派遣や研修員受け入れなどの技術協力である。近年では，廃棄物管理・運営能力向上のための支援やサンゴ礁保護などの沿岸生態環境の劣化に対する支援のほか，地域全体の自然災害に対する備えを強化する試みや，気候変動による海面上昇への対応を支援する広域協力なども活発に行われている。

日本政府は，1997年から3年に一度，日本と同地域との関係を強化する目的で，太平洋島嶼諸国の首脳を日本に招いて「太平洋・島サミット（以下，PALM)」を開催している。2009年に開催された PALM5（第5回）における「北海道アイランダーズ宣言」では，太平洋環境共同体構想が打ち出され，「環境にやさしい太平洋」という共通のビジョンを探る方向性が打ち出された。2012年に行われた PALM6（第6回）では，自然災害への対応，環境・気候変動，持続可能な開発と人間の安全保障，人的交流，海洋問題の5点が次回の PALM までに取り組むべき中心課題として提示された。

**表 8-1** は2005年度から2014年度までの10年間に太平洋島嶼諸国に派遣された隊員の人数を国別，職種別に示したものである。3つの「ネシア」に共通して目立つ協力隊の職種は，人的資源分野，とりわけ小学校教師・教諭と環境教育である。またそれらに続いて理科教育・理数科教師も比較的多い。数は少ないが，トンガにおける日本語教育と珠算教育はいずれも20年以上継続的に同国に派遣され続けている。日本からの同地域向け ODA の全体的な流れは PALM において合意さ

**表8-1**　太平洋島嶼地域国別隊員派遣状況（2014年7月31日現在）

| 地域 | 国（人数） | 職種 |
|---|---|---|
| ミクロネシア | ミクロネシア連邦(8) | コンピュータ技術(1)／環境教育(2)／体育(1)／小学校教育(3)／小学校教諭(1) |
| | マーシャル諸島(9) | コンピュータ技術(1)／環境教育(1)／日本語教育(1)／小学校教育(3)／小学校教諭(2)／理数科教師(1) |
| | パラオ(7) | コンピュータ技術(1)／環境教育(2)／小学校教育(2)／小学校教諭(2) |
| | キリバス(6) | コンピュータ技術(1)／卓球(1)／日本語教育(1)／理科教育(1)／歯科衛生士 (1)／助産師(1) |
| メラネシア | ソロモン諸島(16) | プログラムオフィサー(2)／建築(1)／野菜栽培(1)／環境教育(2)／空手道(1)／教育行政・学校運営(1)／理数科教師(1)／植物学(1)／看護師(2)／作業療法士(1)／理学療法士(1)／医療機器(1)／防災・災害対策(1) |
| | パプアニューギニア(23) | コミュニティ開発(4)／村落開発普及員(3)／コンピュータ技術(3)／野菜栽培(1)／養殖(1)／PCインストラクター(1)／理科教育(2)／理数科教師(1)／薬剤師(1)／理学療法士(5)／感染症・エイズ対策(1) |
| | フィジー(24) | 野菜栽培(1)／自動車整備(2)／PCインストラクター(1)／環境教育(5)／美術(2)／日本語教師(1)／小学校教育(6)／小学校教諭(1)／看護師(1)／保健師(1)／栄養士(1)／高齢者介護(2) |
| | バヌアツ(16) | 村落開発普及員(1)／行政サービス(1)／土木(2)／自動車整備(1)／番組制作(1)／青少年活動(1)／環境教育(2)／音楽(1)／小学校教育(1)／看護師(2)／保健師(1)／公衆衛生(1)／学校保健(1) |
| ポリネシア | サモア(17) | 野菜栽培(1)／家畜衛生(1)／Cインストラクター(2)／美術(1)／理科教育(3)／理数科教師(1)／小学校教育(7)／作業療法士(1) |
| | トンガ(14) | 村落開発普及員(1)／林業・森林保全(1)／自動車整備(1)／珠算(1)／日本語教育(1)／日本語教師(2)／体育(1)／小学校教諭(1)／幼児教育(1)／看護師(2)／歯科衛生士(1)／障害児・者支援(1) |

（注）（　）内は人数。
（出所）JICAウェブページより筆者作成（2014年9月8日アクセス）。

れた方向性が指針になるが，隊員の職種は，環境教育や，防災や感染症対策に関連したものなどを除いて，必ずしもそのようなODAの全体的なプログラムに直接合致しているわけではない。ある島嶼国のJICA支所関係者は，「(協力隊は)実質的に日本からの支援の柱である。現地の人たちの評判は圧倒的であり，本来の意味での人作りのための支援と言うことでは，最も効果的なのが協力隊である」と述べていた。太平洋島嶼地域の協力隊は，中期的・長期的視野から，草の根レベルで社会に入っていきそれぞれの国の中核を担えるような人材を育成したり，技術を伝えることを目的としている。

### （2）「やる気のない，適当な」太平洋島嶼民

しかし，隊員の見方は異なる。太平洋島嶼国の人々が本気で自国を発展させようと考えているのか，よりよい社会をつくるために努力しようとしているのか疑問であるという話を，隊員からよく聞く。基本的に日本からの援助は，現地の人々の自立を促すことに本来の意義があるはずである。しかし，現地で活動する隊員たちは，任国の同僚たちに自立のために努力する姿勢やその意識が薄いことを感知し，落胆する。

「もしかすると，パラオの人には『自立』の概念がないのかもしれない。米国，日本，台湾，韓国から援助を受けているが，それに慣れてしまっている。最新型のパソコンを持っている人も結構いるし，車を2台持っている家庭も多い。家電製品も結構そろっている。タロイモやタピオカはいつでもある。努力してでも何かするという国民性ではない」（パラオ隊員）。

「現地の人々自身が『自分たちは明日あさってのことしか考えていない』と言っていた。実際良くも悪くもそのような人が少なくないという印象である。それは現在の生活に満足しているからである」（フィジー隊員）。

「自分の存在は，表向きは技術指導ではあるが，実際には働きたくない人の代役にすぎない。授業を隊員に任せて，他の教師は職員室でおしゃべりしているということもある」（パラオ隊員）。

「『来ない』『遅れる』『さぼる』の3点セットがカウンターパート（教師全員）の姿である。授業の準備をして，やって，振り返る，ということを実践している先生は2～3人のみ。それ以外は習ったことをそのままやっているだけ」（ミクロネシア連邦隊員）。

「ソロモンらしさといえば，『適当』なところだろうか。自分のたちの未来を考えている人なんていない。1週間の計画も立てられないのだから，今後のことなど考えるはずもない」（ソロモン隊員）。

「ここまで援助慣れして，自助努力しない人たちは珍しいと思う。現地の人のやる気，自分に還元しようという意欲が低い」（ソロモン隊員）。

「ソロモンの人は現状で満足しているようだ。今の生活に心底不満を言う人は少ない。『ソロモンはいい国』とも言う。働かないで家にいる人でも働いている人でも同じことを言う」（ソロモン隊員）。

「フィジーは援助慣れしている。何でももらえると思っている」（フィジー隊員）。

「サモア人は向上心に欠ける。隊員が入ると，人員が１人増えて楽になる，という感覚があるように思えてならない。隊員がいることで依存されてしまう。同僚の中には，ただ昼寝だけして帰宅してしまう人もいる」（サモア隊員）。

「現地の人は甘えることに慣れている」や，「今より上に行きたいというのではなく，今より下に行きたくない人たち」と述べる隊員もいる。隊員が来たからあとは任せます，物が壊れたらまたもらえばよいという発想は，太平洋島嶼の人々に少なからず存在する。ミクロネシア連邦のある高校生が，「米国からのコンパクト援助が来なくなっても日本がいる。日本がだめなら中国からもらえばよい」と語っていたという[(6)]。世代を越えて「援助慣れ」が子どもにも伝わり，一種の「文化」にすらなっている。基本的には，援助を含むMIRAB経済的な特徴に基づく「豊かさ」によって彼らの「やる気のなさ」が導かれ，隊員の「落胆」を生み出しているとも言える。そしてそのことは，配属先における隊員自らの存在のあり方に対する思いにもつながっている。以下ではそのことを，後任要請を行うか（行ったか）どうかに関する問いかけを手がかりに考察する。

派遣中の隊員は，赴任して１年を過ぎた頃になると，職場や活動の実情と将来構想に照らして自分の任期満了後にも協力隊員を必要とするか否かの意見を求められる。隊員に後任要請の有無について尋ねると，その返答の中に「労務提供型（人材補充型）」に関する語りがよく出てくる。単なる人材補充，あるいは現地の人材が足りていても単なる一スタッフとして職場に存在していることへの疑問である。

「後任要請はしない。隊員が派遣されても結局ずっと同じ状況が続くだけである」（パラオ隊員)。

「後任要請については迷うところである。来ると結局その後任も『甘えられる』。でもいないと，教材研究，教員育成の部分をしっかりできず，問題解決に至らない」(パラオ隊員)。

「後任はいらない。いる意味に疑問を感じる。できる範囲が極めて限られているので，日本からボランティアをわざわざとる必要はない。サモア人だけで十分である」(サモア隊員)。

「この職場にボランティアが必要だろうかという疑問はある。実際彼らだけでも成り立っている。この職場がボランティアを求めているのは，日本とのつながりを維持したいから。自分の後任はいなくてもよいかもしれない」(ソロモン隊員)。

「後任不要」の最大の理由は，結果として自分が配属先において単なる人材補充要員として存在していること，ゆえに業務の改善などにつながらないことへの不満である。隊員が職場に入ることで１人当たりの作業負担が軽減されるという発想を現地の同僚たちが抱いているとすれば，「ボランティア精神」に基づいて着任した者には苦痛であるかもしれない。中には，「(現地では) 物も豊富で，住むところに困っているわけでもなく，インフラもよく整備されている。人々が物を買えないぐらい困っているかといえばそうでもない」と述べ，日本からの援助の必要性や JICA の存在意義にさえ疑問を感じる隊員もいた。

その一方で，後任要請を行っている隊員も少なからずいる。中には，「プロジェクトがあるから後任要請は当然と思い，深く考えずに要請した」という理由や，自らの活動を通じて，より隊員派遣の必要性の高い部署や役割の存在に気づき，それを「後任」として要請する場合などもある。自らの状況が労務提供型（人材補充要員）であったとしても，そのこと自体に大きな疑問を抱いていない隊員は，次のように述べている。

「後任要請をしている。ここでは指導者というより，１人のスタッフとして働いている。人材補充要員であっても，別に構わないのではないか。確かに自分がいなくなっても職場は機能する。それは日本でも同じこと」(サモア隊員)。

「職場ではマンパワー（人材補充，労務提供）そのものである。本来の仕事はカウンターパートのフォローであるが，看護師なのでマンパワー的存在になっても仕方ないと思っている。日本と同じことをしてこちらの役に立てるのであれば，それはそれで構わない。いずれ自分の指導方法をこちらの看護師がやってくれたらよいと思っている」（ソロモン隊員）。

「人材補充要員であっても，基本を大切にする看護師がいることでその職場のレベルが上がるのであれば，それはそれでよいのではないか」（パラオ隊員）。

太平洋島嶼国では一般に専門職の人材が著しく不足している。とくにポリネシアやミクロネシアの国々では，海外で専門的教育を受けても自国で職を得ず，より条件の良い海外に就職（あるいは転職）してしまう場合が多い。そのような一般状況において，現地から求められる隊員は労務提供（人材補充要員）型になってしまう。それぞれの国に役割を担える人材が不足しているから協力隊員のようなボランティアを海外に要請するのであり，その意味において隊員は全て「人材補充要員」であるはずである。問題はそのあり方である。隊員は基本的に技術協力を目的に来ている。単なる組織の歯車ではなく「改善」や「向上」を伝える，場合によっては指導することを念頭に置いて着任している。しかし，隊員たちが述べるように，現地の人々が基本的に向上心を持たない，現状維持でよいと思い，援助を待っているとすると，提言や独自の活動を精力的に行う隊員は「余計なこと」をする人ということになりかねない。しかし，まがりなりにも「現地の人々と一体となって」任国の発展に尽くそうというボランティア精神を発揮してやってきた隊員にとって，現地の人々との間に横たわる存在論的差異は座視できない。太平洋島嶼地域が「援助慣れ」して物が豊富で「豊か」で，それに依存し，サブシステンス・アフルエンスを背景にしたMIRAB経済的状況を無意識のうちに維持しようとしている人々によって構成されている，というリアリティを踏まえてこの地域の協力隊事業を理解する必要がある。

## 4　「豊かさ」への戸惑いと協力隊員の成長

一般に協力隊員は，職場の同僚たちが「やる気」を見せないことを指摘する傾向にある。しかし同時に，隊員たちの多くは，業務において苛立ちを覚えたとしても，逆に自分たち日本人にはない現地の人々の生活のあり方や異質な価値観を肯定し，それを現実として受け入れたりもする。

国によって事情は異なるものの，人々の間で物質的に支え合う関係性のもとにある太平洋島嶼社会の一般状況に対し，あるソロモン隊員は，「ソロモン人は食べ物に困っているわけではない。たとえ無くても人々は相互に助け合って生きている。首都に住む一般家庭ではプロパンガスを切らして補充できなくても薪をくべて普通に調理している。彼らがそれでよい（それがよい）と思っているのなら，近代化など考える必要はないのではないか」と述べていた。そのような思いの延長線上に，「援助は必要なのだろうか」「協力隊は要るのか」「JICA 自体不必要ではないか」と自らの存在に疑問を抱くこともある。

太平洋島嶼国に住む人々の特徴として物質的に「豊か」であることを指摘する隊員は少なくない。あるサモア隊員は，「このまま村に住み続け，世帯単位の小規模農業をやって生きていくのであれば，無理に近代化しなくてもよいのではないか」と述べていた。実際サモアの人々が物品を購入できないぐらい困っているかと問われれば，そのようなことはない。不便に見えることも貧しく見える様相も「彼らにしてみれば幸せな生活，足りている生活と言えるのかもしれない」という豊かさを指摘する発言は，筆者が訪れた太平洋島嶼国で活動する隊員たちからよく聞かれた内容である。

一方で，現地の人々が生活に困っているわけではなくても，彼らの生活にアクセントをつけるのが協力隊員の役割ではないか，と語る隊員もいた。個人の幸福感や食の面では「豊か」かもしれないが，そのような豊かさだけが将来の展望につながるわけではないという指摘である。また，彼らが今よりも金銭を必要とする生活を望み，海外に就学や就業の機会を求めるのであれば学校教育は必要であり，それに見合う協力隊員の派遣も意味のあることと述べる隊員もいた。

「自分がこちらの人に伝えるよりも学ぶことの方が多い。ここの人たちは，あたりまえに助け合って生きている。めちゃくちゃに見えるけれども，みんなも自分も幸せと感じている。自分の価値観に幅ができたと思っている。こういう暮らしや考え方もいいんじゃないか，という思いである。ここの人は本当にあたたかい。だから自分のここにおける存在に対する疑問を感じたことはない。自分がいてもいなくても大勢に影響ないのは当然のことである。それは日本にいても同じこと」（ミクロネシア連邦隊員）。

「村の暮らしを見ると，人々はあまり開発を望んでいないような気もする。口では誰もが仕事があれば（収入があれば）いいのに，とは言う。しかし，助け合って生きている。持っている人が持っていない人にあげるのが普通の姿である」（ミクロネシア連邦隊員）。

「任国の人々は親切で楽天的，そしてとても友好的。村では人々の結びつき，家族の結びつきが大事で，生活の中心に宗教があり，基本的にのんびりした生活である。一生懸命働かなくても生きていくことができる恵まれた環境であるため，開発，発展が遅いのだと思う」（フィジー隊員）。

のんびりして，大らかで，人に優しくフレンドリーで，家族や親族を大事にし，金がなくても助け合いながら幸せそうに暮らしている人たち。これは，国による濃淡の違いはあっても，太平洋島嶼の人々について隊員が感じる共通の特徴と言える。このことに関連してあるソロモン隊員は，「人とのつながりがこの地域の人々にとっての財産なのではないか。彼らは，物がなくても，どうしても必要となればツテをたどって何とかしてしまう」と述べていた。また別の隊員は，職場の同僚たちが新しいアイデアなどに意欲を見せないことに着任当初は疑問を覚えたが，「近代化したとしても，西洋的なものに染まらず，このような『らしさ』を失って欲しくない」と述べていた。これらは，「手厚い」援助を背景にした近代的「豊かさ」とは異なる，人とのつながりやサブシステンス・アフルエンスに根ざした「もう１つの豊かさ」に対する肯定である。いずれの「豊かさ」も隊員にとっては現地で活動することによってはじめて知りうる「想定外の」事実であった。

しかし，現地の人々や自らの置かれている環境に不満を持ち続ける隊員も，職場経験や生活に「慣れる」にしたがい，当初のカルチャーショックを中和している。現地の人々の「適当さ」に合わせて業務や生活を組み立て直し，彼らの内面に近づくことによってそれに対して寛大になり，彼らのペースに合わせられるようになったと自己を振り返る隊員が多い。成果に関連した発言としては，「ここでは成果を出そうと思わないことが大事である。熱心にあれこれやろうとすると逆に空回りする」というものや，「適当さは好きになれないが，仕事はする。それによって業務上の成果も出す」という発言もあり，これも「適当さ」に合わせている姿と見ることもできる。筆者がインタビューしたソロモン隊員たちの表現を借りれば，「力の抜き所を覚えた」「まあいいか，といった気持ち」「どんな環境でもやって行けそうな自分になった」「日本では非日常のことがここでは日常的に起こる」「こちらで活動していて気が長くなった。怒らなくなった。ある意味あきらめの気持ちかもしれない」などである。また，パラオの学校で教師として活動していた隊員は，現地の人々のプライドの高さに戸惑いながらも，「例えばプリントを用意して提案調で他の教師に話を持っていく」など，現地の人々の感情に配慮し謙虚に振る舞うことを覚えたという。あるJICA支所の調整員は，帰国隊員の多くが，環境の厳しさや日本との職場環境の著しい違いを乗り越え，どこでも生きていける自信をつけて任期を終えていることを指摘していた。

帰国日が近づいている隊員，あるいは帰国した隊員の多くは，前に引用したミクロネシア連邦隊員の発言にも見られたように，「教えるよりも多くのことを現地の人々から教わった」と述懐する。ここでいう「教わったこと」とは，専門性に関わることよりも，職場の同僚たちとの関係性であるとか，家族や親族との絆の大切さ，相互扶助的関係のすばらしさや「本当の豊かさ」の意味など，精神性に関わる事柄である場合が多い。カルチャーショックに慣れる過程とその結果自体が，隊員たちの言う「教えられたこと」を意味するとも言える。

## 5　太平洋島嶼という地域性から見た成果

以上を踏まえて太平洋島嶼における協力隊を「地域性」の観点からとらえると，次のようにまとめることができる。

太平洋島嶼の地域性として，「豊かさ」や「人々のつながりを財産とする（相互扶助性を持つ）」点があげられ，これにサブシステンスやレントなどの産業外要素が顕著であるという経済のあり方に関する一般的特徴が加わる。しかしこれらは，換言すれば，「適当な島嶼民」「やる気なく見える太平洋島嶼の人々」「働かない，向上心が見えない」「ただ援助を待っている人々」と読み替えることも可能である。多くの隊員は事前に予期していなかったこれらの現実に驚き，落胆し，同時にそれを肯定する。彼らは自らの内面に生じる落胆と肯定とのギャップを滞在期間を経る中で埋めている（あるいは，埋めようとしている）。それを埋めているのは，「理想的な隊員像」としての「現地の人々との一体化，相互交流」であり，それが両者間に介在することによってはじめて，隊員は地域性を内面化し，現地での活動を「自分のもの」とすることができるのである。多くの隊員は，理想的な隊員像として，現地に馴染んでいること，すなわち「仕事だけでなくそれ以外でも現地の人々とともに活動し，生活する姿」を異口同音にあげる。また，「そこにあるものから学ぶことができ，精神的に強い人。イライラしない，大らかな人」と，より具体的に指摘する隊員もいた。それらの内容は，本章の冒頭で述べた国際協力事業団法に見られる目的に掲げられた「住民との一体性」という文言に集約される姿と言える。しかし，そのような隊員像が具現化されたとしても，そのことが業務上の成果に結びつくわけではない。実際，前任者の仕事の痕跡が見えなくなることはよくあることである。すなわち，業務上の活動や成果が隊員の帰国後に残らないのである。現地社会に溶け込み，人々に教えられ，人々と「一体となって」活動するという隊員の本務と，いわゆる業務上の「成果」とは必ずしも相関するわけではない。職場の同僚や地域の人々との交流の中から，「あきらめ（いわゆる成果に固執しない)」「寛大になる」「力を抜く」という心的変化と，「近代的豊かさ」に対する価値観の変化を経験し，太平洋島嶼の「地域性」の中に自らの存在しうる場を見出している。「隊員の人間的成長」という「成果」を示すものと言えよう。

このような協力隊活動を通じて得られる「青年の成長」は，「教えるよりも多くのことを現地の人々から教わった」という隊員の常套句とともに一般的に他地域の隊員からも聞かれることであり，太平洋島嶼地域の隊員に限られることではない（例えば佐久間，1991，110-111頁)。これまで帰国隊員によって書かれた体験記は数多く出版されているが，その多くはこの文脈に沿うものである（例えば山田，2007；吉岡，1998)。

青年の自己成長という「成果」の背後に任国の現実に対する「落胆」の思いがその前提として存在していることもまた，一般的である。隊員報告書の読み取りを通じて隊員が抱く「理想」と「現実」のギャップについて論述した中村は，「現地の人々に意識改革を迫ろうとする試みの多くは挫折しているように感じられた。…（中略）…『どうしてここの人たちには直そうという気がないのだろう』と最終報告書においても技術移転の困難さを叫び続ける隊員もいた」(中村，2011，95頁）と述べている。「やる気」のなさは太平洋島嶼国だけの実態ではないが，本章の特徴は，その状態を導く地域の個別的事情，すなわち物資と伝統的関係性双方における「豊かさ」に焦点を当てた点にある。

この「やる気」のなさについて，元エチオピア隊員でジャーナリストの吉岡のように，今日も明日も１年後も同じ状態であることの何が問題なのかと問いかける声もある（吉岡，1998，214-216頁）。この発言に真理があるか否かについての普遍的な答えはないが，現地の人々と向き合う人類学者の姿にそのような問いに対する答えの一端が見出せるかもしれない。

人類学者は異文化社会における事象を理解する際に，現地の人々との同時間性と間主観性に留意することがある（Dwyer, 1982；Fabian, 1983；関根，2007）。人類学者は単に彼らを観察したり，彼らの行為を記録したりするだけでなく，彼らとの対話を含む様々な相互行為を繰り返しながら信頼関係を構築し，彼らの目線に寄り添おうと努めるのである。現地の人々の切実な思いや苦痛などと正面から向き合うそのような過程を通じて，人類学者は自己と彼らとの間に横たわる価値の対立状況における１つの答え（判断）を見つけ出そうとする。その姿は，任国の人々と「一体となって」活動することを理想としつつ，落胆を起点とする葛藤の中から彼らの思考や現実の理解に至る隊員の成長とも重なる。太平洋島嶼地域の人々は，問われれば皆，「進歩を望む」と答えるだろう。しかしそれを，自ら努力し，汗をかいて獲得することであると考えている人はそう多くない。日本人の労働観や価値観，援助観からすれば強い違和感を覚えるそのような姿勢も，それぞれの社会，それぞれの職場，それぞれの生活空間における人々と個々の隊員との相互交流の中から判断されるべきことであり，そこにこそ「真理」があるとも言える。

最後に，協力隊員の成果についてもう一点指摘しておきたい。現地の人々の中には，かつての協力隊員を懐かしく語る人がいる。例えば，ソロモンの大臣クラスの政治家の中には，「若い頃に隊員と一緒に仕事をしていた。よくバカ話をし，一緒にビールもよく飲んだ」と懐かしむ人もいた。筆者自身，ソロモンの首都や地方の町を歩いている時に現地の人に呼び止められ，見知らぬソロモン人が20年前，25年前の隊員の名前をあげ，思い出話をしていく，ということもあった。業務に関係することにおいて持続性のある目立った成果が得られなくても，『クロスロード』誌[(7)]に載るような広報的インパクトの強い活動がなくても，現地の人々の記憶の中に隊員の姿が明確に刻印されている場合が少なくない。このことが太平洋島嶼地域の地域性・個別性と言えるかどうかは今後他地域における同様の調査の結果を待たなければならないが，少なくとも現地の人々の脳裏に印されるこのような友好的な記憶は隊員の人間的成長によって育まれるものとも言え，太平洋島嶼地域における協力隊事業の「成果」を検討する際の不可欠な要素としてとらえることができるのではないか。協力隊事業あるいは個々の隊員の活動は日本と太平洋島嶼地域との間に「不可視の」絆を深めていく機能を有しており，その意義は決して小さくない。彼らの成果は常に中期的・長期的な視野でとらえていかなければならないのである。

自己成長する隊員の姿は，帰国後の隊員自身の生き様に映し出されるだけではない。現地の人々の「記憶」の中にも成果（思い出）として残されていくのである。

**注**

(1) 外務省・国際協力政府開発援助 ODA ホームページ　報告書・資料「青年海外協力隊事業評価調査報告書」を参照。(http://www.mofa.go.jp/mofaj/gaiko/oda/shiryo/hyouka/kunibetu/gai/seinen/th01_01_0201.html　2014年9月1日アクセス)

(2) 総務省行政管理局が運営する行政情報ポータルサイトを参照。(http://law.e-gov.go.jp/haishi/S49HO062.html　2014年8月31日アクセス)

(3) 外務省ウェブページを参照。(http://www.mofa.go.jp/mofaj/files/000014489.pdf　2017年11月10日アクセス)

(4) 本節は，関根，2009の第2節に多くを負っている。

(5) ある社会状態を「低開発（underdevelopment)」であると認識させるための，近代化主義に基づく言説。

(6) ミクロネシア地域にある日本大使館職員へのインタビューより。

(7) 協力隊事務局が発行する隊員やシニアボランティア向けの月刊誌。隊員らの現地活動の報告や特定のテーマに沿った座談会，途上国に関する情報などを掲載している。

**引用参考文献**

入江幸男，1999,「ボランティアの思想」内海成治・入江幸男・水野義之編『ボランティア学を学ぶ人のために』世界思想社，4-21頁。

外務省，2014,『2013年版政府開発援助（ODA）白書：日本の国際協力』外務省。

外務省国際協力局編，2014,『政府開発援助（ODA）国部データブック2013』外務省。(http: //www. mofa. go. jp/mofaj/gaiko/oda/shiryo/kuni/13_databook/pdfs/07-00. pdf　2014年9月1日アクセス)

嘉数啓，1986,『島嶼経済論』ひるぎ社。

小林泉，1994,『太平洋島嶼諸国論』東信堂。

佐久間勝彦，1991,「青年海外協力隊事業再考――“グローバル人材”育成の観点から」『聖心女子大学論叢』121号，95-123頁。

関根久雄，2007,「対話するフィールド，協働するフィールド――開発援助と人類学の『実践』スタイル」『文化人類学』72巻3号，361-382頁。
———，2009，「社会開発と自然環境——オセアニア島嶼の『個別性』」吉岡政德監修遠藤央ほか編『オセアニア学』京都大学学術出版会，163-174頁。
田村正勝，2009，「序章　ボランティア論——社会哲学による基礎付け」田村正勝編『ボランティア論——共生の論理と実践』ミネルヴァ書房，1-54頁。
徳田智機他，1999，「青年海外協力隊員の意識調査——人間的成長と日本社会への還元」『龍谷大学経済学論集』38巻5号，129-153頁。
中村安秀，2011，「一滴の絵の具——青年海外協力隊員報告書からの学び」内海成治・中村安秀編『国際ボランティア論——世界の人びととの出会い，学ぶ』ナカニシヤ出版，83-99頁。
伴正一，1978，『ボランティア・スピリット』青年海外協力隊シリーズ，講談社。
山田耕平，2007，『自分に何ができるのか？—答えは現場にあるんだ』東邦出版。
山本真鳥，1998，『儀礼としての経済：サモア社会の贈与・権力・セクシャリティ』弘文堂。
吉岡逸夫，1998，『青年海外協力隊（ボランティア）の正体』三省堂。
Bertram, G., 1986, ““Sustainabale Development” in Pacific Micro-economies,” *World Development*, Vol. 14, pp. 809-822.
Bertram, I. G., Watters, R. F., 1985, “The MIRAB Economy in South Pacific Microstates,” *Pacific Viewpoint*, Vol. 26, No. 3, pp. 497-519.
Dwyer, K., 1982, *Moroccan Dialogues: Anthropology in Question*, Johns Hopkins University Press.
Fabian, J., 1983, *Time and the Other: How Anthropology Makes Its Object*, Columbia University Press.
Fisk, E. K., 1982, “Subsistence Affluence and Development Policy,” *Regional Development Dialogue*, Special Issue, pp. 1-12.

# 第9章

# 「めげずに頑張り続ける力」はどこから来るのか

## ——パネルデータおよびインタビューによる分析——

佐藤　峰・上山美香

## 1　「グローバル人材」の前提としての「めげずに頑張り続ける力」

青年海外協力隊事業（以下，協力隊）は，多くの日本国民にとって真っ先に頭に浮かぶ国際協力活動であり，わが国と途上国を結ぶ大きな架け橋である。協力隊員の現地に根差した精力的な活動や人々との交流，帰国後の活躍など，彼／彼女らの雄姿を知る機会は多い，しかし，慣れない任地において，その時々に立ち塞がる様々な困難にどのように立ち向かい，克服・対処し，成長していくのか，その際に鍵となる支援のあり方は何かについてはあまり論じられていない。これらを把握することは，協力隊事業のみならず，国際開発に携わる若手人材の育成，国際的素養を身につけた若者が各分野において活躍することによる日本社会への還元といった，より広い意味でのわが国の国際貢献および国際交流の質を高める，「グローバル人材」育成のために欠かすことができない。

本章では，協力隊員が任期中様々な困難に直面しつつも，活動に対するモチベーションを持続させ，持てる能力を最大限に発揮し，帰国後も協力隊で培った経験を社会に還元し，国内外でその能力を開花させていくために何が重要かを，「めげずに頑張り続ける力」をキーワードに，定性・定量の両側面から分析し，提言を行っていく。

協力隊には，①開発途上国・地域の経済および社会の発展，復興への寄与，②日本と途上国・地域の友好親善および相互理解の深化，③国際的視野の涵養と経験の社会還元，の３つの目的があるが，50年の歴史の中，①から②，③へとその重点が変わってきた[(1)]。とくに③に関しては，近年「グローバル人材[(2)]」としての協力隊という新たな意味づけがされつつある[(3)]。確かに「グローバル人材」の３つの要件（異文化理解力，コミュニケーション能力〔語学力〕，社会人基礎力〔一般的なコンピテンシー[(4)]〕）を鑑みると，異文化・異言語環境にある隊員は，継続的な活動経験を通じて「グローバル人材」としての能力を涵養しうるという見解には一定の説得力がある。加えて，社会人基礎力の３要素（考え続ける力，前に踏み出す力，チームで働く力）の中でも一般に向上しにくいとされる，人との協働に関わる「チームで働く力」（渡辺ほか，2011）についても，偶然派遣された場所で出会った全くの他者と一からコミュニケーションを取り，活動を作り上げていく隊員活動は，その能力を向上させる可能性を持つと言えよう。

しかし現実を鑑みると，協力隊活動自体が様々な条件に阻害され，本人の力だけでは対処できないことも少なくはないようである。隊員機関誌『クロスロード』に長年連載されていた「失敗から学ぶ」には隊員活動がなんらかの事情で継続できない，またはうまくいかない経験談が掲載されてきた。2005年から2010年に掲載された70件を分析したところ，47件はお互いの話し合いや技術力で解決されると判断されるが，残りは，予算不足，治安問題，要請内容と現実との乖離といった隊員の裁量ではどうにもならない課題に遭遇している。これは実に３人に１人の割合である（**コラム８**参照）。

では，活動目標を立ててもそれが達成されにくい環境において，隊員の「グローバル人材」としての素養を引き出すのに肯定的な条件は何であろうか。本章で用いるデータを部分的に分析したところ，社会人基礎力の一部（前に踏み出す力およびチームで働く力）は，隊員の主観的な「（思う結果が出なくても）働きかけ続けた」という感覚と相関がある（内海・佐藤，2012）。また，活動がうまくいくことだけでなく，任地での生活や交友関係を前向きに楽しむことが，協力隊活動を継続した満足感を高めていることが明らかになった（山田ほか，2012）。

これらのことを踏まえ，次節以降，「めげずに頑張り続ける力」をキーワードに，協力隊員の活動への努力と活動の成果の決定要因を探っていくこととする。

## 2　分析枠組みおよび分析対象

### （1）　分析枠組み

本章では，異文化・異言語環境に置かれた隊員が，社会人基礎力を高め，「グローバル人材」としての能力を身につけるために重要な要素が，「めげずに頑張り続ける力」であると考える。初めて派遣される途上国では，生活環境や派遣先における事情など不確実性が多く，自分の力ではどうにもならない問題にも遭遇

**図 9-1** 自己効力感と隊員活動

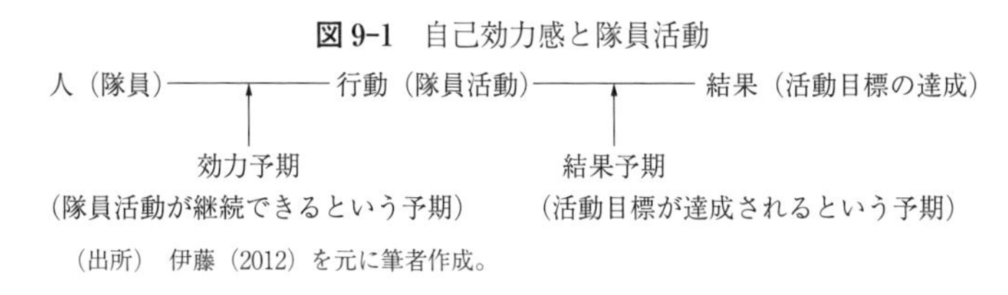


（出所） 伊藤（2012）を元に筆者作成。

する。様々な困難に直面しても，活動に対するモチベーションを維持し続け，諦めずに活動を継続することを通じて，社会人基礎力が醸成されるとの想定のもと，「結果が伴わなくとも，諦めずに活動を継続する力」はどこから生じるのか，諦めずに活動を継続し，最終的に満足いく結果を出すために必要なことは何かを検証する。

その際に，鍵となる概念が1977年に心理学者バンドゥラ（Albert Bandura）が提唱した「自己効力感（self-efficacy）」である。この概念は心理学の分野を超え，社会現象の説明枠組みとして広く採用されている（厚生労働省，2012；湯浅・仁平，2007など）。バンドゥラは，人間の行動変容は，他者の行為を観察・模倣し自己のものとすることからも生じること，そのような行為を可能とするためにも個々人が行為の主体である感覚を持つことが重要であるとした（Bandura, 1977；伊藤，2012）。その行為の主体であるという感覚の中核にあるのが，自己効力感である。これは，「自身の人生に影響する事象を自分で制御できるという信念，自身の能力への信頼感や自信，遂行可能感」と規定される（同上）。換言すれば「ある目標達成のために働きかけ続ければそのうち達成できるという予期・期待」と言えよう。つまり「自分にはできると思い行為を継続することが，実際にできることにつながる」という理論である。[(5)]

バンドゥラは，人が行動変容を起こすために必要な予期には効力予期（Efficacy expectancy，結果に必要な行動を自らが成功裡に実行できるという確信）と結果予期（Outcome expectancy，ある行動がある結果に至るだろうという予期）があるとし，前者の効力予期が自己効力感の中核をなすとした（池辺・三國，2014）。この概念を隊員活動・活動目標の達成と結びつけたのが**図 9-1** である。人（隊員）が行動（隊員活動）の継続を通じて結果（活動目標の達成）を出すためには，効力予期（自分は結果を出すための隊員活動が継続できるという信念）と結果予期（そのような隊員活動の継続が活動目標の達成をもたらすという期待）があるという位置づけになる。

効力予期と結果予期の関係については，一般に，両方が高い場合には積極的に行動を行い，効力予期のみ低い場合には劣等感を持ち，効力予期は高いが結果予期が低い場合には環境を変えるように働きかけ，両方が低いと無気力になるというような類型化が可能であるとされる（伊藤，2012)。以下の分析では，効力予期と結果予期の4分類を協力隊活動の事例に当てはめ，とくに効力予期は高いが結果予期が低い状態，つまり，現時点では活動の成果が出ていないが継続して協力隊活動に力を入れている状態の隊員に注目しつつ，協力隊員が諦めずに努力し続ける要因を探り，その結果，最終的にどのような変化が見られたのかを探っていく。

### （2）　分析対象：データセットとインタビュー対象者について

JICA 研究所では，2011（平成23）年度から2012（平成24）年度末まで，協力隊隊員個人レベルでの派遣前から任期を経て帰国するまでの意識・行動の変化を把握するために，全隊員を対象にして，①赴任前（派遣前訓練時），②活動期間中間点（派遣後およそ1年後），③活動終了時（帰国直後）の各時点で意識調査を実施した。現在，2011（平成23）年度派遣隊員（第2次，第3次，第4次隊員）について，派遣前から帰国直後まで，同一隊員の継続的なデータ（パネルデータ）が利用可能であるため，本章では，彼らを分析対象とした[(6)]。

質問票における調査項目は多岐にわたり，派遣前調査では，職歴・学歴，活動参加の動機，キャリアプランなど，派遣中調査では，活動状況，生活環境，ストレス・健康状態，交友関係，サポート状況など，帰国時調査では，活動成果，生活状況，交友関係，サポート状況，キャリアを含む今後の展望等について質問している。加えていずれの調査においても，生活への満足度や価値観に関する質問を行っている。

2011（平成23）年度の第2次隊から第4次隊は合計536人が派遣されており，そのうち523人が派遣前，派遣中，帰国時のいずれか少なくとも1回の意識調査に回答している。派遣前調査の回収率は全体で88％強であるが，2，3次隊では訓練期間中に時間を設けて一斉に回答してもらったため95％以上と極めて高くなっている。4次隊では web 回答方式に変更したため回収率が減少している。同様に派遣中調査も web 調査であるため，ネット接続環境等の影響で，回収率が66％と他に比べて若干低くなっている。帰国時調査の回収率は76％である。

**表 9-1** 効力予期（活動への努力）と結果予期（活動成果）の関係に見る協力隊員の分類

| | | 結果予期高い<br>活動がうまくいっている | 結果予期低い<br>活動がうまくいっていない |
|---|---|---|---|
| 効力予期高い | 活動目的達成に力を入れている | A：積極行動<br>（211人） | B：環境に働きかける<br>（64人） |
| 効力予期低い | 活動目的達成に力を入れていない | C：劣等感を持つ<br>（33人） | D：無気力<br>（39人） |

（注） 任期中調査のサンプルを基に計算。
（出所） 筆者作成。

パネルデータの観点から見ると，3時点全ての調査に回答している隊員は264人で，全派遣者のほぼ半数である。次に多いのが派遣前と帰国時の2時点で回答した隊員で約20％を占める。派遣前と派遣中の2時点でデータがある隊員も11％おり，約9割の隊員が少なくとも2回以上の調査に回答している[(7)]。なお，以下の分析では，それぞれ分析対象が異なり，完全なパネルデータになっているサンプルのみならず，派遣前と帰国時，派遣中と帰国時など2時点のデータを用いることもあり，使用する説明変数も異なることから，推計ごとのサンプルサイズが異なることに留意願いたい。

さらに，定量的な意識調査に加えて，派遣中の調査において協力隊活動における効力予期は高いが期待予期が低いとされる隊員（**表 9-1** のBグループ）を対象として，定性的調査（構造的インタビュー）を実施した。対象となる隊員64人のうち，帰国時インタビューへの協力を可とし，実際にアポイントメントがとれた隊員14人に対し，帰国時オリエンテーション時にインタビューを実施し，内容については隊員報告書により三角検証を行った[(8)]。以下がインタビュー項目である。

① 基本情報（生年月日，出身地，任地，要請内容，配属期間などについて）
② 子ども・学生時代の経験と参加動機：どんな子ども・学生時代を過ごし（途上国のイメージや関わり，途上国経験など），どんなきっかけで協力隊に参加されましたか。
③ 現地での暮らし：現地ではどんな暮らしをされていらっしゃいましたか（衣食住を中心に）。
④ 協力隊活動や現地での暮らしでの満足感：協力隊活動や現地での暮らしを通じてどんな満足感や楽しさを体験されましたか。

⑤　協力隊活動や現地での暮らしでの不満：協力隊活動や現地での暮らしを通じて，うまくいかないと思ったことはありますか。
⑥　⑤の際の対処方法，欲しかった支援：その時にはどのように対処されていましたか。また，どんな支援などがあればよかったと思われますか。
⑦　協力隊参加による主観的変化：協力隊に参加してみて感じられるご自身の変化はありますか。
⑧　達成度と努力度の変化：隊員活動を終えてみてご自身の達成度と努力度をどう評価しますか。

本研究のユニークな点は，派遣地域，職種等を問わず，協力隊員全員に対して，派遣前から帰国までを通じた意識，活動状況の変化を見ることができる点にある。加えて，包括的なデータセットを用いた定量的な分析のみならず，対象者を限定し，より詳細なインタビュー調査を試みている。これまで，協力隊の現地活動に関する考察は，職種を限定したインタビュー調査，隊員報告書の分析を中心に行われており（高橋・中村，2007；佐藤ほか，2010など），包括的なデータに基づいて定量と定性を組み合わせて協力隊員全体を論じた研究は非常に少なく，本研究の意義および独自性はその点にあると言える。

## 3　活動状況と活動目標達成への努力から見る「めげずに頑張り続ける力」

### （1）　活動への力の入れ具合（効力予期）と活動成果（結果予期）による隊員の分類

効力予期と結果予期の概念を表す指標として，任期中に実施した意識調査における「活動目標達成への力の入れ具合」と「活動がどの程度うまくいっているか」の２つの質問項目を用いて，協力隊活動における「めげずに頑張り続ける力」を分析する。効力予期と結果予期の程度によって隊員を４つのグループに分類したのが表9-1である。[(9)] 派遣中の調査において，「活動目的の達成への力の入れ具合」に対し「非常に力を入れている」もしくは「力を入れている」と回答し，「活動がどの程度うまくいっているか」の問いに対しても「非常にうまくいっている」または「多少うまくいっている」と回答した効力予期，結果予期ともに高いグループ（グループA）が全体の60％強を占める。協力隊員の過半数が，活動への努力が成果に結びつき，積極的な行動が期待できる良い状態にあると言える。

その一方で，活動には力を入れているが，活動成果に関しては「あまりうまくいっていない」もしくは「全くうまくいっていない」と答えた，結果が出ずとも高い自己効力感を持つグループ（グループB）は全体の18%である。また，活動への力の入れ具合は低いものの活動の成果については高く評価した人々（グループC）は10%であり，同様に，活動もうまくいかず，活動に力を入れることもしていない無気力状態のグループ（グループD）も着任後1年程度で10%以上存在する。活動そのものが（あまり／全く）うまくいっていないと答えた隊員は全体の約3割いる一方で，活動自体に力を（あまり／全く）入れていない人は約2割と少なくなっている。

任期半ばでの自己評価では表9-1のように分類されたが，それぞれのグループに属した隊員は，その後どの程度活動目的達成のための努力を行い，どの程度の成果を出し，帰国時調査の時には，どのグループに属したのであろうか。多くの隊員は，任期中一貫して同程度の努力を続け，帰国時にも同じような活動成果への評価を下すのであろうか。それとも，赴任初期には生活環境への適応や活動への制約の違いが活動成果に大きく影響を及ぼすため，なかなか成果を出すことができなかった隊員も，環境への適応や他者との関わり，支援等を得て，活動を軌道に乗せ，最終的には良い成果を出すことができているのであろうか。反対に，任期途中でモチベーションを下げてしまった隊員は，その後の活動を立て直すことができるのだろうか。本章の問題関心である自己効力感と諦めずに継続する力がその後の達成感および満足度にどう繋がるかに焦点を当てると，任期途中には活動はうまくいかないものの努力を続けている層（表9-1グループB）に属する隊員たちが，帰国後，隊員生活を振り返って，どれだけ頑張り，どのような成果を達成し，満足感を得，自信と能力をつけたのか，自己評価の結果に興味がわく。

**表9-2**は，派遣期間中と帰国時の両時点において属する分類がどのように変わったか，推移の傾向を見たものである。縦軸に任期中調査時の活動成果と努力水準を基にした分類，横軸に帰国時調査の時の回答を示した[10]。任期中と帰国時でグループカテゴリーが変化しない隊員は約6割であり，残り4割はグループが変わっている。そのうち最も多いのは，努力は続けていたものの最終的な活動成果が下がってしまった隊員（グループAからBへの移動）であり全体の1割以上を占める。その一方で，頑張り続けたことで成果が出た隊員（グループBからAへの移

**表 9-2**　任期中調査時と帰国時調査における類型グループの推移割合

（単位：％）

| 任期中調査時 | 帰国時調査時 | | | |
|---|---|---|---|---|
| | A | B | C | D |
| A | 47.0 | 11.0 | 1.9 | 1.9 |
| B | 6.1 | 8.3 | 0.4 | 1.9 |
| C | 4.9 | 1.9 | 1.1 | 1.5 |
| D | 4.2 | 3.8 | 1.5 | 2.7 |

（注）　全体を100％とした時の内訳を表す。
（出所）　筆者作成。

動）も全体の６％であり，任期中にグループＢであった隊員の36％に活動成果の改善が見られる。グループＢのまま変化していない隊員は半数であり，成果が出ないため努力も止めてしまった隊員（グループＢからＤへの移動）は約１割である。やる気はあまりなかったが活動成果が出ていたグループＣの中には，活動が順調なことからやる気を出し，活動成果・力の入れ具合ともに良好になるケースもあった（全体の約５％）。

興味深いのは，活動成果も出ず全くやる気もなかった「無気力」とされるグループＤに属する隊員の中にも，帰国時の調査では活動に力を入れ成果も出すグループＡに移行した人が多くいた点である。任期中調査時にグループＤに分類された隊員のうち，そうした人は約35％を占める。また，成果までは出すことができずとも，無気力状態から活動への努力をするようになった隊員（グループＤからＢへの移動）も30％以上おり，派遣中にグループＤ層であった隊員の75％以上が少なくとも活動に対して努力をするようになっている点は注目すべきである。帰国時調査でもグループＤのままであり，変化がなかったのは約２割のみである。派遣中調査時には全体の12％がグループＤに分類されたのに対し，帰国時には約７％に減少している。

これらのことから，派遣期間を通して，隊員が変化する何らかの「きっかけ」があったのではないかと推測できる。そこで，以下では，どのような人が活動目標達成に力を入れ，また，活動成果を出しているのか，各グループに分類される人の属性と特徴，環境要因について分析する。

**表 9-3** 努力水準，活動成果の決定要因に関する推計結果

| 被説明変数 | 力の入れ具合 | | | | 活動成果 | | | |
|---|---|---|---|---|---|---|---|---|
| | (1) | | (2) | | (3) | | (4) | |
| | 回帰係数 | | 回帰係数 | | 回帰係数 | | 回帰係数 | |
| 性別(1：男性, 0：女性) | −0.08 | (1.83)* | −0.09 | (2.08)** | −0.49 | (1.91)* | −0.41 | (1.59) |
| 年齢 | 0.00 | (0.67) | 0.00 | (0.57) | 0.04 | (1.31) | 0.04 | (1.24) |
| 信頼レベル | 0.15 | (2.96)*** | 0.14 | (2.80)*** | 0.18 | (0.63) | 0.21 | (0.73) |
| サポート全般 | 0.00 | (0.47) | | | 0.12 | (3.51)*** | | |
| 同僚のサポート | | | −0.01 | (0.40) | | | 0.23 | (2.73)*** |
| 上司のサポート | | | −0.01 | (0.78) | | | 0.14 | (1.62) |
| JICA のサポート | | | 0.03 | (2.12)** | | | −0.01 | (0.09) |
| 活動に対する制約 | 0.04 | (1.59) | 0.04 | (1.63) | −0.25 | (1.92)* | −0.24 | (1.87)* |
| 派遣前準備 | 0.04 | (2.63)*** | 0.05 | (2.73)*** | −0.05 | (0.53) | −0.06 | (0.61) |
| 現地への溶け込み | 0.09 | (1.96)** | 0.09 | (2.05)** | 0.01 | (0.06) | 0.00 | (0.00) |
| 隊員間相互活動 | 0.06 | (2.43)** | 0.05 | (2.26)** | −0.10 | (0.81) | −0.09 | (0.69) |
| ストレス度 | 0.02 | (0.58) | 0.01 | (0.34) | −0.64 | (3.84)*** | −0.62 | (3.70)*** |
| サンプル数 | 313 | | 313 | | 313 | | 313 | |
| | OLS | | OLS | | ordered logit | | ordered logit | |

（注） 推計（1）（2）カッコ内は t 値。推計（3）（4）カッコ内は z 値。（有意水準：＊10%，＊＊5％，＊＊＊1％）
推計には定数項を含む。
（出所） 筆者作成。

## （2）「力の入れ具合」と「活動成果」の決定要因

どのような人々が活動目的の達成に力を入れ，活動成果を出しているのか，任期中に実施した意識調査のデータをもとに個人の特性と努力水準および活動成果の関係を見たのが**表 9-3** の推計結果である。この表で示される推計は，いずれも 4 段階で示される活動目的達成への力の入れ具合（努力水準）と活動成果を被説明変数として，その要因を隊員の属性や人間関係，任地での状況，サポート体制などから検証したものである。

説明変数として，性別，年齢，語学や技術のスキルアップ，情報収集など派遣前の準備状況，隊員の周囲の人に対する信頼レベル，任地で受けた支援のレベル，活動を行う上での制約の多さ，隊員同士のコミュニケーションや相互活動の頻度，現地への溶け込みに関する自己評価，ストレスの程度を用いた[11]。周囲の人に対する信頼レベルについては，それぞれ 4 段階で示される親，友人，同僚，近所の人に対する信頼度を足し合わせ全体的な信頼度とした。任地での支援に関しては，全体的なサポートとともに，上司，同僚，JICA からの個別サポートの有無についても考慮に入れた。活動への制約に関する変数は，実際の活動内容と隊員派遣

要請時の内容の違い，配属機関の相違や変更，カウンターパートの不在といった活動開始の障害となる問題の数を足し合わせた値である。現地への溶け込みに関する自己評価は，現地に溶け込めたと思う時期に関して赴任後半年以内とした人を1，そうでない人を0とする変数である。ストレスについては，居住環境，人間関係，活動内容，言葉，治安，健康，自身の技術，今後のキャリア，日本の家族に対して，それぞれ7段階でストレス度合を聞いたものを平均した値を用いた。

推計の結果，活動の努力水準，活動成果ともに，女性のほうが有意に高く，また，派遣に際して事前準備をきちんと行い，他者への信頼度合いが強く，早くに現地になじみ，他の協力隊員とも関わりを深く持つ隊員が，様々な活動により力を入れている傾向が明らかとなった。派遣前からやる気があり，積極的な行動をとることができる人が，意欲的に活動に取り組むことは，想像に難くない。サポート全般については有意な結果は出ていないが，支援元を同僚，上司，JICA に分類したところ，JICA からのサポートが努力水準の高さに影響を与えることが示された。活動成果の決定要因としては，活動に対する初期の制約の少なさ，および支援体制，とくに同僚からのサポートが得られることに強く依存する。また，隊員のストレス状況が活動成果に与える負の影響も大きい。

次に，表 9-1 で示された隊員の努力水準と活動成果の 4 分類を被説明変数とした多項ロジット分析の推計結果が**表 9-4** である。活動もうまくいき，努力水準も高いグループAを基準として比較すると，努力しても結果が出ていないグループBに属する隊員は男性に多く，ストレスが強くサポートが少ないことが明らかとなった。努力水準も低く成果も出ていないDグループでもサポート水準の低さが目立ち，パフォーマンスの低さとサポート体制の欠如に強い関連があることがうかがえる。

これらの傾向に関連づけられる属性は，Bグループに分類される隊員を対象とした構造的インタビューによっても確認できる。協力隊全体と比して，インタビュー対象者は，日本で既に職務についていた者が多く，建物型の隊員（事務所やオフィスなど建物の中で主に活動を行う隊員）が多い傾向を持ち，インタビュー対象者14人の内８人が女性であった。子どもの頃から将来途上国で仕事をしようと思っていた人はいないが，14人中10人は，「途上国の現状を生徒に伝えたい」「途上国の現状を自分が貢献できる技術で変えたい」など積極的あるいは利他的な志望動機を持ち，うち５人は協力隊経験者が親族や知り合いにいるなど，かねてから国際協力への関心が強く，協力隊事業を身近に感じ情報収集を事前準備として行っていたことが確認された。

彼らは，概ね衣食住や通信に不自由しなかったとの回答が目立ったが，大洋州に派遣された男性は食事の困難があり，イスラム圏に派遣された女性２人はヤジやふっかけに強いストレスを感じたなど，地域に特色を持つ回答があった。８割弱の11人の隊員が，職務・生活・隊員間の交流・関わりにおいて満足感を得たとするが，残りの３人は満足感や楽しさはほぼ体験しなかったという。全員が何らかの不満や困難を経験しており，生活よりも職務上の困難からのストレス体験のウェイトが大きいようである。JICA からのサポートについては，ボランティア調整員には距離的に頻繁に会えないため，あるいは心理的な距離を感じて他の隊員に相談することで対処しようとすることが多く，また女性のほうが人に相談する傾向がある。

**表 9-4** 「効力予期」「結果予期」による４分類の決定要因

| | 回帰係数 | |
|---|---|---|
| **B（活動に力を入れているが成果が出ていない）** | | |
| 性別（１：男性，０：女性） | 0.92 | (2.68)*** |
| 年齢 | −0.05 | (1.20) |
| 信頼レベル | −0.12 | (0.32) |
| サポート全般 | −0.16 | (3.23)*** |
| 派遣前準備 | 0.08 | (0.63) |
| 現地への溶け込み | 0.42 | (1.25) |
| 隊員間相互活動 | 0.22 | (1.14) |
| ストレス度 | 0.83 | (3.68)*** |
| **C（活動に力を入れていないにもかかわらず高い成果）** | | |
| 性別（１：男性，０：女性） | 0.04 | (0.09) |
| 年齢 | −0.04 | (0.78) |
| 信頼レベル | −0.38 | (0.76) |
| サポート全般 | −0.01 | (0.23) |
| 派遣前準備 | 0.04 | (0.24) |
| 現地への溶け込み | 0.13 | (0.31) |
| 隊員間相互活動 | −0.26 | (1.22) |
| ストレス度 | −0.17 | (0.62) |
| **D（活動に力を入れず，成果も出ていない）** | | |
| 性別（１：男性，０：女性） | 0.15 | (0.36) |
| 年齢 | −0.08 | (1.56) |
| 信頼レベル | −0.83 | (1.90)* |
| サポート全般 | −0.11 | (2.03)** |
| 派遣前準備 | 0.03 | (0.20) |
| 現地への溶け込み | −0.03 | (0.08) |
| 隊員間相互活動 | −0.20 | (0.95) |
| ストレス度 | 0.34 | (1.30) |
| サンプルサイズ | 313 | |

（注） A（力の入れ具合，活動成果ともに高いタイプ）が基準値。
推計には定数項を含む。カッコ内は z 値（有意水準：＊10%，＊＊５%，＊＊＊１%）。
（出所） 筆者作成。

インタビュー対象者は総じて大半の人が他者や自己への寛容・受容性の向上を感じ，「相手に寛容になった」「顔つきがたくましくなったと言われる」「人生なんとでもなると思えた」「弱い自分を認められるようになった」など肯定的な価値観の変化を感じていることがわかった。

### （3）　派遣中から帰国時における努力と成果の移り変わり

派遣中から帰国時における効力予期，結果予期を変化させる要因は何であろうか。努力水準の変化，活動成果の達成度合いの変化，それらを組み合わせたグループ間の移行について検討してみよう。活動目標達成のための力の入れ具合，活動目標達成に関して，それぞれ帰国時調査と派遣中調査の差分を被説明変数として，前述の変数を中心に帰国時調査と派遣中調査における値の差分を取ったものを説明変数として分析したところ，前述の派遣中における努力水準や成果の要因と比べて，あまり有意な影響は見られなかった[12]。唯一，ストレスが有意に負の影響を与えており，ストレスが努力水準や活動成果の悪化につながることが示された。

派遣中と帰国後の両調査におけるグループ間の移行の組み合わせは16通り（4×4）あるが，これらを被説明変数とした多項ロジット分析を行った。その結果について，派遣中グループＢを中心に見ていこう（**表 9-5**）。サンプル数が少なく，有意な推計結果を出すことが難しいが，常に努力し成果も収め続けたＡグループを基準とすると，派遣中調査においてＢグループに属する隊員は総じてカウンターパートなど協力者がいない，予算不足など配属先の事情で活動そのものに支障があるなど制約が大きい。つまりは努力を続け効力予期の高いグループＡとＢで，その成果を左右するのは，本人ではどうにもならない環境要因が大きいと言えよう。その一方，努力をやめグループＢからＤへ落ちてしまう最大の要因はストレスと言えそうである。Ｂ層では任期中調査時と帰国時でのストレス度合いの変化が有意に負となっており，これは派遣期間中から帰国時にかけて各種ストレスが増していることを示している。多くの隊員が，時の経過とともに適宜対処法を見つけ，ストレスを緩和させていく中で，この層では帰国直前までストレスをうまくコントロールできていない点に問題がある。

次に，隊員へのインタビューから，「めげずに頑張り続ける」人物像について考察していきたい。任期中にグループＢに属したインタビュー対象者14人の帰国時の意識調査における分類は，Ａ（継続して努力し，結果が出せた：３人），Ｂ（継続して努力したが，結果は出ていない：９人），Ｄ（継続して努力できず，結果も出ていない：３人）であった。なお，Ｃ（継続して努力しなかったが，結果は出た）は０人であったので，ここでは分析しない。

まず，望ましい変化があった（Ｂ→Ａ）と回答した３人（女性２人，男性１人）

の特徴として，勤続５年以上を経た後に協力隊に参加した人たちであり，日本での職種，専門性と協力隊員としての活動内容が一致しており，配属先の状況が比較的安定していることがあげられる。そのため，全体として満足感が強く，職務上の不満はあっても生活上の困難はなく，帰国後のキャリアへの不安が少ないという共通点がある。

看護師Ｙさん（アフリカ派遣）は，両親も医療関係者であり，幼少期はリハビリ施設の横に居住し，入所者によく遊んでもらったという経験を持つ。看護学校の教員に協力隊経験者がおり，その経験談に魅力を感じ，８年間の病院勤務ののち協力隊に参加，郡の保健局に派遣され，予防接種や健康教育の活動をしてきた。「言葉（英語）ができずに，いろいろ企画しても現地の同僚と議論ができなかった。だから自分でやってみて効果を示そうとしたけれど，効果がわかっても同僚は感心するだけ。自分でなかなかやろうとしない。取り決め上日本の免許では医療行為ができず，素人扱いされた」と，言語能力や制度上の制約から活動上の困難があったようだ。他方で「悩

**表 9-5** 「効力予期」「結果予期」の４分類の変動要因

| | 回帰係数 | |
|---|---|---|
| B→A | | |
| 性別（1：男性，0：女性） | 0.74 | (1.28) |
| 近所の人に対する信頼の変化 | −0.51 | (1.13) |
| 同僚に対する信頼の変化 | 0.27 | (0.65) |
| 活動に対する制約 | −0.34 | (1.87)* |
| 現地への溶け込み | −0.36 | (0.59) |
| 隊員間相互活動の変化 | −0.18 | (0.60) |
| ストレス度の変化 | 0.61 | (1.53) |
| B→B | | |
| 性別（1：男性，0：女性） | 0.31 | (0.56) |
| 近所の人に対する信頼の変化 | −0.86 | (2.00)** |
| 同僚に対する信頼の変化 | 0.42 | (1.08) |
| 活動に対する制約 | −0.45 | (2.67)*** |
| 現地への溶け込み | 0.14 | (0.26) |
| 隊員間相互活動の変化 | −0.02 | (0.06) |
| ストレス度の変化 | 0.38 | (1.00) |
| B→C | | |
| 性別（1：男性，0：女性） | 17.14 | (0.01) |
| 近所の人に対する信頼の変化 | 0.61 | (0.31) |
| 同僚に対する信頼の変化 | 1.04 | (0.46) |
| 活動に対する制約 | −0.34 | (0.42) |
| 現地への溶け込み | 16.40 | (0.01) |
| 隊員間相互活動の変化 | −0.18 | (0.14) |
| ストレス度の変化 | −0.75 | (0.49) |
| B→D | | |
| 性別（1：男性，0：女性） | 1.94 | (1.29) |
| 近所の人に対する信頼の変化 | 1.08 | (1.16) |
| 同僚に対する信頼の変化 | 1.87 | (2.19)** |
| 活動に対する制約 | −0.25 | (0.50) |
| 現地への溶け込み | −0.19 | (0.14) |
| 隊員間相互活動の変化 | 0.16 | (0.23) |
| ストレス度の変化 | −1.72 | (1.84)* |
| サンプルサイズ | 224 | |

（注） A→Aが基準値
推計には定数項を含む。カッコ内は z 値（有意水準：＊10%，＊＊5％，＊＊＊1％）。
その他の組み合わせを含めた詳細な推計結果については筆者まで請われたい。
（出所） 筆者作成。

みがあったらすぐに他の隊員と共有できた。日々の暮らしは楽しいし，現地の人は優しいし，田舎町でのんびり暮らせたので，活動のことはあまり悩まなかった」と当時を振り返る。加えて「検診や予防接種も事前告知すれば人が集まることを同僚にも徐々にわかってもらえ，自分が作った教材を少し使ってくれるようになった。最後に予防接種や健康教育で関わっていたお母さんたちが本当に別れを惜しんでくれて嬉しかった」と活動上の困難を払拭するような，日々の暮らしでの満足感や活動上の肯定的な経験をしていることがわかる。今後は，日本で出前講座をしつつ看護の仕事を続けていきたいと語る。

もう一人の看護師Dさん（南米派遣）も，幼少期の通院経験から看護師になろうと決意し，5年の勤務を経て，高校生の時に受けた協力隊員による出前講座を思い出し，また協力隊経験者の先輩の勧めもあり参加したという，Yさんと似通った経験を持つ。彼女は病院での活動に困難を感じた時には「頑張っている同期が刺激になった。近所のレストランでご飯を食べながら泣いたりして感情を分かち合い励ましあった。2年間の経験を通じて，頑張り過ぎるより人に頼るくらいのほうが，物事も人間関係もうまくいくとわかったことが収穫だった。今後は地元で看護人材育成の仕事に関わりたい」と経験を振り返る。

テレビの特集で協力隊を知り参加したという現職派遣の男性Kさん（中東派遣）も，配属先の専門学校では「授業は現地の同僚が仕切っており，プライドが高いこともあり，新しい技術はなかなか受け入れられない。こんなものだと思いあまり焦らず，類似職種の隊員の集まりで愚痴を言い合いながら，暮らしや素晴らしい自然を楽しむようにした」と振り返る。「そのうち，勤務時間後に同僚の息子さんの依頼で製図ソフトの操作法を教えていたところ，息子さん経由で同僚たちに技術が伝わった」と焦らず楽しむことの効用を語った。

以上の3人とのインタビューから，B→Aに共通するのは，「何にでも果敢に挑戦する積極性」よりも，一歩引いて冷静に自分の置かれている状況を判断し，無理のない目標を設定し，一人で頑張るよりも人に頼りつつ物事を進め，仕事が上手く行かなくても生活を楽しむなどして待つことが出来る，一見「消極的」な「頼る力・待つ力」に長けたパーソナリティであると考察される。

次に，努力も十分でなく成果が出なかったと感じている隊員（B→D）3人（男性2人・女性1人）は，活動への制約が大きかったことのみならず，人間関係を含め生活面での充実度が低い傾向があるようである。

現職参加の男性２人（大洋州およびアフリカ派遣）は，協力隊への参加動機として途上国支援への関心は強くなく，外国に長期間滞在する手段として金銭面・制度面などを勘案して協力隊を選択している。ともに，人間関係やカウンターパートの欠如，予算不足といった派遣先の組織への不満を語る。加えて，派遣された国はまずまず好きだったが，生活上とくに満足を感じていない，あるいは食生活で非常な困難を体験し健康を害したと回答している。双方とも調整員より配属先を替えることを打診されていたが断っている。その内の１人は活動内容と専門性が一致していないこともあり，日本に戻ったらまた激務なので２年間はこれでいいと活動を進めることを諦めていた。もう一人は自分の専門分野での派遣であり，極力自力でやろうとして行き詰まってしまったと回答する。

両親も協力隊出身であるという女性（アジア派遣）は，「自然が豊かで生活はよかった。同僚も町の人も優しかった。手つかずの山の自然と四季があった。空が本当にきれいだった」と暮らし自体への満足度は高かったと振り返る。他方で「本来の要請内容にあった村落にも行けず，配属先の病院でマンパワーとして働いていただけなので活動上の達成感はあまりない。病院はすごくトップダウン。同僚も皆年上で新しいことを言えない感じ。医療行為もできず研修生だと思われ続けた。しかし両親の経験談と一緒だと思ってやり過ごせた。でもそれがあって逆に受容，遠慮しすぎてしまったかもしれない」と経験を振り返る。彼女も首都や他の隊員から離れていたこともあり，調整員や他の隊員に相談をあまりしていない。男性と女性で傾向が違うのでこのグループの共通特性を割り出すのは難しいが，職務環境や生活環境への困難などストレスを強く感じる経験をしていること，あるいは理想が非常に高く自分に厳しい判断をする傾向があろう。また，諦観・自助努力・受容と対処方法は違っても，自己完結的対処をしていることに共通項がある。

最後のＢ→Ｂは，「めげずに頑張り続けたが，結局成果が出せなかった」と回答した人々である。派遣国・職種・活動形態も多様であるが，インタビューで「やる気があり自分に厳しい」と判断されるようなタイプのインタビュー対象者が多かったのが印象的である。Ｂ→Ｄの回答者と同様に，活動，生活，隊員間交流に満足感は得ているが，「組織に同僚がいない。勝手にやってという感じ。何をやってもやってくれなくてもいいという存在」（大洋州派遣男性）など，活動上の制約や不安要素となりうる配属先の環境要因が目立つ。８人中４人が予算配当の少ないNGOへ配属されており，カウンターパートが不在と回答した者も4人，治安悪化での途中帰国者も2人いた。「カウンターパートがおらず，他のスタッフも離職率が高くて一緒に何かできない。イスラム圏での女性の一人暮らしは生活が大変。割り込まないと切符も買えないし，バザールではふっかけられ，歩いているとヤジ。半年くらい下を向いて歩いていた。ようやく活動が軌道に乗りかけた頃に首都で暴動が起こり，途中帰国になり残念だった」（中東派遣女性）など，自分では対処不能な要因が複合して存在していた。また新卒者や専門資格がない人を中心に，帰国後のキャリアへの不安も強いようである。困難への対処方法にかかる質問では，大部分が自助努力で解決しようとしたと答え，とくに男性3人は「とにかく自力でやろう，自分に負けたくないと思っていたので同期にも相談しなかった。調整員から任地変更の話もあったが断った」など，他者への相談，支援の受け入れが少ない傾向があった。

しかし，多くの制約環境下に置かれても，彼らが努力を止めず，Dグループへと移行しなかったのは何故であろうか。表9-5およびインタビューの結果から判断すると，成果が出ずに諦めた隊員と比較した際に，「めげずに諦めなかった」彼／彼女らの特徴は，積極的あるいは利他的な協力隊参加動機を持つなど赴任前から一貫する協力隊活動への強いモチベーション，ストレス耐性の強さ，人を信頼する力にあると言える。

上記から浮かび上がる「めげずに頑張り続け，成果を収める」人物とは，過度に「自助努力型」ではなく，相談や支援のチャンネルを複数持ち，適宜周囲に支援を求められる「頼れる力」がある人，高い目標設定をせずあまり上手く行かなくても「こんなもんだ」と割り切って生活を楽しむなど，気持ちの切り替えをし，主観的満足感を得られる人であることがわかった。また，「めげずに頑張り続けた」結果，主観的な成果が出るか否かを大きく左右しうるのは，配属先の状況など環境要因や現地の同僚，同期隊員などからの支援の有無など偶発的な要素の影響であることもわかった。

## 4 「めげずに頑張り続ける力」をサポートし，「グローバル人材」として育成するために

これまでの分析から，協力隊員が継続的に熱心に活動に取り組み，円滑に活動

を行い，成果を出すためには，隊員のある程度楽観的で柔軟な性格，隊員個人ではどうにもならない環境制約や阻害・不安要因が少ないこと，困難に直面した時の相談相手や支援体制の存在などが重要であることが明らかとなった。たとえ成果が出ずとも「めげずに頑張り続ける力」を発揮するのは，ストレス耐性やモチベーションの高さ，他人に対する信頼感など，隊員個人の性格，性質に依存する部分が多いが，「めげずに頑張った結果」成果を出し達成感を得られるか否かは，赴任前からの適切な支援体制や派遣先の環境要因に大きく左右されることも理解された。しかしどのような状況であろうと協力隊活動における主観的な達成感，つまり「めげずに頑張れた」という実感を得ることは可能かつ重要であり，その経験を通じた実感は帰国後における協力隊経験の社会還元や「グローバル人材」としての活躍への強力なモチベーションに繋がっていく。本章を結ぶに当たり，研究結果を踏まえて隊員の力を最大限に生かし協力隊活動の成果を上げるとともに，隊員が満足感を持って帰国し，その後も経験を社会に還元していく「グローバル人材」として活躍するために，有益と判断される政府ないしJICAによる支援策を以下にまとめたい。

第1に，新卒者の増加，対象国や対象業種の拡大を背景に，隊員の参加動機や経歴やキャリアプランが多様化する中，とくに派遣前訓練を含めた支援体制を多様化させ，一人ひとりに相応しいサポートを行う余地があろう。インターネット社会で任国や派遣先の状況などの情報収集が容易となり，見知らぬ隊員OB／OGとのSNS（ソーシャル・ネットワーキング・サービス）上での交流などの機会も増えている。このような状況の変化に応じて，派遣前訓練も新たな取組みを取り入れることが適切と思われる。例えば，世界各地に散らばる現役隊員・OB／OG隊員とインターネットを介して，トラブル時の対応などの経験談を共有し，派遣前から配属先に関する情報を得て，多様な相談先や支援手段を知り，幅広い人間関係の構築のきっかけを作ることができれば，未知の世界に飛び出す新隊員にとって心強いであろう。また，より具体的なシミュレーション（事例研究）を実施し，早めに助けを求めることの大切さを伝えるとともに，多くの成功や失敗事例を知ることで，途上国での活動に対する相場観を持ってもらい，適切な目標設定を支援することが，過度な気負いによる途中失速を防ぐために重要であろう。

第2に，派遣中に現地で生じるトラブルや不安要素，問題点の解決，改善にとって重要なのが協力隊調整員との関係である。調整員が時期を決めて隊員と定期

## コラム8

### 「失敗から学ぶ」から学ぶ

隊員活動が困難になる背景にはどんな原因があり，どんな解決策があるのか。この問いへの１つの答えを示してくれるのが，隊員機関誌『クロスロード』に長年掲載されている連載記事「失敗から学ぶ」であろう。筆者らが2005年から2010年に掲載された全部で70件の「うまくいかない経験談」を分析したところ，「失敗」は５つのタイプに類型化できることがわかった。

タイプ１（意思疎通：20件）は，「小学校の授業を通じて子どもに改良かまどを作ってもらったが，家族に利点が伝わっておらず壊れても管理されなかった」など，情報収集や意思疎通を充実することで概ね乗りきれるものである。タイプ２（異文化理解：27件）は，隊員が文化的に適切な方法を採用することで概ね解決するものである。例えば「敬虔なクリスチャンが多い地域と知らず，HIV 陽性率が14％と高いという理由で地域の中学校の授業内でコンドームのデモをしたところ，糾弾の嵐に遭う」などがある。

タイプ３（価値感の相違：10件）は，協力隊事業の持つ「自助努力支援」と住民の価値観がかみあわない場合である。例えば識字教育をしても周囲に読み書きを手伝ってくれる人がいると甘えてしまい，それ以上何も覚えようとしないなどがある。タイプ４（要請内容：５件）は，協力隊派遣の要請内容が住民の現状に沿わない，あるいは実現困難であるというもの。日本において４年間で教えることを10カ月間でやることを要求されるなどがある。タイプ５（構造問題：８件）は「給与が払われず職員が来ない」など隊員には解決が難しい構造的な問題により活動が不可能になる場合である。

これら５つのうち，タイプ１とタイプ２以外の23件，概ね３人に１人の隊員が自らの力ではなかなか解決しがたい壁に直面すると考えてよい。よって，隊員は困難な状況そのものをどう読み替え，活動がうまく行かなくとも住民に働きかけ続けられるか，活動以外の現地の生活を楽しめるか，解決の糸口発見のために周囲の人々に相談できるかが，隊員活動継続の鍵となろう。（佐藤　峰・上山美香）

面談し，活動上の阻害要因や生活上の問題など隊員の状況を把握することを制度化すれば，必要な助言，介入が行いやすくなる。その面談録を共通フォーマットにまとめ分析すれば，ある程度の傾向分析が可能となり，地域を超えた調整員間での情報共有も可能になるだろう。また，多くの支援チャンネルの中でも，協力隊員同士の絆の強さが「めげずに頑張り続ける力」の鍵となった点を考慮すると，隊員間の経験共有の機会を多く作ることが重要であろう。これまで隊員間の交流は，各隊員の自主性に任せられてきた傾向があるが，これをある程度制度化することで，経験共有や相談相手が必要にもかかわらず周りに隊員が少ない地域や消極的な隊員にも，大きな便益が期待できる。

第3に，派遣中に隊員が感じる大きなストレス要因である語学力不足である。この点は，不可抗力ではなく，頑張れば上達するものであるがゆえに，隊員自身が歯がゆさを感じる部分であろう。語学力に不安を抱える隊員には，派遣前研修時に別途カリキュラム，あるいは任地で補完研修を組むなどの支援策の拡充が必要かもしれない。さらに，隊員生活の後半部分の大きなストレス要素である帰国後のキャリア形成についても，隊員が安心して活動に取り組めるために，帰国前の段階で何らかの手を打つ必要があろう。帰国直後から実質的な就職活動ができるように，また逆カルチャーショックを防ぐために，帰国後の社会貢献を含めたキャリア形成を意識させるような「復帰プログラム」を提供するのも1つの方策かもしれない。協力隊活動体験を共有し，他者に伝えるイベントの存在を任期中から周知し，多様な経験共有の機会を提供していくことが，協力隊経験や異文化社会で得た知見を長期的に社会に還元し，「グローバル人材」として飛躍するために重要ではなかろうか。

日本国内での外国籍の人口が増え，また日本人も国外で活躍する機会が増える中，協力隊員および協力隊経験者が多義的かつグローバルな貢献をする機会あるいは社会的要請は増加していくことだろう。本研究が，「グローバル人材」として協力隊が育成され，隊員経験者が活躍する機会拡充の一助となればと切に願う。

**[付記]** 本章の執筆に際し，意識調査およびインタビューにご協力頂いた全ての協力隊員の方々に深く謝辞を申し上げたい。

**注**

(1) 青年海外協力隊を中核とする日本の海外ボランティア事業に関しては，事業仕分けにおける議論，国家戦略および外交・開発協力の観点から，2011（平成23）年7月に外務省がまとめた新政策が大きな影響を与えている（「草の根外交官：共生と絆のために――我が国の海外ボランティア事業」2011年　外務省）。

(2) 「グローバル人材」の定義，使われ方は様々であるが，議論の火付け役となった産学人材育成パートナーシップグローバル人材育成委員会（2010）によれば「主体的に物事を考え，多様なバックグラウンドを持つ人々に自分の考えを分かりやすく伝え，文化的・歴史的なバックグラウンドに由来する価値観や特性の差異を乗り越えて，相手の立場に立って互いを理解し，更にはそうした差異からそれぞれの強みを引き出して活用し，相乗効果を生み出して，新しい価値を生み出すことができる人材」と定義される。

(3) JICA ボランティア事業実施のあり方検討委員会（2011）においても，「グローバルな視点を持った人材の育成と日本社会への貢献」は重要な議題となっており，最終報告書にも，「グローバル化に伴う『グローバルな視点を持った人材』の必要性の高まりは JICA ボランティア事業にとって大きなチャンスと考えるべき」（11頁），「グローバルな視点を持った人材」の需要の高まりは，企業側が帰国した JICA ボランィアの価値を再評価する機会」（同頁），「帰国した JICA ボランティアが途上国で得るものは，単に語学やその体験だけではなく，２年間の経験活動を通じて，問題解決力，コミュニケーション力などを得ることに加え，日本にいた際とは異なる複眼的な思考が可能となる人材となって帰国する。これらの体験やネットワークを活かして，地域の活性化と国際化を一体として推進していくことは，地方の発展にとって大変重要かつ有効な社会還元の形態である」（19頁）などの記載が多く，グローバル人材として協力隊員を再定義しようという意図が明示されている。

(4) 産学人材育成パートナーシップグローバル人材育成委員会（2010）による定義に準拠する。

(5) この概念は自己概念（Self-concept，自分がどのような人間かについての自己イメージ）や自尊心（Self-esteem，自身の価値に関する感覚）と混同されやすいが，自己効力感は特定の課題を念頭に置いた上で，それを達成できるという信念であるところに大きな違いがある（金井，2010）。

(6) 調査対象隊次の派遣中調査は，派遣後１年２カ月から１年５カ月の間に行われた。

(7) より詳細にわたるデータセットの構造や内容については，筆者まで請われたい。

(8) 内訳は2011（平成23）年度２次隊９人（男性３人，女性６人）および2011（平成23）年度３次隊５人（男性３人，女性２人）。2011（平成23）年度４次隊は該当者がいないためインタビューを実施していない。

(9) 「活動目標達成への力の入れ具合」「活動がどの程度うまくいっているか」の両質問項目ともに，程度に応じて４つの選択肢の中から１つ選ぶタイプの設問である。前者の選択肢は，１．全く力を入れていない，２．あまり力を入れていない，３．力を入れている，４．非常に力を入れている，であり，後者の選択肢は，１．全くうまくいっていない，２．あまりうまくいっていない，３．多少うまくいっている，４．非常にうまくいっている，の４択である。表 9-3 以降の本章における分析においては，効力予期および結果予期の両変数ともに，選択肢１，２と選択肢３，４にそれぞれまとめ，「力を入れている／うまくいっている」「力を入れていない／うまくいっていない」の２分類とした。

(10) 表 9-1 と表 9-2 のサンプル数は異なっているが，その原因として，派遣中調査と帰国時調査における調査項目の違いがあげられる。派遣中調査には「活動がどのくらいうまくいっているか」という活動状況を示す変数があるが，帰国時調査には同様の変数がないため，「活動目標を達成できたか」という変数を使用した。両質問にはニュアンスの違いがあるほか，後者の「活動目標達成」に関しては，そもそも活動目標を立てていない（立てられなかった）隊員は答えていないケースもあり，サンプル数が少なくなっている。また，表9-1には派遣中調査のみ回答している隊員も含まれるが，表9-2には派遣中および帰国時の双方にデータのある隊員のみが含まれている。

(11) より詳しい説明変数，被説明変数の定義，作成方法，記述統計量については筆者まで請われたい。

(12) 推計結果は筆者まで請われたい。

**引用参考文献**


池辺さやか・三國牧，2012，「自己効力感研究の現状と今後の可能性」『九州産業大学国際文化学部紀要』第57号，九州産業大学国際文化学会。

伊藤圭，2012，「『できる」はできるという信念で決まる——セルフ・エフィカシー」鹿毛雅治編『モチベーションをまなぶ12の理論』金剛出版。

内海悠二・佐藤峰，2012，「協力隊意識調査における社会人基礎力テストと隊員の満足度との関係』未刊行論文，JICA 研究所。

金井壽宏，2010，「汎化された自己効力感——できるという気持ち・覇気が持てる分野を広げる」『一橋ビジネスレビュー』第58巻2号，秋号，東洋経済新報社。

厚生労働省，2012，『平成24年版厚生労働白書——社会保障を考える』厚生労働省。

佐藤真久・坂本明子・村松隆・斎藤千映美・島野智之・渡邊孝男，2010，「青年海外協力隊による環境教育活動の実施動向とアジア地域における阻害・貢献要因の抽出——環境教育分野の協力隊活動報告書の文章分析を通して」『環境教育』Vol. 19，No. 3，15-28頁。

産学人材育成パートナーシップグローバル人材育成委員会，2010，『グローバル人材育成委員会報告書——産学官でグローバル人材の育成を』産学人材育成パートナーシップグローバル人材育成委員会。

JICA ボランティア事業実施のあり方検討委員会，2011，『世界と日本の未来を創るボランティア—— JICA ボランティア事業実施の方向性』国際協力機構。

高橋真央・中村安秀，2007，「教育分野における青年海外協力隊報告書分析」『ボランティア学研究』7，73-92頁。

山田浩司・上山美香・佐藤峰・内海悠二，2012，「青年海外協力隊の学際的研究——意識調査の結果より」国際開発学会第13回春季大会ポスターセッション。

湯浅誠・仁平典宏，2007，「若年ホームレス『意欲の貧困』が提起する問い」本田由紀編『若者の労働と生活世界——彼らはどんな現実を生きているか』大月書店。

渡辺かおり・山田香・内藤淳，2011，「企業における若年層の社会人基礎力の年次変化に関する考察」『RMS メッセージ』vol. 23，2011.05。

Bandura, A., 1977, "Self-Efficacy: Toward a unifying theory of behavioral change," *Psychological Review*, 84(2), pp. 191-215.

# 第Ⅳ部

# 国際比較

# 第10章
# アジアの国際ボランティア事業
## ——欧米との比較研究——

岡部恭宜

## 1 アジアと欧米の国際ボランティア事業の比較

本章はアジアの国際ボランティア事業を取り上げ，欧米の事業との比較の中で，その特徴や傾向について論じるものである。長らく国際ボランティアと言えば，日本の青年海外協力隊（以下，協力隊）を除けば，欧米諸国の政府やNGOの事業というイメージが強かったが，近年はアジアの新興国も積極的に取り組んできている。そこで本章は，欧米諸国および日本の国際ボランティア事業との比較の中にアジア新興国の事業を位置づけ，ひいては日本を含むアジアの特徴を見出すことを目指している。

これまでも諸外国の国際ボランティア事業を紹介する文献はあったし（内海・中村，2011；山田，2014；Sherraden et al., 2006），最近では欧米やアジアの事例を広範な統計データから比較する研究も出始めている（Euler et al., 2016）。しかし，全般的には欧米先進国の事例が分析の中心であり，体系的な比較の視点も乏しい。その背景として，欧米の研究者や実務家の間でアジアの国際ボランティア事業の実態があまりよく知られていないことを指摘できよう（Sherraden et al., 2006）。その結果，例えば国際開発ボランティアの動向や思想を歴史的に考察した論文でも，日本の事例にすら言及がないということが見られるのである（Lopez Franco and Shahrokh, 2015）。また，邦語の研究でもアジアの事業を取り上げたものは僅かである。[1]

本章が取り上げる事業は，韓国のWFK，タイのFFT，中国のOYVPほかの一連の事業，そしてASEAN青年ボランティアプログラム（AYVP）の4つである。ほかにも，台湾，マレーシア，フィリピン，シンガポールなどの国々が国際ボランティア事業を行っているが，それぞれ規模が小さく，歴史も浅いので，研究対象としては不充分であろう。もちろん，小規模であることや歴史の浅いことは，4つの事業も同じではあるが，それでも韓国は既に四半世紀の経験を有し，規模の面でも欧米諸国と肩を並べるほど成長している。タイは援助機関や大学が中心となってボランティアの募集，訓練，派遣の制度化をかなり進め，近隣諸国に継続的に派遣しているし，中国は派遣数の規模が大きい。また ASEAN の事業は，これまで国単位で行われてきた国際ボランティア事業を域内諸国が協力して行う点で，アジアでは新しい試みである。以上の理由から上記4つの事例を分析の俎上に載せることにしたい。

また，アジアの事業の特徴を見出すために，同じアジアでも歴史の古い日本の協力隊および欧米の国際ボランティア事業も俎上に載せる。欧米で主に参照するのは，英国の VSO，カナダの CUSO International，ノルウェーの FK-Norway，米国の平和部隊，フランスの France Volontaires（前 AFVP）であるが，国連ボランティア計画（UNV）もここに含めたい。これらは，その規模，歴史，さらには国際社会での発言力からして，国際ボランティアの世界的な潮流を形成していると言ってよいだろう。従って，これら6つの欧米の事例は，アジアの事例の特徴を理解するのに，格好の比較対象となると考えられる。

結論を先取りすれば，アジアの国際ボランティア事業の特徴は，日本を含めて，政府主導の事業が多いこと，開発援助機関が実施していること，そして，それにもかかわらず，事業目的としては開発協力だけでなく，青年育成や国際交流など開発以外の目的も強調されていることである。これに対して欧米の事例は，政府だけでなく NGO が主体となっている事業も多いこと，貧困削減など開発目的を前面に押し出しており，青年育成や国際交流は二次的な目的にとどまることが特徴である。

本章は次の通り構成される。第2節では，比較の枠組みを提示した後，欧米の国際ボランティア事業の動向を概観し，比較する。第3節は本章の中心部分であり，同じ比較枠組みに従ってアジアの4つの事業を検討する。また，協力隊と比較しつつ，日本を含めたアジアの事業の類似性とそれぞれの違いを論じる。そして第4節は，アジアと欧米の事業を比較した後，議論をまとめる。

## 2　比較の枠組みと欧米の国際ボランティア事業

### (1)　比較の枠組み

はじめに，国際ボランティア事業を比較するための枠組みを用意したい。まず先行研究を参照すると，各国の国際ボランティア事業の動向を概観したシェラデン（Margaret Sherraden）らは，とくに事業目的に着目して，国際理解なのか，それとも開発援助や人道的救済なのかという軸で比較を行った（Sherraden et al., 2006）。また中村安秀（2011）は，組織形態の面では，政府機関か，ボランティア組織かという対極軸を，派遣目的としては，ボランティア個人の能力向上を重視するか，専門性を持つ人材を活用するかという軸をそれぞれ見出した。

本章はこれらを参考にしつつ，次の2つの基準によって国際ボランティア事業を分類する。1つは事業目的であり，開発目的なのか，それともそれ以外の目的（例えば青年育成や友好親善）を追求しているのかという軸である。もう1つは事業の実施主体であり，政府かNGOかという軸である。

これら2つの軸から4つの理念型を抽出することができる。それらを便宜上，a，b，c，dと名づけるならば，a型は開発目的のみを追求し，政府が主体となっている事業であり，b型は同じく専ら開発を目的とするが，NGOが主体である。そしてc型とd型は，開発以外の目的を持つ事業であることは共通しているが，前者は政府が実施主体であり，後者はNGOが実施するという違いがある。本節と次節では，これら4つの理念型を基準として，実際の各国のボランティア事業の特徴を把握していく。

本節ではまず，欧米の事業を概観していくが，本章は比較の観点からアジアの国際ボランティア事業を特徴づけようとしているので，欧米の事業については一つ一つ詳細を検討することはせず，実施主体と事業目的という2つの軸に沿って，総合的に評価することで，全体の特徴を把握したい。ここで取り上げるのは，英国のVSO，カナダのCUSO International（以下CUSO），フランスのFrance Volontaires（前AFVP），ノルウェーのFK-Norway，米国の平和部隊，国連のUNVの6つであり，いずれもおよそ半世紀前に設立された，各国を代表する事業である。以下では，説明の便宜上，初めに実施主体が政府である3つの事業を取り上げ，後半でNGOによる3事業を検討する。

### （2）　欧米の国際ボランティア事業

①米国平和部隊[(2)]

米国平和部隊（U.S. Peace Corps）は，政府が実施している国際ボランティア事業では最も有名なものであろう。これはケネディ大統領の提唱により1961年に設立された政府内の独立機関であるが，長官は大統領により任命される。米国政府には，米国国際開発庁（USAID）という開発援助機関があるが，平和部隊はUSAIDの管轄下にはなく，組織的にも財政的にも独立した地位を有している。ただし，ボランティア事業を進めるに当たり，USAIDとは協力関係にある。

累計のボランティア派遣数は22万5000人と世界最大規模を誇り，延べ141カ国で活動を行ってきた。2016年９月現在，年間の派遣数は7213人で，ボランティアの平均年齢は28歳である。因みに，日本の協力隊の平均年齢も同じ28歳（2016年12月現在）である。

その事業目的は，⑴派遣先の国の人々を彼らのニーズに応じて支援すること，⑵米国民に対する任地の人々のよりよい理解を促進すること，⑶他国の人々に対する米国民のよりよい理解を促進することの３つである。要するに開発協力と国際交流に要約できるが，開発協力と言っても，事業発足当初（1962年度）の職種別割合を見ると，66％が教育分野であり（Peace Corps, 1985），この多くが英語教師であったと考えられる。ただし，2016年９月現在，教育分野の割合は依然として最多ではあるが，全体の40％であり，そのほかの職種としては保健，コミュニティ開発，環境，青少年教育，農業など多岐にわたっている。

② FK-Norway[(3)]（2019年より名称をNorecに変更）

ノルウェーのFK-Norwayも政府の事業である。ノルウェー語の名称はFredskorpsetと言い，平和部隊を意味している。その名のとおり米国平和部隊の影響を受けて1963年に創設され，現在は外務省の管轄下にある独立機関である。創設以来およそ8000人のノルウェー人ボランティアを途上国に派遣してきた。政府にはノルウェー開発協力庁（NORAD）という開発援助機関があるが，FK-Norwayは米国平和部隊と同様，援助機関の管轄下にはなく，独立した地位を有している。

FK-Norwayのボランティア事業は，国家の開発政策の一環として行われている。その方針は従来ノルウェーからボランティアを送り出すことに重きを置いてきたが，2000年に相互交流の目的のために組織が再編され，相互学習および制度や地方コミュニティの発展の促進が任務となった。具体的には，世界の24カ国との間でボランティアや専門家（professionals）の相互交流に対して資金提供を行っている。南北プログラムと呼ばれるものでは，ノルウェーと途上国との間で専門家の相互交流を奨励する一方，南南プログラムでは途上国のパートナー団体相互間で専門家の交流を行っている。また，ユースプログラムでは3～12カ月の期間で南北ないし南南の諸国間でボランティア交流を実施している。[(4)]

③国連ボランティア計画（UNV）[(5)]

UNV（United Nations Volunteers programme）は，1970年の国連総会決議によって創設された国連機関である。組織上は，開発問題を所管する国連開発計画（UNDP）の下部組織であるが，本部はドイツのボンにある。UNVの年間予算は，その25％がUNDPから拠出されているほか，国連児童基金（UNICEF）や国連難民高等弁務官事務所（UNHCR）の資金や援助国による基金によっても支えられている。

累計のボランティア派遣数は3万人を超え，派遣先は約130カ国に上る。近年は毎年約7000人程度のボランティアが活動しているが，その出身国は約160カ国・地域にわたり，その3分の2が開発途上国の出身者である（そのうち3割は自国で活動している）。ボランティアが多国籍であるという点では，後述するVSOと共通している。

UNVの目的は，ボランティア活動を通して，持続可能な人間開発を支援することにあり，開発支援の目的が明確である。そのためボランティアの応募条件として，専門分野で最低2～3年，できれば5年程度の活動経験を持つことが望ましいとされており，実際にUNVボランティアは，専門分野で平均約10年の実務経験を持ち，その平均年齢は38歳と高めである。活動の分野は，保健・医療，農村開発のほか，緊急人道支援，平和構築や選挙支援，人権擁護，さらには自動車整備，通信など，100種類に及ぶ。

④VSO[(6)]

次に，NGOが実施主体となっている3つの国際ボランティア事業を検討しよう。

VSO（Voluntary Service Overseas）はその代表的な組織である。米国平和部隊よりも古い1958年に英国で設立され，それ以来，これまでに4万3000人以上を派遣し，ボランティアの国籍の数は94に上る。派遣資格を英国籍に限定していないのが，他の事業にはない特徴である。予算面では設立以来，英国政府，とくに国際開発省（DFID）からの補助金を得て活動している。年間収入における DFID への依存率は1980年代の８割から2014年には３割に低下しており，収入源の多角化を図ってはいるが（本書第12章），他の政府機関からの補助金を含めると，資金面での政府への依存度は近年でも７割を超えている。

VSO の使命は貧困削減にあり，ボランティア活動を通じて現地の人々が貧困と闘うことを促すことにある。その戦略は「人々を最優先する（People First）」アプローチと呼ばれている。活動領域は，教育，保健，HIV／AIDS，安全な生活，参加とガバナンスにわたる。因みに，VSO は開発協力だけでなく，DFID の予算を用いて青年育成のための短期プログラムも実施している（後掲コラム９参照）。ただし，これは通常の事業とは別立てであり，あくまでも VSO の目的は開発協力にある。

VSO は世界各国から高い専門性と経験を持つボランティアを募って派遣しているが，このような採用方針は，貧困削減という目的を追求するために適切な人材を確保しようという姿勢の表れであると言えよう。そのためか，ボランティアの平均年齢は2013年で41歳と，UNV と同様に高めである[(7)]。また実際の活動において，途上国にある VSO パートナー（NGO，政府機関，国際機関など）および現地ボランティアと協働するというアプローチを取っているのも特徴である。

⑤ CUSO[(8)]

CUSO は，1961年に Canadian University Service Overseas という名称で設立され，1981年には略称である CUSO が正式名となった。2008年には VSO International の一組織である VSO Canada と合併して CUSO-VSO となり，さらに2011年に名称を CUSO International に改めた。これまでに１万2000人以上のカナダ人ボランティアを途上国に送っている。資金面では従来，カナダ国際開発庁（CIDA）から援助を得ており，近年も年間収入の３割から５割を外務省を中心とするカナダ政府に依存している。

設立当初は，当時の名称のとおり大学卒業後間もない青年を派遣しており，彼らがボランティアを行って同時に学ぶということを目的としていたが，1970年代には途上国での必要性に応えるため，若者に限定せずに技能や専門性を持つボランティアを派遣するようになった。現在の目的は，平等で持続的な開発によって貧困を撲滅することであり，そのために人々との包摂的なパートナーシップの下で活動することとなっている。そのアプローチは「人中心」アプローチ（people-centred approach）と呼ばれ，VSO の「人々を最優先する」アプローチと似通っている。重点分野は，コミュニティ，保健，生計である。

⑥ France Volontaires[(9)]

最後の France Volontaires は，フランスを代表する国際ボランティア NGO であり，1963年に旧援助省の主導で AFVP（Association Française des Volontaires du Progrès）として設立されたのが前身である。AFVP は2009年に派遣形態を多様化するため改組され，現在の名称となった。資金面では政府依存が高く，2014年の財務報告によれば，収入全体の7割が外務省からの補助金や資金となっている（France Volontaires, 2015）。累計のボランティア派遣数は1万人以上であり，派遣先は50カ国に上る。近年は年間200人を派遣している。

事業のキーワードは「国際交流と連帯」であり，そのために様々な形態での関与を促進，発展させることを目的としている。旧 AFVP は主に技術協力や復興開発に従事していたが，現在は文化交流も活動の1つに位置づけている。そして，2014年から2016年の戦略目的として，知識の生産と共有の強化，ボランティアによるコミットメントの改善，ボランティアによる経済モデルの進化，ボランティアのコミットメントと国際的連帯の発展のための関係者間での協力強化，活動の効率性・説明責任・透明性の向上をあげている（France Volontaires, 2014）。

### （3） 欧米の特徴

以上，欧米の6つの事業を検討したが，これらを相互に比較するために，本節の冒頭で示した2つの軸と4つの理念型（a～d）に沿って各事業を配置してみよう。それが**図10-1**である。まず，実施主体が政府である事業は，米国平和部隊，FK-Norway，そして UNV である。UNV は国家が加盟する国連によって実施されているため政府事業に準じてとらえることができよう。図10-1の横軸で見ると，これらは左側に位置づけられる。そして NGO が主体である事業は，VSO，CUSO，France Volontaires である。これらは横軸では右側に位置づけられる。ただし，組織としての独立性は高いとしても，既に述べたように政府資金への依存度が低くないことから，これらの NGO は政府から完全に独立した実施主体であるとは言えない。そこで，図10-1では少し中央寄りに位置づけた。[(10)]

次に，事業目的については，VSO，CUSO，UNV は開発支援目的にほぼ特化

**図 10-1**　国際ボランティア事業の分類（欧米）

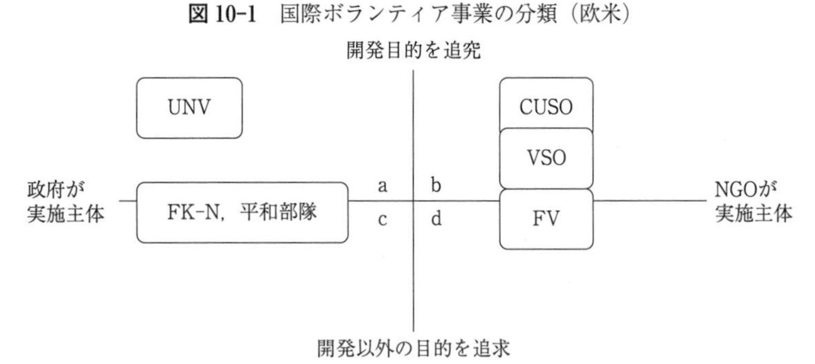


（注）　略称は次の通り。FK-N（FK-Norway），FV（France Volontaires）．

しているので，図 10-1 の縦軸では上位に位置づけた。ただし，VSO は青年育成の短期プログラムも実施しているので，位置づけはそれに応じて少し中央寄りである。他方，米国平和部隊，FK-Norway，France Volontaires は開発以外の目的も有しているので，縦軸の中央に配置した。

要するに，実施主体については，政府であったり NGO であったりと様々であることがわかる。これに関連して興味深いのは，米国やノルウェーのように政府が主体である場合も，援助機関が国際ボランティア事業に直接かかわっていない点である。次に事業目的については，いずれの事業も貧困削減や持続的開発など開発支援を重視している。これと並んで，青年層の参加機会を設けるなど，国際交流や青年育成といった別の目的を掲げる事業もあるが，開発目的は中心的な使命となっている[(11)]。

この開発重視の傾向は，国際ボランティア事業に関する学術研究からもうかがえる。例えば，開発研究で有名な英国サセックス大学の開発学研究所（Institute of Development Studies：IDS）が発行する雑誌，『IDS Bulletin』は，2015年に開発のための国際ボランティアをテーマとする特集号（46巻 5 号）を編んでいる。また UNV は，『世界ボランティア白書（State of the World's Volunteerism Report)』を2011年と2015年に発表しているが，それぞれの白書では，「ミレニアム開発目標（MDGs)」および「持続可能な開発目標（SDGs)」に言及がなされ，ボランティアが途上国の開発と平和に果たす役割や意義が広範に検討されているのである（UNV, 2011; 2015)。

それでは，なぜ開発重視の特徴が生じたのだろうか。この問題は今後追求すべき研究テーマではあるが，1つの理由は，欧米の国際ボランティア事業の歴史に求めることができよう。すなわち，国際ボランティアに従事する組織が登場した1950～60年代は，植民地支配から独立した国々が工業化や農業改革によって開発を志向していた時代であった。そして当時，旧宗主国を含む欧米諸国のボランティアは，現地で不足している知識や実践的経験を移転するという役割が想定されていたのである（Lopez Franco and Shahrokh, 2015, p. 20）。実際，1962年に米国平和部隊事務局が開催し，日本や西欧諸国が参加したプエルトリコ会議では，開発におけるボランティアの役割が議題の1つとなっていた（本書第1章参照）。

その後，国際ボランティアに期待される役割は，草の根で活動する学習者兼教師であったり，恵まれない人々の声を反映することであったりと変化が見られた。近年，援助国の多くが損失を被った2008年の世界金融危機以降は，各国の開発援助政策に効率性が追求されるようになり，それに伴い国際ボランティア事業に対しても開発への貢献度や費用対効果が求められている（Lopez Franco and Shahrokh, 2015, pp. 20-22）。こうした変遷はあったものの，欧米では長年にわたり開発協力でのボランティアの役割が実践面，学術面で議論されてきたのである。

## 3 アジアの国際ボランティア事業

本節では，いよいよアジアの4つの事業，すなわち韓国（WFK），タイ（FFT），中国（OYVPほか），ASEAN（AYVP）について論じていく。ここでの焦点は，前節と同様に実施主体と事業目的に当てられるが，アジアの諸事業を紹介する意味もあり，歴史や現状についても触れていきたい。

### （1） 韓国：World Friends Korea（WFK）

韓国の国際ボランティア事業は政府やNGOによって実施されており，アジアでは日本と並んで事業が盛んな国であると言えよう。中でも重要な事業は，政府が実施しているWorld Friends Korea（WFK）である。

韓国政府では従来，各省庁がばらばらに国際ボランティア事業を所管してきたが，WFKは2009年にこれらを統合して発足した。現在そのブランド名の下で，日本の各省に該当する外交部，産業通商資源部，教育部，未来創造科学部，文化体育観光部が，それぞれ派遣期間や派遣分野の点で異なる内容の事業を実施している。例えば，教育部は大学生ボランティアを２，３週間派遣している一方，未来創造科学部はITボランティアを，文化体育観光部はテコンドーボランティアを１カ月から１年までの短期間派遣している。外交部の事業は開発ボランティアであり，これは短期もあるが，概ね１年以上の派遣であり，それも退職者向けの１年派遣から20歳以上を対象とする２年派遣までと幅広い（WFK, n.d., pp. 2, 6）。

WFKの派遣実績は，KOICA（韓国国際協力団。政府の国際援助機関）のウェブサイトによれば，前身のKOV（後述）が発足した1990年から2015年までの約25年間に，５万5780人のボランティアを96カ国に派遣した。また2015年の派遣者数は4828人に上った。その派遣分野は，教育，保健，行政，産業，エネルギー，農村開発の６つに及ぶが，とくに教育分野の比重が大きい。例えば2015年は初等教育，IT，テコンドー，職業訓練といった教育分野が派遣人数の78.0％を占めた。派遣対象地域については，アジアが2015年派遣数の79.0％を占め，続いてアフリカ8.1％，中東・CIS諸国6.4％，ラテンアメリカ6.4％となっている。[12]

WFKは「分かち合い，学ぶことで世界を良くする（A better world through sharing and learning）」というビジョンを掲げ，その目標として，①貧困削減と生活水準の向上のための持続可能な開発の促進，②友好関係と相互理解の強化，③（ボランティアが）活発な地球市民となるための自己実現と成長の機会の提供を目指している（Chung, 2015; WFK, n.d., p. 3）。因みに，これらは日本の青年海外協力隊の３つの目標とほぼ同じであり，開発支援だけでなく，国際交流や自国民の育成も含んだ内容となっている。

既に述べたようにWFKは様々な事業の集合体であるが，その中核事業は，外交部の所管の下でKOICAが実施する「韓国海外ボランティア（Korea Overseas Volunteer：KOV）」である。KOVは，WFK-KOVともWorld Friends KOICA Volunteersとも呼ばれているが，20歳以上の韓国国民の応募者の中から選抜されて２年間海外に派遣される開発ボランティアであり，青年海外協力隊を中心とするJICAボランティアに相当する。年間でおよそ1000人が採用され，平均して常に1600人ほどが途上国で活動している。2015年までの累積派遣者数は１万1000人を超える（注12参照）。派遣分野はKOICAの重点分野に沿っており，上述したWFKの６分野のほか，ITと環境が追加されている（WFK, n.d., pp. 8, 14）。

以上のように政府が実施機関となり，多様な目的を持つWFKであるが，それはどのように発足したのだろうか。その歴史は，盧泰愚政権が1989年に国際ボランティア事業の創設を決定したことに始まる。[13]

まず政府によって「韓国青年海外奉仕団設立計画」が発表されると，実施機関にユネスコ韓国委員会が指定され，準備が進められた。ユネスコに委託された背景として，KOICA（2011，第1章1.2）は，平和と発展への新たな認識，新たな国際協力の必要性，韓国の国際的地位向上などをあげているが，直接的な理由としては，当時の政府にボランティア派遣を実施する受け皿がなかったためのようである。ユネスコは当時，青年育成プログラムを実施するとともに，派遣前の訓練が可能な施設も有していたため，最適な実施機関と考えられたのである。[14] 実際，ユネスコはUNVボランティアの派遣前国内訓練を担当することになっていた。

こうして1990年，KYV（Korea Youth Volunteers）の名称で最初の派遣が行われ，44人がネパール，スリランカ，インドネシア，フィリピンに派遣された（Chung, 2015）。しかし，当時の事業目的は現在のWFKとは少し異なっていた。上記の設立計画には，国際化のための人材養成，大学生の健全な国家観の育成，青少年問題の解決，途上国への経済進出のための基盤伸張という目的が示されており，「政府は民主化・開放化の社会変化の雰囲気の中で，国際化の時代的流れに対応しようとするだけでなく，青年層の欲求を満たす方策として，海外奉仕団事業を推進したのであった」（KOICA, 2011，第1章1.3）。この背景には，激しい民主化運動と1987年の盧大統領による民主化宣言，1988年のソウル・オリンピック開催，10％を超える経済成長と進行する経済自由化といった政治的社会的経済的な変動があったと考えられる。

KYV設立の検討過程においては，他国の事業，とくに米国の平和部隊と日本の青年海外協力隊が参考にされた。平和部隊については，1966年から1981年に約2000人が韓国に派遣されており（Chung, 2015），歴代の駐韓米国大使の中には韓国で活動した平和部隊の元隊員がいるなど，韓国にとって馴染みのある事業である。協力隊は，1989年にユネスコ関係者が訪日してその制度を調査したほか，KYVを運営する講師やスタッフの訓練も一部を日本で実施するなど，事業運営の参考にされた。当時のユネスコ関係者は，「刺激を受けたのは平和部隊であったが，実務を学んだのは協力隊であった」と述べている。[15]

KYVはその後，1991年のKOICA設立に伴い，ユネスコから移管されると同時に，韓国科学財団のUNV事業と統合されて，KOICAの事業として実施されることになった。1995年には名称がKOVに変更されるとともに，35歳以下であった年齢制限が60歳までに大幅に緩和された。その結果，同年の派遣数は100人を超えた。それ以降も年間派遣数は増大し，2004年には700人を超え，WFK 統合の2009年には1000人に達した。KOICA 全体に占める KOV の予算比率も初期の５％から次第に上昇し，2009年には17％となった。

現在，WFK は欧米や日本の国際ボランティア事業と同様に，国際援助潮流の中に位置づけられ，その役割が検討されている。例えば，WFK を紹介する資料（Chung, 2015）は，国連の持続可能な開発目標（SDGs）の達成に向けた WFK の役割を強調しており，援助プロジェクトとボランティア活動との連携やボランティアによる小規模プロジェクトの実施について紹介している。さらに WFK は，国際ボランティア事業の成果をいかに測定し，評価するかという世界的に関心の高い問題にも取り組もうとしている（Chung, 2015）。KOICA は日本の協力隊と並んでアジアの国際ボランティア事業の最前線に立っていると言えるだろう。

### （２）　タイ：Friends from Thailand（FFT）

タイでは政府や NGO が小規模ながらも国際ボランティア事業を行っており，本章では，その代表的なものとして，政府の事業である Friends from Thailand（FFT）を取り上げる[16]。

FFT の創設は2003年と新しい[17]。事業の目的として，①国際社会におけるタイの良好なイメージの醸成，②国家および市民レベルでの友好関係促進，③政府の援助形態の拡大，④タイの国際的人材の育成を掲げている。実施機関は外務省傘下の国際開発協力庁（TICA）であるが，ボランティアの選考・訓練・派遣の業務はタマサート大学・学士ボランティアセンターが委託を受けて行っている。

協力分野は職業訓練，情報通信技術，コミュニティ開発，保健，農業，社会・文化に及ぶ。2015年までの派遣実績は，ブータンに47人，ベトナムに22人，ミャンマーに８人，ラオスに８人，カンボジアに４人がそれぞれ派遣された。なお，アフガニスタン，東チモール，スリランカにも派遣されたようであるが人数は不明である（Sasitorn, 2015）。被派遣国の中でもブータンは人数で突出しており，それは同じ王制で仏教国であることからタイに協力要請があるためだと言われている。実際，柑橘栽培，観光，HIV，昆虫学，コンピューターの分野で技術協力が行われてきた。また，ラオスには農業関係で，ベトナムやカンボジアにはタイ語教育でそれぞれ派遣されている。

FFT ボランティアへの応募には，タイ国籍を有する年齢21～35歳の男女で，関連する学問分野で学士以上を取得し，経験を有していることが求められる。派遣期間は１～２年である。手当は月額１万5000バーツと，タイの賃金水準からすると高めの金額となっている[18]。一般にボランティアの基本的要素として無償性ないし非営利性が指摘されるが（内海，2011，6-7頁），その点，FFT の場合はボランティアの要素は比較的弱いのかもしれない。ただし，選考業務を行っているタマサート大学・学士ボランティアセンターによれば，FFT に採用されるような一定の技術や能力を持った青年は，仮にタイ国内で求職すれば月に８万バーツは稼ぐことができるため，この１万5000バーツの手当水準であっても人材は充分に集まらないという。なお，募集方法としては，大学を中心に全国に案内を配布し，選考は TICA と同センターが，訓練は同センターがそれぞれ実施している[19]。

さて，タイ政府はどのような動機で FFT を創設したのだろうか。筆者の聞き取り調査の範囲内であるが，当初 FFT は TICA が行う技術協力プロジェクトの補完的な役割が求められていたようである。すなわち，技術指導の専門家派遣には人材確保に時間と手間がかかるが，ボランティアを派遣することによって，一定期間の人手不足を解消できるし，高度な技術が必ずしも必要のない場合に適度な水準の技術者に活動してもらえるという考えである[20]。しかし，現在の FFT は上述したとおり明確な目的を掲げており，それは援助形態の拡大のほかに青年育成，友好関係促進，タイのイメージ向上など，日本の協力隊や韓国の WFK とほぼ共通する内容となっている。タマサート大学による事業評価によれば，とりわけ援助形態拡大と青年育成を重視する方向が見て取れる（タマサート大学・学士ボランティアセンター，2010b）。

比較について敷衍すれば，タイの FFT において援助機関が実施業務を担っていることも日本や韓国と共通している。他方，大学が選考や派遣の業務を行っている点は特徴的である。大学に委託した理由は，政府（TICA）が自前でボランティアの募集や訓練ができなかったためである[21]。この点は，韓国の KOV が当初ユネスコに委託されたことと類似しているが，タイではそれが現在も続いている。そして，いくつかの有力大学の中からタマサート大学が選ばれた理由は，1969年に同大学のプワイ・ウンパーゴーン教授[22]が主導して学士ボランティアセンターを設立して以来，国内のボランティア育成・活動において実績を積んでおり，国連などとの連携経験もあったからである[23]。さらに同センターは，FFT のブータンにおける事業の詳細な評価を行うとともに，日本の協力隊や米国平和部隊の事例を参照したり，ボランティア活動の成果を様々な角度から考察するなど（タマサート大学・学士ボランティアセンター，2010b），事業の発展に積極的に貢献している。

### (3)　中国：海外青年ボランティアプログラム（OYVP）を中心に

中国の国際ボランティア事業は多岐にわたるが，主に政府によって実施されており，基本的に開発援助戦略の中に位置づけられている。

最初にその援助戦略を概観しておこう。中国政府は，自らの開発援助を途上国間の「南南協力」と呼び，平等互恵と共同発展を柱の１つに掲げている（Information Office of the State Council, 2011）。これは援助国も被援助国もともに開発の利益を得られる，「ウィン・ウィン協力」を示すものである（Kitano, 2014, p. 309）。それと同様に，ボランティア事業は，ボランティアを受け入れるコミュニティ，派遣側のコミュニティ，そしてボランティア個人に便益を与えることによって，中国のウィン・ウィン協力を具現化するものであるという（UNDP, 2015）。従って，中国の国際ボランティア事業の目的は，開発援助を中心としつつ，国際交流や人材育成も含んでいると考えてよいだろう[24]。

その理念は「人から人への交流」と呼ばれ，習近平国家主席が2013年に「中国とアフリカの間の新しいタイプの戦略的関係のための重要な柱」として宣言したものである[25]。実際，国際ボランティア事業は中国の重要な政策文書でも触れられている。

例えば，2014年度の対外援助白書（Information Office of the State Council, 2014）はボランティアの活発な役割を認め，次のように述べている。「中国は，言語教育，体育教育，コンピューター研修，漢方薬による治療，農業技術，芸術研修，工業技術，社会開発，国際的救済活動（学校，病院，政府機関，農場，研究機関向け）におけるサービス提供のため，他の途上国にボランティアを派遣し続けてきた」。同白書はまた，2010～2012年に約7000人のボランティアを60以上の国々に派遣したと述べる一方，とくにリベリアやエチオピアでの新生児の治療，農業，クリーンエネルギーの分野での成功事例を取り上げるなど，アフリカ重視の姿勢を打ち出している。

中国の国際ボランティア事業の形態は様々で，政府の複数の機関によって実施されている。中でも旗艦プログラムとして位置づけられているのが，2002年に設立された「海外青年ボランティアプログラム（Overseas Youth Volunteer Program：OYVP)」である。このOYVPは，「中国の平和部隊」とも呼ばれ，毎年多くの応募者がいるという。2002～2013年の期間には，590人のボランティアが22の国々に派遣され，そのほとんどがアフリカに送られた一方，一部はラオスやタイといった東南アジアおよびラテンアメリカのガイアナに派遣された(UNDP, 2015)。

OYVPの運営は，政府内で開発援助を担当する商務部の対外援助司（日本で言えば外務省国際協力局に当たる）の所管の下で，中国青年ボランティア協会（中国青年志愿者协会。Chinese Young Volunteers Association）によって行われている[26]。この協会は1994年に設立された非営利団体であり，中国共産主義青年団中央委員会の指導下にある。また，中華全国青年連合（All-China Youth Federation）とともに，青年ボランティアの非常に大きなネットワークを有しており，同時に中華全国青年連合のメンバーでもある[27]。実際，中国青年ボランティア協会は，行政機関が北京オリンピックや四川大地震の災害復興などイベントやキャンペーンを行う際，大学や専門学校から多数のボランティアを動員するという（李，2012，164頁)。ここで興味深いのは，中国を代表する国際ボランティア事業であるOYVPが，援助を担当する商務部だけでなく，中国共産党の影響下にも置かれていることである。まさにOYVPは国家プログラムであると言えよう[28]。

なお，中国には「中国語教師ボランティアプログラム（Volunteer Chinese Teacher Program)」という，規模の大きな別の事業もある。これは2004年に設立され，教育部の下で中国語カウンシル・インターナショナル（孔子学院。Chinese Language Council International〔Hanban〕）によって運営されている。2004～2012年には，１万8000人以上の中国語教師ボランティアがアジア，ヨーロッパ，アメリカ，アフリカ，オセアニアの101カ国に派遣された[29]。

### （4） ASEAN：ASEAN青年ボランティアプログラム（AYVP）

最後にASEAN（東南アジア諸国連合）が2011年に開始した「ASEAN青年ボランティアプログラム（ASEAN Youth Volunteer Programme：AYVP)」を紹介しよう[30]。これは各国が単独で行うのではなく，複数の国々が参加する点でアジアでは画期的な事業である。派遣対象は域内の18～30歳までの青年である。事業の目的は，知識主導のボランティアリズムの機会創出，学習経験の交流の支援，能力の発展，文化間の理解の向上，地域アイデンティティの意識強化，そしてASEAN地域内コミュニティの持続的な変化である。ASEANの事業ではあるが，実質的にはマレーシア国民大学（UKM）が，同国青年スポーツ省の後援の下，米国の国際開発庁（USAID）の支援も得て実施している。

AYVP発足の背景として，ASEANの最近の動向を確認しておこう。ASEANは1967年に設立された地域協力機構である[31]。当初は緩やかな協力体制を続けてきたが，2003年には各国首脳が政治・安全保障共同体（APSC），経済共同体（AEC），社会・文化共同体（ASCC）から成るASEAN共同体を設立することに合意し，予定通り2015年にASEAN共同体が発足した。

共同体設立までの道筋は，2009年に作成されたロードマップと3つの共同体のブループリント（青写真）に示されていたが，そのうち「社会・文化共同体ブループリント（ASEAN Socio-Cultural Community〔ASCC〕Blueprint)」の第5条は，社会・文化共同体は持続的開発を促進するために，人中心で環境に優しい協力活動に取り組むと同時に，相互理解，良き隣人関係，責任感の共有のための基盤づくりに貢献すると定めている。人中心のアプローチはASEAN憲章にも掲げられており，そのための優先課題の1つがボランティア活動である。そして，その担い手として期待されているのが青年である。「域内では35歳以下の青年が人口の約60％を占めており，彼らはASEAN共同体構想の実現を手助けする重要な人々である」と認識されている[32]。

しかし，AYVPが設立された直接の契機は，2008年にミャンマーを襲ったサイクロン・ナルギスであった。ASEANは復旧支援のため，域内各国から集まった40人のボランティアを派遣したが，その際，域内コミュニティの発展のためには，ボランティア派遣の持続的プログラムが必要との認識が共有された。そこで，2011年の青年問題に関するASEAN大臣級会合で，マレーシアのアフマッド・シャブリ・チック（Ahmad Shabery Cheek）青年スポーツ大臣がAYVP設立を提案し，それが後の青年問題に関するASEAN高級事務レベル会合で承認された。2012年にはUKMがボランティアに関するワークショップを開催し，学生リーダー，NGO，ASEAN事務局，USAIDなど，およそ50の代表団が参加して意見交換が行われた。

こうしてAYVPは事業を開始したが，その形態は，アジア各国の事業とは異なっている。すなわち，毎年域内各国での募集を通じて選考した数十人の青年をプログラム開催地に集め，4～5週間にわたって一定のテーマの下で研修および実地のボランティア活動に従事させるのである。AYVPやUSAIDのウェブサイト[33]によれば，初回の2013年は環境保護のテーマを掲げて，マレーシアに97人のボランティアが集まった。2014年は遺跡保存についてマレーシアに48人が，2015年は再び環境保護のテーマでカンボジアに50人が，そして2016年は災害リスク管理のテーマでフィリピンに約50人が，それぞれ参加した[34]。参加者は，例えばテーマが環境保護であれば「環境リーダー（Eco-Leaders）」として帰国し，母国でボランティア・プロジェクトを自ら企画し，実施することが期待されている。そのための資金はAYVPによって提供される。

要するに，AYVPのボランティア事業は，毎年のプログラムについては国際ボランティア活動とは呼びうるが，あくまで短期かつ小規模のものであり，ボランティアたちは，UKMなど運営側がある程度準備した内容に沿って活動している印象を受ける。むしろ全体の内容からすれば，各国のボランティアを集めた一種の研修と言ってもよく，開発援助の要素は少ない。他方，興味深いのは，彼らが自国でボランティア活動を行うことを奨励し，資金の手当ても行っている点である。これは実質的に国内向けのボランティア活動ではあるが，上記の国際プログラムで研修を受けたボランティアたちがリーダーとなって，今度は国内の活動を展開していくという有機的な連携が試みられている。

### （5）　アジアの特徴

それでは**図10-2**に沿って，アジア新興国の4事業を比較してみよう。まず，韓国のWFK，タイのFFT，中国のOYVPとも政府の開発援助機関がボランティアを派遣しており，ASEANのAYVPも国家から成る地域機構が派遣を行っているので，これらは全て政府が実施主体であると言えるだろう。従って，図10-2の横軸ではこれらは左側に位置づけられる。次に，AYVP以外は，事業目的として開発協力だけでなく人材育成や国際交流なども抱えているため，縦軸では中央に位置する。AYVPは，開発以外の目的が中心であるため縦軸の下部に配置した。因みに，日本の協力隊は，政府が実施し，多様な目的を有していることから，WFKなどと同じ位置づけとなろう。

このように見ていくと，アジア新興国の国際ボランティア事業の特徴として，

**図 10-2**　国際ボランティア事業の分類（アジア）

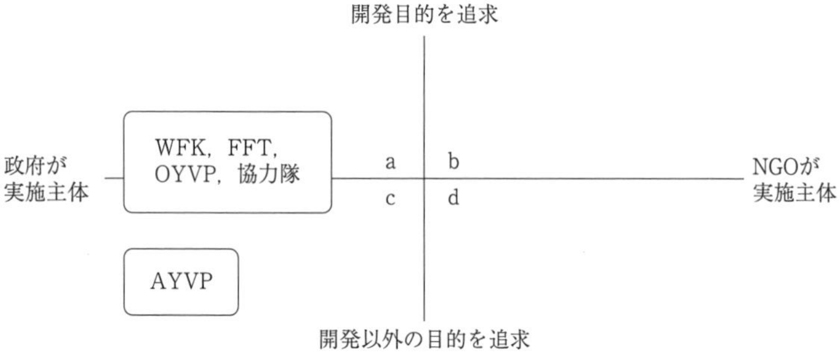

開発目的を追求

政府が実施主体　|　WFK，FFT，OYVP，協力隊　|　a　b　c　d　|　NGOが実施主体

AYVP

開発以外の目的を追求

政府が実施主体であること，そして開発支援以外の目的も総体的に重視していることを指摘できよう。この点は，図 10-1 と図 10-2 を比較すると一層明確になる。また興味深いのは，ASEAN 以外の 3 カ国の実施主体が政府の開発援助機関であるにもかかわらず，事業目的に人材育成や国際交流といった開発以外の目的を掲げている点である。そして，これらの特徴は日本の協力隊にも共通していることから（実施主体は外務省と JICA であり，多様な目的を有している。第 1 章参照），結局，それはアジアの国際ボランティア事業の特徴であると言うことができよう。

なぜ，アジアはこのような特徴を持つようになったのだろうか。あくまで仮説ではあるが，いくつか理由を検討してみたい。第 1 に，日本の協力隊の影響である。1965年に発足した協力隊はアジアでは先駆けの事業であり，規模も大きいことから，後発の国々が事業のモデルとして模倣した面がある。とくに韓国とタイは，外務省と援助機関が実施主体となり，開発協力，国際交流，青年育成という多様な目的を追求する点でかなり似通っている。実際，既に論じたように韓国の WFK は実施面や組織面で協力隊から多くを学んできた。タイについても，長年日本の援助対象国であり，TICA と JICA の関係も密接なものがあることから，FFT のあり方に協力隊が影響したであろうことは想像に難くない。

第 2 に，日本を含めアジアは欧米と比べると，結社や NGO に代表される市民社会が比較的弱いことである。これが背景となって，海外へのボランティア派遣という事業が，NGO や市民ではなく，政府が中心となって推進されたと考えられる。第 3 に，アジア各国の政府が国際交流の促進や国家イメージ向上の手段として，ボランティア事業を推進している面を指摘できるかもしれない。先進国の仲間入りを果たした韓国はその地位にふさわしい責務の一環として，インドシナ地域のリーダーを目指してきたタイはそのイメージ向上のため，アフリカの開発協力に積極的な中国も同じくイメージ向上のため，そしてASEAN諸国は相互の交流によって域内のアイデンティティと連帯感を高めるため，それぞれ国際ボランティア事業に期待していると考えられよう。

## 4　「アジア型」の登場か，「欧米型」への収斂か

本章では，国際ボランティア事業の比較分析の試みとして，欧米の主要な6事業を概観した上で，アジアの4事業，日本を含めると5事業を取り上げ，限られた資料に基づく分析ではあるが，その特徴や傾向を整理した。

改めて両者の違いを確認しておこう。まず実施主体で見ると，欧米では政府であったりNGOであったりと様々である一方，アジアの主体は政府であり，さらにその大半が政府の開発援助機関である（日本，韓国，タイ，中国）。また，欧米の場合は，政府が主体であっても，援助機関が国際ボランティア事業を運営しているわけではない。次に事業目的にも違いがあり，欧米の場合は，青年育成を視野に入れつつも，やはり貧困削減などの開発支援が中核の目的であるが，アジアの場合は開発だけでなく人材育成や国際交流といった多様な目的を追求している（日本，韓国，タイ，中国）。

こうした違いの理由については，途上国との関係の歴史，日本の影響，市民社会の発展，国家戦略など，いくつかの仮説を検討したが，それらは今後の研究課題となろう。いずれにせよ，本章で検討した違いを強調する立場からは，今や「アジア型」と呼びうるような国際ボランティア事業の新たな潮流が，「欧米型」とは異なるものとして，登場していると言えるのかもしれない。

しかし他方で，アジア諸国の事業は「欧米型」に収斂しているという見方もありえよう。後発であるアジアの国際ボランティア事業は，創設以来，先発である欧米の影響を受けて活動を行ってきたからである。例えば，日本の協力隊や韓国のWFKは創設時の米国平和部隊の影響があることは言うまでもなく，最近ではMDGsやSDGsという国連の開発目標を自らの事業の中心に位置づけ，そのための貢献のあり方を検討している。近年のボランティア事業のインパクト評価や費用対効果への関心の高まりも，その一環であろう。こうした開発目的重視の傾向は，今後アジアの諸事業が「アジア型」を構成するどころか，むしろ「欧米

型」に近づいていくことを示唆するのかもしれない。

「アジア型」の登場か，「欧米型」への収斂か。その判断を下すには，今後も各国の事業の動向を観察し，評価していくことが必要である。

**注**

(1) ただし，内海・中村2011は韓国も取り上げている。

(2) 次のウェブサイトと文献を参照した。U.S. Peace Corps（http://www.peacecorps.gov/ 2016年3月5日アクセス）；Peace Corps, 2015；本書第11章。

(3) 次のウェブサイトを参照した。FK-Norway（http://www.fredskorpset.no/en/; Evaluation Report 2/2006 http://www.fredskorpset.no/globalassets/evalueringer/evaluation-norad-of-fk-2006.pdf 2016年3月5日アクセス）

(4) 因みに，ノルウェーは世界でも高いレベルの組織的ボランティア活動が行われている国の1つである。その背景には，山とフィヨルドと多数の島々から成る国土がある。この地理的な事情のため歴史的に移動や通信が困難であったため，小さく孤立したコミュニティの人々は伝統的に様々な問題に自分たちで共同で取り組み，解決していかざるを得なかったのである（UNV, 2015, p. 38）。

(5) 次のウェブサイトを参照した。UNV（http://unv.or.jp/about/ 2016年3月5日アクセス）

(6) 本書第12章および以下のウェブサイトを参照した。VSO Annual Report, various years（http://www.vsointernational.org/about/annual-report 2016年3月5日アクセス）

(7) 対照的に，協力隊や米国平和部隊の平均年齢が28歳と若めであることは，上述のとおりである。

(8) 次の文献およびウェブサイトを参照した。CUSO, Annual Report, various years（http://www.cusointernational.org/about/publications 2016年3月5日アクセス）；向井・内海，2011；高橋，2001。

(9) 次の文献およびウェブサイトを参照した。France Volontaires（https://www.france-volontaires.org/ 2016年3月5日アクセス）；北村，2011。

(10) なお，実施主体の分類については，本章はあくまで欧米の代表的な6つの事業を分類しているだけであり，実際は，各国において様々な主体によるボランティア事業が行われている。例えば米国やノルウェーでは，政府が国際ボランティア事業を実施している一方で，NGOも海外にボランティアを派遣している。

(11) もちろん欧米でも国際理解のためのボランティア事業は盛んに行われている。ただし，その多くはNGOが運営する短期の事業であり，参加者には技能や資格を求めていない（Sherraden et al., 2006）。

(12) KOICAウェブサイト（http://kov.koica.go.kr/eh/main.do 2017年10月21日アクセス）。なお，日本の協力隊の派遣数が50年間でようやく4万人を超え，シニア海外，日系社会青年，日系社会シニアを加えたJICAボランティア事業全体でも5万人に満たないことと比べると，WFK の派遣数は著しい規模と伸びを示している。しかし，WFK を構成する諸事業のうち，協力隊に相当する KOV（後述）のみを取り上げると，1990年から2015年までの累積派遣数は1万1287人である（KOICA ウェブサイト）。（http://www.koica.go.kr/english/schemes/world_friends_korea/index.html　2017年10月21日アクセス）。5万人を超える WFK の内訳は，同じ KOICA ウェブサイトによれば1990年～2015年の期間で，短期の大学生派遣である World Friends Youth Volunteers の派遣数が3万4585人，同じく短期で IT 教育専門の World Friends IT Volunteers が6274人などとなっており，WFK 派遣数のかなりの部分がこれらの短期ボランティアである。

(13) 以下の記述は断りのない限り，KOICA（2011，第1章）に基づく。なお，同書の翻訳は JICA 研究所の内部資料を参考にした。

(14) 当時のユネスコ関係者への匿名インタビュー（2012年2月17日，ソウル）。この点に関して，日本の協力隊の創設過程において，総理府と文部省が所管庁となることを断った結果，外務省が引き受けることになった経緯を想起されたい（本書第1章参照）。国際ボランティア派遣という新しい事業の受け入れは，既存の官僚組織にとってはいくぶん厄介なものであったことがうかがえよう。因みに，米国平和部隊の場合は，既存の政府組織と切り離して設立されている（本書第11章参照）。

(15) 韓国 NGO の ODA Watch に所属するイ・ソンゼ（Lee Sun-jae）に対する筆者のインタビュー（2012年2月17日，ソウル）。

(16) なお，NGO による事業としては，例えばタイ王室に由来する NGO（Mae Fah Luang Foundation）がボランティアをミャンマーやアフガニスタンに派遣している。

(17) 以下の記述は断りのない限り，タマサート大学・学士ボランティアセンター，2010a および Sasitorn, 2015に負っている。なお，タイ語の文献の翻訳は JICA 研究所の内部資料を参考にした。

(18) タイの法定最低賃金は日額300バーツで，仮に月に22日労働とすると月額6600バーツとなり，これと比べると FFT の月額手当は2倍以上高いことになる。因みに，日本では東京都の法定最低賃金は2015年10月現在，時給907円であり，1日7時間，22日労働とすると月額約14万円となる。他方，協力隊の手当は現在，国内手当の合計が最高で月に8万5000円，現地生活費が1カ月300～760米ドル程度なので，1ドル100円とすると協力隊の手当は1月当たり11万5000円から16万円ほどになり，法定最低賃金と同程度の金額であることがわかる。

(19) タマサート大学・学士ボランティアセンターの Sakuna Thaprach に対する筆者のインタビュー（2012年3月30日，バンコク）。なお，タイでの調査における Piyalak Srinil 氏の支援に感謝する。

(20) TICA 関係者に対する筆者の匿名インタビュー（2012年3月26日，バンコク）。

(21) 筆者のインタビュー。注(20)に同じ。

(22) プワイは1960年代に中央銀行総裁や財務省財政政策室長として，タイ経済の発展の基礎を築いたほか，タマサート大学の経済学部長も務めた人物である。

(23) 筆者のインタビュー。注(19)に同じ。

(24) 因みに，中国では学生時代にボランティア活動に参加することは，個人の能力向上やキャリア形成のために不可欠であるとされている（李，2012，164頁）。

(25) 以下の新華社通信ウェブサイトより。(http://news.xinhuanet.com/english/china/2013-03/30/c_124522273.htm　2015年11月5日アクセス）

(26) http://zgzyz.cyol.com/content/2015-07/07/content_11482259.htm　2015年11月5日アクセス。

(27) UNDP 2015より。また次のウェブサイトも参照。(http://chinacsrmap.org/Org_Show_EN.asp?ID=1288　2015年11月5日アクセス）

(28) なお，中国共産党は国内でもボランティア事業に関する規則を策定するなど大きな関わりを有している。また，政府においては，民政部（Ministry of Civil Affairs）がコミュニティベースのボランティア事業を実施している（UNDP, 2015)。次のウェブサイトも参照。(http://chinacsrmap.org/Org_Show_EN.asp?ID=1288　2015年11月5日アクセス）

(29) http://english.hanban.org/node_9807.htm　2015年11月5日アクセス。

(30) 以下の記述は断りのない限り，AYVP ウェブサイトに基づいている。(http://www.ayvpukm.com.my/　2016年9月13日アクセス）

(31) 設立当初の加盟国は，インドネシア，マレーシア，フィリピン，シンガポール，タイであったが，1984年以降ブルネイ，ベトナム，ラオス，ミャンマー，カンボジアが順次加盟した結果，現在10カ国となっている。

(32) アリシア・バラ（Alicia Bala）ASEAN 事務局次長の発言（日付不明。Gill, 2015より引用)。なお，引用元の著者 Saran Kaur Gill は AYVP の創設者の一人であり，マレーシア国民大学の教授である。

(33) USAID のウェブサイトは次を参照。(https://www.usaid.gov/asia-regional/fact-sheets/asean-youth-volunteer-partnership　2016年1月12日アクセス）

(34) 因みに，2017年のプログラムは災害リスク・復興をテーマにミャンマーで開催される予定である（出典は注(33)と同じ)。

## 引用参考文献

内海成治・中村安秀編，2011，『国際ボランティア論』ナカニシヤ出版。

内海成治，2011，「ボランティア論から見た国際ボランティア」内海成治・中村安秀編『国際ボランティア論――世界の人びとと出会い，学ぶ』ナカニシヤ出版，3-25頁。

北村広美，2011，「フランス」内海成治・中村安秀編『国際ボランティア論――世界の人びとと出会い，学ぶ』ナカニシヤ出版，143-156頁。

KOICA（韓国国際協力団)，2011，『韓国海外奉仕団20年の足跡，1990-2010年』韓国国際協力団（韓国語)。

高橋彰夫，2001，『カナダの NGO ――政府との「創造的緊張」をめざして』明石書店。

タマサート大学・学士ボランティアセンター，2010a，『タイ友好ボランティアの活動の手引き――ブータン王国における活動編』タマサート大学・学士ボランティアセンター（タイ語)。

タマサート大学・学士ボランティアセンター，2010b，『仏暦2551年（西暦2008年）フレンズ・フローム・タイランドプロジェクト，観察・評価研究』タマサート大学・学士ボランティアセンター（タイ語）。

中村安秀，2011，「青年海外協力隊をめぐって」内海成治・中村安秀編『国際ボランティア論——世界の人びとと出会い，学ぶ』ナカニシヤ出版，42-60頁。

向井かおり・内海成治，2011，「カナダ」内海成治・中村安秀編『国際ボランティア論——世界の人びとと出会い，学ぶ』ナカニシヤ出版，129-142頁。

山田恒夫編，2014，『国際ボランティアの世紀』放送大学教育振興会。

李妍焱，2012，『中国の市民社会——動き出す草の根NGO』岩波書店。

Chung, W., 2015, "International volunteering and development: Korean experience of World Friends Korea（WFK)," presented at the International Volunteering Cooperation Organizations（IVCO), Tokyo, October 4-7.（http://forum-ids.org/conferences/ivco/ivco-2015/　2016年3月13日アクセス）

Euler, H., Stein, T., Allum, C., 2016, "Understanding the patterns of volunteering for development: An initial baseline survey of international volunteer cooperation organisations," *Forum Discussion Paper 2016: AKLHUE-Forum Trends Survey*, Bonn, August.（https://www.ivco-2016-bonn.com/assets/forum-discussion-paper-2016---aklhue-forum-trends-survey.pdf　2016年12月2日アクセス）

France Volontaires, 2014, "Le Contrat d'Objectifs et de Performance entre Le Ministère des Affaires Étrangères et L'Association France Volontaires, Période 2014-2016," France Volontaires.（https://www.france-volontaires.org/documents/content/Qui-sommes-nous/COP_2014_2016_MAE_FV.pdf　2016年3月13日アクセス）

———, 2015, "Statutory auditor's report on the financial statements exercice, January 1 2014 - December 31 2014," France Volontaires.（https://www.france-volontaires.org/documents/content/Qui-sommes-nous/Rapport_CAC_2014_en.pdf　2016年1月13日アクセス）

Gill, S. K., 2015, "Capturing the ASEAN spirit youth leading the way," presented at the International Volunteering Cooperation Organizations（IVCO), Tokyo, October 4-7.（http://forum-ids.org/conferences/ivco/ivco-2015/　2016年3月13日アクセス）

Information Office of the State Council, 2011, *China's Foreign Aid*.（http://www.gov.cn/english/official/2011-04/21/content_1849913.htm　2016年3月4日アクセス）

———, 2014, *China's Foreign Aid*.（http://english.gov.cn/archive/white_paper/2014/08/23/content_281474982986592.htm　2016年3月4日アクセス）

Kitano, N., 2014, "China's foreign aid at a transitional stage," *Asian Economic Policy Review*, 9, pp. 301-317.

Lopez Franco, E., Shahrokh, T., 2015, "The changing tides of volunteering in development: Discourse, knowledge and practice," *IDS Bulletin*, 46(5), September, pp. 17-28.

Peace Corps, 1985, *Performance and Accountability Report: FY 1985*, Peace Corps.

———, 2015, "Fact sheet," Peace Corps Official Website.（http://files.peacecorps.gov/multimedia/pdf/about/pc_facts.pdf　2016年3月13日アクセス）

Sasitorn, W., 2015, "Thailand South-South Cooperation (SSC)," presented at the International Volunteering Cooperation Organizations (IVCO), Tokyo, October 4-7.

Sherraden, M. S. et al., 2006, "The forms and structure of international voluntary service," *Voluntas: International Journal of Voluntary and Nonprofit Organizations*, 17(2), pp. 163-180.

UNDP (United Nations Development Programme China), 2015, *Issue Brief*, No. 12, October.

UNV (United Nations Volunteers programme), 2011, *State of the World's Volunteerism Report: Universal Values for Global Well-being*, UNV.

———, 2015, *State of the World's Volunteerism Report: Transforming Governance*, UNV.

WFK (World Friends Korea), n.d.（出版年記載なし）, *World Friend Korea: A Better World through Sharing and Learning*, KOICA World Friends Secretariat.

# 第11章
# 政府系ボランティアのパイオニア・米国平和部隊の非政治性
## ――ラテンアメリカ地域の事例を中心に――

河内久実子

## 1　政府系ボランティアのパイオニア

米国平和部隊（Peace Corps，以下ピースコー）は1961年３月にジョン・F・ケネディの大統領令10924号によって設立された。以来50年以上にわたりピースコーは，市民参加型の政府系ボランティア組織の先駆け的存在として，大規模な国際協力活動を世界各地で展開してきた。最新のピースコー・ファクトシートによると，ピースコーは2016年９月までに延べ141カ国での活動実績を持ち，約22万5000人の隊員を送り出してきた（Peace Corps, 2016）。1965年に誕生した日本の青年海外協力隊（以下，協力隊）と比較してみると，ピースコーの隊員派遣数の多さに驚くだろう。JICA 公式ホームページに発表された青年海外協力隊派遣実績（2017年１月31日現在）によると，協力隊が派遣された国の数は88カ国で，おおよそ４万2000人の隊員を送り出した。このように，過去の派遣実績の上で，ピースコーは圧倒的規模を誇っている。ピースコーの応募資格は，18歳以上のアメリカ国籍を持つ者ならば応募年齢の上限はない。近年は80代のピースコー隊員も海外で活躍する時代を迎えている。

このように，ボランティアの大量派遣システムを構築したピースコーが世界に与えた影響と衝撃は発足当時から大きかった。ピースコー設立４年後の1965年に発足した協力隊もその活動を意識せざるを得なかった。1960年代初頭の国会における協力隊構想に関する議論では，まだ実体を持たない協力隊構想をより具体的にイメージするため「いわゆる日本の平和部隊」という呼び名が使用された。また，毎日新聞では前田利郎による『ニッポン平和部隊』という名のコラムが連載され，アジアに派遣された協力隊の様子が連載された（前田，1967）。そして，協力隊の設立に尽力した末次一郎の著書『未開と貧困への挑戦――前進する日本青年平和部隊』においても，末次は自らの足でピースコーの活動地域へ出向き，ピースコー隊員や受け入れ先の人々との活動について語り合った経験を著書に記している（末次，1964）。このように協力隊の発足に尽力した末次に影響を与え，日本の政治家からも注目を浴びていたピースコーであるが，その創設の歴史や活動内容について日本ではあまり知られていない。

本章では，政府系ボランティア組織のパイオニアであるピースコーがどのように誕生したのか，彼らの半世紀にわたる歩みの中で要となり続けた，組織としての「非政治性」はなぜ重要なのか，という点について，ラテンアメリカ地域の「プログラム停止」の事例と関連させながら分析していきたい。どのような時期に，なぜプログラムを停止したのかを明らかにすることで，政府系ボランティア組織であるがゆえに，政府の対外関係や国内世論から影響を受ける立場の存在であることを論じていきたい。

## 2　ピースコーの誕生と非政治性

### (1)　ピースコーの生みの親：ケネディとシュライバー

ピースコー設立構想は，民主党のケネディ候補が共和党のリチャード・ニクソン候補と戦った1960年の大統領選のさなかミシガン大学で生まれた。1960年10月14日の真夜中２時の演説で，ケネディは若者たちにこう語りかけた。「君たちは世界のため，この国（米国）のため，貢献していく意思はあるのか」。カリスマ性あふれるケネディのこの呼びかけは，とくに若者層からの熱狂的な支持をうけた。大統領選に勝利したケネディは1961年１月，第35代米国大統領となり，就任後初めて行使した大統領令10924号によってピースコーを誕生させた。そしてすぐに，ケネディ大統領は義理の弟に当たるサージェント・シュライバーを初代ピースコー長官に任命し，自らの構想の実現を彼に一任した。

設立に当たり，シュライバー長官は，ピースコーを米国政府の既存の組織と切り離し，「非政治性」を打ち出すことが重要であると確信していた。ピースコーは，途上国の人々への技術協力に加えて，米国市民と任国の人々との相互理解の促進を組織の使命として掲げている。このような活動目的からもわかるように，シュライバーは，ピースコー隊員を米国の冷戦外交のツールとして位置づけることに賛成ではなかった。ピースコー隊員の派遣先であるラテンアメリカやアフリカなどの多くの途上国では，共産主義支持者のみならず，多くの市民が米国政府の干渉的な外交政策に懸念を抱いていた。そのため，ピースコーを政府の外交政策から切り離さなければ，新しい形の国際協力組織として任国の信頼を得ることは不可能であるとシュライバーは考えていたのである。

実際，とくに共産主義諸国では，当初からピースコー設立を歓迎しない声があがっていた。初年度版のピースコー年次報告書では，数ページにわたり旧ソ連，中国，キューバのメディアによるピースコー報道が紹介された。その記事によると，ピースコーは「中央情報局（CIA）」「秘密警察」「スパイ活動」として取り上げられており，発展途上国に警告を促しているものが多い（Peace Corps, 1962, pp. 61-63）。翌年度のピースコー年次報告書においても5ページにわたりピースコーの活動を「スパイ活動」「ネオコロニアリスト（neo-colonialist）」などと揶揄したメディアの宣伝が紹介されている（Peace Corps, 1963, pp. 61-65）。年次報告書で紹介された報道の記録からは，当時の共産主義支持者がピースコーの活動の目的を警戒していた様子がわかる。

しかし，シュライバーの「非政治性」の考えの一方で，米国では一部の政治家のみならず，ケネディ大統領さえも共産主義拡大阻止の役割をボランティアに期待していた。これに対してシュライバーは，ピースコー隊員が「米国外交の手先」，つまり政治的な意図によって任国で働く集団（スパイ等）と位置づけられることを回避する重要性を主張し続けた。彼は政府系組織でありながら非政治的（apolitical）な国際協力組織としての設立を目指し，政治家たちの理解を得るため奔走した。様々な議論と交渉を行った末，シュライバーはピースコーを米国国際開発庁（USAID）など既存の組織から「独立した」組織としてスタートさせることに成功し，信念を貫いたのであった。

### （2）「非政治性」の追求

1961年9月，シュライバーは，ピースコーを独立した非政治的な組織としてアピールするための制度化に着手した。そのはじめとして，シュライバーは，CIAにて職務経験を有する者はピースコー隊員（職員含む）の応募資格がないと，隊員手引き書（MS611）に規定した[(1)]。このMS611には「ピースコーと諜報機関とのいかなる繋がりも，任国の人々とピースコーとの信頼関係の維持と構築を損ねる」と明記されている[(2)]。この規定は，さきに述べた当時の時代背景も考慮にいれると，ピースコーを既存の諜報機関から独立した組織であると証明し，隊員たちを国際協力活動へと安全に送り出すために必要な政策だったことが理解できる。この MS611はピースコーの歴史の中で一度も廃止されることなく現在も受け継がれており，ピースコー政策の柱として生き続けている。

また，ピースコー事務局は設立当初から今日に至るまで，ピースコー隊員の政治的発言や政治活動に関して厳しい管理を行ってきた。例えば，1960年代後半にエクアドル支局長を務めたジョセフ・ハラタニは，ピースコー支局長時代を振り返り，最も骨を折った業務は「反抗的（rebellious）」なピースコー隊員が地方紙などで述べる米国外交批判への対処であったと語っている（Zorovich, 2002, p. 15）。ピースコー隊員が自身の政治的見解に関する手紙を米国の主要紙である『ニューヨーク・タイムズ（New York Times）』に郵送したため，ピースコー事務局から米国本国への強制送還を命じられた事例もあった（Fischer, 1998, pp. 86-87）。今日においても，隊員は政治に対する自身の考えや米国の外交政策に対する見解を公の場で述べることが禁止されており，隊員のマスコミ取材への応答や協力活動に関する記事の投稿に至るまで，各国のピースコー支局長の管理体制に従うことが義務づけられている（e.g. Peace Corps, 1990, pp. 41-42; Peace Corps, 2006, pp. 72-73）。

筆者が2012年，エクアドルでピースコーの活動について調査した際にも，この規定に関する隊員の認知度は高かった。しかし，「非政治性」をどう理解するべきか悩んでいる隊員の声が聞かれたのも事実である。というのも，言論の自由を謳う米国で教育を受けた彼らにとって，意見を述べることに対する制限は，受け入れ難い問題なのである。また，エクアドルでは，同性愛者支援の NGO で活動していたピースコーの女性隊員が支援団体とともに同性愛者のパレードに参加し，ピースコー事務局から米国への強制送還を命じられたという事例があったことも，筆者の調査で明らかとなっている。この事例に関して，一部の隊員からは「どこまでが政治的な活動や発言で，どこまでが政治的ではないのか判断に苦しむ」との声が聞かれた。他方で，エクアドルの住民からは，カトリック信者の多い同国で外国の政府から派遣されたボランティアが同性愛者のパレードに参加する行為は「政治的」行為と見なされてもおかしくはない，という意見もあった。

これまで述べてきたように，ピースコー事務局は1961年から今日まで，CIA や USAID などの既存の政府機関とは独立し非政治的な組織であることが，活動を続けていく上で必要条件だと考えてきた。なぜ，こうした非政治性に半世紀もの間，こだわり続けてきたのだろうか。ラテンアメリカ諸国でピースコーが1970

年代から1980年代にかけて経験した相次ぐプログラム停止に関する考察から，シュライバー時代に確立されたこの政策がいかに政府系ボランティア組織にとって必要であったのかを示していきたい。以下，第3節では，ピースコーのラテンアメリカにおける派遣の歴史を辿った後，第4節ではプログラム停止の具体的な事例について分析する。

## 3　ピースコーのラテンアメリカにおける展開

### （1）冷戦構造の中での派遣開始（1960年代）

ピースコーの設立以来，全体の約20％から30％の隊員がラテンアメリカ地域に派遣されてきた。発足時の1961年にはチリへ45人，コロンビアに62人，セント・ルシアに15人の隊員が派遣され，それから2年弱の間に域内の17の国に派遣が拡大した。1960年代のピースコーにとって，この地域は重点派遣地域であり，とくにブラジルやコロンビアをはじめとする南米諸国を中心に隊員派遣が集中した。

ラテンアメリカ地域におけるピースコー初期の活動の特徴は，多くの隊員が村落開発（community development）隊員として農村部や都市部の貧困地域へと派遣されたことである。1971年のピースコー年次報告書に掲載されている国別派遣人数の表を見ると，1960年代には村落開発分野のラテンアメリカ地域への派遣が圧倒的に多いことがわかる（Peace Corps, 1971, pp. 16-23）[(3)]。この地域に多数の隊員が派遣された要因を，グレン・フランシス・シェフィールドは，ピースコーが米国政府の「進歩のための同盟」の枠組みの中で，隊員派遣を行った結果であると説明している（Sheffield, 1991）。「進歩のための同盟」とは，1961年にケネディ大統領が提唱したラテンアメリカ諸国の社会・経済の発展を促し，共産主義の拡大阻止を目的としたラテンアメリカ地域への援助政策である。このような形でのラテンアメリカへの隊員大量派遣は，ピースコーが独立した非政治的な組織でありながら，冷戦下という時代背景の中で，米国政府の外交政策と切り離せない微妙な立ち位置で活動していたことを示している。

独立した，非政治的な政府系組織として誕生したピースコーであるが，1960年代の派遣前訓練の内容を見ると，共産主義国と対峙する米国政府の対決姿勢がはっきりと現れている。初期の訓練は，米国国内の大学などで行われることが多かったが，例えば1965年にテキサス工科大学で実施されたエクアドル，ペルー，ボリビアへの村落開発隊員を対象とした派遣前訓練のマニュアルを見ると，共産主義理解を含む国際関係の講義に48時間分が割かれていた（Peace Corps and Texas Technological College, 1965, p. 41）。また，JICA の前身である海外技術協力事業団（OTCA）がピースコー訓練局から取り寄せた派遣前訓練資料には「共産主義に関する説明」という項目が設けられており，当時のピースコーでは共産主義社会やそのイデオロギーに関して様々な角度からの教育を行っていたことが示されている。この枠組みにおいて，隊員に教えるべき内容は 8 項目にわたっており，例をあげると「共産主義とは何か（マルクス，レーニン，スターリン等に関する学習）」「ソ連の経済，社会，家族，種族，宗教について」「革命戦術」「心理戦争」など多岐にわたる（米国平和部隊訓練局，1964）。このようにピースコーは，ラテンアメリカ地域への派遣前訓練で米国政府の政治的な立場と共産主義に関する教育を徹底して行っていたことがわかる。

### （2） ピースコー縮小政策（1970年代）

民主党政権下で活動を開始したピースコーは，1969年に共和党のリチャード・ニクソンが第37代米国大統領に選出されると大きな転機を迎えた。ニクソン政権はピースコーに改革を迫るとともに，1969年には米国国内の他のボランティア組織と統合して，ACTION という組織下に置き，ピースコーの独立したステータスを廃止した[(4)]。こうした政策の背景には，現実主義的な外交政策を志向するニクソン大統領がピースコー事業に以前から反対姿勢をとっていたこと，また，ベトナム戦争を含む米国外交政策にピースコー OB 隊員が抗議する姿が報道されたことなども関連し，政治家たちの間にピースコー事業を問題視する動きがあったことが考えられる。

とりわけ，1970年 5 月にピースコー OB 隊員がワシントン D.C. のピースコー本部を占拠した事件は，米国政府に衝撃を与えた。この事件は，12人の OB 隊員がピースコー本部を占拠し，巨大な南ベトナム解放民族戦線の旗を 4 階の東南アジア部の窓から掲げ，ベトナム戦争に抗議したものである。このような事件や反戦運動への隊員の参加が，米国政府による組織改革に拍車をかけたのも事実である。

さらに，この統合改革により，ピースコーは運営予算を大幅に削減される事態へと追い込まれた。当時のピースコー長官のジョセフ・ブラッチフォード

(1969-1971) は，1971年1月，政府の行政予算管理局に9000万ドルから6000万ドルへ予算を削減する要請案を提示された。この大幅な予算削減案は，当時予定していた派遣隊員数を9000人から5800人へと縮小し，既に任国で活動している隊員までも1972年の4月までに米国へ呼び戻さなければならないことを意味していた。結局，引揚対象者の数は，33カ国で活動中の2313人にのぼった。しかし，このような過度なピースコー縮小政策に対して，『ボストングローブ』紙や米国国民から政府へ批判の声が上がった。また，ピースコー関係者の議会への働きかけが実ったことにより，1972年（会計年度）の予算の削減幅は少し小さくなり，当初予算案として提示された6000万ドルより上乗せされ，7250万ドルとなった（Cobbs Hoffman, 1998, pp. 230-232)。また，ブラッチフォードは，パイオニア精神溢れる「アクティビスト的」なピースコーから「保守的」なピースコーへと組織と隊員構成を変化させるべく，従来のピースコー隊員よりも年齢層の高い隊員を獲得するため，家族同伴でのピースコープログラムの参加を許可するなど，組織の改革をすすめた（Reeves, 1988)。

他方，1970年代初頭から1980年代初頭のラテンアメリカでは，ピースコープログラムが相次いで停止され，派遣国数および派遣人数ともに縮小の一途をたどった。この時期のラテンアメリカは，軍事政権の台頭，政情不安，外国人の誘拐，内戦の勃発など不安定な時期であった。また，各地で反米主義の高揚も見られ，ピースコーの活動目的や意義に疑問を投げかける動きが広く見られた時期でもある。このようなラテンアメリカ諸国の動きに加えて，先に触れた米国国内のピースコー予算の大幅な縮小も連動し，1971年から1983年のおよそ10年の間にラテンアメリカ地域のピースコープログラムは，12の国で相次いで隊員派遣の中止を経験した（**表11-1**参照)。具体的なプログラム停止の事例については，第4節で詳しく述べていくが，相次ぐ停止の結果，ラテンアメリカ地域への派遣は1960年代に既にピークに達し，その後の派遣隊員数はニクソン政権下で行われた縮小政策を経て現在に至るまで，1960年代のレベルまで回復していない（**表11-2**)。

### （3） 冷戦終焉期のピースコー（1980-1990年代）

1969年以来，ACTIONの一組織として活動していたピースコーであったが，1981年12月にACTIONの傘下から離れ，独立組織として再スタートをきった。ラテンアメリカ地域においては，ビジネス支援などの新しい分野への派遣が1980

**表 11-1** ラテンアメリカ地域のピースコープログラム停止国（1971-1982年）

| | プログラム停止年 | プログラム再開の有無(年) | 備　考 |
|---|---|---|---|
| ウルグアイ | 1974 | 1991 | 現在派遣無し |
| エルサルバドル | 1980 | 1993 | プログラム継続中 |
| ガイアナ | 1971 | 1995 | プログラム継続中 |
| グレナダ | 1982？ | 再開無し | |
| コロンビア | 1982 | 2011 | プログラム継続中 |
| チリ | 1983 | 1991 | 実際の派遣開始は1992年，1998年再び停止，現在に至る |
| ニカラグア | 1980 | 1991 | プログラム継続中 |
| パナマ | 1971 | 1991 | プログラム継続中 |
| ブラジル | 1982 | 再開無し | |
| ベネズエラ | 1975 | 再開無し | 年次報告書では1975年に隊員数が0となったが公式な停止年について記載なし |
| ペルー | 1976 | 2002 | プログラム継続中 |
| ボリビア | 1972 | 1990 | 2008年に撤退要請があり，停止，現在に至る |

（注） 会計年度（FY）1961年からFY2012年のピースコー年次報告書（Peace Corps Annual Report）を基に筆者作成。表中の「プログラム停止年」は，停止決定年ではなく，被派遣国で活動していたピースコー隊員数が0人になった年を記載。なお，グレナダは報告書に記載がないため推定年である。

**表 11-2** ラテンアメリカ地域におけるピースコー隊員数の推移（大統領別）1961-2001年

| 1961-1963 | 1964-1969 | 1970-1974 | 1975-1977 | 1978-1981 | 1982-1989 | 1990-1993 | 1994-2001 |
|---|---|---|---|---|---|---|---|
| ケネディ | ジョンソン | ニクソン | フォード | カーター | レーガン | ブッシュ | クリントン |
| 2,039 | 12,277 | 7,066 | 4,178 | 5,524 | 10,372 | 5,598 | 9,279 |

（出所） 会計年度（FY）1961年度から（FY）2003年度のピースコー年次報告書（Peace Corps Annual Report）をもとに筆者が作成。

年代から増加し，経営や会計学などに精通している隊員の募集にも新たに力を注いだ。その背景として，1980年代から1990年代にかけて，この地域の国々が巨額の対外債務を抱え，国際通貨基金（IMF）の指導のもと，新自由主義的経済政策を受け入れ，国営企業の民営化や規制緩和を進めたことがあげられる。

また，ブラジルなど大量派遣を行っていた南米各国におけるプログラムが1970年代以降に相次いで停止されたという事情も加わり，1980年代には南米地域にかわって中米地域への派遣が相対的に伸びた。また，カリブ海地域では，米国政府の対外政策との連動が見られた。1983年にレーガン政権下で実施されたカリブ海域の非共産主義諸国への経済支援を目的とした「カリブ海支援構想（Caribbean Basin Initiative：CBI）」の一環として，ビジネスに精通したピースコー隊員が，中小規模のアグリビジネスの支援プロジェクトに参加した（Peace Corps, 1984, pp. 20-21）。

21世紀を目前とした1990年代は，冷戦の終焉，独裁政権の崩壊の影響によって，ラテンアメリカ諸国の政治体制が民主主義へと移行した時期である。この時期にも先に触れた新自由主義的経済改革によって社会福祉，教育，地方行政への資金が縮小されたため，政府にかわってNGOが多岐にわたる役割を担うようになった。このような背景からラテンアメリカ地域のピースコーも「小さな政府」造りの支援，つまり隊員がNGOに所属しながら支援活動を行うケースが増加した。

加えて，この時期のピースコーの特徴は，内戦や冷戦の終結によって政情不安が解消されたことをうけて，派遣停止国におけるプログラムの再開を目指していたことである。会計年度1992年の年次報告書では，1990年にボリビア，ハイチ，パナマで，1991年にはニカラグア，ウルグアイ，チリでそれぞれプログラム再開に向けた交渉を事務局が行っていること，さらに1992年にも２カ国で派遣を再開する準備があることが述べられている（Peace Corps, 1992, p. 98）。派遣停止となった国へのプログラム再開を事務局が積極的に進める傾向は，1990年代に限った現象ではなく，過去のラテンアメリカ地域においても見られるものである。しかし，とくに1990年代初頭は，多くのラテンアメリカ諸国にとって民政への移行期に当たり，隊員派遣の再開に適したタイミングであったため，この傾向が顕著に年次報告書から読み取れるのである(5)。

### （4）21世紀のピースコー組織と安全管理（2000年代以降～）

21世紀に入ると，9.11同時多発テロの発生やイラク戦争開戦など米国政府主導のもと「テロとの戦い」が活発化した。とくに，米国国内で発生し多くの犠牲者を出した9.11以降は，海外で活動する米国人の安全管理に関する議論も議会などで取り上げられるようになった。このような米国を取り巻く情勢の影響もあり，一般市民であるピースコー隊員の安全管理に関する国民の関心が高まり，マスメディアを通じて活発に議論されるようになった。2003年秋には，『デイトン・デイリー・ニュース（Dayton Daily News）』が，ピースコー隊員が活動中に遭った暴力被害に関する連載記事を掲載して反響を呼んだ。

その翌年の2004年の３月には，アメリカ合衆国議会下院の国際関係委員会（現外交委員会）にて，隊員の安全管理に関する公聴会が開かれた。この公聴会の目的は，ピースコー事務局の隊員の安全管理に関する聞き取りであり，主な証言者は，ガディ・H・バスケス（当時のピースコー長官），ウォルター・ポワリエ（行方不明となったピースコー隊員の父），ジェフ・ブルース（『デイトン・デイリー・ニュース』編集者）であった。バスケス長官は公聴会の証言の中で，ピースコー事務局では2002年度以降，隊員の安全管理強化のため職員を増員し，その成果として，隊員の海外における傷害事件の件数は減少したと述べた。さらに彼は，事務局の安全管理対策として，各派遣国の情勢の変化，紛争の勃発，疫病の流行などに迅速に対処するためのモニタリングに力を入れていると説明した（U.S. Congress, House, 2004, p. 11）。

ピースコー事務局が隊員の安全管理への配慮を述べた一方で，公聴会ではポワリエ氏やブルース氏から，隊員が巻き込まれた事件に対して，事務局が十分な調査を怠っていたと批判があった。2001年にボリビアで行方不明になった隊員を息子に持つポワリエ氏は，依然解決されていない息子の行方不明事件に対するピースコーの対応に対して「ピースコーは自ら組織の評判とイメージを守ることを，どの問題よりも優先している」と公聴会で発言した（ibid., p. 22）。『デイトン・デイリー・ニュース』のブルース氏は，1961年の設立当時から250人のボランティアが命を落としていたにも関わらず，ピースコーが1990年まで十分な調査を行ってこなかったことや，隊員が犠牲となった傷害事件に関する情報開示が不十分であることを指摘した（ibid., p. 32）。

さらに2011年，派遣中に暴行事件の被害者となった複数の女性隊員によって，事務局の不誠実な対応が告発され，米国国内で大きく報じられた。このような安全管理に対する批判が議会やメディアで取り沙汰される中，ピースコーは派遣地域の中でラテンアメリカ地域を治安上のリスクが高い地域であると認識し，トレーニングやモニタリングを強化し，見直しを続ける姿勢を見せてきた。

以上，本節で論じたように，1961年にラテンアメリカ地域への派遣が開始されて以来，ピースコーの政策は米国を取り巻く国際環境や政府の外交政策に翻弄されてきた。つまり，一般市民で組織されたボランティア団体であるが，ピースコーは米国政府の国際協力組織であり，被派遣国から見ると常に国家としての米国を意識せざるを得ない存在なのである。次節では，ラテンアメリカ地域で相次いだプログラム停止を事例として，なぜピースコーは非政治性というスタンスを強調しながら国際協力活動をしなければならないのか，そして，隊員が背負わされている非政治性というスタンスは何であるのかを彼らのラテンアメリカ地域における「プログラム停止の経験」をたどりながら考察する。

## 4　ピースコーの苦悩：ラテンアメリカの事例から

### (1)　ピースコープログラムの停止

ラテンアメリカ地域では，1970年代から1980年代初頭にかけて12の国々で「プログラム停止」を経験した。本章では，被派遣国で活動していたピースコー隊員数が0人になった状態を「プログラム停止」と定義する（2015年4月現在までプログラムが再開されていない状態は終了と表記している）。1961年の創設以来，ピースコー研究は歴史学，政治学，心理学など幅広い分野において積み重ねられてきたが，隊員派遣の停止や終了，つまり本研究で呼ぶ「プログラム停止」をテーマとした研究は少なく，いくつかの国か地域に関する事例研究に限られている（e.g. ラテンアメリカ地域では Patch, 1964; Palmer, 1966; Siekmeier, 2000）。つまり，ラテンアメリカ全域を対象とする，より大きな枠組みでは考察されてこなかったことから，地域の傾向は見えていなかった。1971年にボリビアで起こったピースコー追放を分析したジェームズ・F・ジークマイヤー（Siekmeier, 2000, p. 65）も，追放に関する被派遣国側の意思決定プロセスは，学術面では体系的に研究されてきていないと指摘している。

このように，プログラム停止は，従来のピースコー研究の主な研究課題として扱われてこなかった。しかし，政府系ボランティア組織であるピースコーが，どのような時期に，なぜプログラムを停止したのかという問いをたて分析していくことによって，ピースコーが政府系ボランティア組織であるがゆえに，米国政府が抱える諸外国との関係性や国内世論に翻弄される立場の存在であることを明らかにできるだろう。

まず，ピースコー年次報告書に発表された派遣人数をもとに，1961年から2012年までの51年間に，プログラム停止となった国と時期を調べると，ラテンアメリカ地域の「プログラム停止」のピーク期は，1970年代から1980年代初頭であった。この期間に「プログラム停止」に至った国は，1971年にパナマ，ガイアナ，1972年にボリビア，1974年にウルグアイ，1975年にベネズエラ，1976年にペルー，1980年にニカラグアとエルサルバドル，1982年にブラジル，コロンビア，グレナダ[(6)]，そして1983年にチリであった。さらに，年次報告書を整理した結果，プログラム停止の要因には主に以下の4つがあることがわかった。①ピースコー事務局が被派遣国の政情不安，内戦の勃発など治安上ボランティアの活動が困難と判断した場合，②プログラムへの予算が削減された場合，③ピースコーが被派遣国の経済・社会的発展を認め支援の必要性がないと判断した場合，④被派遣国政府からのプログラムの撤退要請（隊員の追放）を受けた場合である。以下，これら4つの「プログラム停止」の要因について事例を交えて論じていく。

### （2）　ラテンアメリカ地域のプログラム停止の4つの要因

①派遣国の政情不安や内戦の勃発

派遣国の政情不安や内戦の勃発によって治安上，隊員が活動を続けることが困難だとピースコー事務局が判断しプログラム停止に至るケースがある。1980年にプログラムが停止されたニカラグアとエルサルバドル，1982年のコロンビアに関して，ピースコーはこれらの派遣国のプログラム停止理由を「政治不安（political uncertainly）」「政情不安（political unrest）」「隊員や職員への潜在的な身の危険性（potential danger to volunteer and staff）」のためと説明している（Peace Corps, 1982, p. 34; Peace Corps, 1983, pp. 33, 60）。

1970年代に中米へ派遣されたピースコー隊員OBへのアンケート調査をもとにした資料によると，政情不安が続いたエルサルバドルなどの任国では，隊員の安全が十分に確保されていなかった状態で，隊員が協力活動にあたっていた事実が垣間見られる。ニカラグアでは，アンケートに答えた21人中17人の回答者が，政情不安が引き起こす暴力を見聞きしていた。エルサルバドルでは，39人の全ての回答者が直接的または間接的な暴力（カウンターパートの誘拐，身近な知人の殺害，性的被害など）や，それを理由とした任地変更を経験したと回答した（RPCV Committee on Central America, 1985）。このアンケートは任意で行われたものであるため，中米に派遣された一部の隊員の限定された経験であることを念頭に置かなければならないが，1979年のニカラグアのサンディニスタ革命やエルサルバドルの内戦勃発の直前まで，隊員の一部は活動を続けていたことが読み取れる。

コロンビアでは，1977年にピースコー隊員のリチャード・スターがゲリラ組織のコロンビア革命軍（FARC）に誘拐され，約3年間人質となる事件が起きた。スター氏は，著名な米国人ジャーナリストであるジャック・アンダーソンの仲介により解放されたが，その後ピースコーは1981年3月，国内でのゲリラ活動の活発化と麻薬問題を理由として，コロンビアへの隊員派遣の停止を決定した（1982

年，隊員数0人)。このコロンビアのように，治安上の理由で隊員派遣を停止した事例がある一方で，1963年から隊員派遣が始まったグアテマラのように，1980年代の内戦の最中も一度もプログラムが停止されることなく，ピースコー事務局は隊員の任地変更などで安全対策に対応しながら隊員の派遣を続けた事例もあった。

②ニクソン政権下のピースコー縮小政策

2つ目の停止要因は，第3節で触れたニクソン政権下の縮小政策が影響していると考えられる。ニクソン政権以降も，民主党と共和党の間では，ピースコー事業への理解に差が見られる。一般的に，民主党政権はピースコーに友好的であることが多いが，それと比較すると共和党政権は好意的に評価しない場合があり，年次報告書の内容やページ数にも大きな差が出ることがある。

ラテンアメリカ地域におけるピースコーの半世紀の歩みの中でも，縮小政策がとくに激しかったのが共和党のニクソン政権下であった。ニクソン時代には，ピースコーが独立した組織でなくなったことも大きく影響し，ウルグアイなど比較的豊かな国におけるプログラムが終了するに至った。ニクソン大統領は1968年の選挙戦においてもピースコープログラムの廃止を掲げており，任期中には徹底的な縮小政策を実施したが，第2節で触れたように，結果的には彼の任期中にピースコーの完全なる廃止は実現しなかった。

③派遣国の経済・社会的発展の達成

ピースコープログラム停止の3つ目の要因は，派遣国の経済・社会的発展によりピースコーの支援の必要がなくなったと判断されたケースである。これに当てはまる国は，チリのみであった。チリはピースコー創設当時からの派遣国であり，1961年から1981年3月まで隊員の新規派遣が絶え間なく続けられてきた（これ以降，新規派遣は行われず，1983年に隊員数が0人となる)。会計年度1983年の年次報告書によると「チリは比較的高いレベルの発展を遂げており，技術力の高い人材の育成も進んでいるため，ピースコーは，より支援を必要としている国々への隊員派遣のためにチリからの撤退を決定した」と，プログラム終了の理由を述べている（Peace Corps, 1983, p. 32)。しかし，プログラムの終了が，チリ政府とピースコー側との間で円満に行われた1980年代初頭のチリ社会は，アウグスト・ピノチェトの軍事独裁政権下に置かれており，人権侵害対策への糸口が見つからないまま，経済成長も低迷していた時期であった。このようなチリ政府のもとで，ピースコーは何を基準として「発展した」と見なし，撤退を決定したのだろうか。

チリのプログラム終了時期は，他国でも相次いでピースコーの撤退が行われた時期であり，表向きに発表された理由だけでなく，米国外交上の理由や予算などの要因も考えられるであろう。

④被派遣国からの隊員の引揚要請

被派遣国からの追放または撤退要請による「プログラム停止」については，本節で述べてきた他の理由と異なり，先行研究が存在している。1971年のボリビアからのピースコー追放に関する事例研究（Siekmeier, 2000），ペルーのアヤクチョ県のウアマンガ大学に派遣された３人の隊員の追放に関する事例研究（Palmer, 1966），ペルーの先住民コミュニティのビコスからの隊員追放に関する事例研究（Patch, 1964）などが発表されている。これらのケースに共通している点は，引き揚げ要請の原因が，ピースコー隊員が起こした不祥事や隊員への不満よりも，米国政府の外交政策への反感，つまり反米感情にあったことであり，反米運動の矛先がシンボリックな存在であるピースコーに向けられたと言えよう。ここでは，隊員引揚要請によって1971年と2008年の２度にわたって隊員の引き揚げを経験しているボリビアの事例について論じていきたい。

ボリビア政府が1971年にピースコー追放を要請した理由は，国内の左翼政治活動家による反米感情の扇動と，米国政府主導の農民を対象とした避妊普及キャンペーンへの反発が大きく関係している。ピースコーは，当時ボリビアだけでなく，ペルーでも先住民が多く住む農村部などで，USAID と連動した形で保健プログラムの一部として避妊普及キャンペーンに参加しており，両国で問題となっていた（ペルーに関してはSheffield, 1991を参照）。このキャンペーンに対して，ボリビアの左翼活動家らが「虐殺」行為と非難し，また『エル・ディアリオ（El Diario)』紙がそれを報道したことにより，キャンペーンに対するボリビアの人々の懐疑的な姿勢に拍車をかけることとなった（Siekmeier, 2000, pp. 77-79）。

また，1969年に公開されたボリビア映画「*Yawar Mallku*（コンドルの血）」は，ボリビアのピースコーをモデルとした，米国の架空のボランティア組織と先住民コミュニティの話である。そのボランティア団体が運営するクリニックができてから，先住民の女性には子どもができなくなったという設定で，村落開発に先住民たちが巻き込まれていく物語となっている。この映画の公開も反米感情に拍車をかけた。Siekmeier（2000）によると，ボリビア政府は，USAID の支援の停止には踏み切らなかったが，左翼活動家や支持者の反米感情に応える形で，米国のシンボル的存在であるピースコーを追放することで，左派の政治家や世論の反発に対応したという。つまり，国内政治事情がプログラム停止に絡んでいたのではないかと述べている。

年次報告書によると，ピースコー事務局は，この追放後もプログラムの早期再開を目指しており，1990年には交渉が実り，派遣は再開された。しかし，2008年9月には，以下に述べるABCニュースの報道を1つのきっかけとして再びボリビアのプログラムは停止に追い込まれた。2008年秋以降，ピースコーの公式ウェブサイトではボリビアのプログラムに関して「一時的な停止をしているがすぐに再開予定である」と説明していたが，3年が経過した2011年の秋，最終的にボリビアのプログラムは無期限の停止に至ったのである。(7) この2度目の隊員の引き揚げの理由に関しては，ボリビアでフィールドワーク中であった米国人の大学院生（フルブライト奨学生）のアレキサンダー・バン・スチャイック（Alexander Van Schaick）が，米国政府はピースコー隊員とフルブライト奨学生に現地で活動するキューバ人やベネズエラ人の情報収集を依頼していたと発言し，それが米国ABCニュースの報道で明るみになったことが発端である。そのため，ボリビア政府はピースコーを追放することになった。(8) その後，2017年11月現在もピースコープログラムは閉鎖されたままで再開の見込みはたっていない。

## 5　ラテンアメリカにおけるピースコーの半世紀の活動から見えること

ピースコーは，1961年の設立当初から今日まで，政府系ボランティア組織のパイオニアとして圧倒的な派遣人数を誇っている。それは日本の協力隊と同じく，海外支援のプロフェッショナルを派遣するのでなく，様々な職業や経験を持つ一般市民から構成される国際協力プログラムである。実際，ラテンアメリカ地域での半世紀の歩みの中でピースコーは技術協力の側面より，派遣国の人々と米国人の隊員との相互理解の促進に力を入れてきた。

しかし，ピースコーは市民参加型の国際協力プログラムである一方，政府の一機関であることから，諸外国との関係や国内の政治情勢に翻弄されやすい存在である。とくに，「米国の裏庭」と称され，長年米国政府の経済的および政治的な干渉を受けてきたラテンアメリカ地域においては，反米感情への配慮を念頭に置きながら活動しなければならない。実際，ラテンアメリカ地域でピースコーはプログラムの撤退を要請された経験があり，日本の協力隊が同地域ではそのような要請を受けたことがない事実と比較しても，米国政府の諸外国との政治上の関係性が，ピースコーの任国での活動に影響を与えていると言える。このような政府系ボランティア組織としてのリスクを，十分に予測していた初代長官のシュライバーは，非政治性と組織的独立性にこだわり，それらをピースコーの創成期に既に政策の柱として明確に規定した。そして，50年以上が経過した現在も，この政策は生き続けている。

本章では，米国の政府系ボランティア組織が，米国政府の対外政策のあり方ゆえに，非政治性というスタンスを強調しながら国際協力活動をしなければならないという点について，ピースコーの半世紀の歴史とラテンアメリカ地域のプログラム停止を事例として論じてきた。しかし，こうした政府系ボランティア組織という難しい立ち位置と非政治性の問題は，現地で活動する隊員たちの行動と時には対立するかもしれない。隊員たちの国際協力に貢献したいという意思と創造性を尊重しつつ，政府系ボランティアの強みを活かし，派遣国の人々にとって実りのある協力を行う道を探る努力は続くだろう。

**注**

(1)　MS611とはピースコーの隊員手引き書のセクション611を指す。

(2)　MS611, Policy 1.0（1.2 Rationale for Policy）から引用。ピースコーマニュアル MS611はピースコー公式ウェブページから参照できる。（http://www.peacecorps.gov/about/policies/docs/manual/　2017年10月27日アクセス）

(3)　これによると，全村落開発隊員363人のうち229人がラテンアメリカ諸国へ派遣されており，アフリカ諸国（105人）の隊員派遣数の倍以上の数字となっている。アフリカに続いて，東アジア諸国および太平洋地域への派遣は23人であり，南アジア・中東・北アフリカ地域の村落開発隊員はわずか５人であった。この統計データには，統計を取った時期の情報が掲載されていないが，年報の発行年が1971年であることから，1970年から1971年あたりの１年間の統計であると考えられる。

(4)　ACTION は1970年に設立された米国政府組織であり，米国国内の VISTA，Peace Corps，Foster Grandparents ほか２つのボランティア組織を含めた５つの組織を統合したものである。VISTA は1965年に設立され1993年にアメリコー（AmeriCorps）のネットワーク下に置かれ，現在はアメリコービスタ（AmeriCorps Vista）として運営されている。Foster Grandparents とは，55歳以上の米国市民がボランティアとして子どもたちの育成に携わる活動を支援する組織である。

(5)　なお，ピースコー年次報告書は運営予算の申請・獲得のため，米国議会に提出される資料である。よってその性質上，ピースコー事業の意義や隊員派遣地域拡大の必要性を年次報告書内で訴えることが必須である。このような年次報告書の性質を考慮すると，ピースコー事業にとってマイナスとなる情報，つまり，派遣国からの隊員の追放令や隊員が任地で巻き込まれた誘拐や傷害事件などは年次報告書に掲載されない傾向が見られる。しかし，2000年代に入り，任国で隊員が巻き込まれた窃盗事件や傷害事件に関する調査報告書が公開されるなど，ピースコー事務局は情報開示に近年積極的につとめている。年次報告書でも上記の点を踏まえた報告がされる傾向が21世紀になって見られるようになった。

(6)　グレナダのプログラム停止の時期については，ピースコー年次報告書に記載されていない。しかし，会計年度1985年と1986年の年次報告書に、プログラムの再開に関する動きが掲載されている。また，ピースコーの2000年までの歩みをまとめた本（Lihosit, 2010）によると，1982年にグレナダのプログラムが停止されたと記載されている。

(7)　ピースコーの公式ウェブページには，2011年までプログラム一時停止と情報が掲載されていたが，2011年秋に正式にボリビアプログラムの終了が決定されると，公式ウェブページ上には，終了時期が2008年と掲載された。(http://www.peacecorps.gov/media/forpress/press/1377/　2015年9月3日アクセス)

(8)　この事件についての報道の詳細は下記の ABC News の公式サイトを参照。Jean Friedman-Rudovsky, "U.S. Diplomat Recalled After 'Spy' Allegations in Bolivia," ABC News. (http://abcnews.go.com/Blotter/story?id=4273850&page=1#.TrxXpWB9mjU　2015年9月1日アクセス)

## 引用参考文献

末次一郎，1964，『未開と貧困への挑戦——前進する日本青年平和部隊』毎日新聞社。

米国平和部隊訓練局／海外技術事業団訳，1964，『米国平和部隊訓練計画（訓練の基本的構成に関する要領）海外技術事業団』国会図書館（東京：議会官庁資料室）。

前田利郎，1967，『ニッポン平和部隊』毎日新聞社。

Cobbs Hoffman, E., 1998, *All You Need is Love: The Peace Corps and the Spirit of the 1960s*, Harvard University Press.

Fischer, F., 1998, *Making Them Like Us: Peace Corps Volunteers in the 1960s*, Smithsonian Institution Press.

Lihosit, L. F., 2010, *Peace Corps Chronology 1961-2000*, iUniverse.

Palmer, D. S., 1966, "Expulsion from a Peruvian University," in Roberts B. Textor, ed., *Cultural Frontiers of the Peace Corps*, M.I.T. Press, pp. 243-270.

Patch, R. W., 1964, "Vicos and the Peace Corps: A Failure in Intercultural Communication," *West Coast South America Series* XI, No. 2, pp. 255-262.

Peace Corps, 1962 (Fiscal Year), *The First Annual Peace Corps Report*, Peace Corps.

———, 1963 (FY), *The Second Annual Peace Corps Report*, Peace Corps.

———, 1971 (FY), *Peace Corps Tenth Annual Report*, Peace Corps.

———, 1982 (FY), *Peace Corps Congressional Submission Budget Justification Fiscal Year*

*1982*, Peace Corps.

———, 1983 (FY), *Peace Corps Fiscal Year 1983 Budget Estimate Submission to the Congress*, Peace Corps.

———, 1984 (FY), *Peace Corps Congressional Presentation Fiscal Year 1984*, Peace Corps.

———, 1990, *The United Sates Peace Corps Handbook*, Peace Corps.

———, 1992 (FY), *Peace Corps Congressional Presentation Fiscal Year 1992*, Peace Corps, p. 98.

———, 2006, *Peace Corps Volunteer Handbook*, Peace Corps.

———, 2016, "Fact Sheet," Peace Corps Official Website. (http://files.peacecorps.gov/multimedia/pdf/about/pc_facts.pdf　2017年3月27日アクセス)

Peace Corps and Texas Technological College, 1965, *Peace Corps Advanced Training Program in Rural Community Action: Bolivia, Ecuador*, Texas Technological College.

Reeves, Z. T., 1988, *The Politics of the Peace Corps & Vista*, University of Alabama Press.

RPCV Committee on Central America, 1985, *Voices of Experience in Central America: Former Peace Corps Volunteers' Insights into a Troubled Region*, RPCV Committee on Central America.

Sheffield, G. F., 1991, "Peru and the Peace Corps, 1962–1968," Doctoral Dissertation, University of Connecticut.

Siekmeier, J. F., 2000, "A Sacrificial Llama?: The Expulsion of the Peace Corps from Bolivia in 1971," *Pacific Historical Review*, 69, No. 1, pp. 65–87.

U.S. Congress, House, 2004, Committee on International Relations, Safety and Security of Peace Corps Volunteers, *Hearing before the Committee on International Relations*, 108th Cong., 2nd sess., Mar 24.

Zorovich, J., 2002, *40 Years of Peace Corps Ecuador*, Peace Corps.

# 第12章
# 英国VSOとJICAボランティア事業

松本節子

## 1　進化を続ける組織

VSO（Voluntary Service Overseas）は，英国籍の若者を，英国植民地から独立したばかりのアジア・アフリカ諸国に派遣する組織として1958年に発足した。そして，現在では，国籍を問わず専門性の高い国際ボランティアを世界の最貧国・地域に派遣している，世界でも有数のNPOと言える。2014年３月末までに派遣された国際ボランティアの総数は94国籍の４万3000人以上となり，これまで世界の120カ国に派遣されてきた。

VSOは英国の慈善団体として登録されているが，英国，アイルランド，オランダ，ケニア，フィリピンの５カ国に設置されているVSO連盟の事務局が主体的に活動を行い，地域主導型のプログラムを運営管理している。また，これらVSO連盟メンバーを含む世界の８カ所の拠点[(1)]でボランティアのリクルートを行い，35カ国で開発プログラムを実施している。さらに，VSOは，VSO連盟を通じて，英国および世界各地の人々が地球規模の課題を学び，開発問題に取り組む行動を起こすようアドボカシー（政策提言）やキャンペーン活動を積極的に行っている。

VSOは，英国国際開発省（DFID）や欧州委員会等援助機関の予算を使い，途上国にあるVSOパートナー（NGO，政府機関，国際機関など）が運営する開発プロジェクトに国際ボランティア（International volunteers）および現地ボランティア（National volunteers）を通して支援する形をとる。我々は，ボランティア派遣事業と聞くと，（とくに先進国の）ボランティアが途上国に派遣される事業をイメージしがちであるが，VSOのボランティア派遣制度では，途上国の現地ボランティアが重要な働きを担う。VSOは，国際ボランティアが去った後にも，現地の人々やコミュニティが働き続けることで，社会や人々の変化がよい方向へ持続することを目指しているため，VSO パートナーと現地ボランティアのエンパワメントに努めている。

このように，専門家に近いボランティアを英国外から募ったり，現地ボランティアを活用したりするなど，VSO は日本の青年海外協力隊とは異なる形で活動を行っているが，そこに至るまでには試行錯誤と進化の連続があった。

以下，本章は進化する組織として VSO をとらえ，その発足から今日に至る変遷と進化の道のりを10年単位で追跡した後（第２節），現在の VSO の制度的な特徴を明らかにする（第３節）。その上で，VSO と青年海外協力隊を中心とする JICA ボランティア事業を比較考察し，JICA ボランティア事業が今後も発展するために VSO から学ぶことができる点について論じる（第４節）。

## 2　VSO の沿革とその発展

本節では，VSO が時代の流れに沿って，どのように途上国での取り組み方やボランティア派遣の制度を変化させ，進化していったのか明らかにしていきたい。

### （1）　VSO 創成期（1950年末～1960年代）

1950年末から1960年代にかけて，アジア・アフリカから多くの新興独立国が誕生した。ヨーロッパの宗主国から独立した新興諸国のニーズは識字率の向上であった。しかしながら，多くのアフリカ新興国では中学校の教員が不足し，英語を話せる教員が必要とされた[(2)]。

VSO の創始者であるアレック・ディクソン（Alec Dickson）は，ジャーナリスト出身であったが，1948年にアフリカの黄金海岸政府（当時英領。現在のガーナ）の社会開発官吏として任命されて以降，イラクやハンガリーを含め途上国で働く機会を得た。ディクソンは，英国人青年が途上国の開発に貢献すると同時に，本国では得ることのできない鮮烈な体験を途上国で得ることができると考え，1956年に10代後半の青年ボランティアの派遣を植民地政府に提唱した。とくに，1957年に訪れたマレーシアのサラワク（当時は英連邦領）で教育プログラムに携わっていたオーストラリア人学生のボランティア活動に刺激され，英国人青年にボランティア活動を奨励する活動を積極的に行った。

さらに，ディクソンの考えに賛同したポーツマスのフレミング司教（Launcelot

Fleming）が，「The Year Between」と題する手紙[3]を1958年3月23日付の『サンデー・タイムズ（The Sunday Times)』紙に掲載し，大学の空席を待つ高校卒業生を旧英領に派遣することを提唱すると，その記事は英国国内で反響を呼び，ディクソンの活動を支援する人々が増えた。こうして，ディクソンは妻のモーラ（Mora Dickson）とともに，1958年末にVSOを設立した。そして，教会や民間の寄付金を集めて資金を創り，優秀なボランティア候補生を選んで，英連邦サラワク（現マレーシア)，ナイジェリア，ガーナ，ザンビアに最初のボランティア18人を派遣した。VSO初期のボランティアは，大学の空席を待つ高校卒業生であり，専門性はなくとも，若い情熱と柔軟な思考や感性，行動力が重視され，途上国で中学校や高校の英語教員の仕事に従事した。

1959年，VSOは独立したボランティア団体として正式に登録され，初代ディレクターにアレック・ディクソン（1959-62）が就任した。同年，VSOは18カ国に，2人の女性を含む90人の男女ボランティアを派遣した。また，この年から，途上国側の要請に応え，英語教師だけでなく，見習い職工も派遣した。1960年以降は，工業，医療，農業分野の専門性を持つボランティアが派遣されるようになり，VSOに「開発部」が設けられた。そして1961年，VSOは正式に慈善団体[4]として社団法人の地位を得るに至る。

ところで，1961年3月，米国で平和部隊（Peace Corps）が創設された。VSOは当時1万ポンドの年間予算で168人のボランティアを派遣していたが[5]，平和部隊はVSO予算の1000倍に相当する3000万ドル[6]の予算を確保し，同年6月までに2400人のボランティアを派遣もしくは訓練し，9月までには5000人を派遣することを計画していた（実際に1965年までに1万人のボランティアが派遣された）(Bird, 1998, p. 39)。大規模なボランティア派遣を計画する平和部隊の事業は，英国の開発戦略やVSOの方針に多大な影響を与えた。また，同時期に英国においては，ケンブリッジ大学の学者グループが，仕事に就けない大学卒業生をアフリカやアジアに派遣することを提唱し，VSOに接近した。途上国では，「開発の10年[7]」を迎え，新しい社会を形成するために技術者が求められていた。VSOが送る若い力ははやくも途上国側のニーズと合わなくなっていた。

1962年，英国政府技術省（現，DFID）は「英国ボランティア計画（British Volunteer Program：BVP[8])」を策定し，これを通じて，国内の主要な海外ボランティア派遣団体に補助金を拠出することを決定した。政府が大学卒業生の派遣に限って，費用の50％を支援することを決定したため[9]，これまで高校卒業生を派遣していたVSOは試行的に36人の大学卒業生をアフリカの学校等に派遣したが，VSO内部では，ボランティアの資格・要件等について激論がかわされた。ディクソンは，途上国のニーズや時代の流れに乗らず，特別な技術や専門性のない10代後半の若者を途上国へ送るというVSO創設期のアイデアに固執したこともあり，VSO理事会によりディレクターの職を解任された[10]。1962年，ダグラス・ホワイティング（Douglas Whiting: 1962-73）が後任のディレクターに就任すると，新ディレクターの下でVSOは，BVPの補助金を受け，大学卒業生のボランティアを増加させた。実際，1962／63年以降，大卒者の派遣数が急増し，1965／66年には599人となり，高卒者数（461人）を初めて上回った。1969／70年に高卒者の250人に対し，大卒者数は1233人にまで増えている（Bird, 1998, Appendix II）。

VSOの派遣規模が拡大し，大学卒業生のボランティア派遣を始めたことにより，類似の活動（英語教育や文化の浸透と英語教師の派遣）を行っていたブリティッシュ・カウンシル（British Council）との連携が1963年以降深まった[11]。ブリティッシュ・カウンシルは世界100カ所に事務所を設置しており，VSOはこれらを現地事務所として活用した（Bird, 1998, p. 44）。

### （2）　1970年代

1970年代に入り，途上国で都市部と地方部の貧困格差が顕著となり，開発援助機関の間では，「貧困層の救済」あるいは「地方開発」等の開発手法が議論された。国連ボランティア（UNV）が1971年に発足し，開発協力のためのボランティア派遣制度が公的に国連組織の中に取り入れられた。こうして，海外ボランティア活動は一層盛んになっていった。

VSOでは，1973年にデイビッド・コレット（David Collett: 1973-80）がホワイティングを引き継いでディレクターに就任し，VSOの改革を推進した。コレットは，開発途上国の貧困問題を解決するために，専門性のない10代の若者ではなく，専門性の高いボランティアを派遣する戦略をより明確に打ち出した。そのためには，途上国の貧困村落地域の事情に精通する人材が必要とされ，1975年にバングラデシュに最初のVSO事務所が開設された。この事務所の開設に伴い，現地の事情に精通しているVSO帰国ボランティアが事務所スタッフとして雇用され，現場のニーズに合うボランティアの開拓が行われるようになった。同時に，

1960年代から連携していたブリティッシュ・カウンシルからの自立の動きが始まった。ブリティッシュ・カウンシルは英語教育や文化を世界に広める機関であり，VSOが必要とするボランティアのニーズ調査，研修，配置などを行えるスタッフが不足していたからである。また，1974年からは，ボランティアの任期を原則2年制にした。因みに，ボランティアの専門性が高まったことに伴い，ボランティアの平均年齢が上がり，その派遣数は減少する結果となった[(12)]。

VSOの改革はプロジェクトの選定，事業の運営，現地活動費，ボランティア研修の面でも進められた。全てのプログラムに国別年次計画が作られ，教育分野以外のプログラムも始まった。ボランティアの派遣はフォーマルセクター（大学や政府機関など）から貧困層の多いインフォーマルセクター（農村コミュニティ）に移行し，ボランティアの派遣先を審査する評価基準も導入された。ボランティア向けに現地で語学研修が行われ，専門性の高いフィールドスタッフが採用されるようになった。また，財政面でも従来の政府補助金だけでなく，海外開発省[(13)]（Ministry of Overseas Development：ODM）から5年間のプロジェクト資金を得るようになった（Bird, 1998, pp. 99-100）。

### （3） 1980年代

英国国内では，1979年に保守党政権（サッチャー政権）が誕生すると，市場を重視し「小さな政府」の実現に向けた新自由主義的な政策が行われ，海外援助額は縮小された。他方，民間非営利セクターが福祉や社会サービスを提供する中心的な役割を担うようになり，NPOの役割や社会的地位は高まった。

VSOは，1980年にフランク・ジュッド（Frank Judd: 1980-85）がディレクターに就任すると，財政面で，英国政府からの支援だけに頼らず，援助機関（大手NGO，世界銀行，ヨーロッパ共同体〔EC. 現在のEU〕など）や個人からの基金の受け入れを進めた。さらに，事業のビジネス面を強化し，1982年からは会員制度を導入した[(14)]。また，資金集めの方策として，帰国ボランティアが開発教育を兼ねながら募金を行うシステムを導入した。これらの結果，英国政府からの支援は1979年にはVSO予算支出の72%を占めていたが，1983年までには58%まで縮小した（Bird, 1998, p. 114）。

1980年代後半，ニール・マッキントッシュ（Neil McIntosh: 1985-90）ディレクターの時代になると，VSOボランティアの途上国社会での活動アプローチが変化していった。それまでボランティアは，途上国の社会に入り，VSO パートナーと協力しながら草の根レベルで当該地域の問題，とくに貧困問題への対症療法的な取組みを行っていたが，次第に，VSO ではボランティアが地域社会の制度や仕組みに変化をもたらすような地域開発に関わるべきであるとの考えが強くなり，そのための活動を行うようになった。これは，途上国の制度やシステムづくりを目指す世界銀行や EC の資金が VSO に流れてきたこととも関係する。

その一例として，1985年，スーダン国内にエチオピアやエリトリアから50万人の難民が流入した際，職業訓練校などで建設技術などを教えていた VSO ボランティアが，難民の生活や保健医療への支援やそのための基金づくりへの協力を行った。これは，スーダン政府から，その地域に VSO ボランティア以外に地域開発を行えるアクターがいないため要請されたものであったが，対症療法にとどまらない，難民社会全体を視野に入れた支援となった（Bird, 1998, p. 124）。

また，VSO ボランティアの活動には，地域あるいは国情により多様性が見られるようになった。教育プロジェクト中心か，あるいは，その他の技術協力か，パートナーは政府機関か NGO か，基礎的な国家建設への参加か，あるいは特定グループへの裨益を目指した地域開発プロジェクトか，大規模プロジェクトか小規模か，国により活動内容は様々であった。例えば，タンザニア，ガンビア，シエラ・レオネでは政府機関が実施する英語教育や職業訓練への支援，バングラデシュ，パプアニューギニア，フィリピンでは現地 NGO や地方組織と協力して，地域開発プロジェクトに参加した。ケニアでは多くのボランティアが NGO で活動し，女性・青少年を対象にしたコミュニティ開発プロジェクトに参加するなど，国や地域により多様性が見られた（JICA, 1989, 53-56頁）。

1980年代後半には，途上国からの VSO ボランティア派遣の要請に対し，ボランティアのリクルートが追いつかなくなり，子どもや配偶者のいるボランティアや英国国籍以外のヨーロッパ国籍のボランティアをも受け入れるようになった。さらに，ボランティア候補者を直接途上国に送るのではなく，NGO 機関等に派遣する新しい取組みも行われた[(15)]。こうして，1990年までに100人近くのヨーロッパ国籍ボランティアが派遣され，とくにオランダ人ボランティアが多かったことから，1989年，アムステルダムに VSO オランダ事務所が開設された。

### （4） 1990年代

VSOでは，1990年，マッキントッシュに代わって，デイビッド・グリーン（David Green）が新ディレクターに就任した。VSOボランティア経験者であるグリーンは創設者ディクソンの信念[16]に立ち戻る意味で，VSOのミッション，目的，価値等を整理し，VSOの5カ年計画を策定した。ここで，グリーンは，VSOの活動が，1980年代以降，プログラムの運営をはじめ多様化する中で，VSOの第一義的な目的はボランティア派遣であることを明確に打ちだした。さらに，VSOの制度・体制やプログラムの内容・アプローチなど様々な改革を行った。

まず，新興国へのボランティアの派遣や新規のプログラムが実施された。VSOは，東ヨーロッパをはじめ，ナミビア，カンボジア，モンゴル，エリトリア，南アフリカ，ベトナム，ラオス，モザンビークなど冷戦終了後に政治的安定と治安が確保された国や地域で新しいプログラムを開始した。また，1992年から保守党政権（メジャー政権）の要請に応え，教育プログラムの一環として大学生を短期間派遣する海外研修プログラム（Overseas Training Programme〔OTPプログラム〕）を開始した[17]。

また，1990年代中頃までに，途上国ではボランティアに対してより高い専門性と経験を求めるようになった。とくに，助産婦，障害者教育，理数科教師の職種は人材が不足したため，ヨーロッパ（とくにオランダ）に続き，1992年より，カナダからのボランティアの受け入れを開始し，1995年にはオタワにVSO事務所を開設した[18]。さらに，ケニアにウガンダを兼轄するVSO Jitolee，フィリピンにVSO Bahaginanとボランティアのリクルート拠点を開設した。各地のリクルート拠点は財政的に独立し，開発教育やアドボカシー活動を行うことが期待された。

新たなスキームとしては，登録された帰国ボランティアを短期の日程で再派遣する短期プログラムを増やした結果，これら短期プログラムはVSO全体プログラムの約10%を占めるようになった[19]。VSO事務所のスタッフも帰国ボランティアだけでなく，より専門性の高い研修講師や経験を積んだ募金活動専門家などが採用され，スタッフの人数も400人まで増加した[20]。

### （5） 2000年代

2000年になると，VSOの役割や目的が再度見直され，「変化のための焦点（Focus For Change）」戦略が作られた。この戦略において，VSOは，①包括的なプログラムにより貧困削減を目指すこと，②教育，HIV／AIDs，障害者支援，保健・社会福祉，安全な生活（Secure livelihood），参加とガバナンスの６つの重点分野で活動すること，③エンパワメント，パートナーシップ，ラーニング・アプローチをとることなどを掲げ，ボランティアと現場の関係者が試行錯誤を経て，状況を改善していくことを尊重する方向性を示すに至った。

2000年代には，VSO とパートナーとの連携が一段と深まった。まず，オランダ，ケニア，フィリピン，アイルランドのパートナーがそれぞれ VSO の拠点として自立して活動することとなり，本国英国の VSO とともに VSO 連盟が形成された。また，国際ボランティアのリクルートの拠点も，これら５カ国にインド，インドネシアおよび中国を加えた８拠点で行われるようになった[21]。このような国際的な体制の構築により，いわゆる北側先進国のボランティアが南側の途上国に派遣されるだけでなく，中国人やウガンダ人などの中進国や途上国のボランティアもアフリカやアジア諸国に派遣されるシステムが作られた。

また，2000年代の半ばから VSO は，開設当初に派遣していたような専門性や経験のない若者を派遣する短期プログラムを開始した。従来，VSO パートナーからの要望に応えて，ボランティアの技術・専門性や経験を高めていった結果，ボランティアの平均年齢が1970年代の28歳から41歳までに上がり，若者が VSO ボランティアとして採用される機会が失われていった。しかし，途上国の開発課題を解決するためには，依然，若者の情熱や力が必要であるという VSO 設立当初の見解の再認識，および，英国国内でのグローバル人材育成へのニーズが高まったことから，若者を途上国に派遣するプログラムが政府主導で開始された。

それが，グローバル交流（Global Xchange）や国際市民サービス（ICS. **コラム９**参照）といったプログラムであり，ブリティッシュ・カウンシルや英国政府（DFID）からの資金援助により，18～25歳の英国国籍の青年が３カ月程度の短期ボランティアとして途上国に派遣されるようになった。そもそも VSO の出発点であった専門性のない若者を途上国に派遣することは，現地の若者と共同して活動することにより生まれる開発効果（ピア教育[22]，啓発活動，コミュニティ住民の動員）につながり，現在改めて評価されている。

## 3　VSOの今日

### (1)　VSOの理念，価値，戦略

前節で明らかにしたように，過去50年以上にわたり，VSOは，途上国および世界の状況に合わせ，体制や方向性，アプローチを柔軟に変化させてきた。2010年以降もその進化は止まっていない。そのビジョンは「貧困のない世界」であり，そのために「教育の振興と世界各地の貧困緩和の支援」「資源の有効活用」「ボランティア活動の推進」を目標としている（VSO, 2011b)。

2014年のVSO年次報告書には，VSOのミッションは次の通り描かれている。

> VSOのミッションは人々が貧困と闘うことを促すことだ。人々が地方の，国家の，あるいは地球の市民として一歩を踏み出すことにより，持続性のある変化が生じると我々は信じる。人々の能力を高めると，今度は，彼らのコミュニティが開発のために積極的な役割を果たすようになる。ボランティアをすることは，持続的な変化の前提となるオーナーシップ，参加，エンパワメントそして包摂化（inclusion）を実現させる手段を提供する（VSO, 2014, p. 2)。

ボランティアとは誰か，その種類だけでなく，ボランティアのとらえ方も2010年以降変化した。ボランティア派遣はVSOにとって，「目的」ではなく，貧困と不平等と戦い，持続的な変化を引き起こす「手段」であることが明示された。また，「ボランティア」を，「地域コミュニティのメンバー」「国民」「地球市民」と多面的にとらえるようになり，それぞれ異なる視点でボランティアの役割が整理された。

このような考え方は，途上国および地球規模の課題の解決の鍵を握るのは人々であるとする「人々を最優先する（People First)」戦略に整理されている（VSO, 2011b)。この戦略には，VSOが，人々と情報を共有し，市民社会を強化すること，社会が持続的に変化するように提言すること，裨益者（とくに女性や子ども等の弱者）に質の高いサービスを提供するように地域社会の能力を強化すること，そして，世界各地の人々と英国の人々がつながることでVSOが海外からの支援を受ける体制を構築すること等のアイデアが込められている。

### （2） VSO のアプローチ

VSO は，上記のような理念，目的，価値，戦略に基づいて，どのように活動を進めているのか具体的に見てみよう。まず，VSO の活動領域は，①教育，②保健，③ HIV／AIDS，④安全な生活，⑤参加とガバナンスに集約される[23]。これら重点分野で貧困削減および不平等の是正のために，VSO は，途上国で活動する VSO パートナーの要請に従い，国際ボランティア（長期および短期）を派遣する。また，VSO パートナーに，プロジェクトに必要な現地ボランティアを招集するよう要請する。プロジェクトの現場では，VSO パートナー，国際ボランティア，現地ボランティアが協力しあって住民主体のプロジェクトを実施することが期待されている。VSO パートナーは運営・マネジメントを担当する一方，国際および現地ボランティアたちはファシリテーター（促進役）として，それぞれの技術や情報を交換しながら，住民主体の活動を行っていく。VSO の「変化のための焦点」戦略によれば，ボランティアの役割は次のような言葉に述べられている。

> ボランティアは現地の同僚とともに働き，彼らが働く組織によって管理される。我々はボランティアが自ら変化をもたらすファシリテーターであり，組織やコミュニティとともに変化のプロセスへの参加者であるとの意識を持つように働きかけを行う（VSO, 2002, p. 23）。

さらに援助国や援助機関は，VSO および現地の VSO パートナーに財政支援を行う。**図 12-1** は，これらの関係をまとめたものである。

プロジェクト終了後は，国際ボランティアは任地を去っていくが，引き続き住民，現地ボランティア，VSO パートナーがさらに能力を高め，自分たちのコミュニティを望ましい方向へと変化させていくことが期待される。自国に帰った国際ボランティアは自分たちの地域で今度は，アドボカシーや開発教育を進め，自分たちが活動した国の人々を支援していく体制作りに関わる。

上述の「変化のための焦点」戦略によれば，「我々は，活動中および帰国したボランティアのネットワークを活用して，変化をもたらし，我々の支援者が開発や格差の問題に気づくような環境を創り出す。我々は豊かな国と貧しい国の双方で政策が実践され，格差を是正するような変化を起こすべく活動する」（VSO, 2002, p. 23）と述べられている。このように，VSO のアプローチは，プロジェク

図12-1　VSOの活動アプローチ

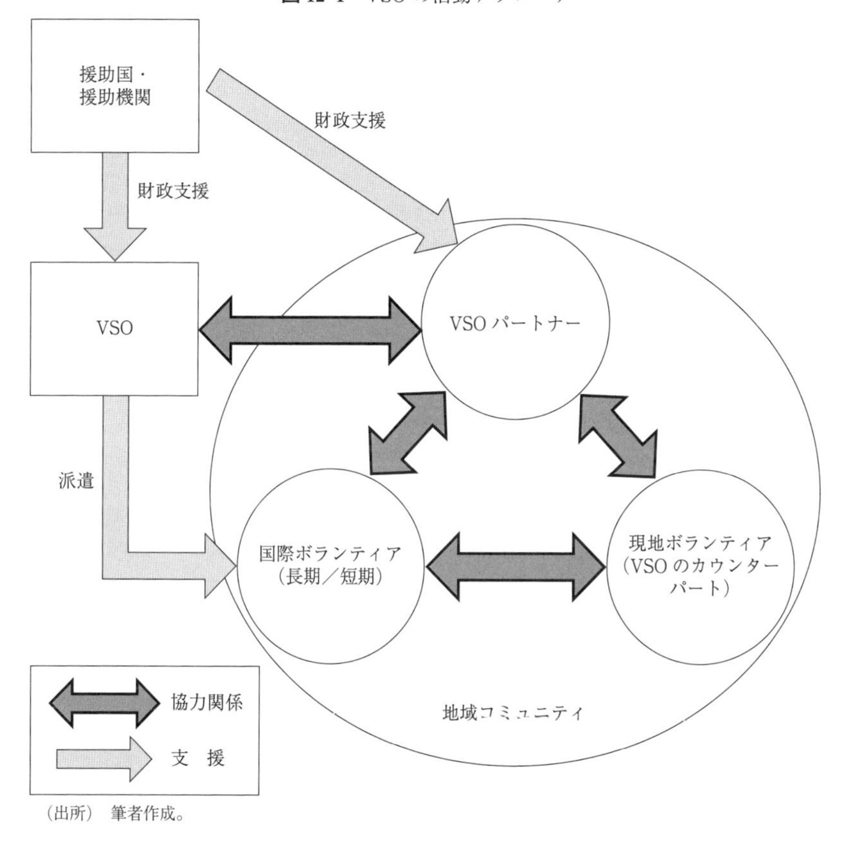


（出所）　筆者作成。

トに関わるボランティア，VSOパートナー，地域住民へのエンパワメントにより，この人々の活動が地域の課題を克服し，やがてはグローバルレベルでの貧困削減と不平等の是正が達成されるとするシナリオに基づいている。

### （3）　VSOの特長

VSOの活動形態・制度・システムは時代の流れとともに変遷・進化してきたが，現在の状況について，その特長を整理してみる。

①国際ボランティア，VSOパートナー，現地ボランティアの協働

VSOの最もユニークな特長は，上記第3節（2）で述べた通り，国際ボランティア，VSOパートナー，現地ボランティアが協働するアプローチであろう。

詳細は上に述べた通りであるが，国際ボランティアは現地ボランティアから現地事情や言語面で助けられ，現地ボランティアは国際ボランティアから専門技術面や海外からの最新情報を習得できる。他方，現地パートナーは運営やマネジメントに徹することができる。この結果，三者の間でWIN-WIN関係が成り立つ効果的なアプローチが確立されたと言える。このアプローチにより，地元に残るVSOパートナーの運営能力が向上し，現地ボランティアが育つことで，開発効果の持続性が高まる工夫がなされている。

②パートナーシップ

２つ目のVSOの特長はパートナーシップである。「変化のための焦点」戦略によれば，「我々は，プログラムが単なるボランティアの派遣を超えたものとなり，より少ないパートナーと親密で末永いパートナーシップを育むよう努力する……我々はパートナーと共有する開発目標を達成するために幅広い選択肢を用意し，パートナーとはいつでも柔軟に協働作業を行うようにしている」（VSO, 2002, p. 24）とある。本章ではこれまでVSOパートナーという用語を，途上国にある公的または私的な組織を意味するものとして使用してきたが，VSOがパートナーとして認識しているのは，具体的に次の組織を指している。すなわち，①途上国でプロジェクトを運営する組織，②（とくに財政支援の面で）援助国・機関，③VSO連盟のメンバー，ICSコンソーシアムメンバーなど，④VSOに人材もしくは技術を提供する組織，⑤他のボランティア派遣団体の５つに大きく分類できるだろう。これらパートナーには，政府系機関，国際機関，民間機関，NGOが含まれる（詳しくは**表12-1**を参照）。

VSOがパートナーシップを重視するアプローチは，物や金よりも「人々のつながり」が持続的な変化をもたらす戦略と合致していると言える。民間団体であるVSOは，政府機関，国際機関，民間機関と組織の形態を問わずパートナーシップを構築できる点で，JICAボランティア事業より自由度が高い。他方，活動予算を確保する点から，DFIDだけに頼ることを避けて，多様な機関との関係構築を余儀なくされている面もある。

③英国国籍にとらわれない国際ボランティアの派遣

３つ目の特長は，国際ボランティアを英国国民に限定せず，世界中の資格や技能のある人々に門戸を開いていることであろう。これはボランティアの専門性や技術を一定の水準に維持することにつながり，また，異なる文化背景を持つ人々

表12-1　VSO の主要なパートナー機関

| 類型 | 主要な目的 | 具体的なパートナー機関 |
|---|---|---|
| ①途上国でプロジェクトを運営する組織 | 貧困緩和に結びつく活動を途上国の現場で協働して行う | 2013年世界中で660の団体（市民団体，NGO，政府機関，国連機関を含む） |
| ②ドナー | VSO が活動するための財政支援 | DFID（英国），オランダ外務省，Irish Aid，USAID，SDC（スイス），NZAP（ニュージーランド），ノルウェー外務省，SIDA（スウェーデン），Aus AID（オーストラリア），欧州委員会，UNICEF，世界銀行，Cuso International（カナダ），GIZ（ドイツ） |
| ③ VSO 連盟のメンバー | 世界各地からボランティアを集めると同時に情報発信，アドボカシー活動を行う | VSO オランダ，VSO ケニア，VSO フィリピン，VSO アイルランド，英国 |
| ④ VSO に人材もしくは技術提供する組織 | VSO が活動するための資金，技術，人材の提供 | 民間企業（Acceture，Randstad，Kraft Foods，Ben and Ferry's，Barclays PLC，BG Group など） |
| ⑤他のボランティア団体 | 情報交換，アドボカシー活動など | サセックス大学（IDS）<br>平和部隊，UNV，UNESCO，ILO など |

（出所）　VSO, 2013などを基に筆者作成。

が協働することで，ボランティア事業の中に開発教育の実践を取り入れているとも言える。さらに，VSO が行っている，途上国のボランティアを他の途上国に派遣する取組みは，いわゆる「南南協力」として位置づけられ，従来の国際ボランティア事業による北（すなわち先進国）のボランティアが南（途上国）を支援するという構図に，挑戦する取組みであるとも言えよう。

④民間組織であることの強みと弱み

VSO は DFID から財政支援を受けているが[24]，政府から独立している民間団体である。民間ならではの強みとして，受入国住民やパートナーのニーズに合わせて柔軟にプログラムを実施することができるほか，民間企業との連携にも努めている。他方，VSO は民間組織であるがゆえに，JICA ボランティア事業と比べて，持続的な予算の確保は重要な課題となっており，効率的，効果的な事業運営が常に目指されている。この点から，ボランティアの手当や生活費は，ICS プログラムを除いて，受け入れ団体が拠出するとする方針を徹底させており，国際ボランティアのポストや派遣先の財務能力は厳しく審査されている。

また民間組織ならではのユニークな特長として，ボランティアが募金を集めることが期待されている。VSO のウェブサイトによれば，１人のボランティアは活動期間中に1500ポンドの募金収集を期待されている[25]。各ボランティアの集めた募金は VSO の活動資金となり，VSO の財政面での自立性に多少なりとも貢献するだけでなく（2014年次報告書によれば，募金収入は全収入の約３％に当たる），募金活動を通じ VSO の意義や活動をボランティアの出身国や派遣国の国民に伝える方途となりえる点で意義がある。

⑤現場主義

最後の特長として，VSO の活動はボトムアップアプローチ，現場主義が進んでいるため，現場に活動実績が蓄積されていることであろう。過去の実績の上に新規ボランティアが投入されるので，プロジェクトの継続性が担保されやすく，計画も立てやすくなっている。VSO プログラムの活動記録と実績は，インターネット上で大量に記録されており，誰でも閲覧できる環境となっている。

## 4　JICA ボランティア事業が VSO から学べること

本節では，JICA ボランティアと VSO とを比較した上で，前者が後者から学べる点について考察する。JICA ボランティアには，本書が対象とする青年海外協力隊のほかに，40～69歳の日本国民が応募できるシニア海外ボランティア，中南米の日系社会の発展に貢献することを目的とした日系社会青年ボランティア，日系社会シニア・ボランティアの計４つの種類があるが，本章では主に協力隊（JOCV）とシニア海外ボランティア（SV）を対象とする。VSO の年齢枠は20～75歳と幅広いことから，協力隊だけでなくシニアも含めることで，適切な比較が可能になるからである。

### （1） VSO と JICA ボランティアの類似点と相違点

VSO と JICA ボランティア事業を比較すると，全般的に**表 12-2** に見られる通りの類似点と相違点がある。類似点としては，ボランティアの派遣規模や予算規模が近似していることであろう。VSO と JICA ボランティア事業は，ほぼ同規模の予算で，同人数のボランティアを毎年送り出していることがわかる。規模の点で，JICA ボランティア事業は平和部隊より，VSO に近い。

相違点としては，主に民間団体と国家事業という組織の性質の違いから起因し

表12-2　VSOとJICAボランティアの比較

| | VSO | JICAボランティア |
|---|---|---|
| 目　的 | 世界の貧困緩和と社会的不公平の是正 | ①開発協力　②友好親善　③青年の国際的視野の涵養と社会還元 |
| 戦　略 | 人々を最優先にする（People First） | 開発課題との整合性<br>国別ボランティア派遣計画 |
| 活動分野 | 教育，保健，HIV／AIDS，ガバナンス，安全な生活，（障害者支援） | 計画・行政，商業・観光，公共・公益事業，人的資源，農林水産，保健・医療，鉱工業，社会福祉，エネルギー |
| 専門性 | 高い | 技術力の高い隊員とノンエキスパート型が混在 |
| 資　格 | 国籍を問わず<br>20～75歳（平均41歳〔2013年〕）<br>ICSボランティア：18~25歳 | 日本国籍<br>JOCV：20~39歳（平均28歳），SV：40～69歳（平均60歳）（2014年6月現在） |
| 派遣実績 | 120カ国に約4万3000人（2014年3月現在），ICSボランティア1万人（2011～2014年） | JOCV：88カ国に約3万9000人，SV：72カ国に5436人（日系ボランティアを除く，2014年6月現在） |
| 年間の派遣数 | 国際ボランティア：35カ国1840人（2013年），現地ボランティア：35カ国1197人 | 71カ国　1659人（2013年9月現在） |
| 予　算 | 68.7百万ポンド（約125.6億円。2013年支出）。うち，ボランティア活動に係る支出は全体の87%。 | 約128億円（2012年度）。うち，ボランティアの派遣経費は全体予算の74%の95億円（JICAウェブサイト） |
| 組織形態 | 英国に登録されている慈善団体であるが，VSO連盟により，5カ国のパートナーが主体的に活動。 | 国際協力機構（JICA）は外務省所管の独立行政法人である。 |
| 支援体制 | 世界8カ所にボランティア・リクルート拠点，32カ所のプログラム・オフィス，1048パートナー | JICA事務所／支所（ボランティア調整員215人／78カ国，健康管理員43人） |
| 研　修 | リクルート拠点で8～12日　現地2～4週間 | 国内70日，現地1カ月<br>語学力，技能，知識の向上 |

（出所）　VSOについてはウェブサイト（http://www.vso.org.uk/　2015年2月17日アクセス）およびVSO, 2013; 2014。JICAボランティア事業については，JICA, 2014。

ているものが多いと思われる。VSOとJICA事業の違いの中で，特筆すべき点は，現場におけるボランティアの働き方あるいは現地へのボランティアの投入方法であろう。VSOの最大の特長は，国際ボランティア，現地ボランティア，VSOパートナーの協働の関係と役割分担であることは前節でも述べた。これに対し，JICAボランティアは，派遣先（多くの場合は公的機関）に，単独で配属されることが一般的で，実際に現地では配属先で業務がない，居場所がないという事象は多々指摘されている（JOCA，2009〔東京大学〕，5頁）。また，JICAボランティア同士もしくはJICA専門家との協働は公式・非公式に実施されているが，現地のボランティアがJICAボランティアとともに活動するというシステムはJICAボランティア事業にはない。

しかし，JICAボランティアの活動報告書や東京大学の実施した調査結果（JOCA，2009〔東京大学〕，4頁）を見ても，JICAボランティアにとって，カウンターパートが忙しく時間がとれない，協力的でない，カウンターパートがいないなど，カウンターパートに関する悩みが数多く指摘されている。JICAボランティアのカウンターパートは多くの場合，日常業務の一部としてJOCV業務にかかわることから，JOCVボランティアとの仕事だけに専念することができない。これに対し，VSOの国際ボランティアは，現地ボランティアという専属のカウンターパートを確保された環境にあると言える。

### （2） JICAボランティア事業がVSOから学べること（提言）

JICAボランティア事業がVSOから学べることとして，第1に現地ボランティアとの協働作業，そして，第2に開発プロジェクトの一部にボランティアを投入することに注目したい。

まず，最初のポイントである，現地ボランティアとの協働作業に関しては，JICAボランティア事業の場合，現況の制度では，JICAボランティアが現地ボランティアと協働して業務を遂行することは難しいが，代案として，現地ボランティアの代わりに現地に馴染んだ先輩ボランティアとペアで活動する仕組みを作れないであろうか。前任と後任のボランティアが常に一定期間（最低でも数カ月間）重なるように派遣することを制度的に取り入れることにより，VSOの活動で見られる国際ボランティアと現地のボランティアとの協働によるインパクトが生じるのではないかと思われる。同時期に派遣されるJICAボランティア同士の横のつながりは自然発生的に起こることはあるが，派遣時期の異なるボランティア同士の縦の連携は，JICAがボランティアの派遣時期をより綿密に計画，実施することで創出することができる。

現地ボランティアとの協働に代わるJICAボランティア同士の縦と横のボランティア間の協働作業を拡げることにより，ボランティア活動の開発効果を高め，ひいてはボランティアの達成感を高めることができるだろう。先輩ボランティアと一定期間ともに活動することで，新任のボランティアは，地域により早く溶け込み，現地の人々と親しくなることが可能となり，活動をより効果的に行うことが期待できる。JICAボランティアの派遣先を慎重に選定し，計画的なボランティア派遣を行うことにより，VSOが現場で行っている国際ボランティア，現地ボランティアそして配属先の協働の関係と同様の効果が，JICAバージョンで作れる可能性がある。

VSOから学べるもう1つのアプローチは，「プロジェクトの一部にボランティアを投入する仕組み」である。こちらもJICA事業の場合，JICAが支援する技術協力プロジェクトにJOCV隊員を投入するアプローチに応用できるであろう。このような協力隊と技術協力プロジェクトの連携は，これまでも行われている(例えば，ホンジュラスでの算数プロジェクト〔本書第4章〕，ニカラグアのシャーガス病対策プロジェクト〔本書第5章〕，ウガンダのコメ普及プロジェクトなど)。

しかし，ここで提案したい点は，JICA支援の技術協力プロジェクトの中で，JICAボランティアと現地NGOやボランティアが協力するという仕組みの構築である。JICAボランティアと技術協力プロジェクトの連携案件を単に増やすというのではなく，プロジェクトにJICAボランティアを投入する場合に，プロジェクトの予算でJICAボランティアが現地ボランティアもしくは現地NGOと協働できる仕組みを確立するのである。上記のように，現地ボランティアとの協働は難しい面はあるが，技協プロジェクト毎の協働であれば，パイロット的な取組みは可能ではないだろうか。このアプローチは，現地の住民の参加が必要なプロジェクトに有効であると考えられるので，今後パイロット的に実施してみる価値はあるだろう。

JICAボランティアと現地ボランティアが地域や住民に変化を引き起こすファシリテーターとして機能することができれば，プロジェクトの専門家はカウンターパートのプロジェクト運営・管理能力の向上に力を注ぐことができる。ここにVSOのアプローチで見られる国際ボランティアと現地ボランティア，VSOパートナーとの協働の関係が成立するのではないかと思われる。

## 5　ボランティア派遣事業の行方

本章では，第2節でVSOの歴史的変遷を概観し，第3節でその変遷の結果として今日の VSO について説明した。第4節では，VSO と JICA ボランティア事業を比較考察して，JICA ボランティア事業が VSO の経験から学べることを提言した。

VSO は1958年の発足以来，その方向性，戦略，ボランティア派遣の規模，組織のあり方を時代の状況や要請に応じて柔軟に変化・進化させ，VSO の第一義的な目的である貧困削減と不平等の是正に貢献してきた。草の根レベルの活動とグローバルレベルの開発教育，啓発活動，政策提言の融合，あるいは包括的なアプローチにより，VSO は他のボランティア派遣団体を常にリードする存在となっている。

VSO が繰り返し訴えるメッセージは，人を介した開発，人間開発の考え方である。人間開発の視点は，単に教育や保健・医療分野の支援を行うということではなく，開発課題に取り組むアプローチにも取り入れられる。人々を居住する地域の問題に関与させ，人々が主体的に動き出すように働きかけ，人々のネットワークを築き，それを活用するという人間のエンパワメントのサイクルが重要であることを VSO は経験を通じて，世界に発信している。ボランティア派遣団体として発足した VSO が時代を経て，単なるボランティア派遣に留まらない途上国の開発，世界レベルの課題を解決する仕組みを造り上げ，他の団体に影響を及ぼしていることに，我々は目を向けるべきである。

VSO の変化の歴史を学び，現在の VSO の動向に着目することは，JICA ボランティア事業の改善に役立つだけでなく，途上国の開発および国際協力業務を推進する JICA 事業全般にも貢献するものと思われる。JICA ボランティア事業の改革および他の JICA スキームとの連携は，関係者が知恵を絞り，試行錯誤的に行われてきている。青年海外協力隊の創設50周年を迎えた今日，JICA は，ボランティア派遣分野では最先端を走り続けている VSO の経験を学び，模倣し，活用・応用して，JICA 事業に取り込むことで，ボランティア事業の改善，ひいては JICA 事業の効果やインパクトをより一層高めることができるのではないかと考える。

最後に今後の研究課題として，ギャップイヤーとボランティア派遣の関係をあげたい。英国には，高校から大学に進学する過程でギャップイヤーという制度[26]があり，青年によるボランティア活動はこの期間に行われることが多い。ギャップイヤーを有効に使う1つの手段として VSO の ICS プロジェクト（コラム9参照）

## コラム9

**英国の国際市民サービス（ICS）プログラム**

国際市民サービス（International Citizen Service：ICS）とは，国際開発省（DFID）の予算（3年間で5500万ポンド）により，専門性を持たない18〜25歳の英国国籍の若者を派遣する短期プログラムである。7つの英国に基盤のある開発組織により運営・実施されており，VSOはその中でも最も多いボランティアを途上国に派遣してきた。

2011年3月よりパイロット事業が開始され，863人の若者が派遣された。このパイロット事業は高く評価され，翌2012年から3年間，本格的にプログラムが実施されることになった。7000人の英国国籍の若者が概ね3カ月間派遣され，7000人の現地ボランティアとともに活動を行った。彼らは24カ国のVSOパートナー機関が実施する教育や保健などのプログラムに配属され，そこでピア教育，社会啓発活動，コミュニティ住民の動員，簡易インフラの建設，スポーツ，子どもの遊び相手，健康診断の補助，基本的なパソコン操作などの仕事に従事した。

このプログラムでは，若者が他の国際ボランティアや現地のボランティアと一緒に働くことで，英国の国外で生じている地球規模の課題に向き合い，理解するようになるための開発教育が行われた。ボランティアたちは，現地で得た知識，チームワークで働く技術，コミュニケーション能力，交渉能力，意思決定能力などのグローバル人材として必要な技能を身につけることができたと評価された。また，このプログラムでは，ボランティアは派遣前の募金活動や帰国後の本国での社会活動（action at home）を行うことも求められていた。

ICSプログラムは，英国の青年にとっても途上国の青年にとっても，効果があると評価された結果，3年間のプログラムが終了した2014年以降も引き続き，DFIDの支援により行われることとなった。この第2期のプログラムでは，企業家志望の若者に焦点が当てられ，途上国で中小企業を興す試みが行われている。中小企業を活性化することは，途上国に経済的な効果を及ぼすと同時に，英国および途上国の青年にノウハウ，コミュニケーション，問題解決能力，広い視野を身につけさせることに役立つものと期待されている。

日本でも青年海外協力隊の枠内で大学生などの短期派遣が始まっており，ICSプログラムは参考になろう。詳細は，ICSのフェイスブックを参照（https://www.facebook.com/ics?fref=nf　2016年9月28日アクセス）。（松本節子）

は高く評価されている。日本でもグローバル人材育成の課題は，昨今，注目を集め，JICAボランティア事業はその手段の１つとして注目されている。ギャップイヤー，グローバル人材育成というキーワードから，引き続き，今後のVSOの活動を調査・研究していきたいと考えている。

**注**

(1)　中国，インド，インドネシア，アイルランド，ケニア，オランダ，フィリピン，英国。
(2)　例えば，ナイジェリアだけでも２万5000人の中学教員が必要とされたという報告がある(Bird, 1998, pp. 38-39)。
(3)　The Year Betweenは，高校を卒業してから，大学に入学できずに待機している期間を表している。手紙では，高校を卒業した優秀な生徒が大学に空席がないため１年間（あるいはそれ以上）待機しているが，彼らの時間を社会のために有効に活用することが望まれると指摘し，その１つの手段として，旧英領に若者を派遣することが，相手国の発展に役立つとともに英国の若者にも好影響を与えるものであると提言している。
(4)　法的に登録された慈善団体（“voluntary organizations”もしくは“general charities”）は税金面での優遇措置が適用されている。2011年には約16万2000団体がvoluntary organisationとして登録されている（NCVO UK Civil Societyデータ）。
(5)　1958年に18人，1959年に60人，1960年に90人のボランティアが派遣されていた。
(6)　当時の為替レートで約1071万ポンド。
(7)　1961年第16回国連総会の1710号決議により，1960年代を「国連開発の10年」とし，途上国の経済的・社会的開発が目指された。また，OECD／DACやUNCTADなど国際開発協力体制の基本的枠組みが構築された。
(8)　この計画により，VSOを含む英国内の主要な４つの海外ボランティア派遣団体（VSO, IVS, CIIRおよびUNA-IS）に対して政府が補助金を拠出することとなった。この４つの団体のうち，海外へ長期ボランティアを派遣することを専門とするのはVSOのみであり，BVPの支援によりVSOは1962年から1968年にかけて963人のボランティアを派遣した。また，他の３つの団体からは合わせて226人のボランティアが派遣された（Adams, 1968, p. 223)。その他，BVPに関してはJICA（1989，66-67頁）も参照。
(9)　３年後には75％を負担するようになった（Bird, 1998, p. 41)。
(10)　VSOを解任されたディクソンは1962年，英国国内でボランティアを派遣する組織であるCommunity Service Volunteersを創設した。
(11)　1940年に設立されたブリティッシュ・カウンシルは政府の開発援助資金により，旧英連邦諸国において開発教育と文化交流を実施していた。
(12)　1978年のボランティアの平均年齢は25歳，1980年には27歳となった。また派遣数は，1970年の1483人から1980年には半数の726人になった（Bird, 1998, p. 97)。
(13)　1974年労働党政府により，それまで外務省の傘下にあった海外開発庁（ODA）が，独立した省となった。

⒁　会員制度の目的は資金の確保，ボランティアのリクルートと啓発活動の推進。会費は年10ポンドを最低額とし，上限はない。1987年に登録会員数は7000人に達した（Bird, 1998, p. 122）。

⒂　例えばSNV（オランダ・ボランティア財団）などに派遣された（Bird, 1998, p. 130）。ボランティア候補者をいきなり途上国に派遣するのではなく，その前段階としてヨーロッパ国内のNGO等に派遣することは，派遣国の状況，NGOの取組みなどを理解することができ，また，カルチャーショックを緩和する上でも効果的であったと言える。

⒃　ディクソンは，ボランティアには特別な技術は必要がないと考え，ボランティアの「アマチュマリズム」を提唱した。特別な技術や専門性のないボランティアが，途上国の人々と同等の立場で働き，彼らに何かを与えると同時に同等の価値あるものを得ることがボランティア活動の意義だと考えていた（Bird, 1998, p. 179）。

⒄　OTPは大学2～3年生が10カ月間途上国に派遣されるプログラムであり，年間30～40人の学生が専門分野を活用できる途上国のNGOや研究所に派遣された（Bird, 1998, p. 185）。

⒅　1997年には60人のカナダ国籍のボランティアが採用された。

⒆　短期スキームの期間は様々であるが，主流は6～12カ月であり，語学能力や経験のある元ボランティアにより行われ，2年間の派遣と同程度の成果が期待された（Bird, 1998, p. 186）。

⒇　1963年に，VSOスタッフ数は500人のボランティアに対してわずか24人であったが，1990年代には約1900人のボランティアに対し400人と増大した（Bird, 1998, p. 192）。

㉑　2014年VSO年次報告によれば，新たに南アフリカがリクルート拠点に加えられている（VSO, 2014, p. 3）。

㉒　例えば，AIDSや性病，妊娠・出産などセンシティブなテーマについて，教員や専門家などが上から指導するのではなく，Peer（仲間）の立場から，同世代の若者とともに，語りあうことで，情報を共有し，啓発を行う教育。

㉓　2013年までは，この5つの分野に障害者支援を加えた6分野がVSOの重点分野とされていたが，2014年以降は，障害者支援は，ジェンダーや気候変動と並んで，横断的な課題として扱われるようになった。

㉔　JICA（1985）およびJICA（1989）によれば，1984～1987年には，VSO予算の80％以上がDFIDから拠出されていたが，2014年3月の状況で，DFIDの依存率は収入全体の32％と低下している。

㉕　VSOウェブサイト。（http://www.vso.org.uk/volunteer/frequently-asked-questions　2015年2月12日アクセス）

㉖　大学の入学試験に合格した学生が，高校卒業後に一定の休学期間を得てから入学する制度。英国で始まった。休学中の行動は自由で，ボランティア活動や留学などで見聞を広めたりするなどの例が多い。大学卒業後から大学院進学前・就職前までの期間に適用されることもある（ギャップイヤー・プラットフォーム〔GP〕）。（http://www.gapyearplatform.org/　2015年3月22日アクセス）

**引用参考文献**

国際協力事業団（JICA），1985,「主要先進国海外協力ボランティア派遣団体の現況調査」。
―――――，1989,「主要先進国海外協力ボランティア派遣団体の現況調査」。
国際協力機構（JICA）青年海外協力隊事務局，2011,「ボランティア事業実施の改善に向けた具体的取り組み」8月。
―――――，2014,「JICA ボランティア」8月。
青年海外協力協会（JOCA），2009,『日本社会の課題解決における海外ボランティア活動の有効性の検証』青年海外協力協会（JOCA）受託調査研究報告書（2007-2009年），大阪大学大学院人間科学研究科国際協力論講座。
―――――，2009,『国際協力における海外ボランティア活動の有効性の検証』青年海外協力協会（JOCA）受託調査研究報告書（2007-2009年），東京大学大学院総合文化研究科「人間の安全保障」プログラム。
Adams, M., 1968, *Voluntary Service Overseas: The Story of the First Ten Years*, London: Faber and Faber Ltd.
Bird, D., 1998, *Never the Same Again: A History of VSO*, Cambridge: The Lutterworth Press.
VSO, 2002, *Focus for Change: VSO Strategy*.
―――, 2008, 2009, 2010, 2011a, 2012, 2013, 2014, *Annual Report and Financial Statements*.
―――, 2011b, *People First: VSO Strategy*.

# 終　章
# 国際ボランティアとしての青年海外協力隊
## ──成果，提言，展望──

岡部恭宜・三次啓都

## 1　青年海外協力隊に対する評価

本書の各章は，それぞれの学問のレンズを通して青年海外協力隊の様々な側面に焦点を当て，分析を行った。第Ⅰ部（第1～3章）では協力隊の歴史と制度・組織を扱い，第Ⅱ部（第4～6章）では開発協力の担い手としての協力隊を，第Ⅲ部（第7～9章）では人材育成の成果をそれぞれ取り上げた。そして第Ⅳ部（第10～12章）では他国の国際ボランティア事業との比較を行った。

この終章では，各章を要約するというよりも，それらの議論を踏まえた上で，協力隊事業がどのような成果を上げているのか，また成果を高めるためにはどのような制度や政策が必要なのか，という問題を検討したい。

政府の事業である以上，協力隊が成果を上げているのかどうかを検討することは必要な作業である。ここで想起されるのは，2009年に始まった政府の行政刷新会議の「事業仕分け」であろう。そこでは，協力隊事業の成果自体は否定されなかったものの，隊員の派遣と現地ニーズとのミスマッチや事業経費の問題が取り上げられ[(1)]，その結果として隊員派遣数の削減もやむなしとされた。しかし，そうした事業の効率性の改善だけで済むほど，協力隊の成果の評価は簡単なものではない。その目的が多様であればなおさらである。

協力隊のような国際ボランティア事業の評価について，近年の欧米では，その開発に対する貢献度やインパクトが求められるようになっており，具体的には国連の「ミレニアム開発目標（MDGs）」や「持続可能な開発目標（SDGs）」の達成に果たす役割や意義が検討されてきた（第2章，第10章を参照）。実際，その評価の方法のあり方は世界の国際ボランティア事業組織の間でも関心の的となっており，最近の「国際ボランティア協力組織（IVCO）」の2015年次会議や，第1回KOICA-JICA 国際ボランティア・フォーラムでも主要なテーマの1つであった[(2)]。

また，人材育成の面でも評価の問題に関心が寄せられている。第3章が指摘したように，最近の日本ではいわゆるグローバル人材の需要が高まっており，それに伴い，外国語ができ，途上国の現地事情に精通し，問題解決能力の高い協力隊経験者に対する企業の求人数が高まっている。しかし，元隊員がその需要に応えうる人材であるとしても，それが協力隊事業によって育成された結果なのか，元々そうした資質を持った人が協力隊に応募しただけなのか，必ずしも明らかではない。直感では，少なくとも協力隊への参加はグローバル人材としての資質を伸ばす効果がありそうに思えるが，その点の実証分析がJICA内部だけでなく，元隊員を採用する企業からも求められている。

この終章は，協力隊の評価に対する関心全てに応えることはできないもの[(3)]の，各章の分析結果を踏まえて一定の評価を行っていきたい。以下，第2節では，各章の議論を整理することを通して，協力隊事業が成果を上げていることを確認し，第3節では，各章が導いた課題や提言をまとめる。そして第4節で，最近の国際ボランティア事業の世界的潮流およびJICAボランティアに関する有識者懇談会の提言を念頭に置いた上で，今後の協力隊事業を展望する。

## 2　協力隊の成果

本書が協力隊事業の目的として重要と考えるのは，序章で述べたように，開発協力と青年育成である。そこで，本節では，協力隊事業の成果を明らかにするために，これらの2つに絞って各章の議論を整理していく。

各章の検討に入る前に，まず，そもそも開発協力，青年育成，そして国際交流という方向性の異なる事業目的が併存することになった理由について，第1章（岡部）の歴史分析を確認しておきたい。岡部によれば，これらの目的は1965年当時，創設に関わった自民党，青年団体，外務省の間での政治的妥協の産物であったが，それらのアクターがその後も事業に関わった結果，3つの目的は現在まで維持されることになった。こうした多様性は，英国のVSOが貧困削減という開発協力目的を中心に据えていることと対照的である（第12章〔松本〕参照）。さらに，第10章（岡部）は，目的の多様性は日本の協力隊に限らず他のアジア諸国の国際ボランティア事業にも見られることであり，それは政府が実施主体であることと合わせて，欧米とは異なるアジアの特徴であることを示した。

それでは，開発協力と青年育成における成果を順に検討していこう。

### (1) 開発協力としての成果

序章では，隊員の活動の効果を分析するに当たり，原因（説明変数）としての隊員の活動と，結果（被説明変数）としての住民やコミュニティの変化との間にある因果関係は，単線的なものではなく，双方向的ないしは連鎖的なものであると指摘した。そこで本書が採用したのは，定性的でプロセスを重視した動的アプローチであった。具体的には，本書第Ⅱ部のキャパシティ・ディベロップメント（以下，CD），ソーシャル・キャピタル（以下，SC）という分析枠組みである。

CD について，第4章（細野）は，途上国の課題対処能力が個人，組織，社会などの複数のレベルの総体として向上していく内発的なプロセスであるととらえる。そして，技術協力のあり方として，途上国の能力を外から構築するのではなく，CD のプロセスに対して触媒の役割を果たすことを重視する。途上国の人々と生活し，彼らに寄り添って活動する協力隊は，まさに触媒となりうる条件を備えており，実際に隊員が中米地域の算数教育，藍産業，遺跡の保存・観光の事例において，人々の能力向上に貢献したことが，同章では論じられている。その CD のプロセスには上述した連鎖的な因果関係が見られた。

次の SC とは，人々の協調行動を促して社会の効率を高める制度を指す。その要素として一般的には，信頼，互酬性の規範，ネットワークが指摘されているが，第5章（上田）は SC が形成される基盤として，住民と行政との間の「応答性」を重視し，さらに応答性を持続させ，信頼を醸成する条件として人々の「センチメント」に着目した。事例分析では，ホンジュラスのシャーガス病対策で隊員が人々の喜びや自信を高めたことで住民と行政の応答性が増えた一方，バングラデシュの予防接種計画では隊員が住民やワーカーの信頼を勝ち取り，規範意識を高めたことが明らかにされた。いずれも隊員が住民の「心」に働きかけることで SC が醸成された結果，プロジェクトが成功に導かれるという連鎖的な因果関係があった。同時に，そのプロセスの中には，住民が行政や隊員の要請に応えて行動し，それがさらに行政や隊員の対応を招くという双方向の因果関係も見出された。

また第6章（馬場・下田）は，CD や SC などの分析概念を用いているわけではないが，授業研究という事例を通して，協力隊員がバングラデシュの初等教育の質的向上に貢献してきたことを論じている。馬場と下田は，ベンガル人教員は知識レベルが低いだけでなく，生徒の考え方や理解が困難な点について自覚的ではなかったが，隊員は現地教員にすぐには解決策を提示せず，彼らに問題点を考えさせようという姿勢を取っていたと指摘する。その姿勢は，教員が自ら考えて授業を改善していくようになることを可能にし，ひいては生徒たちが授業の中で自ら考えるようになっていくことが期待されるという。こうした自助努力を促す姿勢は，隊員はあくまで触媒であり，途上国の住民が内発的に能力を発展させていくという CD の考え方に通じる。

これら3つの章が協力隊による開発協力の効果を論じるのに対し，第2章（山田）は，開発協力の効果を組織的な支援の観点から論じたものである。山田によれば，隊員には，専門知識や技術において「専門家」ほどの影響力はない。従って，個人で活動する隊員が成果を上げるためには，組織・制度の面で必要な外部条件を補完し，環境を整えることのできる JICA の現地事務所の役割が大きい。また，他の隊員や協力案件，他機関との連携によって隊員にレバレッジを与えるという点でも事務所の役割が求められるという。CD の見方に倣えば，現地事務所は隊員活動自体に対して「触媒」の役割を果たしうると理解できるだろう。

以上のように，協力隊は開発協力で一定の成果を上げることが明らかになった。ところで，その「担い手」である隊員は，一般に技術協力のために任国に派遣される「専門家」や「コンサルタント」と呼ばれる人々と比べ，どのような長所や意義を持つのだろうか。

第4章（細野）は，JICA 専門家と比較することで，隊員に特有の役割を強調する。すなわち，隊員は専門家に比べて専門知識や経験の面では弱いが，そのためにかえって隊員は現地住民の目線に立ち，彼らと一体となって行動する傾向があるため，問題解決の新たな方法を創造する上で触媒として寄与しうるという。第6章（馬場・下田）も同様の点に言及している。彼らは，隊員がベンガル人教員に自分で考えさせるような姿勢を取ったことを評価したが，そうした姿勢が生まれた背景として，現地教員の教育方法上の問題に対処することが，実は教員経験の少ない協力隊員には難しかったからだと逆説的に説明する。

専門家と比べて隊員は専門性では弱い。しかし，弱いからこそ住民や同僚に寄り添い，彼らの目線に立ち，自発性を重んじる傾向がある。協力隊員が持つこうした特徴を，ここでは「弱い専門性の強さ」と呼ぼう。それは協力隊だからこそ

行いうる開発協力の特徴である。[(4)]

### （2）　青年育成の成果

青年育成という事業目的は，創設当時から重視されており，現在はグローバル人材の育成という形で論じられている。しかし，青年育成の効果はこれまでほとんど実証的に分析されておらず，定性と定量の両方からのアプローチが求められていた。本書第Ⅲ部は，この課題に人類学や心理学の観点から取り組んだものである。

まず第７章（須田・白鳥・岡部）は，青年育成の効果を検討する前提として，そもそもどのような人たちが隊員になっているのか，その人物像を統計分析から明らかにしている。取り上げた要素は，隊員の応募動機を中心に，性別，年齢，経歴などの属性，ボランティアや途上国についての考え方や人間観などである。同章は，これらに関する約1500人のデータを利用してクラスター分析を行い，隊員の類型化とそれぞれの特徴づけを行った結果，隊員を「好奇心志向」「ビジネス志向」「国際協力志向」「自分探し志向」「自己変革志向」「慈善志向」の６つに類型化した。これらの類型は，協力隊事業が多様な人材を受け入れていること，隊員の多くが協力隊の３つの目的に合致した動機で事業に参加していることを示している。

第８章（関根）は，人類学の観点から，実質的に開発協力の成果が見られない場合でも，隊員は人間的成長を遂げていると論じる点で，青年育成の成果を際立たせた論考である。関根は，太平洋島嶼地域に派遣された隊員の多くが，地域特有の現実に抗いながら成果を上げようと努力するにもかかわらず，落胆してしまう様子を描いている。その現実とは，現地の人々の多くが経済的に貧しくとも，社会面や食糧面では「豊か」であるために，現状改善への向上心が不足し，外国からの援助に依存していることである。しかし，関根は，隊員たちが人々との交流の中から，「成果に固執しない」「寛大になる」という心的変化と，近代的豊かさに対する価値観の変化を経験する結果，人間的に成長するのだと結論づけている。[(5)]

ところで，こうした落胆は程度の差こそあれ，他の地域の隊員も経験するものであり，中には落胆しても成果を上げようと努力を継続する人もいる。第９章（佐藤・上山）は，この「めげずに頑張り続ける力」を発揮できる要因は何かという問題に取り組んでいる。同章は，隊員の時系列データを用いた定量分析とインタビュー調査による定性分析を組み合わせた結果，隊員が継続的に熱心に活動に取り組み，成果を出すためには，ある程度楽観的で柔軟な性格の持ち主であること，環境上の制約や阻害・不安要因が少ないこと，相談相手がいること，そして支援体制の存在が重要であることを明らかにした。また，めげずに頑張り続けられるかどうかは，隊員個人のストレス耐性やモチベーションの高さ，他人に対する信頼感に依存することも示された。なお，同章は基本的に青年育成の効果を分析しているが，同時に開発協力の効果の条件を検討しているとも言えるだろう。

以上の研究は，通常の２年間の長期派遣に関するものであったが，第３章（藤掛）は，近年増加しつつある大学生の短期派遣に焦点を当て，グローバル人材育成の効果を検討した論考である。藤掛は，１カ月ほどの派遣でも隊員の意識や行動に変化をもたらし，途上国に対する複眼的思考を育む一定の効果があると論じる。また，短期派遣だからこそ，長期的な人間関係を考慮せずに積極的に現地の人々に働きかけたり，長期隊員の活動に備える先遣隊のような役割を担ったりすることも可能であり，その経験が隊員個人の自己の相対化への契機となりうるという。因みに藤掛によれば，協力隊事業はいわば「グローカル人材」の育成を目指すものだという。現地の人々の目線に立ちつつ開発の実践に関わることは，グローバルとローカルの双方の視点を獲得できる機会となるからである。

## 3　協力隊事業に関する課題と提言

本書の各章は開発協力および青年育成の成果を高める要因についても検討し，そこから課題や提言を導き出している。本節では，それらを検討していく。同時に，他国の国際ボランティア事業との比較から得られる示唆についても考察していこう。

### （1）　開発協力における課題と提言

開発協力の面で協力隊が抱えている課題について，各章の指摘を整理すると，①隊員の情報アクセスの強化，②隊員と関係機関との間および隊員間のネットワーク形成，③派遣の継続性の維持，④自助努力の促進のあり方に集約されるだろう。

これらの課題（とくに①と②）に対処するため，JICA の現地事務所の役割や支援を重視したのが，第２章である。山田は，第１に事務所内の新たな連携について検討している。通常，隊員活動の調整業務は調整員の仕事であるが，実際に任国の開発関連情報を蓄積しているのは調整員よりも各分野・課題の担当所員であることが多い。そこで，同所員を通じて，他の援助形態（技術協力，無償資金協力，有償資金協力）との連携を図ることが望ましいという。第２に，隊員と JICA 関係者との知識の共有・形成（ナレッジマネジメント）も提言している。従来，隊員間では「分科会」という勉強会が自主的に開催されてきたが，これを隊員と専門家，コンサルタント，事務所員が交流する場として活用するのである。そして第３に，隊員のグループ型派遣の推進をあげている。具体的には，相互に関連性のある職種の隊員を派遣してスケールアップを図ったり，異なる職種の隊員を同一地域に派遣してクラスターを形成し，地域の問題の総合的な解決に貢献したりするのである。

第４章も，②のネットワーク形成に注目する。細野は，中米に派遣された協力隊が現地の CD に貢献できた１つの要因として，隊員と日本側の各組織との緊密な連携を指摘している。例えば，JICA の技術協力プロジェクトとの連携（算数），草の根無償による施設整備との連携（藍産業），大学の調査団との連携（考古学）が功を奏したという。また，第12章（松本）は，英国の VSO を参考に，協力隊と現地の NGO やボランティアが協力するという仕組みの構築を提案している。

同じくネットワーク形成を重視するが，その視点を現地住民の「感情」に置いたのが，第５章である。上田は，人々のセンチメントや信頼など「心」に働きかけることで，行政と住民と隊員が繋がった結果，援助の効果が上がったと論じた。従来人間の内面は分析の俎上に載せられることはなかったが，今日では援助の現場で住民の「心」の動きを汲み上げることが求められていると主張する。

複数の章が指摘するもう１つの課題は，③隊員派遣の継続性の維持である。細野は，現地の関係者との人的ネットワークは一朝一夕に築くことはできず，派遣が継続していかないと折角の隊員の経験や知識の蓄積が失われることになると懸念する。この課題は，過去に多くの隊員が指摘してきたことでもあり，上田は協力隊事業全体の課題であると指摘する。松本も，英国 VSO が現地ボランティアとともに活動して成果を上げていることを参考に，新たに着任した隊員が現地の事情に詳しい前任の隊員と数カ月間は一緒に活動できるよう，派遣時期を調整すべきだと述べている。また，藤掛は，長期隊員の後任が着任するまでの中継ぎとして，短期隊員が派遣されることがあった例を紹介している。

最後に，現地の人々の自助努力をいかに促すかという④の課題がある。第6章（馬場・下田）は，バングラデシュの授業研究で隊員が現地教員に対して，何が問題であるのかをまずは自分たちで考えさせようしていた点を指摘している。これは，CD研究で言う「当事者意識」を刺激することで自助努力を促しているわけだが，上田が示唆したように人々の「心」に働きかけるという方法もある。ホンジュラスでは，人々が感染症対策に参加することから喜びや自信を得ることで，一層の自助努力が促されたのである。

### （2） 青年育成における課題と提言

青年育成における課題は，第Ⅲ部の論考から整理すると，どのようにして「めげずに頑張り続ける力」を持つことができ，落胆してもなお「人間的成長」を遂げることができるか，という点にある。また，人材育成の前提として，異なる動機や属性を持つ人々に対してどのような形で選考，訓練，派遣を行うべきかという課題も示された。

これらの課題に対して，各章はそれぞれ提言を行っている。第7章（須田・白鳥・岡部）は，隊員の6つの類型を提示し，それらの特性や傾向を明らかにしたが，これにより，隊員の類型に合わせて，採用，訓練，研修を行ったり，活動目標を設定したり，現地事務所による支援のあり方を変えたりすることが可能になるという。例えば，実際に活動が役に立っていることを実感できるような配属先である場合は「慈善志向」型の人を隊員候補者として採用したり，キャリアアップを目指す人には経験や人脈を培うことができるよう配慮したりすることが提案されている。

第9章（佐藤・上山）は，グローバル人材の育成に向けて次のように提言する。まず，隊員と調整員との面談を定期化することで，事務所が活動上の阻害要因や生活上の問題を把握しやすくなり，必要な助言や支援が行いやすくなるという。また，実証分析の結果，隊員同士の絆が「めげずに頑張り続ける力」の鍵であることが判明したことを受け，隊員間で経験を共有する機会を創出し，それを制度化することを提案している。そのほか，赴任前の隊員の不安要素や気負いを和らげるよう，任地に関する情報収集や事例研究の奨励なども求めている。

また，第３章（藤掛）は，短期の隊員が効果を上げるためには，実質的な活動期間をなるべく長く確保することが必要で，そのために各種派遣手続きを簡略化することや，任地によっては英語以外の言語ができる学生の派遣を検討することを提案している。さらに隊員が目指すべき成果を明確にすることも呼びかけている。

ところで，以上の３つの章による提言はいずれも事業の改善に関わるものであり，その前提には，そうすることで隊員が活動の成果を上げやすくなり，その結果，人材が育成される，という論理がある。これとは対照的な提言をしているのが，第８章（関根）である。同章は，食料に困らず，努力をせず，向上心に欠け，援助を待ち続ける，そんな現地の人々に対する隊員の戸惑いや落胆を掘り起こしたが，だからといって関根は，かの地域への派遣の見直しや事業運営の改善を提案するようなことはしていない。その理由を本章があえて推察するならば，おそらく，それらの問題は派遣地域の独自の価値観や慣習に根ざしているものであり，事務所の支援や事業の改善によって対処すべきものではないからであろう。隊員は，落胆を経験した後，この社会的・文化的特性を受容して初めて心と価値観の変化を経験し，人間的に成長する。従って，関根が提言するのは，協力隊を一括してとらえるのではなく，派遣地域ごとの特性を踏まえた上で，人間的成長という成果を議論するという視角である。

以上の４つの章の内容を踏まえて，もう１つ考察したいことは，隊員への支援や事業の改善が，かえって人材育成や人間的成長を妨げてしまう可能性はないか，という懸念である[(6)]。確かに，支援の提供や事業運営の改善は，隊員が経験する苦悩，苛立ち，焦り，理不尽，不安を和らげ，より効率的，効果的に活動の成果を生むのに寄与するだろう。その結果，「めげずに頑張り続ける力」（第９章）や「複眼的思考」（第３章）を得られるのかもしれない。しかし，読者の中には，そのような支援や改善が隊員の落胆や挫折の経験を減らすことになって，かえって彼らが人間的に成長する機会を失わせたりしないのだろうか，という懸念を持つ人がいるかもしれない。俗的な言い方をすれば，人間は苦労をして育つのではないのだろうか，という疑問である。

この懸念を考察するに際し，まず確認しておきたいことは，落胆や挫折はどの隊員にも，いつでも起こりうることであり，支援をいくら提供してもその可能性を隊員から拭い去ることはできないということである。そうであるならば，

JICAとして，隊員の成長や育成のために配慮すべきことは，むしろ落胆や挫折の経験を前向きにとらえ，それを隊員自らが克服できるように事後に支援を差し伸べることであろう。このように問題を整理すると，争点は支援自体の是非ではなく，その提供のタイミングであり，隊員のJICAへの依存心をかえって高めてしまうような過度な支援であることがわかるだろう。[7]

### （3） 他国の国際ボランティア事業との比較から

本書第Ⅳ部は，欧米およびアジア諸国の国際ボランティア事業と協力隊との比較を行った。協力隊がその発足に当たり米国平和部隊から刺激を受けたことに見られるように，各国の事業は互いに影響を及ぼしてきたのであり，比較研究から得られる課題や提言は，協力隊の直面する諸問題にとって大いに参考となろう。

まず，第10章（岡部）は，アジア諸国の国際ボランティア事業と欧米諸国のそれとを比較して，それぞれの特徴を見出した。岡部によれば，アジア型は，政府主導の事業が多く，開発協力機関が実施している一方，事業目的の多様性を重視している。これに対して欧米型は，政府だけでなく，多くの事業でNGOが主体となっていること，青年育成や国際交流よりも，むしろ開発目的を前面に押し出す傾向があることが特徴である。欧米型は歴史が古く，これまで世界の潮流を形成してきたと評価できるが，アジア型の登場は，先輩格の欧米型とは異なる新たな事業の流れが生まれる可能性を示している。

こうした比較研究からは，具体的な課題や提言がすぐに導かれるわけではないものの，協力隊を国際ボランティア事業の世界的潮流の中にどのように位置づけるのか，という問題を考える上で示唆がある。この点は次節で検討したい。

次に，第11章（河内）は，米国平和部隊と協力隊との比較から，外交関係における国際ボランティア事業のあり方や，政府が実施機関であることの意味を考察する良い機会を提供している。河内は，平和部隊の組織としての独立性や非政治性の重要性について，ラテンアメリカでの活動停止の事例と関連させて分析した。歴史的に米国の裏庭と称されてきた同地域では，平和部隊は外交関係や反米感情に配慮しながら活動せざるをえず，実際，幾度かの活動停止を余儀なくされてきた。初代長官のシュライバーはそうしたリスクに備え，創成期において，平和部隊の組織上の非政治性と独立性を基本的な方針として打ち立てたが，その方針は現在も生き続けている。

幸い日本の協力隊は，政治的理由で任国政府から撤退の要請を受けたことはほとんどないが，河内の議論は協力隊にも示唆がある。なぜなら，協力隊も政府の事業であるため，将来，日本の対外関係や任国の世論の影響を受ける可能性がないとは言えないからである。しかし，だからといって，協力隊事業の管轄を政府から切り離せば，協力隊を日本の「草の根外交官」や「ソフトパワー」として位置づける政府にとって，国際交流の有効な手段を失うおそれもある。従って，組織の独立性や非政治性の問題は，外交政策としての利益と不利益とを比較考量して判断されるべきであろう。

最後に，VSO との比較の観点から，協力隊事業に対して具体的な提言を行っているのが，第12章（松本）である。VSO は協力隊と異なり，NGO が実施し，貧困削減の目的に特化した事業であるが，ボランティアの活動方法にも違いがあるという。協力隊は通常，単独で派遣され，その業務は配属先の日常業務の一部として位置づけられるため，配属先のカウンターパートが隊員と同じ活動に専念するわけではなく，隊員は時に配属先で業務を任されなかったり，居場所を失ったりすることがある。これに対して VSO の国際ボランティアは，現地ボランティアと VSO パートナーとの三者システムで活動することから，実質的に現地で専属のカウンターパートを確保できるという。

松本は，この VSO の活動方法を参考にして２つの提言を行っている。第１は，既に触れたが，新任の隊員が前任者と一定期間，ともに活動できるようにすることで，VSO の三者システムに近い効果を得ることを期待している。第２は，JICA の技術協力プロジェクトの下で，協力隊と現地の NGO やボランティアが協力する仕組みを構築することであり，これによって協力隊は住民に変化を引き起こすファシリテーターとなることが期待できるという。これらは JICA に経験がないわけではなく，例えば現地ボランティアとの協働は，第５章のシャーガス病対策の事例でも見られたし，ネパールやインドでも実施されたことはある。しかし，松本の提言はその制度化の促進を強調していると言えよう。

## 4　協力隊事業の今後の方向性

本節では，これまでに論じた協力隊の成果や課題を踏まえ，創設から50年を過ぎた協力隊事業が今後はどのような方向に向かうべきなのか，検討していこう。

その手掛かりとして最初に，国際ボランティア事業の世界的潮流の中に協力隊を位置づける。次に，JICA の有識者懇談会が2016年に発表した提言を取り上げ，本書が論じた内容と比較し，考察する。

### （1） 世界的潮流としての開発ボランティア

既に論じたように，欧米の国際ボランティア事業は開発目的を前面に掲げるものが多く，その関心は，ボランティアが現地にもたらすインパクトや開発効果の測定に向けられている。

例えば，IVCO の2015年次会議で採択された「東京行動宣言（Tokyo Call to Action）」は，各国のボランティア団体が SDGs を達成し，貧困と不平等に対処するとともに，その達成のためにボランティア活動が重要であることを再確認すると宣言した（Forum, 2015）。具体的には，各国の SDGs 実現の戦略の中にボランティア活動を統合するように促進すること，新たなツールや枠組みを創出して SDGs 達成のためのボランティア事業のインパクトを測定し，文書化することなどを約束した。

こうしたインパクト測定への関心の背景には，歴史的に（とくに欧米の）国際ボランティア事業が政府開発援助の主流とは異なるところで発展してきたために，各国の国際ボランティア団体の間では，ボランティア精神を活かしながら，その活動と開発援助をいかに調和させるか，という問題への関心が共有されてきたことを指摘できる。これは JICA 協力隊事務局にも共有されている関心である。また，もう１つの背景として，2008年の世界金融危機以降，各国の開発援助政策に効率性が求められ，それに伴い国際ボランティア事業に対しても開発への貢献度や費用対効果が求められるようになったことも指摘できる（第10章）。

このように開発協力の一形態として国際ボランティアを位置づけようとすることは世界の潮流になっているが，既に協力隊は開発目的を事業の中心に掲げていることから，その潮流に適合的であると言えよう。実際，本書が第Ⅱ部を中心に分析したように，協力隊は開発に対する成果を確実に上げているのである。

しかし，他方で，協力隊事業には世界的潮流に乗る上での課題がないわけではなく，またそれとは一線を画する面もある。第１に，インパクト測定について，JICA はその必要性を認識してはいるが，取組みはまだ始まったばかりである。本書は，開発協力の成果を分析する際に双方向的，連鎖的な因果関係を重視し，定性分析を中心に据えたが（序章），データを解析する定量分析も有用であると考えている。定性分析も定量分析もそれぞれの長所があるので，どちらが優れているというわけではないが，世界的な関心がインパクトの量的な測定に向けられている以上，JICA も我々研究者もそれを今後の課題とすべきであろう。

第2に，青年育成であるが，欧米諸国のボランティア事業の多くはこれを事業目的として重視しておらず，その意味で協力隊は世界的潮流とは一線を画している。しかし，青年育成を事業目的の1つとして掲げる方針は，事業の実施主体が政府の援助機関であることと並んで，アジア諸国の特徴である（第10章）。その意味で，同地域の中で歴史も古く，最大規模を誇る協力隊は，アジア型の国際ボランティア事業を主導できる立場にあるかもしれない。むしろ日本政府およびJICA は，アジア型が持つ特徴とその意義を積極的に評価し，発信していく必要があるだろう。そのためには，IVCO などの場で欧米の事業との交流や連携を進め，アジア型の認知度を高めることも求められよう。

### （2） JICA 有識者懇談会の提言

JICA は2015年6月，今後の協力隊事業の果たすべき役割と具体的な方向性を取りまとめることを目的として，「JICA ボランティア事業の方向性に係る懇談会」を設置した。この懇談会は，五百旗頭真ひょうご震災記念21世紀研究機構理事長を座長とする全11名の有識者の委員から構成され，2016年3月に「提言：これからの JICA ボランティア――青年海外協力隊から始まる50年を顧みて」（以下「提言」）を発表した（JICA, 2016）。以下では，「提言」の内容を概観した後，それをどのように評価できるか，本書の分析結果を踏まえて検討してみよう。なお，ここで「JICA ボランティア」とは，シニア海外ボランティアや日系社会青年ボランティアなどを含む，JICA が派遣するボランティア全体を指しており，協力隊だけを取り上げているわけではないことに一定の留意が必要である。

①「提言」の概要

まず，「提言」は次のような現状認識を前提とする。すなわち，JICA ボランティアは今後，国際社会や日本国内の諸課題に取り組み，「国内外の持続可能な経済・社会の発展に貢献していかなければならない」（JICA，2016，7-8頁）。この現状認識を踏まえ，「提言」は，事業目的を規定した上で，具体的な施策の方向性を打ち出した。

最初に，事業目的の再整理が謳われている。従来の協力隊の目的である，(1)開発途上国の経済・社会の発展，復興への寄与，(2)友好親善・相互理解の深化，(3)国際的視野の涵養とボランティア経験の社会還元は，次のように整理された（JICA，2016，8-9頁）。

(1)′日本の政府開発協力である本事業の中核的な目的として，引き続き「開発途上国の経済・社会の発展，復興への寄与」を重視する。

(2)′自己のアイデンティティーと相手国の多様な社会・文化に対する理解と尊重の双方を基盤とする共生・協働，すなわち「異文化社会における相互理解の深化と共生」を追求する。

(3)′ボランティア経験者が地域の発展や国際化，さらには地球規模課題解決のための社会的な貢献に関わっていくことを積極的に後押しするため「ボランティア経験を活かした社会貢献」を推進する。

これらを従来の目的と比較すると次のことがわかる。まず，(1)′は従来と変わらず，「中核的な目的」としてとらえられている。(2)′は「単なる友好親善に留まらないさらに深い次元での関わり」であるとして，相互理解と共生の方に重きが置かれるようになり，さらに(2)′は(1)′の基礎であると位置づけられることになった。

(3)′にも変化が見られる。「提言」は，従来の事業目的の１つであった「国際的視野の涵養」について，「ボランティア活動を通じて自ずと育まれるものであり，さらに本事業以外でもその機会が増えている現状に照らし，本事業の目的としては掲げない」と述べているのである。つまり，「国際的視野の涵養」という言葉に込められてきた青年育成ないし人材育成という目標が，表には出なくなった。同時に，(3)′におけるもう１つの変化は，帰国ボランティアの活用方法の検討である。「提言」では，従来の「ボランティア経験の社会還元」から，より積極的な意味合いのある「社会貢献」の推進へと焦点が移っているのである（JICA，2016，8-9頁）。

次に「提言」は，４つの具体的な施策の方向性を打ち出している[(8)]。第１に，人材の確保のあり方を検討している。それによれば，JICA ボランティアには，「持続する情熱」「異文化理解」などの資質が必要であるが，そうした資質を持つ人材を求めることは，「企業等との間で人材の競合の問題を生ずるおそれがある」。そこで「提言」は，企業の被雇用者や教員の「現職参加」の枠組みの推進，シニア層や大学生の参加を促進する柔軟な派遣形態（短期派遣など）の検討を提案している（JICA，2016，9-10頁）。

２つ目の施策は，政府・JICA 側の支援体制の強化である。１つは技術補完研修の充実であり，もう１つはJICA 在外事務所の調整員の役割強化である。後者の例としては，他の JICA 事業とボランティア事業とを関連づけたり，JICA 内外の様々な機関・組織とボランティアとの間のネットワークを結びつけたりする役割があげられる（JICA，2016，11-12頁）。

第３に，「提言」は，帰国したボランティアが，災害からの復興支援や地方活性化のために関係省庁，地方の自治体や企業との連携を図ることや，地方の教員や自治体職員がボランティアに現職参加できるようにすることを促している（JICA，2016，12-13頁）。そして最後に，世界の持続可能な社会の実現のためには，「先進国のボランティア機関との協力や，途上国で活動するボランティア団体等との連携の可能性を追求していくことが望ましい」としている（JICA，2016，13-14頁）。

②「提言」に対する評価

「提言」は今後の JICA ボランティア事業の方向性に影響していくと予想される。そこで以下では，本書の分析結果を踏まえて，「提言」の内容を評価してみたい。

まず，事業目的の再編によって，開発協力，相互理解，日本社会への貢献が全面に打ち出された。中でも開発協力は「中核的な目的」とされている。開発協力は従来も協力隊の主要な目的であったし，開発ボランティアは世界的潮流でもあるので，その点で，協力隊の目的の再編は歓迎すべきことである。

他方，「国際的視野の涵養」を事業目的に掲げないとしたことで，青年育成の目的が表面上は姿を消した。ただし，その理由は，それが「ボランティア活動を通じて自ずと育まれるものであり，さらに本事業以外でもその機会が増えている」からだというものである。別の理由として，「提言」が協力隊だけでなく，JICA ボランティア全体を検討の対象としているために，シニア海外ボランティアなどを含めた考察の中では，青年育成を正面から取り上げることができなかったという事情もある。要するに，「提言」は協力隊事業の目的として青年育成を不要だと考えているわけではないのである。

本書は協力隊のみを分析対象にしているので，「提言」よりも青年育成の目的を重視する結果となった。「提言」が「ボランティア活動を通じて自ずと育まれる」とした「国際的視野の涵養」が，実際はどのように実現されるのか，そのための条件は何か，という問題に本書は関心を示したのである。

事業目的の再編におけるもう１つの変化は，帰国ボランティアの社会貢献を明確に打ち出した点であり，こちらも積極的に評価されるべきものである。協力隊の場合，従来の帰国後の施策は進路相談にとどまっており，帰国隊員の積極的な国内外への展開は事業として行われてこなかった。これからは帰国隊員が海外での経験を最大限活用できるよう，国内外での活躍の機会を政府・JICA が提供することが求められている。因みに，既に JICA はこの提言を先取りする形で，「グローカル地域おこし協力隊（仮称）」という名称の下，帰国隊員を日本国内の各地に派遣して地域貢献に携わる制度を2016年度から開始（予算化）しており，今後の拡大が期待される。

実際，帰国隊員に対する社会的要請は高いと考えられ，その分野としては，災害からの復興支援[(9)]，地方活性化，市民参加による途上国の開発支援やスポーツ普及，そしてグローバル人材の養成などがありうる。このうち復興支援は，開発協力関係者が最近注目している「レジリエンス（resilience）」にも関係がある。これは「強靭性」や「回復力」などと訳されており，IVCO の2016年次会議（ボン）のテーマでもあった。それが取り上げられた背景には，気候変動や災害に対する途上国の地域社会の脆弱性を克服するべきとの共通認識がある。因みに，帰国ボランティアの社会貢献の事例は他国でも報告されており，例えばオーストラリアやカナダでは帰国ボランティアの活動事例の１つに先住民支援があり，ドイツでは難民支援がある。本書はこうした社会貢献についてほとんど検討できなかったが，今後は重要な研究課題となるだろう。

次に，「提言」が打ち出した施策については，本書の各章が分析し，提案した内容に通じる点が多い。実際，４つの施策のうち，１つ目の柔軟な形態の派遣については，第３章が短期派遣の意義やその効果を上げるための方法を具体的に論じたし，２つ目の調整員の役割強化は，まさに第２章や第９章などが強調したことである。４つ目に指摘された，海外のボランティア機関との連携の可能性も，本書第Ⅳ部の考察の延長線上にあると理解できる。ただし，３つ目の施策，すなわち，帰国後の隊員が地方の自治体・企業との連携をはかることについて，本書は検討できなかった。この点は今後の研究課題としたい。

ところで,「提言」は人材確保の施策を検討する中で，JICA ボランティアに必要な資質として,「持続する情熱」「異文化理解」「柔軟な思考」「表現力・説得力」「これらを支える心身の健康」を列挙し，これらを備えた，ないしは備えうる人材の確保が必要だと指摘した。

本書もまた，動機と能力に焦点を当てることで，資質について検討していると言えるだろう。例えば第4章，第5章，第6章の議論は,「異文化理解」や「柔軟な思考」ができ,「表現力・説得力」に長けた隊員が現地の CD や SC の醸成に寄与したのだと読むことができる。要するに,「提言」が指摘した資質を，本書は実証研究の立場から支持しているのである。また第Ⅲ部は，それらの資質自体を分析している。第7章は,「持続する情熱」の対象は隊員の参加動機によって違うことを明らかにしたし，第8章や第9章は，情熱が弛まないように持続させることが実はそれほど簡単ではないということを論証した。さらに,「異文化理解」や「柔軟な思考」という能力は，JICA 側の支援によって向上しうるのだということが，第2章，第3章，第8章，第9章で考察されている。

本書は，隊員の資質を育成することによって,「提言」が再整理した事業目的がより達成しやすくなるという立場を取る。もちろん，基本的には個人の意思と努力がなければ何も始まらないが，その上で，政府・JICA が隊員を育成していくのならば，彼らが任期中に開発協力の成果を上げる可能性は高まるだろう。帰国後は，国内の復興支援や地方活性化に貢献し，海外で活躍する場面も増えるだろう。また，そのような育成は，帰国隊員を将来採用したり，復職させたりする諸団体や企業からも歓迎されるだろう。

## 5　開発協力とグローバル人材育成のあいだ

ここまで本章は，各章の研究結果を整理しつつ，協力隊の開発協力および人材育成としての成果を確認し，その成果を高めるための諸条件を検討した。そして，国際ボランティア事業の世界的潮流と JICA 有識者懇談会の「提言」について考察した。締め括りに，協力隊事業の今後のあるべき方向性を提示してみたい[10]。

(1)　青年海外協力隊は途上国の持続可能な開発のための有効な手段であり，今後も開発協力のための事業として継続していくことが望ましい。実際,開発協力としての成果は様々な形で実証されているだけでなく，多くの隊員が途上国のために働きたいという動機を持って事業に参加している。

(2) 人材育成は，今後も協力隊事業の重要な成果の1つであり続けるだろう。隊員の任期中の活動の効果を高めるため，彼らが帰国後に日本社会に貢献できるようにするため，そしてグローバル人材として国内外で活躍できるようにするためには，人材育成は価値のある取組みである。

(3) 協力隊の活動には，開発協力であれ，人材育成であれ，隊員個人の自主性，熱意，努力，創意工夫が欠かせないが，政府・JICA も時には彼らを側面から支えることが必要であるし，それによって活動の効果を高めることができる。そのために，政府・JICA は訓練，情報提供，ネットワーク形成，他の開発協力事業との連携など制度面や政策面の支援を提供すべきである。同時に，支援の提供のあり方としては，隊員の苦労が人間的成長や能力向上に繋がるようなタイミングや規模で行うのが望ましい。

(4) 協力隊事業のインパクトおよびそれを高める条件を探求するためには，質的な評価と量的な測定を組み合わせて隊員の活動の効果を分析する必要がある。この研究は，政府・JICA だけでなく，帰国隊員の採用に関心のある企業や団体にも資するであろう。

古代ローマの双面の神ヤヌスが物事の始まりを司る神であったように，協力隊事業は2つの目的を掲げて始まった。1965年当時，創設者たちは開発協力と人材育成の両方を目指していたのである。それによって幅広い専門分野から多数の国民が参加することが可能となったのであり，現在の協力隊の派遣数の規模や活動分野の広がりは，この双面の事業目的なしには達成できなかっただろう。

しかも，2つの顔はそれぞれ別の方向を向いているように見えながら，実は個々の隊員の活動においては相互に結びついていた。本書の各章が論じたように，隊員は開発協力の活動を行う中で，JICA 事務所や他の隊員などの支援を得つつ，熱意と努力を持続させ，異文化を理解し，現地の人々の視点で物事を考える柔軟性を身につけるとともに，時には人々を説得し行動へと導く術を学んでいった。このような人間的成長ないし（JICA 側から見れば）人材育成が可能となるのは，隊員が本質的に，トップダウン型援助に見られる官僚や専門家ではなく，自発性を重んじるボランティアだからである。

同時に，そのように経験や能力を高めていくことによって，隊員は開発問題に対して様々な役割やアプローチを担うことができるようになった。その結果，開発に対する効果が高まり，一部の活動では具体的な成果を上げてきた。その役割やアプローチとは，本書が用いた用語で言えば，CDにおける触媒であったり，SCの醸成における心への働きかけであったり，「弱い専門性の強さ」に基づく自助努力の尊重である。

要するに，開発協力と人材育成という目的は，協力隊の事業レベルでも同時に追求されてきたし，ボランティア個人レベルでも彼らの活動の過程で相互に影響を及ぼし合ってきた。いずれのレベルでも，協力隊は「開発協力と人材育成のあいだ」に位置しており，２つの目的が相乗効果を生んで発展してきたのである。協力隊が途上国にボランティアを派遣する事業である限り，開発協力と人材育成は今後も車の両輪であり続けるだろう。

＊本章に対して，次の方々から有益なコメントを頂いた。記して謝意を表する。細野昭雄，関根久雄，山田浩司，大貫真友子。

**注**

(1) JICA ウェブサイトより。(http://www.jica.go.jp/information/info/2010/20101117_01.html　2016年４月13日アクセス)

(2) 筆者の三次と岡部は，2015年10月４～７日に東京で開催されたIVCO（International Volunteer Cooperation Organisations）の年次会議に参加した（本書の執筆者からは山田と白鳥も参加)。因みに，この年の年次会議は，IVCOを主催するForum（International Forum for Volunteering in Development）とJICAが共催したものである（JICAは2000年からメンバーとしてForumに参加)。また，岡部は2016年７月１日に韓国で開催されたKOICAとJICA共催のフォーラム（1st KOICA-JICA Forum on International Volunteering）にも参加した。これらの会議の模様については下記のウェブサイトを参照(2016年７月16日アクセス)。
http://forum-ids.org/conferences/ivco/ivco-2015/
http://www.koica-jica-forum.com/

(3) 序章で述べたように，本書は協力隊事業の目的の１つである国際交流について扱うことはできなかった。

(4) 「弱い専門性の強さ」について，金子郁容のボランティア論を想起する読者もいるかもしれない。金子は，ボランティアの持つバルネラビリティ（弱さ，傷つきやすさ）がかえって相手から力をもらうことになり，それがボランティアの強みになると論じた（金子，

1992, 111-112, 125頁)。両者の概念は似ているが，バルネラビリティがボランティアと相手とのつながりを重視しているのに対し,「弱い専門性の強さ」はボランティアの姿勢や行動のあり方に焦点を当てた概念である。

(5) なお，第8章は，隊員の人間的成長の過程は現地の人々の間に友好の「記憶」となって残るのであり，その後も良き思い出として中長期的に語られていくと述べ，それもまた協力隊の成果であると強調する。これは，協力隊事業のもう1つの目的である国際交流に繋がる成果である。

(6) ここでは，社会で望ましいとされる人間の価値（様々な行動能力，思考力，価値観など）の向上を目指している点で,「人材育成」も「人間的成長」も同じであるととらえている。

(7) この段落の考察においては，関根久雄との意見交換に多くを負っている。

(8)「提言」の「要約」では5つの方向性が示されているが，その本文での記述の仕方は少し異なっている。そこで本章では，筆者なりに本文の内容を4つに整理した。

(9) 実際，多くの帰国隊員が東日本大震災の復興支援のために，復興庁を介して岩手，宮城，福島の各県で復興支援に従事してきた。その数は，2週間単位で活動する「災害救援専門ボランティア」が431人，中長期的な支援に当たる「国内協力隊」が94人，さらに被災地の自治体に派遣される「復興支援専門員」が116人に上る（2011年3月から2016年3月までの実績。青年海外協力協会のウェブサイトより（http://www.joca.or.jp/activites/disaster/tohokuearthquake/　2016年10月26日アクセス)。このように，帰国後に復興支援を始めとする地域の課題に取り組む帰国隊員は多く，近年の地方創生の動きの中でもその活動は評価されている。

(10) ただし,「提言」に述べられている社会貢献，異文化理解，現職参加制度，他国機関との連携など，本書で検討できなかった点にまでは踏み込んでいない。あくまで本書の分析結果を踏まえた上での方向性である。

**引用参考文献**

金子郁容，1992,『ボランティア――もうひとつの情報社会』岩波書店。

JICA（JICA ボランティア事業の方向性に係る懇談会), 2016,「提言：これからの JICA ボランティア――青年海外協力隊から始まる50年を顧みて」3月。(http://www.jica.go.jp/volunteer/outline/publication/report/pdf/suggestion.pdf　2016年7月29日アクセス)

Forum, 2015, "The Tokyo Call to Action,"（http://forum-ids.org/wp-content/uploads/2015/10/Forum-The-Tokyo-Call-to-Action-2015.pdf　2016年7月29日アクセス)

# 索　引

＊は人名


### アルファベット

ASEAN 青年ボランティアプログラム（AYVP）　239, 247, 253-255
AYVP　→ASEAN 青年ボランティアプログラム
BOP ビジネス　113
CD　→キャパシティ・ディベロップメント
CIA　→中央情報局
CUSO International（カナダ）　240, 241, 244, 245
CP　→カウンターパート
FFT（タイ）　239, 247, 250, 251
FK-Norway（ノルウェー）　240-242, 245, 246
France Volontaires（フランス）　240, 241, 245, 246
IVCO　→国際ボランティア協力組織
JICA（国際協力機構）　3, 5, 7, 8, 11, 23, 179, 180, 314, 315, 318
——青年海外協力隊事務局　11, 12, 16, 31, 36, 40, 41, 44, 64, 80, 138, 187, 188, 190, 314
——研究所　i, 45, 175, 179, 180, 191, 218
——現地事務所　→現地事務所
——在外事務所　→現地事務所
——事務所　→現地事務所
——ボランティア事業の方向性に係る懇談会　315-319
JOCA　→青年海外協力協会
KOICA（韓国国際協力団）　248-250
KOV　→韓国海外ボランティア
MDGs　→ミレニアム開発目標
NGO　3, 185, 186, 239, 241, 245, 246, 256, 257, 312, 313
NPO　185, 186
ODA　→政府開発援助
OTCA　→海外技術協力事業団
OTP プログラム（英国）　287
OYVP（中国）　239, 247, 252
SC　→ソーシャル・キャピタル
SDGs　→持続可能な開発目標
UNV　→国連ボランティア計画
USAID　→米国国際開発庁
VSO（英国）　14, 22, 178, 240, 241, 243-246, 281, 304, 313
VSO 連盟　281
VC　→企画調査員（ボランティア事業）
WFK（韓国）　239, 247, 248, 250
WHO　→世界保健機関

### あ　行

藍
——工房　100, 102
——産業　101
——染　101
——文化　100
＊青木盛久　10
＊池田勇人　24, 25, 27
意識調査　i, ii, 11, 32, 45, 52, 55, 176, 179, 180, 218, 220, 223, 226
一般的互酬性　135, 136
異文化　1, 11, 15, 38, 63, 68, 69, 80-82, 86, 87, 176, 178, 191, 212, 215, 216, 232, 233, 300, 316, 319, 320, 322
意欲　123, 126
＊内海成治　4, 5, 15, 16
＊宇野宗佑　25, 29, 30
英国国際開発省（DFID）　281
英国ボランティア計画（BVP）　283
応答性　118, 120, 130, 133, 137
応募動機　→動機
オーナーシップ　56, 93, 289

### か　行

海外技術協力事業団（OTCA）　3, 24, 30, 32, 40
外国人効果　126, 127, 130
開発援助委員会（DAC）　91
開発協力大綱　92
＊海部俊樹　29
外務省　7, 12, 23, 24, 26-28, 30, 31, 33, 40, 81, 233, 304

カウンターパート　39,47,48,50,53,55-57,74,75,78,80,115,198,204,206,207,224,226,229,230,296,297,313
拡大予防接種計画　129
カサ・ブランカ遺跡公園　104-109,114
学校保健アプローチ　133
活動計画表　49
*金子郁容　6,16,321
*川喜田二郎　15,112
考える学習　99
韓国海外ボランティア（KOV）　248,250,251
感情　→センチメント
感情規則　120
感情社会学　120
記憶　213
企画調査員（ボランティア事業）　13,39,43,57,66,70,74,75,78,309,310,317,318
技術協力　2,9,13,21,26,27,30-33,41,47,50,54,85,91,92,95-97,102,104,111,113,131,144,147,202,207,245,250,251,264,277,286,297,305,309,313
規範　118,119,124,125,128,130,135-137
キャパシティ・ディベロップメント（CD）　13,47,91,106,109,305,309,310,319,321
　——プロセス　93,110
キャリア　32,177,178,181,182,187-189
急性弛緩性麻痺児　121,122
教員研修　146
教材研究　159,166
教授内容知識（PCK）　148
協調行動　135
協力隊チーム派遣　→チーム派遣
協力隊を育てる会　16
グアテマティカ　97
草の根外交官　233,313
国別事業展開計画　50
グループ型派遣　54
グループ勉強会　52
グローカル人材育成　81,83
グローバル交流（Global Xchange）　288
グローバル人材　10,11,13,63,176,188,189,215,216,230,231,233,234,304,307,308,310,318,320
『クロスロード』　8,16,34,212,216,232
訓練　12,38,41,58,66,76,176,180,190,195,218,231,240,249-251,267,268,286,310,320
訓練所　32,87
経済協力開発機構（OECD）　91
啓発（活動）　124,129
結果予期　217,218,220
*ケネディ，J.F.　22,25,28-30,242,263,264
研究授業　155,162
健康管理員　43
現職参加（制度）　32,316,317
現地事務所　11,12,13,38,306,309,310,317,320
公共性　4,6
考古学　105-109,114,115
後任要請　205
効力予期　217,218,220
国際協力機構　→JICA（ジャイカ）
国際協力機構法　7,11,196
国際協力事業団（JICA）　3,24,32,195
国際協力事業団法　111,112,195
国際交流　2,175,185,255,256,312
国際市民サービス（ICS）（英国）　288,299
国際ボランティア（活動／事業）　5-7,10,21,26,51,55,178,239-243,247,248,250,252,256,257,303,314
　——のコスト　5-7
　——の定義　5,6
　——のコミットメント　5-7,178
国際ボランティア協力組織（IVCO）　303,314
国民参加型（ODA）事業　ii,3,8,15,38
国立農業学校（ENA）　101
国連パレスチナ難民救済事業機関（UNRWA）　169
国連ボランティア計画（UNV）　4,240,241,243,249
心　13,119,136,137,140,305,309,310
*小坂善太郎　26
古代マヤ文化圏　107
コミュニティ開発　112

## さ　行

*寒河江善秋　28-30
*坂田道太　29
サシガメ　130,131,133,137
*佐藤栄作　24,31
サポート（支援）　223-225,311,312
算数指導力向上プロジェクト（プロメタム）

94-96
算数大好きプロジェクト　94
事後検討会　157,164
自己効力感（self-efficacy）　217
自助努力　92,310
自信と名誉　135
持続可能な開発目標（SDGs）　55-57,246,257,303,314
自発性　4-7,196,306,320
自発性のパラドックス　6
社会還元　2,9,175,316
社会貢献　185,316,318
社会構造　135
社会人基礎力　215-217
自由民主党　22,23,28,31,33
住民と一体　111,112,196
住民保健ボランティア　131-133
授業研究　145,149
——の協働性　158,164
——の継続性　157,164
*ジュッド，F.　285
*シュライバー，S.　25,264,265,267,278,312
障害　34
信頼　118,119,127,128,130,135-137,184,186,305,309
数学教授に必要な総合的知識（MKT）　148
*末次一郎　22,28,29,35,263
ストレス　223-226,230
スポーツ　3,32,68,78,87,169,254,299,318
成果　7,47,195,304-308,306-309,311
青年海外協力協会（JOCA）　32,33
青年団体　22,23,28,30,33
青年の成長　197
青年問題　27,28
政府開発援助（ODA）　3,8,42,43,175,202,203,314
世界保健機関（WHO）　121,122,124,126,130-132,136-139
全国一斉ポリオ・キャンペーン　121-125
センチメント　118,120,134,305,309
全米農業協力機構（IICA）　101
専門家　47,51-53,111,112,147,306,309,320
相互理解　2,15,38,72,81,189,191,196,248,254,264,277,316,317
ソーシャル・キャピタル（SC）　13,118-120,135-137,305,319,321
認知的——　119,137
構造的（制度的）——　119
ソフトパワー　12

## た　行

隊員生活満足度　45
大学連携案件短期　66
太平洋島嶼地域　197
大量派遣時代　42
*竹下登　25,29,30
タマサート大学・学士ボランティアセンター　250,251
短期の隊員（派遣）　66,308,311,317,318
地域性　210
チーム派遣　43,97,99
地方活性化　317-319
地方自治体　33,175,317,318
チャルチュアパ遺跡　105,114
中央情報局（CIA）　265,266
長期派遣　65
調整員　→企画調査員（ボランティア事業）
*ディクソン，A.　282,283
天然痘　138,139
動機　14,32,126,175-180,186,188,189,307,319,320

## な　行

内発性　91
*中根千枝　10,15
南南協力　252,293
*ニクソン，R.　264,268,269,275
日本青年海外協力隊要綱　31,196
人間的成長　49,211,307,310,311,320,322
熱帯病　130
ネットワーク　23,33,119,124,253,305,308,309,320
農村の二男三男問題　23,27
*野田佳彦　10

## は　行

派遣のカテゴリー化　79
パレスチナ難民　169
*伴正一　195,197
*バンドゥラ，A.　217
万人のための教育　144,145
ヒキリテ（藍草）　102

非政治性　264-266,272,278,312,313
人々を最優先する（People First）戦略　289
評価（インパクト、効果）　8,44,257,298,303,314,315,320
貧困　56,69,185,244,246,248,257,284-286,288,289,295
複眼的思考　81-83,308,311
復興支援　68,317-319
ブリティッシュ・カウンシル（British Council）　284,285
プロメタム　→算数指導力向上プロジェクト
分野・課題別分科会　52
米国国際開発庁（USAID）　242,254,255,265,266,276
米国平和部隊　14,22,25-30,139,240-242,245,246,263,283,312
閉鎖性　135
変化のための焦点（Focus For Change）戦略　287
ボランティア機能尺度（VFI）　177
ボランティア休暇　69
ボランティア調整員　→企画調査員（ボランティア事業）
ボランティアの定義　3-5
ポリオフリー　121,122,137

## ま　行

マグサイサイ賞　1,137
*マッキントッシュ，N.　285
満足と達成感　134
ミスマッチ　→要請と活動の乖離・齟齬
ミレニアム開発目標（MDGs）　55,56,115,246,257,303
無償性（非営利性）　4-6
めげずに頑張り続ける力　14,215,216,220,230-232,307,310,311
モチベーション　221,230,231

## や・ら・わ　行

野球　67,84,85
友好親善　2,316
豊かさ　207
ユネスコ　115,138,249
要請と活動の乖離・齟齬　39,48,49,188,189
予防接種　121,127-129,136
喜びと嬉しさ　134
弱い専門性の強さ　306,321
落胆　14,195,307,311
ラポール（信頼関係）　73
利己主義，利己的な動機　177,178,187,188
利他主義，利他的な動機　177,178,186-188
留学　63,185
労務提供型　205
ワクチンの受容　128

## 執筆者紹介（所属，執筆担当，執筆順，＊は編者）


＊岡部恭宜（東北大学大学院法学研究科教授，国際協力機構 JICA 研究所客員研究員：はじめに，序章，第１章，第７章，第10章，終章）

土橋喜人（特定非営利活動法人スーダン障害者教育支援の会〔CAPEDS〕理事：コラム１）

山田浩司（国際協力機構 JICA 研究所参事役，一般財団法人 PEACE BY PEACE COTTON 理事：第２章）

藤掛洋子（横浜国立大学学長特任補佐，横浜国立大学大学院都市イノベーション研究院教授：第３章）

黒木　豪（日本体育大学国際交流センター員・硬式野球部助監督：コラム２）

細野昭雄（国際協力機構 JICA 研究所シニア・リサーチ・アドバイザー：第４章）

市川　彰（名古屋大学高等研究院特任助教：コラム３）

上田直子（国際協力機構〔JICA〕職員，JICA 東京 人間開発・計画調整課課長：第５章，コラム４）

金子洋三（元青年海外協力協会（JOCA）会長：コラム５）

馬場卓也（広島大学大学院国際協力研究科教授：第６章）

下田旭美（広島商船高等専門学校一般教科講師：第６章）

辻　康子（国際協力機構〔JICA〕専門家，ボスニア・ヘルツェゴビナ スポーツ教育を通じた信頼醸成プロジェクト・プロジェクトコーディネーター：コラム６）

白鳥佐紀子（国際農林水産業研究センター〔JIRCAS〕研究戦略室研究員：第７章）

須田一哉（元国際協力機構 JICA 研究所非常勤助手：第７章，コラム７）

関根久雄（筑波大学人文社会系教授：第８章）

佐藤　峰（横浜国立大学大学院都市イノベーション研究院准教授：第９章，コラム８）

上山美香（龍谷大学経済学部准教授：第９章，コラム８）

河内久実子（横浜国立大学国際戦略推進機構特任助教：第11章）

松本節子（鎌倉市共創計画部政策創造課長：第12章　コラム９）

三次啓都（国際連合食糧農業機関〔FAO〕林業局長：終章）

〈編著者紹介〉

岡部恭宜（おかべ・やすのぶ）

1966年生まれ。同志社大学法学部卒業。外務省勤務の後，東京大学大学院総合文化研究科博士課程修了。博士（学術）。東京大学社会科学研究所助教，国際協力機構 JICA 研究所主任研究員を経て，現在，東北大学大学院法学研究科教授，JICA 研究所客員研究員。

主著："Japan Overseas Cooperation Volunteers: Its Genesis and Development," in Hiroshi Kato, John Page and Yasutami Shimomura, eds., *Japan's Development Assistance: Foreign Aid and the Post-2015 Agenda*, Palgrave Macmillan, 2016.「国際ボランティアが織りなすグローバル市民社会――試論」『法学』（東北大学法学部紀要）第81号第2巻（2017年6月）。"What Motivates Japan's International Volunteers?: Categorizing Japan Overseas Cooperation Volunteers (JOCVs)," *JICA-RI Working Paper*, No. 158 (December 2017), JICA Research Institute. (Co-authored with Sakiko Shiratori and Kazuya Suda). ほか。

青年海外協力隊は何をもたらしたか
――開発協力とグローバル人材育成50年の成果――

2018年5月15日　初版第1刷発行
2019年4月10日　初版第2刷発行

〈検印省略〉

定価はカバーに
表示しています

編著者　岡部恭宜
発行者　杉田啓三
印刷者　田中雅博

発行所　株式会社　ミネルヴァ書房

607-8494 京都市山科区日ノ岡堤谷町1
電話代表（075）581－5191
振替口座 01020－0－8076



創栄図書印刷・新生製本

ISBN978-4-623-07621-5
Printed in Japan